"十二五"职业教育国家规划教材
经全国职业教育教材审定委员会审定
浙江省高职院校"十四五"首批重点教材
职业教育国家在线精品课程配套教材

经全国职业教育
教材审定委员会审定

Gonglu Gongcheng

公路工程

(第4版)

吴颖峰 主 编
申屠德进 陈 祎 副主编
汪海年 主 审

人民交通出版社

北京

内 容 提 要

本教材为"十二五"职业教育国家规划教材、浙江省高职院校"十四五"首批重点教材、国家在线精品课配套教材。本教材内容分为三篇:第一篇公路勘测设计,包括绪论、公路平面设计、公路纵断面设计、公路横断面设计、公路选线、公路定线、公路交叉设计。第二篇路基工程,分为路基设计与路基施工两个分篇。路基设计部分包括绪论、路基结构设计、路基排水设计、路基稳定性验算、路基防护与加固、挡土墙设计;路基施工部分包括路基施工准备、土质路基施工、石质路基施工。第三篇路面工程,分为路面设计与路面施工两个分篇。路面设计部分包括路面结构与设计参数、路面基层设计、沥青路面设计、水泥混凝土路面设计;路面施工部分包括路面施工准备、路面基层施工、沥青路面施工、水泥混凝土路面施工。

为了便于学生更好地了解和掌握公路工程设计与施工的重点和难点,本教材配套了重难点讲解动画、视频,可通过扫描封面二维码观看;还配套了课件,教师可通过职教路桥教学研讨群(QQ:561416324)获取;另外还配套出版了《公路工程实训指导书》(活页式教材),供实训教学使用。

本书可作为高等职业院校道路与桥梁工程技术、道路工程检测技术、道路养护与管理等相关专业的教材,也可作为相关专业继续教育与职业培训教材,或公路工程技术人员的参考用书。

图书在版编目(CIP)数据

公路工程 / 吴颖峰主编. — 4 版. — 北京:人民交通出版社股份有限公司,2023.1(2025.2 重印)
  ISBN 978-7-114-18366-9

Ⅰ.①公… Ⅱ.①吴… Ⅲ.①道路工程—职业教育—教材 Ⅳ.①U41

中国版本图书馆 CIP 数据核字(2022)第 224536 号

"十二五"职业教育国家规划教材
经全国职业教育教材审定委员会审定
浙江省高职院校"十四五"首批重点教材
职业教育国家在线精品课程配套教材

书 名	公路工程(第4版)
著 作 者	吴颖峰
责任编辑	李 瑞
责任校对	赵媛媛 魏佳宁
责任印制	张 凯
出版发行	人民交通出版社
地 址	(100011)北京市朝阳区安定门外外馆斜街 3 号
网 址	http://www.ccpcl.com.cn
销售电话	(010)85285911
总 经 销	人民交通出版社发行部
经 销	各地新华书店
印 刷	北京市密东印刷有限公司
开 本	787×1092 1/16
印 张	24.25
字 数	577 千
版 次	2005 年 8 月 第 1 版 2010 年 4 月 第 2 版 2015 年 8 月 第 3 版 2023 年 1 月 第 4 版
印 次	2025 年 2 月 第 4 版 第 3 次印刷 总第 24 次印刷
书 号	ISBN 978-7-114-18366-9
定 价	68.00 元

(印刷、装订质量问题的图书,由本社负责调换)

本书配套资源

本书配套了丰富的教学资源,包括动画、视频等,这些资源可有效地激发学生的学习兴趣和积极性,有助于学生更好地理解相关知识,同时还可为教师组织和实施教学服务提供参考。具体资源列表如下。

序号	资源名称	资源类型	页码
1	平面、纵断面、横断面的定义	动画	13
2	缓和曲线的性质	动画	20
3	基本线形	动画	36
4	线形变化	动画	37
5	选线步骤	动画	90
6	平原区选线	动画	91
7	纸上定线步骤	动画	109
8	交叉口立面设计	动画	117
9	圆形均布荷载下路基中的应力分布	动画	137
10	路基毛细水上升过程对比示意	动画	142
11	直线滑动面的路基边坡失稳动态演示	动画	173
12	曲线滑动面的路基边坡失稳动态演示	动画	173
13	折线滑动面的路基边坡失稳动态演示	动画	173
14	直线滑动面的路基边坡稳定性分析方法(试算法)	动画	176
15	挡土墙基底应力及合力偏心距验算及失效示意	动画	218
16	挡土墙抗倾覆稳定性验算及失稳示意	动画	218
17	挡土墙抗滑稳定性验算及失稳示意	动画	218
18	技术准备	视频	234
19	路堤填筑工艺要求	视频	243
20	对路面的基本要求	视频	265
21	路面结构分层及功能	视频	267
22	路面结构实例	视频	267
23	标准轴载的动态演示	动画	278
24	受力弯板式动态称重系统的机理演示	动画	278
25	压电传感器动态称重系统的机理演示	动画	278
26	车辆称重系统的实际场景	视频	278
27	车辆荷载作用下路面应力云图的动态示意	视频	278
28	轴载作用次数换算的原理示意	动画	278
29	公路交通量换算的原理示意(1)	动画	279

序号	资 源 名 称	资 源 类 型	页码
30	公路交通量换算的原理示意(2)	动画	279
31	公路交通量换算的原理示意(二维)(匀速)	动画	279
32	公路交通量换算的原理示意(二维)	动画	279
33	双车道公路交通量换算的原理示意(1)	动画	279
34	双车道公路交通量换算的原理示意(2)	动画	279
35	基层	视频	286
36	石料的形状与表面特性	视频	288
37	底基层	视频	345
38	摊铺	视频	346
39	面层	视频	350
40	热拌沥青混合料面层	视频	350
41	封层施工(以改性沥青碎石浆封层为例)	视频	358
42	黏层施工	视频	359
43	水泥混凝土面层施工准备	视频	361
44	水泥混凝土面层	视频	361
45	灌缝施工及要求	视频	369

以上资源观看方法：

1.扫描封面上的二维码(注意此码只可激活一次)；

2.关注"交通教育"微信公众号；

3.公众号弹出"购买成功"通知，点击"查看详情"，进入后即可查看资源；

4.也可进入"交通教育"微信公众号，点击下方菜单"用户服务—开始学习"，选择已绑定的教材进行观看学习。

前·言 Preface 第4版

本教材自 2005 年 8 月首版出版以来,先后入选普通高等教育"十一五"国家级规划教材、"十二五"职业教育国家规划教材,并于 2012 年 4 月获全国交通运输职业教育教学指导委员会评选的全国交通职业教育"十一五"优秀教材一等奖,2022 年 12 月被确定为浙江省高职院校"十四五"首批重点教材建设立项项目。

《公路工程》(第 3 版)自 2015 年出版以来,因公路路线设计规范、路基与路面工程设计与施工技术规范(细则)、公路工程质量检验评定标准、路基路面现场测试与公路土工试验规程等均进行了大幅更新,教材内容已不适应当下的教学,故启动了第 4 次修订。本次修订是在保持原有框架体系结构基础上,紧密对接国家职业教育教学标准与行业标准,围绕企业在公路工程勘测设计到施工等应用场景构建了完整的内容体系,按照新技术、新规范、新工艺的要求完善各部分内容,并增加了路基防护与支挡工程施工、路基路面主要病害与防治等内容;围绕职业岗位和工作任务要求新增配套的活页式实训教材,对应设置 24 个工作项目来划分实训任务。具体修订内容如下:

1. 在每一章中设置了本章提要、能力目标与本章小结,并根据章节内容相应设置了基于企业真实工作过程、工艺流程的案例,分别有作为关键控制性工程的城市绕城高速公路互通式立体交叉设计案例(第一篇第七章),将我国自主研发北斗定位导航与高度智能化铺筑技术应用于高速公路沥青面层无人化机械施工案例(第三篇第二分篇第三章)等;

2. 第一章绪论按照新的教学要求和目标进行了重新编写;

3. 按照《公路路线设计规范》(JTG D20—2017)、《公路路基设计规范》(JTG D30—2015)、《公路路基施工技术规范》(JTG/T 3610—2019)、《公路沥青路面设计规范》(JTG D50—2017)等规范修订了相关章节内容。

配套编写的活页式教材《公路工程实训指导书》,按项目任务结构来设计实训内容,包含具体案例分析、工程设计训练、习题演练计算、现场实操测试等。本教材为2022年职业教育国家在线精品课程《路基路面施工技术》的配套教材,可通过网址 http://www.zjooc.cn,搜索"路基路面施工技术",或者在此网站首页扫码下载"在浙学"APP开展学习。

  本次修订是在交通强国建设背景下,贯彻落实二十大精神关于人才强国发展战略,并结合国家"双高计划"道路与桥梁工程技术专业群核心课程建设需要编写。教材突出职业教育特点,深化产教融合,强化行业指导、头部企业参与,基于公路工程真实建设场景,展现公路行业发展新业态、新水平、新技术,培养学生综合职业素养。教材配套开发了45个公路建设动画视频、24套案例、PPT与每章习题,方便学生拓展学习。同时融中华传统筑路精神与公路工程建设为一体,分别将经过几代公路人努力传承并迭代更新的路线设计优秀选线实例(第一篇第五章),我国自主研发创立的高速公路半刚性基层沥青路面"强基薄面"的设计理论与方法(第三篇第一分篇第二章与第三章)等知识、技能编入教材内容,培养学生"学道修路,勇于探索"的职业精神,引导学生成为新时代"匠"人。

  本教材由浙江交通职业技术学院吴颖峰主编,长安大学汪海年教授主审。具体编写分工如下:第一篇第一章、第二章、第三章、第四章、第二篇第一分篇第一章、第四章、第三篇第一分篇第四章、第二分篇第三章由浙江交通职业技术学院吴颖峰编写;第二篇第二分篇第二章、第三篇第一分篇第一章、第三篇第二分篇第一章由浙江交工集团股份有限公司申屠德进编写;第二篇第一分篇第二章、第三章、第三篇第二分篇第二章由浙江交通职业技术学院陈祎编写;第二篇第一分篇第五章、第六章由浙江交通职业技术学院薛德敏编写;第三篇第一分篇第二章、第三章由浙江交通职业技术学院蒋锦毅编写;第一篇第五章、第六章由甘肃省交通规划勘察设计院股份有限公司田子泽编写;第一篇第七章、第三篇第二分篇第四章由浙江交通职业技术学院齐冠编写;第二篇第二分篇第一章、第三章由浙江交通职业技术学院刘玉编写。

  由于编者水平所限,难免有不完善之处,敬请读者批评指正。

编 者
2022年10月

目 录
Contents

第一篇　公路勘测设计

第一章　绪论 ··· 003
　第一节　公路与公路工程 ·· 003
　第二节　公路勘测设计依据和阶段 ·· 007
　本章小结 ·· 012
　思考题与习题 ·· 012

第二章　公路平面设计 ··· 013
　第一节　平面线形要素 ··· 013
　第二节　超高及加宽 ·· 025
　第三节　视距 ··· 031
　第四节　平面线形组合设计 ··· 036
　第五节　平面设计成果 ··· 038
　本章小结 ·· 041
　思考题与习题 ·· 041

第三章　公路纵断面设计 ··· 043
　第一节　纵断面线形组成 ·· 043
　第二节　纵坡设计 ··· 044
　第三节　竖曲线设计 ·· 051
　第四节　平、纵线形组合设计 ·· 056
　第五节　纵断面设计方法 ·· 059
　第六节　纵断面设计成果 ·· 062

本章小结 ……………………………………………………………………… 065
思考题与习题 …………………………………………………………………… 065

第四章　公路横断面设计 …………………………………………………… 066
第一节　横断面组成 …………………………………………………… 066
第二节　横断面设计基本要求与方法 ………………………………… 075
第三节　路基土石方计算与调配 ……………………………………… 077
第四节　横断面设计成果 ……………………………………………… 083
本章小结 ……………………………………………………………………… 089
思考题与习题 …………………………………………………………………… 089

第五章　公路选线 …………………………………………………………… 090
第一节　选线步骤 ……………………………………………………… 090
第二节　平原区选线 …………………………………………………… 091
第三节　山岭区选线 …………………………………………………… 094
第四节　丘陵区选线 …………………………………………………… 102
本章小结 ……………………………………………………………………… 105
思考题与习题 …………………………………………………………………… 106

第六章　公路定线 …………………………………………………………… 107
第一节　实地定线 ……………………………………………………… 107
第二节　纸上定线 ……………………………………………………… 109
第三节　纸上移线 ……………………………………………………… 111
第四节　平曲线半径及长度的选定 …………………………………… 112
本章小结 ……………………………………………………………………… 115
思考题与习题 …………………………………………………………………… 116

第七章　公路交叉设计 ……………………………………………………… 117
第一节　公路平面交叉设计 …………………………………………… 117
第二节　公路立体交叉设计 …………………………………………… 124
第三节　公路与其他路线交叉设计 …………………………………… 129
本章小结 ……………………………………………………………………… 131
思考题与习题 …………………………………………………………………… 132

第二篇　路基工程

第一分篇　路基设计

第一章　绪论 ………………………………………………………………………… 137
 第一节　概述 ……………………………………………………………………… 137
 第二节　路基土的分类与工程性质 ……………………………………………… 139
 第三节　公路自然区划与路基干湿类型 ………………………………………… 141
 第四节　路基抗变形能力 ………………………………………………………… 143
 本章小结 …………………………………………………………………………… 146
 思考题与习题 ……………………………………………………………………… 147

第二章　路基结构设计 ……………………………………………………………… 148
 第一节　路基典型横断面 ………………………………………………………… 148
 第二节　路基附属设施 …………………………………………………………… 151
 第三节　一般路基与特殊路基设计 ……………………………………………… 153
 本章小结 …………………………………………………………………………… 159
 思考题与习题 ……………………………………………………………………… 160

第三章　路基排水设计 ……………………………………………………………… 161
 第一节　路基排水设计的目的、要求与原则 …………………………………… 161
 第二节　路基地面排水设施设计 ………………………………………………… 162
 第三节　路基地下排水设施设计 ………………………………………………… 167
 本章小结 …………………………………………………………………………… 170
 思考题与习题 ……………………………………………………………………… 171

第四章　路基稳定性验算 …………………………………………………………… 172
 第一节　概述 ……………………………………………………………………… 172
 第二节　高路堤和深路堑的边坡稳定性验算 …………………………………… 175
 第三节　陡坡路堤的稳定性验算 ………………………………………………… 179
 本章小结 …………………………………………………………………………… 182
 思考题与习题 ……………………………………………………………………… 183

第五章　路基防护与加固 …………………………………………………………… 184
 第一节　路基防护与加固的基本知识 …………………………………………… 184

第二节　坡面防护 ································· 185
　　第三节　冲刷防护 ································· 191
　　第四节　湿软地基加固 ····························· 195
　　第五节　路基主要病害与防治 ······················· 198
　　本章小结 ··· 204
　　思考题与习题 ····································· 204

第六章　挡土墙设计 ··································· 206
　　第一节　挡土墙的基本知识 ························· 206
　　第二节　挡土墙的构造与布置 ······················· 209
　　第三节　挡土墙设计依据与稳定性验算 ··············· 214
　　第四节　轻型挡土墙 ······························· 223
　　本章小结 ··· 230
　　思考题与习题 ····································· 230

第二分篇　路基施工

第一章　路基施工准备 ································· 233
　　第一节　路基施工的特点与基本方法 ················· 233
　　第二节　路基施工准备工作 ························· 234
　　第三节　路基施工放样 ····························· 237
　　本章小结 ··· 242
　　思考题与习题 ····································· 242

第二章　土质路基施工 ································· 243
　　第一节　路堤填筑 ································· 243
　　第二节　路堑开挖 ································· 246
　　第三节　路基压实 ································· 248
　　本章小结 ··· 252
　　思考题与习题 ····································· 252

第三章　石质路基爆破施工 ····························· 253
　　第一节　爆破作用原理与起爆器材 ··················· 253
　　第二节　爆破施工应用 ····························· 257

本章小结 ··· 260

思考题与习题 ··· 260

第三篇 路面工程

第一分篇 路面设计

第一章 路面结构与设计参数 ··· 265
- 第一节 路面基本性能 ·· 265
- 第二节 路面结构分层及功能 ··· 267
- 第三节 路面主要病害与防治 ··· 268
- 第四节 路面排水设计 ·· 275
- 第五节 交通轴载分析 ·· 278
- 本章小结 ··· 284
- 思考题与习题 ··· 285

第二章 路面基层设计 ·· 286
- 第一节 概述 ·· 286
- 第二节 碎(砾)石类基层设计 ·· 288
- 第三节 无机结合料稳定类基层设计 ··· 290
- 第四节 其他类型基层设计 ·· 294
- 本章小结 ··· 297
- 思考题与习题 ··· 298

第三章 沥青路面设计 ·· 299
- 第一节 沥青路面基本特性与分类 ·· 299
- 第二节 沥青路面设计理论及指标 ·· 303
- 第三节 沥青路面结构组合设计 ··· 306
- 第四节 新建沥青路面的结构层厚度计算 ·· 310
- 本章小结 ··· 314
- 思考题与习题 ··· 314

第四章 水泥混凝土路面设计 ·· 315
- 第一节 水泥混凝土路面构造 ··· 315
- 第二节 水泥混凝土路面设计内容 ··· 319

第三节　普通水泥混凝土路面板厚设计 320
第四节　水泥混凝土路面接缝设计 322
第五节　其他类型的水泥混凝土路面 328
本章小结 331
思考题与习题 332

第二分篇　路面施工

第一章　路面施工准备 335
第一节　路面施工准备工作 335
第二节　路面施工放样 337
本章小结 339
思考题与习题 340

第二章　路面基层施工 341
第一节　碎(砾)石类基层施工 342
第二节　无机结合料稳定类基层施工 344
本章小结 349
思考题与习题 349

第三章　沥青路面施工 350
第一节　热拌沥青混合料路面施工 350
第二节　其他沥青路面施工 355
本章小结 360
思考题与习题 360

第四章　水泥混凝土路面施工 361
第一节　水泥混凝土拌合物的搅拌与运输 361
第二节　水泥混凝土路面面层施工 363
第三节　水泥混凝土路面接缝、抗滑构造的施工及养生 368
本章小结 371
思考题与习题 371

参考文献 372

公路勘测设计

第一章 CHAPTER ONE

绪论

本章提要：
本章主要介绍公路与公路工程的基本概念,以及公路勘测设计的依据和阶段。

能力目标：
1. 理解公路与公路工程的相关概念;
2. 了解公路勘测设计的依据和阶段。

第一节 公路与公路工程

一、公路的相关概念

1. 公路

公路是指联结城镇、乡村,主要供汽车行驶并具备一定技术标准和设施的道路,意指公共交通之路。道路是供各种车辆(无轨)和行人通行的工程设施,按其服务对象不同分为公路、城市道路、厂矿道路、林区道路、乡村道路及港区道路等。

2. 公路网

公路网是指一定区域内相互连络、交织成网状分布的公路系统。

我国公路按行政等级分为国道、省道、县道、乡道、村道以及专用公路。

国道是指在全国公路网中,具有全国性的政治、经济、国防意义的主要干线公路,包括国家高速公路和普通国道,全面联结县级及以上行政区、交通枢纽、边境口岸、重要景区和国防设施。国家公路网是公路网中最高层次的路网,是国家综合立体交通网的基础和主骨架的重要组成部分。2022 年 7 月,经国务院批准同意,国家发展改革委、交通运输部联合印发《国家公路网规划》，提出到 2035 年，国家公路网规划总规模约 46.1 万 km，其中国家高速公路约 16.2 万 km（含远景展望线约 0.8 万 km），普通国道约 29.9 万 km。

省道是指在省、自治区、直辖市公路网中，具有全区域性的政治、经济、国防意义，并经确定为省级干线的公路。省道主要联结省（自治区、直辖市）内中心城市和主要经济区的公路以及不属于国道的省际重要公路。省道既有省级高速公路，也有省级非高速公路。

县道是指具有全县（旗、县级市）政治、经济意义，联结县城和县内主要乡（镇）、主要商品生产和集散地的公路，以及不属于国道、省道的县际间的公路。

乡道是指直接或主要为乡村经济、文化、生产、生活服务的公路，以及不属于县道以上公路的乡与乡之间及乡与外部联络的公路。

村道是指除乡道及乡道以上等级公路以外的连接建制村与建制村、建制村与自然村、建制村与外部的公路，但不包括村内街巷和农田间的机耕道。

专用公路是指由企业或其他单位建设、养护、管理，专为或主要为本企业或者本单位提供运输服务的道路。

当下，放眼全国，一张干支衔接、四通八达的公路网已经形成。它不光是支撑人流、车流、物流移动不可缺少的基础设施网，还成为我们伟大祖国版图上的动脉血管，为经济社会发展、改善出行条件、提高人民生活水平提供了关键支撑。截至 2021 年末全国公路总里程已达 528.07 万 km，其中高速公路里程 16.91 万 km，居世界第一。

建设交通强国、率先实现交通现代化，正是全面建设社会主义现代化国家新征程中交通运输行业的责任和担当。创新发展理念，安全、智能、绿色已成为交通运输发展的主旋律。人工智能进入国家战略规划，助推交通运输高质量发展。交通运输行业积极利用技术创新探索转型升级，启动了智慧公路建设示范工程。2018 年 2 月，交通运输部印发了《关于加快推进新一代国家交通控制网和智慧公路试点的通知》，确定在全国 9 个省（市）开展以下六个方向的智慧公路建设示范工程：基础设施数字化、路运一体化车路协同、北斗高精度定位综合应用、基于大数据的路网综合管理、"互联网＋"路网综合服务和新一代国家交通控制网。通过智慧高速公路建设，实现我国高速公路从高速增长阶段向高质量发展阶段转变，打造继高铁之后的另一张"中国名片"。目前全国智慧高速公路建设正在按照规划逐步推进实施。

3. 公路分级

我国公路按交通功能和交通控制特性与控制干扰能力进行分级。

1）按交通功能

公路按照交通功能分为干线公路、集散公路和支线公路。干线公路分为主要干线公路和次要干线公路，集散公路分为主要集散公路和次要集散公路。

2）按交通控制特性与控制干扰能力

公路按照交通控制特性与控制干扰能力分为高速公路、一级公路、二级公路、三级公路及四级公路 5 个技术等级。

（1）高速公路

高速公路为专供汽车分方向、分车道行驶，全部控制出入的多车道公路。它具有四个或四个以上车道，设有中央分隔带，全部立体交叉，并具有完善的交通安全设施、管理设施和服务设施。高速公路的年平均日设计交通量宜在 15000 辆小客车以上。

(2) 一级公路

一级公路为供汽车分方向、分车道行驶,并可根据需要控制出入的多车道公路。当作为集散公路时,纵横向干扰较大,为保证供汽车分道、分向行驶,可设慢车道供非汽车交通行驶;当作为干线公路时,为保证运行速度、交通安全和服务水平,应根据需要采取控制出入措施。一级公路的年平均日设计交通量宜在 15000 辆小客车以上。

(3) 二级公路

二级公路为供汽车行驶的双车道公路。为保证汽车的行驶速度和交通安全,在混合交通量大的路段,可设置慢车道供非汽车交通行驶。二级公路的年平均日设计交通量宜为 5000~15000 辆小客车。

(4) 三级公路

三级公路为供汽车、非汽车交通混合行驶的双车道公路。三级公路的年平均日设计交通量宜为 2000~6000 辆小客车。

(5) 四级公路

四级公路为供汽车、非汽车交通混合行驶的双车道或单车道公路。双车道四级公路年平均日设计交通量宜在 2000 辆小客车以下;单车道四级公路年平均日设计交通量宜在 400 辆小客车以下。

4. 公路等级选用

公路等级的选用,应在论证确定公路功能的基础上,结合项目所在地区的综合运输体系、远景发展规划及设计交通量论证确定。在确定公路技术等级时,应遵循以下原则:

(1) 公路技术等级应与该路段所对应的设计交通量相适应。高速公路和一级公路设计交通量预测年限为 20 年;二级公路、三级公路设计交通量预测年限为 15 年;四级公路可根据实际情况确定。设计交通量预测的起算年应为该项目的计划通车年;设计交通量的预测应充分考虑走廊带范围内远期社会、经济的发展和综合运输体系的影响。

(2) 主要干线公路作为公路网中结构层次最高的主通道,应选用高速公路。次要干线公路作为主要干线公路的补充,应选用二级及二级以上等级的公路——当设计交通量达到 15000 辆小客车/日时,宜选用一级及一级以上公路;当设计交通量达到 10000 辆小客车/日,且沿线纵横向干扰较大时,宜选用一级公路;当设计交通量不足 10000 辆小客车/日,应选用二级公路,且当货车占比较高时,宜间隔设置超车车道以减少纵向的干扰。

(3) 主要集散公路连接干线公路与支线公路,宜选用一级或二级公路。当设计交通量达到 15000 辆小客车/日,宜选用一级公路;当设计交通量在 5000~15000 辆小客车/日时,可选用二级公路。

(4) 次要集散公路服务于县乡区域交通,宜选用二级或三级公路。当设计交通量达到 5000 辆小客车/日时,宜选用二级公路;当设计交通量低于 5000 辆小客车/日时,宜选用三级公路。

(5) 支线公路宜选用三级公路或四级公路。当设计交通量达到 5000 辆小客车/日时,宜选用二级公路。

(6) 当既有公路不能满足功能需要时,应结合公路网发展规划,有计划地进行公路改建。

二、公路工程与勘测设计

1. 公路工程的概念及组成

公路工程是指以公路为对象而进行的规划、设计、施工、养护与管理工作的全过程及其所从事的工程实体。

公路工程主要由路基、路面、桥梁、涵洞、通道、隧道、防护工程、排水设施、交通工程及沿线设施等组成。

路基：按照路线位置和一定技术要求修筑的带状构造物，是路面的基础，承受由路面传来的行车荷载，同时承受气候变化和各种自然灾害的侵蚀和影响，路基应具有足够的强度、稳定性和耐久性。

路面：路面是铺筑在公路路基上与车轮直接接触的结构层，承受和传递车轮荷载，承受磨耗，经受自然气候和各种自然灾害的侵蚀和影响。对路面的基本要求是具有足够的强度、稳定性、平整度、抗滑性能等。

桥梁、涵洞：合称桥涵，是指公路跨越水域、沟谷和其他障碍物时修建的构造物。《公路工程技术标准》(JTG B01—2014)(以下简称《标准》)规定，单孔跨径小于5m的称为涵洞，大于该值的则称为桥梁。

隧道：公路隧道通常是指建造在山岭、江河、海峡和城市地面下，供车辆通过的工程构造物，按所处位置可分为山岭隧道、水底隧道和城市隧道。

防护工程：包括支挡结构、边坡防护等。

排水设施：包括边沟、截水沟、排水沟、跌水和急流槽等。

交通工程及沿线设施：公路交通工程及沿线设施是保证公路功能、保障车辆安全行驶的配套设施，是现代公路的重要标志。公路交通工程主要包括交通安全设施、监控系统、收费系统、通信系统四大类，沿线设施主要是指与这些系统配套的服务设施、房屋建筑等。

公路桥涵、隧道和交通工程及沿线设施因其在工程属性上具有专项性，相关内容将在专属课程里面介绍，本教材后续内容中暂不涉及。

2. 公路工程的特点

(1) 造价高、投资大

公路工程建设项目投资往往非常巨大，其建设投资额基本上是几千万、上亿甚至几百亿，这是一般的建筑工程项目所不可比拟的。

(2) 点多、线长、面广

公路工程建设规模一般都比较大，建设里程从几公里到上百公里甚至上千公里的都有，涉及的施工区域可能不止一个省(自治区、直辖市)，尤其是国道干线的建设，一般都要跨越多个省(自治区、直辖市)，施工范围相当广。

(3) 质量要求高

每条公路都是特有的、唯一的，一经建成，在短时间内将不会进行重复性的投资建设；同时，建设一条公路将会耗费大量的人力、物力和财力等，并需满足安全要求，还要贯彻经济环保理念，因此，围绕公路工程建设过程，需要满足一系列的法律法规和标准规范体系的质量要求，才能达到建设要求。

(4)作业环境复杂

公路工程本身的特点要求施工建设时采用全野外的作业方式,加上施工路线一般都较长,跨越的地理空间和地质环境复杂,所以无论是其面临的气候、地质水文条件,还是社会经济环境,乃至风土人情都存在变化和差异。其中任何一项因素的变化都会影响公路工程建设的顺利开展。

3. 公路勘测设计

勘测设计工作是公路工程付诸实施的前提,是道路设计和施工中非常重要的内容,它对线形质量、工程造价、施工难度和工期有着直接的影响。

公路勘测设计是在前期工作的基础上,由建设单位进行招投标决定设计单位,设计单位根据招投标或勘测设计任务书、勘测设计合同进行设计的过程。其中,公路勘测是采用踏勘、测量、调查等手段,采集、收集路线所经地区的沿线规划、社会现状、经济发展、人文景观、地形地貌、地质水文、气候气象等资料,进行必要的计算、绘制图表,以取得满足公路设计需要的空间数据、信息,并根据要求提供相应勘测成果的工作。公路设计是在勘测的基础上,根据公路功能和技术等级要求,对公路平面、纵断面、横断面、选线、定线、道路交叉等几何要素进行设计的过程。

第二节 公路勘测设计依据和阶段

一、设计依据

公路设计是按勘测设计程序、已批准的计划任务书和现行《公路工程技术标准》(JTG B01)等进行的。无论是新建公路或是改建公路,都应有充分的技术经济依据,其设计依据主要有设计车辆、设计速度、设计交通量、服务水平等。

1. 设计车辆

设计车辆外廓尺寸以及行驶于公路上各种车辆的交通组成是公路几何设计中的重要控制因素。在公路设计过程中,设计车辆是设计所采用的具有代表性的车型,其外廓尺寸、质量和运行性能是用于确定公路几何设计、交叉几何设计和路基宽度的主要依据。设计车型的规定及采用对决定公路几何尺寸具有极其重要的意义。

公路路线与路线交叉几何设计所采用的设计车辆应根据公路功能、车辆组成等因素选用,其外廓尺寸见表1-0-1-1,应符合下列规定:

(1)干线公路和主要集散公路应满足所有设计车辆的通行要求。
(2)次要集散公路应满足小客车、载重汽车和大型客车的通行要求。
(3)支线公路应满足小客车和大型客车的通行要求。
(4)有特殊通行要求的公路,其设计车辆可论证确定。

设计车辆外廓尺寸(单位:m)　　　　表1-0-1-1

车辆类型	总长	总宽	总高	前悬	轴距	后悬
小客车	6	1.8	2	0.8	3.8	1.4
大型客车	13.7	2.55	4	2.6	6.5+1.5	3.1

续上表

车辆类型	总长	总宽	总高	前悬	轴距	后悬
铰接客车	18	2.5	4	1.7	5.8+6.7	3.8
载重汽车	12	2.5	4	1.5	6.5	4
铰接列车	18.1	2.55	4	1.5	3.3+11	2.3

注：铰接列车的轴距(3.3+11)m——3.3m为第一轴至铰接点的距离，11m为铰接点至最后轴的距离。

2. 设计速度

设计速度是指在气候和交通量正常的情况下，汽车运行只受公路自身条件(几何要素、路面、附属设施等)影响时，具有中等驾驶技术的人员能够安全、顺适驾驶车辆的速度。

设计速度是公路设计时确定几何线形的基本要素。曲线半径、超高、视距、合成坡度、路幅宽度和竖曲线设计等都直接或间接与设计速度有关，所以它是体现公路等级的一项重要指标。

设计速度与运行速度有密切的关系，但它们是不同的两个概念。运行速度是指汽车在公路上的实际行驶速度，它受气候、地形、交通密度以及公路本身条件的影响，同时与驾驶员的技术也有很大的关系。在设计速度低的路段上，当行车条件(交通密度、气候、地形等)比较好时，运行速度常接近或超过设计速度。设计速度越低，出现这种现象的概率越大。考虑到这一特点，同一等级的公路按不同的条件采用不同的设计速度是合适的。同时，超过设计速度的情况是危险的，所以在地形良好、线形顺适、视野开阔容易产生超速行驶(超过设计速度)的路段，要特别注意曲线半径、超高、纵坡等方面的合理配置。

各级公路设计速度应符合表1-0-1-2 的规定。设计速度的选用应根据公路的功能与技术等级，结合地形、工程经济、预期的运行速度和沿线土地利用性质等因素综合论证确定，并应符合下列规定：

(1)高速公路设计速度不宜低于100km/h，受地形、地质等条件限制时，可选用80km/h。

(2)作为干线的一级公路，设计速度宜采用100km/h，受地形、地质等条件限制时，可采用80km/h。作为集散的一级公路，设计速度宜采用80km/h；受地形、地质等条件限制时，可采用60km/h。

(3)高速公路和作为干线的一级公路的特殊困难局部路段，且因新建工程可能诱发工程地质病害时，经论证，该局部路段的设计速度可采用60km/h，但长度不宜大于15km，或仅限于相邻两互通立体交叉之间的路段。

(4)作为干线的二级公路，设计速度宜采用80km/h；受地形、地质等条件限制时，可采用60km/h。作为集散的二级公路，设计速度宜采用60km/h；受地形、地质等条件限制时，可采用40km/h。

(5)三级公路设计速度宜采用40km/h；受地形、地质等条件限制时，可采用30km/h。

(6)四级公路设计速度宜采用30km/h；受地形、地质等条件限制时，可采用20km/h。

各级公路设计速度　　　表1-0-1-2

公路等级	高速公路			一级公路			二级公路		三级公路		四级公路	
设计速度 (km/h)	120	100	80	100	80	60	80	60	40	30	30	20

公路设计应采用运行速度进行检验。相邻路段运行速度之差应小于20km/h,同一路段运行速度与设计速度之差宜小于20km/h。公路限制速度应根据设计速度、运行速度及路侧干扰与环境等因素综合论证确定。

3. 设计交通量

交通量是确定公路等级的主要依据。公路的交通量是指单位时间内(每小时或每昼夜)通过公路上某一横断面处的往返车辆总数。设计交通量与社会经济发展速度、气候、物产、文化生活水平等多方面因素有关,且随着时间、地点的不同而随机变化。其具体数值通过交通调查和交通预测确定。

(1)年平均日交通量

公路交通量的普遍计量单位是年平均日交通量(简称 AADT),即一年 365 天(闰年 366 天)交通量观测结果的平均值,其表达式为

$$N = \frac{1}{365}\sum_{i=1}^{365} Q_i \tag{1-0-1-1}$$

式中:N——年平均日交通量,辆/日;

Q_i——一年内的第 i 日的交通量,辆/日。

(2)设计交通量

设计交通量是指达到预测年限时的年平均日交通量,它是确定公路等级的主要依据。设计交通量根据公路使用的功能、任务和性质,目前一般按年平均增长率计算确定。

$$N_d = N_0(1+\gamma)^{t-1} \tag{1-0-1-2}$$

式中:N_d——达到预测年限时的年平均日交通量,辆/日;

N_0——起始年平均日交通量,辆/日;

γ——年平均增长率,%;

t——预测年限。

(3)设计小时交通量

设计小时交通量是以小时为时段的交通量(简称 DDHV),用于确定公路等级、车道数和车道宽度或评价公路运行状态和服务水平的重要参数。我们知道,一年中的每月、每日、每小时交通量的变化是相当大的,如果用一年中最大的高峰小时交通量作为设计依据,必然造成浪费,但如果采用日平均小时交通量则不能满足实际需要,甚至造成交通阻塞。因此,必须选择适当的小时交通量作为设计小时交通量。研究认为,取一年中的排序第 30 位小时交通量为设计小时交通量最合适,即将一年中测得的 8760 小时交通量按大小顺序排列,取序号为第 30 位的小时交通量作为设计小时交通量。如图 1-0-1-1 所示,在第 30 位小时交通量以上,曲线斜率急剧加大,第 30 位以下,曲线变化明显变缓,采用第 30 位小时交通量作为设计依据,每年只有 29 个小时的交通量超过设计小时交通量,保证率达 99.67%。目前许多国家包括我国均采用第 30 位小时交通量作为设计依据。当然,也可根据项目特点与需求,在当地第 20~40 位小时交通量之间取值。

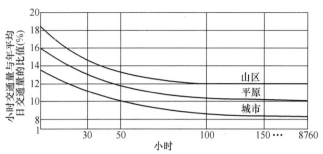

图 1-0-1-1 第 30 位小时交通量示意图

设计小时交通量按下式计算:

$$N_h = N_d \cdot K \cdot D \tag{1-0-1-3}$$

式中:N_h——设计小时交通量,辆/h;

N_d——达到预测年限时的年平均日交通量,辆/日;

K——设计小时交通量系数,即第 30 位小时交通量与年平均日交通量的比例,一般平原区 K 取 13%,山区 K 取 15%;

D——方向不均匀系数,一般可取 $D = 0.5 \sim 0.6$。

(4)交通量换算

在确定设计交通量时,应将在公路上行驶的各种车辆,按规定折算为标准车型。我国进行公路设计时是以小客车为标准车型。设计时应将公路上行驶的各种车辆(含非机动车辆)按规定折合成小客车的年平均日交通量。各种汽车的折算是为了以统一尺度比较交通量的大小。确定公路等级的各汽车代表车型和车辆折算系数见表 1-0-1-3。

各汽车代表车型与车辆折算系数 表 1-0-1-3

汽车代表车型	车辆折算系数	说　明
小客车	1.0	座位≤19 座的客车和载质量≤2t 的货车
中型车	1.5	座位>19 座的客车和 2t<载质量≤7t 的货车
大型车	2.5	7t<载质量≤20t 的货车
汽车列车	4.0	载质量>20t 的货车

畜力车、人力车、自行车等非机动车,在设计交通量换算中按路侧干扰因素计,公路上行驶的拖拉机每辆折算为 4 辆小客车。公路通行能力分析所要求的车辆折算系数应针对路段、交叉口等形式,按不同的地形条件和交通需求,采用相应的折算系数。中型车、大型车与汽车列车在高速公路、一级公路路段上,根据交通量与设计速度取用不同的车辆折算系数。

4. 服务水平

公路服务水平是指驾驶员感受公路交通流运行状况的质量指标,通常采用平均行驶速度、时间、驾驶的自由度和交通延误等指标表征。

《标准》把公路设计的服务水平分为六级,进行公路设计时,其服务水平应根据公路功能、技术等级、地形地质条件等要素合理选用,并不低于表 1-0-1-4 的要求。一级公路用作集散公路时,设计服务水平可降低一级。长隧道及特长隧道路段、非机动车及行人密集路段、互通式立体交叉的分合流区段以及交织区段,其设计服务水平可降低一级。

各级公路服务水平　　　　　　　　表1-0-1-4

公路等级	高速公路	一级公路	二级公路	三级公路	四级公路
服务水平	三级	三级	四级	四级	—

二、勘测设计阶段

公路工程基本建设项目的勘测设计阶段可分为"一阶段设计""两阶段设计"和"三阶段设计"三种。通常情况下,勘测设计采用两阶段设计,即初步设计和施工图设计。对技术简单、方案明确的小型建设项目,可采用一阶段设计,即一阶段施工图设计。对技术复杂而又缺乏经验的建设项目或建设项目中的个别路段、特殊大桥、互通式立体交叉、隧道等,必要时可采用三阶段设计,即初步设计、技术设计和施工图设计。

一阶段设计是根据批准的设计任务书(或测设合同)的要求,进行定线测量,编制施工图设计文件和施工预算,作为公路施工的依据。

两阶段设计是根据批准的设计任务书(或测设合同)的要求,经过初步测量,编制初步设计文件和设计概算,再根据批准的初步设计,进行定线测量,编制施工图设计文件和施工预算,作为施工的依据。

三阶段设计是在初步设计文件和设计概算批准后,通过补充测量,然后编制技术设计文件和修正概算,最后根据批准的技术设计文件经过定线测量(或补充定测),编制施工图设计文件和施工预算,作为公路施工的依据。

在采用一阶段设计、两阶段设计或三阶段设计时,不论是新建公路还是改建公路,在公路勘测设计之前,均必须进行工程可行性研究工作。工程可行性研究虽不独立作为一个设计阶段,但是勘测设计工作之前都必须进行的一个重要步骤。

工程案例:公路等级与设计速度的确定

某地级市地处中国东南黄金海岸线中段,市场化水平高,民营经济活跃,块状经济高质量发展。随着社会经济的不断发展,途经该市的高速公路流量持续增长,全线平均交通量达到75004辆/日,其中某段已达到93979辆/日。局部路段交通量已超过高速公路所能承受的最大交通量,交通拥堵日益严重。因此,修建新的高速公路已势在必行。

拟建设的高速公路项目联结该地级市北部两座城市,其人口均超过20万人。该项目建成后,可结束两城市间无高速公路连通的历史,完善该地级市北部地区东西向高速公路网结构,对加强下辖县市路网体系、带动该地级市北部欠发达山区经济发展具有重要意义。因此,该项目采用高速公路技术标准,宜定位为主要干线公路。

《标准》将高速公路设计速度分为三档,即120km/h、100km/h、80km/h。选择时应根据公路的功能与技术等级,结合地形、工程经济、预期的运行速度和沿线土地利用性质等因素综合论证确定。高速公路设计速度不宜低于100km/h;受地形与地质等条件限制,可选用80km/h。本项目所在区域地形条件能满足100km/h的要求。因此从全线的技术标准选用来看,该项目主线采用100km/h的设计速度是合理的。

从道路使用功能、地形条件、交通组成、工程规模等方面考虑,该项目中的两处互通连接线采用二级公路标准,设计速度采用 60km/h 是合理的。

本章小结

(1)公路是指联结城镇、乡村,主要供汽车行驶并具备一定技术标准和设施的道路,意指公共交通之路。公路网是指一定区域内相互连络、交织成网状分布的公路系统。

(2)公路按照交通功能分为干线公路、集散公路和支线公路。干线公路分为主要干线公路和次要干线公路,集散公路分为主要集散公路和次要集散公路。公路按照交通控制特性与控制干扰能力分为高速公路、一级公路、二级公路、三级公路及四级公路 5 个技术等级。

(3)公路工程是指以公路为对象而进行的规划、设计、施工、养护与管理工作的全过程及其所从事的工程实体。公路工程主要由路基、路面、桥梁、涵洞、隧道、防护工程、排水设施、交通工程及沿线设施等组成。

(4)通常情况,勘测设计采用两阶段设计,即初步设计和施工图设计。对技术简单、方案明确的小型建设项目,可采用一阶段设计,即一阶段施工图设计。对技术复杂而又缺乏经验的建设项目或建设项目中的个别路段、特殊大桥、互通式立体交叉、隧道等,必要时可采用三阶段设计,即初步设计、技术设计和施工图设计。

思考题与习题

1. 简述公路的分类,并分析公路工程的组成。
2. 公路勘测设计的依据主要有哪些?
3. 何谓公路设计速度?
4. 公路勘测设计可分为哪几个阶段?简述各阶段的主要任务。

第二章 CHAPTER TWO
公路平面设计

本章提要：
本章主要介绍公路线形的组成，超高与加宽设计，行车视距的确定，最终形成平面设计成果。

能力目标：
1. 能描述平面线形的三要素，理解三要素的运用；
2. 能描述超高及其作用，了解超高过渡的含义；
3. 能描述加宽及其作用，了解加宽值的选用；
4. 能描述行车视距的基本概念，了解视距分类与视距检验方法；
5. 能识读公路平面设计图，理解平面线形组合设计。

第一节　平面线形要素

公路是带状构造物，公路线形主要是指道路中心线的空间线形。为研究方便和直观起见，对该空间线形进行三视图投影，路线在水平面上的投影称作路线的平面线形；沿中线竖直剖切并展开构成纵断面线形；中线上任一点的法向切面构成横断面线形。公路线形的设计实际上是确定平面、纵断面及横断面线形的尺寸和形状，也就是通常所指的平面设计、纵断面设计和横断面设计。三者之间既相互联系又相互制约，因此在进行路线设计时，必须综合考虑。

公路的平面线形，由于其位置受社会经济、自然地理和技术条件等因素的制约，公路从起点到终点在平面上不可能是一条直线，而是由许多直线段和曲线段（包括圆曲线和缓和曲线）组合而成，如图1-0-2-1所示。对平面线形而言，一般可分解为直线、圆曲线和缓和曲线，称之为平面线形的三要素。为使直线与圆曲线之间实现顺适的衔接过渡，应设置缓和曲线进行连接，缓和曲线一般采用回旋线。

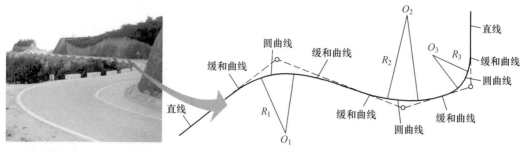

图 1-0-2-1 平面线形组成

一、直线

直线具有能以最短的距离连接两控制点和线形易于选定的特点。一般情况下,这种线形测设、施工简单,视线良好,路线短捷,可降低汽车的运营成本,因而在公路设计中被广泛运用。

由于直线线形缺乏变化,不易与地形相适应,而且在高速公路、一级公路行车速度高的情况下,更易使驾驶员感到单调、疲乏、难以准确目测车间距,增加夜间行车车灯眩目的危险,还会导致出现超速行驶状态,因而在设计直线线形和确定直线长度时,必须慎重选用。

1. 直线的设计标准

在设计中,应根据路线所处地段的地形、地物、驾驶员的视觉、心理状态以及保证行车安全等合理布设直线。直线的最大、最小长度应有所限制。

1) 直线最大长度

直线的长度不宜过长。受地形条件或其他特殊情况限制而采用长直线时,应结合沿线具体情况采取相应的技术措施。在运用直线线形并确定其长度时,必须持谨慎态度。总的原则是:公路平面线形应与地形相适应,与景观相协调,直线的最大长度应有所限制,当采用长直线线形时,为弥补景观单调的缺陷,应结合具体情况采取相应的技术措施。

2) 直线最小长度

同向曲线是指两个转向相同的相邻曲线间连以直线形成的平面线形。其中间的直线长度就是指前一曲线的终点至后一曲线的起点之间的长度。当此直线长度很短时,在视觉上容易形成直线与两端的曲线构成反弯的错觉,使整个组合线形缺乏连续性,形成所谓的断背曲线,如图 1-0-2-2 所示。反向曲线是指两转向相反的圆曲线之间以直线或缓和曲线或径相衔接而成的平面线形。由于两弯道转弯方向相反,考虑其超高和加宽缓和的需要以及驾驶员的操作方便,其间的直线最小长度应予以限制。回头曲线是指山区公路为克服高差在同一坡面上回头展线时所采用的曲线。为保证行车安全,应确定前一回头曲线与后一回头曲线间的直线最小长度。

《公路路线设计规范》(JTG D20—2017)(以下简称《路线规范》)对于直线的最小长度规定如下:

(1) 设计速度大于或等于 60km/h 时,同向圆曲线间最小直线长度(以 m 计)以不小于设计速度(以 km/h 计)的 6 倍为宜;反向圆曲线间的最小直线长度(以 m 计)以不小于设计速度

(以 km/h 计)的 2 倍为宜。

(2)设计速度小于或等于 40km/h 时,可参照上述规定执行。

(3)由一个回头曲线终点至下一个回头曲线起点间的直线距离,在设计速度为 40km/h、30km/h、20km/h 时,应分别不小于 200m、150m、100m。

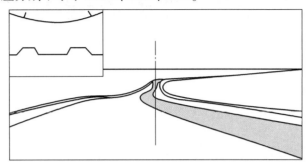

图 1-0-2-2 "断背曲线"的视觉效果

2. 直线的运用

在实际应用直线时根据地形、安全及景观,按以下几个方面考虑。

1)适宜采用直线的路段

(1)路线完全不受地形、地物限制的平坦地区或山间的宽阔河谷地带。

(2)长大桥梁、隧道等构造物路段。

(3)路线交叉点及其附近。

(4)双车道公路提供超车的路段。

2)应注意的问题

(1)在长直线上的纵坡不宜过大,因为长直线加上陡坡下行时易导致超速行车。

(2)长直线或长下坡尽头的平曲线,除曲线半径、超高、视距等必须符合规定要求外,还必须采取设置标志、增加路面抗滑能力等安全措施。

(3)长直线同大半径凹形竖曲线组合为宜,这样可使生硬呆板的直线得到一些缓和改善,如图 1-0-2-3 所示。

图 1-0-2-3 长直线与凹形竖曲线组合
a)无凹曲线;b)有凹曲线

(4)两侧地形过于空旷时,宜采取植不同树种或设置一定建筑物等技术措施,以改善单调的景观。

(5)当受地形条件或其他特殊情况限制而采用长直线时,应结合运行速度分析和安全性评价,增设必要的提醒和警示标志,避免出现驾驶疲劳等现象。

(6)公路线形应该与地形相适应,与景观相协调,不强求长直线,也不应硬性去掉长直线而设置曲线。

二、圆曲线

各级公路不论转角大小均应设置平曲线(平曲线包括圆曲线和缓和曲线),而圆曲线是平面线形的主要组成部分。平面线形中的单曲线、复曲线、虚交点曲线和回头曲线等,一般都包括圆曲线。圆曲线具有与地形适应性强、可循性好、线形美观和易于测设等优点,使用十分普遍。

1. 汽车在圆曲线上的受力特点

1)汽车转弯行驶时的受力特点与力的平衡

汽车在公路曲线上行驶时,除受重力外,还会受到离心力的作用。由于汽车受横向离心力的影响,使汽车在平曲线上行驶时产生两种失稳倾向:即汽车向外滑移或倾覆。为抵消或减小离心力的作用,保证汽车在圆曲线上稳定行驶,当圆曲线半径低于不设超高圆曲线最小半径时,圆曲线上路面必须做成外侧高、内侧低(当单向横坡)的形式,称为横向超高。离心力的作用点位于汽车重心,方向水平,并与曲线圆心方向相反,如图1-0-2-4所示。离心力的计算公式为:

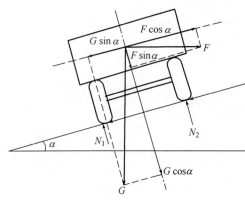

图1-0-2-4　汽车在弯道行驶时的受力分析

$$F = \frac{G}{g} \cdot \frac{v^2}{R} \quad (1\text{-}0\text{-}2\text{-}1)$$

式中:F——离心力,N;

G——汽车重力,N;

g——重力加速度,一般取$g=9.8\text{m/s}^2$;

v——汽车的行驶速度,m/s;

R——圆曲线半径,m。

为便于研究,将作用在汽车上的离心力F和汽车重力G分解为平行于路面的横向力X和垂直于路面的竖向力Y,则有:

$$\begin{cases} X = F\cos\alpha - G\sin\alpha \\ Y = G\cos\alpha + F\sin\alpha \end{cases} \quad (1\text{-}0\text{-}2\text{-}2)$$

因为α很小,所以$\cos\alpha \approx 1$;$\sin\alpha \approx \tan\alpha = i$($i$为横向超高横坡度,%)。由此可得:

$$X = F - Gi = \frac{Gv^2}{gR} - Gi \quad (1\text{-}0\text{-}2\text{-}3)$$

横向力和竖向力是反映汽车行驶是否稳定的两个重要因素,其中横向力为不稳定因素,竖向力为稳定因素。但横向力与竖向力的大小均与重力的大小有关。为了准确衡量汽车在圆曲线上行驶是否稳定、安全与舒适,采用横向力与汽车重力的比值为横向力系数,据此衡量汽车行驶的稳定程度,其意义为单位车重的横向力。横向力系数以μ表示,即

$$\mu = \frac{X}{G} \tag{1-0-2-4}$$

将式(1-0-2-3)代入式(1-0-2-4),则得

$$\mu = \frac{v^2}{gR} - i \tag{1-0-2-5}$$

2)横向倾覆分析

汽车在具有横坡的圆曲线上行驶时,由于离心力的作用,当横向力增加很大时,就有可能使汽车绕外侧车轮边缘旋转而产生倾覆。要使汽车不产生倾覆,就必须使横向力与汽车重心所产生的不稳定力矩 Xh 小于或等于竖向力对车轮外侧所产生的稳定力矩 $Yb/2$,即

$$Xh \leq Y\frac{b}{2} \tag{1-0-2-6}$$

因 $Y \approx G, X \approx \mu G$,故:

$$\mu \leq \frac{b}{2h} \tag{1-0-2-7}$$

式中:b——两后轮中心距,m;
  h——汽车重心至路面的高度,m;
  其余符号意义同前。

3)横向滑移分析

汽车在圆曲线上行驶时,同时存在着使汽车向外侧滑移的横向力和阻止汽车向外侧滑移的横向摩阻力。要使汽车不产生滑移,就必须保证横向力小于或等于横向摩阻力,即

$$X \leq Y\varphi \approx G\varphi \tag{1-0-2-8}$$

将式(1-0-2-4)代入式(1-0-2-8),得

$$\mu \leq \varphi \tag{1-0-2-9}$$

式中:φ——轮胎与路面之间的横向附着系数,与车速、路面种类及状态、轮胎状况等有关,一般干燥路面为 0.4~0.8,潮湿黑色路面高速行驶时为 0.25~0.4;路面结冰积雪时为 0.2~0.3;平滑的冰雪路面小于 0.2。

2. 圆曲线半径

1)圆曲线半径标准的制定

由汽车行驶在圆曲线上的受力特点,根据汽车行驶在曲线上力的平衡方程(1-0-2-4)可知圆曲线半径计算公式为:

$$R = \frac{V^2}{127(\mu \pm i)} \tag{1-0-2-10}$$

式中:V——各级公路的设计速度,km/h;
  i——超高值,设超高时公式采用"+",不设超高时采用"-"。

从式(1-0-2-9)可知,为了保证汽车行驶稳定,圆曲线半径的理论取值随横向力系数的减小而变大。因此,从汽车行驶的稳定性出发,圆曲线半径越大越好。但有时因受地形、地质、地物等因素的限制,圆曲线半径不可能设置得很大,往往会采用小半径圆曲线,这时如果半径选

用的太小,又会使汽车行驶不安全,甚至翻车。所以必须综合考虑汽车的安全、迅速、舒适和经济因素,并兼顾美观因素,使确定的最小半径能满足某种程度的行车要求。这种最起码的半径取值,就是圆曲线的最小半径限制值。《路线规范》根据各级公路的不同要求,规定了圆曲线最小半径有三类:极限最小半径、一般最小半径和不设超高的最小半径。其中极限最小半径主要满足行车安全,适当考虑舒适性;一般最小半径已具有较好的安全性和舒适性;不设超高的最小半径是考虑即使圆曲线不设超高也能保证汽车在弯道外侧行驶的安全与舒适。

在一定的速度下,要满足三类最小半径下的安全性和舒适性要求,关键在于横向力系数 μ 值的合理确定。

(1) 行车安全性分析

汽车在弯道上安全行驶的必要条件是轮胎不会在路面上产生滑移,即要求横向力系数 μ 要小于或等于轮胎与路面间的横向附着系数 φ,即

$$\mu \leqslant \varphi$$

(2) 舒适性分析

由国内外大量资料分析,乘客随 μ 值的变化其心理反应如下:

当 $\mu < 0.10$ 时,不感到有曲线存在,很平稳,近似于在直线上行驶;

当 $\mu = 0.15$ 时,感到有曲线存在,但尚平稳;

当 $\mu = 0.2$ 时,感到有曲线存在,略感不平稳;

当 $\mu = 0.35$ 时,感到明显不平稳;

当 $\mu > 0.4$ 时,感到非常不平稳,有倾倒的危险感。

由此可知,从乘客的舒适性出发,μ 值以不超过 0.10 为宜,最大不超过 0.20。

(3) 经济性分析

在确定 μ 值时,还应考虑汽车运营的经济性。根据试验分析,汽车在弯道上行驶与在直线上行驶相比,存在着表 1-0-2-1 所示关系。

μ 值与燃料消耗、轮胎磨损的关系 表 1-0-2-1

横向力系数 μ	燃料消耗(%)	轮胎磨损(%)
0	100	100
0.10	110	220
0.15	115	300
0.20	120	390

综上分析,μ 值大小与行车安全、舒适与经济等密切相关。因此,μ 值的选用应根据行车速度、圆曲线半径及超高横坡度的大小,在合理的范围内选择。

2) 圆曲线半径的标准

(1) 圆曲线最小半径

极限最小半径是路线设计中各级公路所能允许的极限值。在公路线形设计时,应根据沿线地形情况,合理选用不小于"极限值"的圆曲线半径。在不得已情况下,方可采用极限最小半径。

为避免在路线设计时只考虑节约投资,不考虑线形的整体协调和将来提高公路等级而过多采用极限最小半径的片面倾向,同时也要考虑在地形比较复杂的情况下不会过多地增加工程量,而且也具有充分的舒适感,此时,设置了圆曲线"一般最小半径"。

当圆曲线半径达到一定值时,其所对应的弯道可以不设超高,即路拱为双向横坡度,横坡度的大小与直线段相同。此时要求汽车在圆曲线外侧行驶时也能获得足够的安全性和很好的舒适性。

《路线规范》规定了各级公路的圆曲线最小半径,如表1-0-2-2所示。

各级公路的圆曲线最小半径   表1-0-2-2

设计速度(km/h)		120	100	80	60	40	30	20
圆曲线一般最小半径(一般值)(m)		1000	700	400	200	100	65	30
圆曲线最小半径 (极限值) (m)	$I_{max}=10\%$	570	360	220	115	—	—	—
	$I_{max}=8\%$	650	400	250	125	60	30	15
	$I_{max}=6\%$	710	440	270	135	60	35	15
	$I_{max}=4\%$	810	500	300	150	65	40	20
不设超高圆曲线 最小半径(m)	路拱≤2.0%	5500	4000	2500	1500	600	350	150
	路拱>2.0%	7500	5250	3350	1900	800	450	200

注:"一般值"为正常情况下的采用值;"极限值"为条件受限时可采用的值;I_{max}为采用的最大超高值;"—"为不考虑采用对应最大超高的情况。

(2)圆曲线最大半径

选用圆曲线半径时,在地形等条件允许的前提下,应尽量采用大半径曲线。但半径过大,圆曲线太长,对测设和施工都不利,且过大的半径,其几何性质与直线无多大差异。因此,《路线规范》规定,圆曲线最大半径值不宜超过10000m。

3. 圆曲线的运用

圆曲线与直线线形均是公路的基本线形,在路线设计中若能结合地形选用恰当的圆曲线半径,则能取得良好的线形效果。所以,在选用圆曲线半径时,应尽量选用较大半径并应考虑以下几方面因素:

(1)选用圆曲线半径时,应与设计速度相适应,并应尽可能选用较大的圆曲线半径;

(2)设置圆曲线时应与地形相适应,宜采用超高为2%~4%对应的圆曲线半径;

(3)条件受限制时,可采用大于或接近于圆曲线一般最小半径,地形条件特殊困难而不得已时,方可采用圆曲线极限最小半径,并应采取措施保证视距的要求;

(4)设置圆曲线时,应同相衔接路段的平、纵线形要素相协调,使之构成连续、均衡的曲线线形,并避免小半径圆曲线与陡坡相重合的线形;

(5)当交点转角不得已小于7°时,应按规定设置足够长的平曲线;

(6)桥位处两端设置圆曲线时,圆曲线半径一般应大于一般最小半径;

(7)隧道内必须设置圆曲线时,圆曲线半径应大于不设超高的最小半径;

(8)长直线或陡坡尽头,不得采用小半径圆曲线。

三、缓和曲线

缓和曲线是在直线与圆曲线之间或半径相差较大的两个转向相同圆曲线之间设置的一种曲率逐渐变化的曲线。在公路路线设计中，缓和曲线一般采用回旋线，它的主要特征是曲率均匀变化。《路线规范》规定，高速公路、一级公路、二级公路、三级公路的直线同半径小于不设超高的圆曲线半径相连接处，应设置缓和曲线(回旋线)。四级公路可将直线与圆曲线直接相连接，但应设置超高、加宽过渡段。

1. 缓和曲线的作用

1) 便于驾驶员操作转向盘

汽车从直线进入圆曲线，或从大半径圆曲线驶入小半径圆曲线时，插入缓和曲线，可使汽车前轮转向角逐渐从 $0°$ 转至 α，从而有利于驾驶员操作转向盘，保证车辆安全行驶。

2) 满足乘客乘车的舒适与稳定

离心力的大小与汽车行驶的曲率半径大小成反比。在直线段中，离心力为零；在圆曲线上，离心力最大。当插入缓和曲线时，因为缓和曲线的曲率是逐渐变化的，可以消除离心力的突变，从而保证乘客乘车的舒适与稳定。

3) 满足超高、加宽的过渡，利于平稳行车

当圆曲线上有超高与加宽时，由直线段上无超高及加宽过渡到主圆曲线的全超高及全加宽时，必须有一个过渡段，因而设置了缓和曲线，可以通过缓和曲线完成超高及加宽的逐渐过渡。

4) 与圆曲线配合得当，增加线形美观

圆曲线与直线径相连接，在连接处曲率突变，在视觉上有不平顺的感觉，如图 1-0-2-5 所示。设置缓和曲线后，使线形连续圆滑，增加了线形的美观，同时具有良好的视觉效果和心理效果。

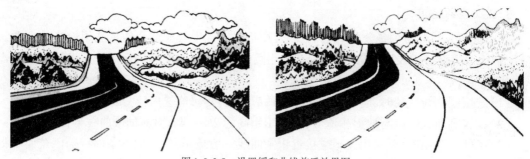

图 1-0-2-5 设置缓和曲线前后效果图
a) 未设缓和曲线的视觉效果；b) 设置缓和曲线后的视觉效果

2. 缓和曲线的特性

由汽车行驶轨迹的研究可知，汽车匀速从直线进入圆曲线(或相反)，其行驶轨迹的弧长与曲线的曲率半径之乘积为一常数。这一性质与数学上的回旋线正好相符。我国《规范》规定缓和曲线采用回旋线形式，其公式为：

$$rl = A^2 = C \qquad (1\text{-}0\text{-}2\text{-}11)$$

式中：r——回旋线上某点的曲率半径，m；
　　　l——回旋线上某点到起点的曲线长，m；
　　　A——回旋线参数；
　　　C——常数。

在回旋线上的任意点，r 随 l 的变化而变化，但在回旋线终点，$l = l_s$，$r = R$，则上式可写作

$$Rl_s = A^2 \quad (1\text{-}0\text{-}2\text{-}12)$$

则参数

$$A = \sqrt{Rl_s} \quad (1\text{-}0\text{-}2\text{-}13)$$

式中：l_s——缓和曲线（回旋线）的总长度，m。

3. 缓和曲线的最小长度

由于汽车要在缓和曲线上完成不同曲率的过渡行驶，所以要求有足够的缓和曲线长度，以保证驾驶员操作转向盘所需的时间并满足设置超高与加宽过渡的要求。

1）控制离心加速度的变化率

为了保证乘客乘车的舒适性，需控制离心加速度的变化率，由此可确定缓和曲线的最小长度为：

$$l_s \geq 0.035 \frac{V^3}{R} \quad (1\text{-}0\text{-}2\text{-}14)$$

式中：V——设计速度，km/h；
　　　R——圆曲线半径，m。

2）保证驾驶员操作转向盘所需的操作时间

试验表明，驾驶员在缓和曲线上操作转向盘的最合适时间为 $t = 3 \sim 5\text{s}$，我国采用 $t = 3\text{s}$，所以缓和曲线最小长度为：

$$l_s = vt = \frac{V}{3.6}t = \frac{V}{1.2} \quad (1\text{-}0\text{-}2\text{-}15)$$

式中：t——汽车在缓和曲线上行驶的时间，s；
　　　其余符号意义同前。

式（1-0-2-15）表明，缓和曲线最小长度与半径大小无关，即使平曲线半径较大，当汽车高速行驶时，也应有个转变过程，因而式（1-0-2-15）是高等级公路设置缓和曲线的校核式。

3）根据超高附加纵坡不宜过陡来确定缓和曲线最小长度

超高附加纵坡（即超高渐变率）是指缓和曲线上设置超高过渡段后，因路基外侧由双向横坡逐渐变成单向超高横坡后，所产生的附加纵坡。当附加纵坡过小时，不利于排水；当附加纵坡过大时，路容不美观。

为了保证适中的超高渐变率，需确定合适的缓和曲线长度。由超高过渡段长度计算公式知：

$$L_c = \frac{h_c}{p}$$

即

$$l_s \geqslant \frac{h_c}{p} \tag{1-0-2-16}$$

式中：L_c——超高过渡段长度，m；

h_c——路基外侧全超高断面处的全超高值，m；

p——超高渐变率。

4）依视觉的平顺感选择合适的缓和曲线最小长度

根据视觉要求，缓和曲线的起点和终点的切线角 β 最好在 3°～29°之间，这样可获得良好的视觉效果，从而推导出

$$\frac{R}{3} \leqslant A \leqslant R \tag{1-0-2-17}$$

式中符号意义同前。

按上述 4 点要求，计算缓和曲线长度的公式与行车速度关系最大，与半径的关系则有差异，其中 2）、3）两点与半径无关，1）、4）两点则计算结果相反，这说明确定缓和曲线最小长度时，即使圆曲线半径很大，在高速行车时也应该有一个行驶的转变过程。为此，《路线规范》规定在直线与小于不设超高最小半径的圆曲线相衔接处，应设置缓和曲线。缓和曲线长度应根据线形设计以及安全、视觉、景观等要求选用较大的数值。各级公路缓和曲线最小长度见表 1-0-2-3。

各级公路缓和曲线最小长度　　　　表 1-0-2-3

设计速度(km/h)	120	100	80	60	40	30	20
缓和曲线最小长度(m)	100	85	70	50	35	25	20

注：四级公路为超高、加宽过渡段长度。

4. 设缓和曲线时的平曲线要素计算

缓和曲线设置在直线与圆曲线间，起点处与直线相切，终点处与圆曲线相切。为便于插入缓和曲线，必须使圆曲线向内移动一距离 p，如图 1-0-2-6 所示。

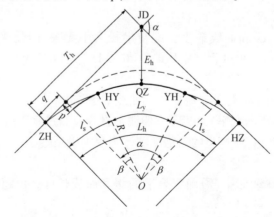

图 1-0-2-6　设置缓和曲线时的平曲线

切线长度：
$$T_h = (R + p)\tan\frac{\alpha}{2} + q \qquad (1\text{-}0\text{-}2\text{-}18)$$

外距：
$$E_h = (R + p)\sec\frac{\alpha}{2} - R \qquad (1\text{-}0\text{-}2\text{-}19)$$

平曲线长度：
$$L_h = \frac{\pi}{180}R(\alpha - 2\beta) + 2l_s = \frac{\pi}{180}\alpha R + l_s \qquad (1\text{-}0\text{-}2\text{-}20)$$

主圆曲线长度：
$$L_y = L_h - 2l_s \qquad (1\text{-}0\text{-}2\text{-}21)$$

切曲差：
$$D_h = 2T_h - L_h \qquad (1\text{-}0\text{-}2\text{-}22)$$

在平曲线中设置缓和曲线后，整个平曲线有 5 个主点桩，即：

ZH——第一段缓和曲线的起点（直缓点）；
HY——第一段缓和曲线的终点（缓圆点）；
QZ——平曲线的中点（曲中点）；
YH——第二段缓和曲线的起点（圆缓点）；
HZ——第二段缓和曲线的终点（缓直点）。

【例 1-0-2-1】 某二级公路设计速度为 80km/h，今有一弯道，其平曲线半径 $R = 260$m，交点 JD 桩号为 K16+721.26，其交点偏角为 $\alpha = 29°23'24''$。试计算该平曲线设置缓和曲线后的 5 个主点桩桩号。

【解】（1）确定缓和曲线长度。由题意可知，设计速度 $V = 80$km/h，则

$$l_s \geq 0.035\frac{V^3}{R} = 0.035 \times \frac{80^3}{260} = 68.92(\text{m})$$

$$l_s \geq \frac{V}{1.2} = \frac{80}{1.2} = 66.67(\text{m})$$

当设计速度 $V = 80$km/h 时，查表 1-0-2-4 得最小缓和曲线最小长度为 70m。综合考虑之后取该缓和曲线长度 $l_s = 70$m。

（2）计算缓和曲线常数。

$$p = \frac{l_s^2}{24R} = \frac{70^2}{24 \times 260} = 0.78(\text{m})$$

$$q = \frac{l_s}{2} - \frac{l_s^3}{240R^2} = \frac{35}{2} - \frac{70^3}{240 \times 260^2} = 34.98(\text{m})$$

$$\beta = \frac{l_s}{2R} \times \frac{180}{2\pi} = \frac{70 \times 180}{2 \times 260 \times \pi} = 7°42'46''$$

（3）平曲线要素计算。
切线长度：

$$T_h = (R+p)\tan\frac{\alpha}{2} + q = (260+0.78)\tan\frac{29°23'24''}{2} + 34.98 = 103.37(\text{m})$$

外距：

$$E_h = (R+p)\sec\frac{\alpha}{2} - R = (260+0.78)\sec\frac{29°23'24''}{2} - 260 = 39.30(\text{m})$$

平曲线长度：

$$L_h = \alpha R \frac{\pi}{180} + l_s = 29°23'24'' \times 260 \times \frac{\pi}{180} + 70 = 203.36(\text{m})$$

主圆曲线长度：

$$L_y = L_h - 2l_s = 203.36 - 140 = 63.36(\text{m})$$

切曲差：

$$D_h = 2T_h - L_h = 2 \times 103.37 - 203.36 = 3.38(\text{m})$$

(4) 主点桩桩号计算。

JD	K16+721.26
−) T_h	103.37
ZH	+617.89
+ l_s	70.00
HY	+687.89
+) L_y	63.36
YH	+751.25
+ l_s	70.00
HZ	+821.25
−) $L_h/2$	101.68
QZ	+719.57
+ $D_h/2$	1.69
JD	K16+721.26（计算正确）

四、平曲线最小长度

平曲线包括圆曲线和缓和曲线。当平曲线不设缓和曲线时，则只有圆曲线，超高过渡段或加宽过渡段不计入平曲线内。公路平曲线长度的取值，应从以下几个方面考虑：

(1) 从设置缓和曲线的角度考虑，平曲线至少要保证两条缓和曲线的插入，以满足公路线形的要求。

(2) 从满足驾驶员操作转向盘的时间以及乘客的心理要求考虑，平曲线长度不宜过短。

(3) 对小转角的弯道，从视角及心理考虑，驾驶员在高速驾驶时，会认为该弯道的曲线长度及曲线半径比实际要小，从而降低行车速度。不想降速时，势必采用增大行车转弯半径而侵入其他车道，造成交通事故。

1. 保证驾驶员操作转向盘所需的时间

曲线过短,会造成驾驶员操作困难。根据经验,驾驶员操作转向盘至少需要 6s 的行驶时间。因此,平曲线最小长度可按下式计算:

$$L \geqslant vt \qquad (1-0-2-23)$$

即

$$L \geqslant \frac{V}{3.6}t \qquad (1-0-2-24)$$

式中:L——平曲线最小长度,m;

v、V——设计速度,单位分别为 m/s 与 km/h;

t——适宜的操作时间,s,一般取用 6s。

《路线规范》中按 6s 行程长度制定了平曲线最小长度指标,见表 1-0-2-4。

各级公路平曲线最小长度　　　　　　　　　　　　表 1-0-2-4

设计速度(km/h)		120	100	80	60	40	30	20
平曲线最小长度(m)	一般值	600	500	400	300	200	150	100
	最小值	200	170	140	100	70	50	40

注:"一般值"为正常情况下的采用值;"最小值"为条件受限时可采用的值。

2. 小转角平曲线最小长度的取值

当驾驶员在转角很小的路线弯道行车,特别是在高速驾车时,一般会把平曲线长度看成比实际的小,对公路产生急转弯的错觉,这种错觉在转角越小时就越明显。所以,转角越小则越应采用更大的平曲线半径,以便驾驶员正确识别出该弯道的实际半径。《路线规范》规定,当路线转角小于或等于 7°时,应设置较长的平曲线,其长度应大于表 1-0-2-5 中规定的"一般值"。当地形及其他特殊情况限制时,可采用表中的"最小值"。

公路转角小于或等于 7°时的平曲线长度　　　　　　表 1-0-2-5

设计速度(km/h)		120	100	80	60	40	30	20
平曲线最小长度(m)	一般值	1400/Δ	1200/Δ	1000/Δ	700/Δ	500/Δ	350/Δ	280/Δ
	最小值	200	170	140	100	70	50	40

注:表中 Δ 为路线转角值(°),当 Δ<2°时,按 Δ=2°计算。

第二节　超高及加宽

一、超高

1. 超高及其作用

当汽车在弯道上行驶时,要受到离心力的作用,横向力是引起汽车不稳定行驶的主要因素。所以在平曲线设计时,常将弯道的路基外侧边缘抬高,构成与内侧车道同坡度的单向坡,这种设置称为平曲线超高。其作用是为了使汽车在圆曲线上行驶时能获得一个指向内侧的横向分力,以克服离心力,减小横向力,从而保证汽车行驶的稳定性及乘客的舒适性。

2. 超高横坡度

超高横坡度的大小与公路等级、圆曲线半径大小及公路所处的环境、自然条件、路面类型、车辆组成等因素有关。

超高横坡度可按式(1-0-2-25)计算,即式中横向力系数的取值,主要考虑设置超高后抵消离心力的剩余横向力系数,其值的大小在 $0 \sim \mu_{max}$ 之间,也与多种因素有关,如车速大小、考虑快慢车的不同要求、乘客的舒适与路容之间的矛盾等。因此,对应于确定的行车速度,最大超高值的确定主要取决于曲线半径、路面粗糙率以及当地气候条件。

$$i_b = \frac{V^2}{127R} - \mu \qquad (1\text{-}0\text{-}2\text{-}25)$$

公路圆曲线设置超高部分的最大超高值应符合表 1-0-2-6 规定;各级公路圆曲线部分的最小超高值应与该公路直线部分的正常路拱横坡度值一致。二级、三级、四级公路接近城镇且混合交通量较大的路段,车辆行驶速度会有所降低,同时城镇路面排水也不允许设置大的超高,因此最大超高应适当降低。以通行中、小型客车为主的高速公路和一级公路,最大超高可采用 10%。

各级公路圆曲线最大超高值 表 1-0-2-6

公路等级	高速公路、一级公路	二级、三级、四级公路
一般地区(%)	8 或 10	8
积雪冰冻地区(%)	6	
城镇区域(%)	4	

3. 公路超高的过渡形式

从直线上的路拱双向坡断面过渡到圆曲线上具有超高横坡度的单向坡断面,要有一个逐渐变化的区段,这一变化段称为超高过渡段。如图 1-0-2-7 所示,超高过渡段的形成过程,根据不同的旋转基线可有两种情况(无中央分隔带和有中央分隔带公路)共 6 种形式。

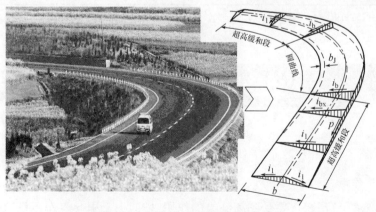

图 1-0-2-7 平曲线上的超高及超高过渡段

1)无中央分隔带公路

(1)超高过渡段绕路面未加宽时的内侧边缘旋转,简称绕内边缘旋转,如图1-0-2-8a)所示;

(2)超高过渡段绕路面中心线旋转,简称绕中线旋转,如图1-0-2-8b)所示;

(3)超高过渡段绕路面外侧边缘旋转,简称绕外边缘旋转,如图1-0-2-8c)所示。

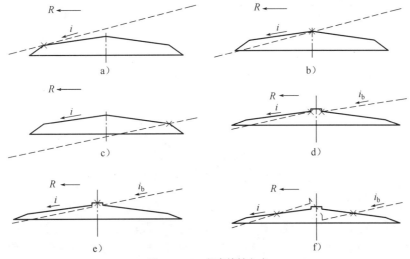

图1-0-2-8 超高旋转方式

2)有中央分隔带公路

(1)超高过渡段绕中央分隔带边缘旋转,如图1-0-2-8d)所示;

(2)超高过渡段绕中央分隔带中心旋转,如图1-0-2-8e)所示;

(3)超高过渡段绕各自的行车道中线旋转,如图1-0-2-8f)所示。

4.超高过渡段的构成

在超高过渡段中,由双向坡逐渐向超高横坡过渡时,其逐步变化的过渡方式不同,即超高过渡段的构成不同。现仅以无中央分隔带的公路为例,说明绕内边缘旋转时超高过渡段的构成。

绕内边缘旋转(图1-0-2-9)是将路面未加宽时的内侧边缘线保留在原来位置不动。这种超高过渡方式分为三步。

第一步:由两侧路肩边坡 i_0 逐渐过渡成路拱横坡 i_1,所需长度为 L_0,一般取 1~2m,但不计入超高过渡段长度内。

第二步:将外侧路基绕道路中心线旋转改变横坡,同时向前推进,直至使外侧路基横坡度由"$-i_1$"逐渐变为"$+i_1$",这时内外侧路基同坡,成为 i_1 的单向横坡度,称该断面为临界断面。该旋转阶段中,所需长度为 L_1。

第三步:将内外侧的路基单向横坡度 i_1 整体绕路面未加宽时的内侧边缘线旋转,同时向前推进,直至使单向横坡度 i_1 逐渐变为全超高横坡度 i_b 为止,称该断面为全超高断面。该旋转过程中,所需长度为 L_2。

因此,绕内边缘旋转的超高过渡段全长 $L_c = L_1 + L_2$。

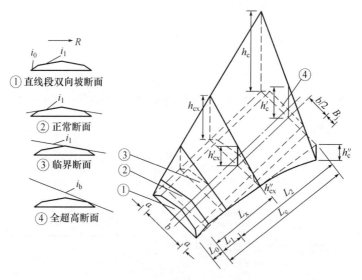

图 1-0-2-9　绕内边缘旋转的超高过渡方式

5. 超高过渡段长度

为了满足行车舒适、路容美观及排水的要求，超高过渡段必须有一定的长度。超高过渡段长度的确定一般以"超高渐变率"来控制。超高渐变率，即旋转轴与行车道（设路缘带时为路缘带）外侧边缘线之间相对升降的比率。超高渐变率过大，会使行车不舒适，路容不美观；但过小，则易在路面内侧积水。超高渐变率的取值见表 1-0-2-7。

超高渐变率　　　　　　　表 1-0-2-7

设计速度 (km/h)	超高旋转轴位置		设计速度 (km/h)	超高旋转轴位置	
	中线	边线		中线	边线
120	1/250	1/200	40	1/150	1/100
100	1/225	1/175	30	1/125	1/75
80	1/200	1/150	20	1/100	1/50
60	1/175	1/125			

1) 绕内边缘旋转的超高过渡段长度计算

由图 1-0-2-10 可知，路面外边缘最大抬高值为：

$$h = bi_b$$

则

$$L_c = \frac{h}{P} = \frac{b}{P}i_b \tag{1-0-2-26}$$

式中：P——超高渐变率，见表 1-0-2-8；

其余符号意义同前。

2) 绕中线旋转的超高过渡段长度计算

由图 1-0-2-11 可知，路面外边缘最大抬高值为：

$$h = \frac{b}{2}i_1 + \frac{b}{2}i_b = \frac{b}{2}(i_1 + i_b)$$

则

$$L_c = \frac{h}{P} = \frac{b}{2} \times \frac{i_1 + i_b}{P} \qquad (1\text{-}0\text{-}2\text{-}27)$$

由式(1-0-2-26)及式(1-0-2-27)进行归纳得出一般式为：

$$L_c = \frac{b'}{P} \times \Delta i \qquad (1\text{-}0\text{-}2\text{-}28)$$

式中：b'——超高旋转轴至路面外边缘之间的距离，m；

Δi——超高旋转轴外侧的最大超高横坡度与原路面横坡度的代数差；

P——超高渐变率，见表1-0-2-8。

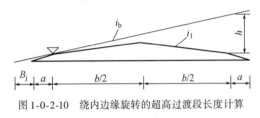

图1-0-2-10 绕内边缘旋转的超高过渡段长度计算

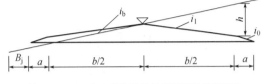

图1-0-2-11 绕中线旋转的超高过渡段长度计算

6. 超高过渡方式的规定

(1) 对于无中央分隔带的公路，当超高横坡度等于路拱坡度时，将外侧车道绕中线旋转，直至超高横坡度；当超高横坡度大于路拱坡度时，应采用绕路面内边缘旋转、绕路面中线旋转或绕路面外边缘旋转的方式。其中，新建工程宜采用绕路面内边缘旋转的方式；改建工程可采用绕路面中线旋转的方式；路基外缘高程受限制或路容美观有特殊要求时，可采用绕路面外边缘旋转的方式。

(2) 对于有中央分隔带的公路，应采用绕中央分隔带中心旋转、绕中央分隔带边缘旋转或绕各自的行车道中线旋转的方式。其中，有中央分隔带的公路均可采用绕中央分隔带边缘旋转的方式；中央分隔带宽度较小的公路还可采用绕中央分隔带中心旋转的方式；车道数大于4条的公路可采用分别绕各自的行车道中线旋转的方式。

(3) 采用分离式路基断面的公路，其超高过渡方式宜按无中央分隔带公路分别予以过渡。

二、加宽

1. 加宽及其作用

由图1-0-2-12可知，汽车在曲线上行驶，由于前、后轴轨迹半径不同，其行驶轨迹并不完全与理论行驶轨迹相吻合，而是有一定的摆动偏移，故需要路面加宽来弥补，以策安全。这种在曲线上适当拓宽路面的形式称为平曲线加宽。

2. 圆曲线全加宽值

《路线规范》规定，二级、三级、四级公路的圆曲线半径小于或等于250m时，应设置加宽。双车道公路路面加宽值规定见表1-0-2-8。圆曲线加宽值应根据公路功能、技术等级和实际交通组成确定，并应符合下列规定：

(1) 作为干线的二级公路，应采用第3类加宽值。

(2)作为集散的二级公路和三级公路,在考虑铰接列车通行时,应采用第 3 类加宽值;不考虑铰接列车通行时,可采用第 2 类加宽值。

(3)作为支线的三级、四级公路,可采用第 1 类加宽值。

(4)有特殊车辆通行的专用公路,应根据特殊车辆验算确定其加宽值。

(5)圆曲线的加宽应设置在圆曲线的内侧,而且各级公路的路面加宽后,路基也相应加宽。

(6)对于双车道公路,当采取强制性措施实行分向行驶的路段,其平曲线半径较小时,内侧车道的加宽值应大于外侧车道的加宽值,设计时应通过计算分别确定。

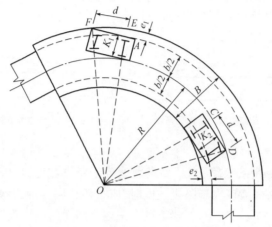

图 1-0-2-12　圆曲线上加宽值计算图式

$b/2$-一个车道宽;B-加宽后路面宽;K_1、K_2-车箱外廓宽度,取一个车道宽;d-汽车后轮轴至前缘保险杠的距离;e_1、e_2-内、外车道的加宽值

双车道公路路面加宽值　　　　　　　表 1-0-2-8

加宽类别	设计车辆	圆曲线半径(m)								
		200~250	150~200	100~150	70~100	50~70	30~50	25~30	20~25	15~20
第 1 类	小客车	0.4	0.5	0.6	0.7	0.9	1.3	1.5	1.8	2.2
第 2 类	载重汽车	0.6	0.7	0.9	1.2	1.5	2.0	—	—	—
第 3 类	铰接列车	0.8	1.0	1.5	2.0	2.7	—	—	—	—

注:单车道公路路面加宽值应为表列规定值的一半。

3. 加宽过渡段长度设置

在平曲线上加宽时,应在圆曲线上全加宽,在主曲线的两端设置加宽过渡段,其长度一般与超高过渡段或缓和曲线长度相同;当圆曲线不设超高仅有加宽时,其长度不应小于 20m,但加宽过渡段长度和全加宽值的比例应按其加宽渐变率 1:15 计算,且取 5m 的整数倍。加宽过渡段的渐变尽量保证变化自然、平滑,避免突变是安全行车的需要。

4. 加宽过渡段上的加宽值计算

(1)二级、三级、四级公路设置加宽过渡段时,在加宽过渡段全长范围内一般采用线性加宽渐变方式(按其长度成正比例增加路面宽度),即

$$b_{jx} = \frac{x}{L_j} B_j \qquad (1\text{-}0\text{-}2\text{-}29)$$

式中：b_{jx}——过渡段上加宽值，m；
　　　x——过渡段上任意点至过渡段起点之间的距离，m；
　　　L_j——加宽过渡段长度，可取缓和曲线长度或超高过渡段长度，m；
　　　B_j——平曲线上全加宽值，m。

（2）高速公路、一级公路及对路容有要求的其他公路设置加宽过渡段时，通常采用高次（四次）抛物线过渡，如图 1-0-2-13a）所示。任一点的加宽值可按式（1-0-2-30）计算：

$$b_{jx} = (4k^3 - 3k^4) B_j \qquad (1\text{-}0\text{-}2\text{-}30)$$

式中：k——加宽值参数，$k = \dfrac{x}{l_s}$，其中 l_s 为缓和曲线长度，m；
　　　其余符号意义同前。

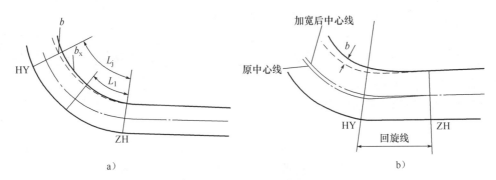

图 1-0-2-13　加宽过渡图式
a）高次抛物线加宽形式；b）回旋线加宽形式

（3）在城郊路段、桥梁、高架桥、挡土墙、隧道等结构物及各种安全防护设施的地段，可插入缓和曲线过渡，如图 1-0-2-13b）所示。

第三节　视距

驾驶员在公路上驾驶汽车时，应能看到前方一定距离内的路面状况，当发现障碍物或对向来车时，能及时采取措施，使汽车在一定的车速下及时制动或绕过。汽车在这段时间内沿路面所行驶的最短距离称为视距。视距直接关系到汽车行驶的安全与迅速，它是公路主要技术指标之一。因此，无论在公路的平面上或纵断面上都应保证必要的视距，如图 1-0-2-14 所示。在平面设计中，视距包括停车视距、会车视距、超车视距和识别视距。

一、停车视距与会车视距

汽车行驶时，自驾驶员看到前方障碍物时起，至到达障碍物前安全停止所需的最短距离，称为停车视距。停车视距由 3 部分组成，如图 1-0-2-15 所示。

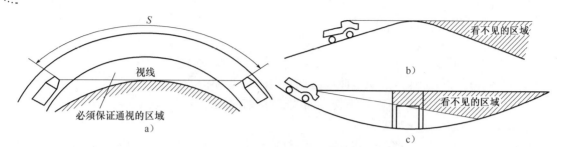

图 1-0-2-14　影响视距的地点
a)平面视距；b)纵断面视距；c)桥下视距

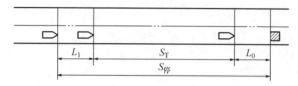

图 1-0-2-15　停车视距

$$S_{停} = L_1 + S_T + L_0 = \frac{V}{3.6}t + \frac{(V/3.6)^2}{2g\varphi_z} + L_0 = \frac{V}{3.6}t + \frac{V^2}{254\varphi_z} + L_0 \quad (1\text{-}0\text{-}2\text{-}31)$$

式中：$S_{停}$——汽车的停车视距，m；

L_1——汽车驾驶员的反应距离，m；

S_T——汽车的制动距离，m；

L_0——安全距离，m，一般可取 5~10m，以保证汽车在障碍物前停车而不发生冲撞；

t——驾驶员反应时间，取 2.5s（判断时间 1.5s，运行时间 1.0s）；

V——设计速度，km/h；

φ_z——轮胎与路面之间的纵向摩阻系数，因轮胎、路面、制动等条件不同而异，计算停车视距一般按路面潮湿状态考虑，见表 1-0-2-9。

不同速度下 φ_z 值　　　　　　　　　　　　　　表 1-0-2-9

设计速度(km/h)	120	100	80	60	40	30	20
行驶速度(km/h)	102	85	68	54	36	30	20
φ_z	0.29	0.30	0.31	0.33	0.38	0.44	0.44

会车视距是指在同一车道上两对向行驶的汽车相遇，从相互发现起，至同时采取制动措施使两车安全停止所需的最短距离。对于高速公路、一级公路，由于设有中央分隔带无对向车流影响，其视距只需考虑停车视距；二级、三级、四级公路的视距应满足会车视距要求，其长度应不小于停车视距的 2 倍。受地形条件或其他特殊情况限制而采取分道行驶措施的地段，可采用停车视距。各级公路的停车视距与会车视距见表 1-0-2-10。

各级公路的停车视距与会车视距　　　　　　　　表 1-0-2-10

设计速度(km/h)	120	100	80	60	40	30	20
停车视距(m)	210	160	110	75	40	30	20
会车视距(m)	—	—	220	150	80	60	40

货车存在空载时制动性能差、轴间荷载难以保证均匀分布、一条轴侧滑会引发其他车轴失稳、半挂车铰接制动不灵等现象。尽管货车驾驶员因眼睛位置高,比小客车驾驶员看得更远,但仍需要比小客车更长的停车视距。高速公路、一级公路以及大型车比例高的二级、三级公路的下坡路段,应采用下坡段货车停车视距对相关路段进行检验。各级公路下坡段货车的停车视距应不小于表 1-0-2-11 的规定。

各级公路下坡段货车的停车视距(单位:m)　　　　表 1-0-2-11

设计速度（km/h）		120	100	80	60	40	30	20
纵坡坡度（%）	0	245	180	125	85	50	35	20
	3	265	190	130	89	50	35	20
	4	273	195	132	91	50	35	20
	5	—	200	136	93	50	35	20
	6	—	—	139	95	50	35	20
	7	—	—	—	97	50	35	20
	8	—	—	—	—	—	35	20
	9	—	—	—	—	—	—	20

二、超车视距

超车视距是指在双车道公路上,后车超越前车时,从开始驶离原车道之处起,至超车后安全驶回原车道并与对向来车保持必要的安全距离所需的最短距离。

超车视距由 4 部分组成(图 1-0-2-16),公式如下:

$$S_{超} = l_1 + l_2 + l_3 + l_4 \tag{1-0-2-32}$$

式中:$S_{超}$——汽车的超车视距,m;

l_1——加速行驶距离,m,可按 $l_1 = \dfrac{V_0}{3.6}t_1 + \dfrac{1}{2}at_1^2$ 计算;

V_0——被超汽车的行驶速度,km/h;

t_1——加速时间,s;

a——平均加速度,m/s²;

l_2——超车车辆在对向车道行驶的距离,m,可按 $l_2 = \dfrac{V}{3.6}t_2$ 计算;

V——超车汽车的行驶速度,km/h;

t_2——对向车道行驶时间,s;

l_3——超车完成以后超车汽车与对向车之间的安全距离,m,一般取 15~100m;

l_4——超车汽车从开始超车至超车完成后对向汽车的行驶距离,m,按 $l_4 = \dfrac{V}{3.6}(t_1 + t_2)$ 计算。

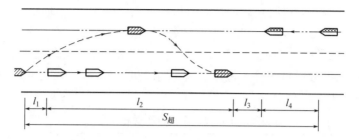

图 1-0-2-16 超车视距

当地形困难时,超车视距也可按下式计算:

$$S_{超} = \frac{2}{3}l_2 + l_3 + l_4 \qquad (1\text{-}0\text{-}2\text{-}33)$$

式中符号意义同前。

《路线规范》中规定的超车视距最小值见表 1-0-2-12。

超车视距最小值　　表 1-0-2-12

设计速度(km/h)		80	60	40	30	20
超车视距最小值(m)	一般值	550	350	200	150	100
	极限值	350	250	150	100	70

注:"一般值"为正常情况下的采用值;"极限值"为条件受限制时可采用的值。

双车道公路根据需要应结合地形,设置具有超车视距的路段;具备干线功能的二级公路交通量较大时,宜提供一定数量的满足超车视距的路段;位于中、小交通量的路段则可适当减少;地形比较复杂的山区,可设禁止超车标志。一般情况下,至少在 3min 的行驶时间里,应提供一次满足超车视距的路段,超车路段的总长度以不小于路线总长度的 10%~30% 为宜。

三、识别视距

识别视距是指汽车以一定的速度行驶时,驾驶员自看清前方分流、合流、交叉、渠化、交织等各种行车条件变化时的导流设施、标志、标线,做出制动减速、变换车道等操作,至变化点前使车辆达到必要的行驶状态所需要的最短行驶距离。

在公路各类出入口区域,由于驾驶员需要及时判识出入口的位置、适时选择换道、进行加(减)速驶入(驶出)等操作,存在交通流交织和冲突等现象。因此,各级公路的互通式立体交叉、避险车道、爬坡车道、停车区、服务区、客运汽车停靠站、加油站等各类出入口区域应满足识别视距要求,并应符合表 1-0-2-13 的要求。

识 别 视 距　　表 1-0-2-13

设计速度(km/h)	120	100	80	60
识别视距(m)	350(460)	290(380)	230(300)	170(240)

注:括号中为行车环境复杂、路侧出入口提示信息较多时应采取的视距值。

对于受地形、地质等条件限制路段,确实无法满足上述识别视距指标要求时,也可采用 1.25 倍的停车视距。但应进行必要的限速控制和管理措施,以策安全。

四、视距检验

公路是三维立体的空间实体工程。公路视距除受到平、纵、横等几何指标、参数和平纵组合等影响外，还可能受到路侧填挖方边坡、护栏、路侧构造物等的遮挡影响。对于各类可能存在视距不良的路段和位置，均应进行相应的视距检验。对于视距不良路段或区域，应采取相应的技术和工程措施予以改善。

由于视距不良与路段具体视距要求有关，所以视距检验和改善的措施也不尽相同。对于因路侧边坡、护栏、防眩设施、构造物等遮挡影响，引起路段停车视距不足时，一般采用开挖视距台（按所需净距绘制视距包络线）、移动护栏设置位置、移除路侧遮挡物等措施予以改善，也可采用局部加宽路面、移画标线等方法；对于公路主线各类出入口存在识别视距不足时，一般采用调整路线纵坡、竖曲线半径、优化出入口位置、局部加宽路肩等方法；对于双车道公路允许超车的路段，在不能满足超车视距要求时，则应改变允许超车的位置，并对应调整标志、标线布置等。如图 1-0-2-17 所示，车辆在弯道（曲线半径为 R_s）上 A 点处，其视距为 S，图中阴影部分为阻碍驾驶员视线的范围，范围以内的障碍物都应加以清除。S_z 为内侧车道上汽车应保证的横净距。所谓横净距，即道路曲线范围最内侧的车道中心线行车轨迹距视距曲线（即包络线）的距离。

曲线上任意位置的横净距随行车位置的改变而变化的，如果曲线全长上按最大横净距值切除，则会造成工程上的浪费。当需要清除的是重要建筑物或岩石边坡时，多用图解法来确定清除范围，如图 1-0-2-18 所示。

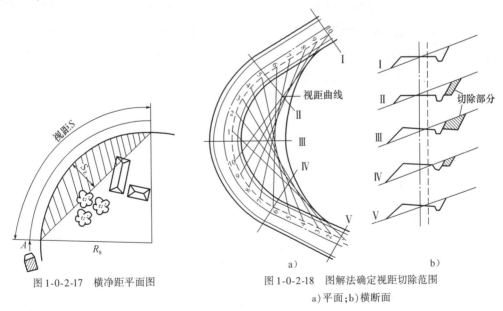

图 1-0-2-17　横净距平面图　　图 1-0-2-18　图解法确定视距切除范围
a)平面；b)横断面

进行公路视距检验时，应对平曲线内侧车道、竖曲线起终点等视距最不利的车道或位置进行逐桩位的检查，并应采用对应视距的视点位置、视点高度和目标（或障碍物）的物高。视点位置应取车道宽度的 1/2 处（即车道中心线）；小客车视点高度取高出路面 1.2m，货车取 2.0m；目标（或障碍物)的位置应取路面两侧对应的车道边缘线;停车视距的物高取高出路面0.1m,识别视距的物高取0(路面标线的高度),超车视距的物高取对向车辆(小客车)的前灯高度0.6m。

第四节 平面线形组合设计

1. 平面线形组合

平面线形由直线、缓和曲线和圆曲线三个要素组成,此三要素可以组成各种不同的线形。

(1)基本形

按直线—回旋线—圆曲线—回旋线—直线的顺序组合起来的线形称为基本形,如图1-0-2-19所示。两个回旋线的参数可根据地形条件设计成对称的或非对称的曲线。

回旋线、圆曲线在长度组合时尽可能满足:回旋线:圆曲线:回旋线 = 1:1:1。

(2)S形

两个反向圆曲线用回旋线连接而组合的线形称为S形,如图1-0-2-20所示。

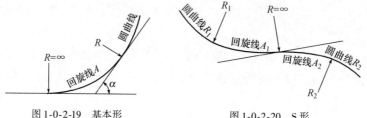

图1-0-2-19 基本形　　　　图1-0-2-20 S形

S形的两相邻回旋线参数 A_1 与 A_2 宜相等。当采用不同参数时,A_1 与 A_2 之比应小于2.0,有条件时以小于1.5为宜。当 $A_2 \leq 200$ 时,A_1 与 A_2 之比应小于1.5。

S形的两反向回旋线以径相衔接为宜,当地形条件限制必须插入短直线或当两圆曲线的回旋线相互重合时,短直线或重合段长度应符合式(1-0-2-34)的规定:

$$l \leq \frac{A_1 + A_2}{40} \qquad (1\text{-}0\text{-}2\text{-}34)$$

式中:l——反向回旋线间长度或重合段长度,m;

A_1、A_2——回旋线参数。

两圆曲线半径之比不宜过大,以 $R_1/R_2 \leq 2$ 为宜(R_1 为大圆曲线半径,R_2 为小圆曲线半径)。

(3)卵形

用一个回旋线连接两个同向圆曲线而组合的线形称为卵形,如图1-0-2-21所示。

卵形回旋线的参数应符合下式规定的范围:

$$\frac{R_2}{2} \leq A \leq R_2 \qquad (1\text{-}1\text{-}2\text{-}35)$$

式中:A——回旋线参数;

R_2——小圆曲线半径,m。

两相邻圆曲线半径之比,以 $R_2/R_1 = 0.2 \sim 0.8$ 为宜。

两圆曲线的间距,以 $D/R_2 = 0.003 \sim 0.03$ 为宜。D 为两圆曲线间的最小间距(m)。

(4)凸形

受地形条件限制时,可将两同向回旋线在曲率相同处径相衔接而组合的线形称为凸形,如图 1-0-2-22 所示。

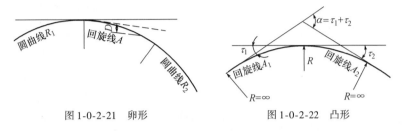

图 1-0-2-21 卵形   图 1-0-2-22 凸形

凸形曲线只有在路线严格受地形限制,且对接点的曲率半径相当大时方可采用。

凸形曲线的回旋线参数及其对接点的曲率半径,应分别符合容许最小回旋线参数和圆曲线最小半径的规定。

对接点附近的 $0.3V$ 长度范围内(以 m 计;其中:V 为设计速度,按 km/h 计),应保持以对接点的曲率半径确定的路拱横坡度。

(5)复合形

两个以上同向回旋线在曲率相等处相互连接的线形称为复合形,如图 1-0-2-23 所示。

复合形的两个回旋线参数之比以小于 1:1.5 为宜。

复合形曲线在受地形条件限制时或互通式立体交叉的匝道设计中可采用。

(6)C 形

同向曲线的两回旋线在曲率为零处径相衔接(即连接处曲率为 0,$R = \infty$)的线形称为 C 形,如图 1-0-2-24 所示。

C 形曲线仅限于地形条件特殊困难,路线严格受限制时方可采用。

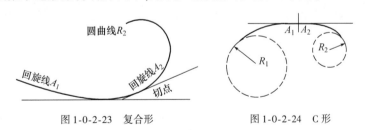

图 1-0-2-23 复合形   图 1-0-2-24 C 形

2. 平面线形组合设计规定与要求

平面线形组合设计在保证直线、缓和曲线及圆曲线三要素的合理取用外,还应考虑三者之间的相互配合,即直线的最大长度及曲线间直线的最短长度取用、直线与圆曲线间的缓和曲线的设置时,都应综合考虑公路等级、设计速度,充分考虑沿线自然环境和社会环境,做到该直则直,该曲则曲,设计的平、纵面线形舒顺流畅,采用的平、纵指标高低均衡,并与地形、景观、环境等相协调。设计时一般要考虑以下几个方面:

(1)两相邻的同向曲线间应设有足够长度的直线段,不得以短直线连接,否则应调整线形使之成为单曲线或复曲线或运用回旋线组合成卵形、凸形、复合形等曲线形式,以免产生断背曲线。

(2)两反向曲线夹有直线段时,以设置不小于最小直线段长度的直线段为宜,否则应调整线形或组合成 S 形曲线,使其连续均匀。

(3)三级、四级公路两相邻反向曲线无超高、加宽时可径相衔接;无超高有加宽时,中间应设有长度不小于 20m 的加宽过渡段。工程特殊的山岭地区,三级、四级公路设置超高时,中间直线长度不得小于 15m。

(4)应避免连续急弯的线形,可在曲线间插入足够长的直线或回旋线。

(5)线形设计的要求与内容应随公路等级和设计速度的不同而异。对于高速公路、一级公路以及设计速度 $V \geqslant 60 \text{km/h}$ 的公路,应注重立体线形设计,尽量做到线形连续、指标均衡、视觉良好、景观协调、安全舒适。设计速度越高,线形设计所考虑的因素应越周全。设计速度为小于或等于 40km/h 的公路,首先应在保证行驶安全的前提下,正确地运用线形要素规定值(包括最大值、最小值),在条件允许的情况下力求做到各种线形要素的合理组合,并尽量避免和减轻不利的组合,以期充分发挥投资效益。

(6)在路线交叉前后应尽可能采用技术指标较高的线形,保证行驶安全和提高公路的通行能力。

(7)平面线形应在地形、地物、地质等各种具体条件的基础上,选用相应的技术指标进行组合设计,应合理运用直线和曲线(包括圆曲线、回旋线)线形要素,不得片面强调以直线或以曲线为主,或必须高于某一比例。

(8)应解决好线形与桥梁、隧道轴线之间的关系。原则上对于大桥、特大桥或隧道以路线服从为主,并且尽可能采用直线线形,但应视具体情况及其他条件选用适当的曲线线形,并满足对应公路等级的视距要求。

第五节 平面设计成果

公路平面设计以后应提供各类相应的图纸和表格。其中主要的图纸有:路线平面设计图、路线总体布置图、路线交叉设计图、公路用地图、纸上移线图等;主要的表格有:直线、曲线及转角表,路线交点坐标表(或含在直线、曲线及转角表中),逐桩坐标表,路线固定表,总里程及断链表等。这里仅就"直线、曲线及转角表"与"路线平面设计图"作一介绍。

一、直线、曲线及转角表

直线、曲线及转角表为平面设计的主要成果,它反映了路线的平面位置和路线平面线形的各项指标。路线平面设计只有根据这一成果才能进行后面的一系列设计,如路线平面设计图、逐桩坐标表。它同时为路线纵断面设计、横断面设计提供设计依据。本表的一般样式见表1-0-2-14。

直线、曲线及转角表　　　　　　　　表 1-0-2-14

×× 公路 ×× 段

交点号	交点坐标		交点桩号	转角值	曲线要素值(m)							曲线主点桩号					直线长度及方向			备注
	N(X)	E(Y)			半径	缓和曲线长度	缓和曲线参数	切线长度	曲线长度	外距	校正值	第一缓和曲线起点	第一缓和曲线终点或圆曲线起点	曲线中点	第二缓和曲线起点或圆曲线终点	第二缓和曲线终点	直线段长(m)	交点间距(m)	计算方位角	
1	2	3	4	5	6	7	8	9	10	11	12	13	14	15	16	17	18	19	20	21

二、路线平面设计图

路线平面设计图是公路设计文件的重要组成部分。通过路线平面设计图,可以反映出公路的平面位置和所经地区的地形、地物情况,还可以反映出路线所经地段的各种构造物如挡土墙、边坡、排水设施、桥涵等的具体位置以及各种结构和地形、地物之间的关系。它是设计人员对路线设计意图的总体体现。路线平面设计图对提供有关部门审批、专家评议、设计初审、设计会审、工程施工以及指导后续工作(如施工图设计、施工放样等)起着重要的作用。

1. 比例尺及测图范围

路线平面设计图是指包括公路中线及其两侧一定范围的地物与地貌情况的带状地形图,其图纸比例应随不同阶段取用,当作为工程可行性或初步设计阶段的方案研究与比选时,可采用 1:5000 或 1:10000;但作为初步设计、施工图设计等设计文件组成部分时则应采用更大的比例尺,一般采用 1:500~1:2000;在地形复杂地段或重要设计路段,如大型交叉、大中桥等,则应采用 1:500~1:1000 的地形图。

带状地形图的测图范围视具体情况确定,测设时常取路中心线两侧 100~200m。对于 1:5000 地形图,其测图范围应适当放宽,一般不小于 250m。若为比较线,则需考虑比较线的测图范围。

2. 路线平面设计图的内容及测绘步骤

1)路线平面设计图的内容

(1)公路沿线的地形、地物情况;

(2)公路中心线交点和转点位置及里程桩标注、公路沿线的各类控制桩位置及有关数据;

(3)路线所经地段的地名,重要地理位置情况标注;

(4)各类结构物的设计成果标注;

(5)若图纸中包含弯道,应包括曲线要素表和导线、交点坐标表;

(6)图签和有关说明。

2）测绘步骤

(1) 按要求选定比例尺；

(2) 依直线、曲线及转角表和中线资料绘制公路中线图；

(3) 在公路中线图上标出公路起终点里程桩、公里桩、百米桩、曲线要素桩、桥涵桩及位置；

(4) 实地测绘沿线带状地形图并现场勾绘出等高线；

(5) 根据设计情况在图纸上标出各类结构物的平面位置并在图上列出直线、曲线及转角表等有关内容。

路线平面图示例如图 1-0-2-25 所示。

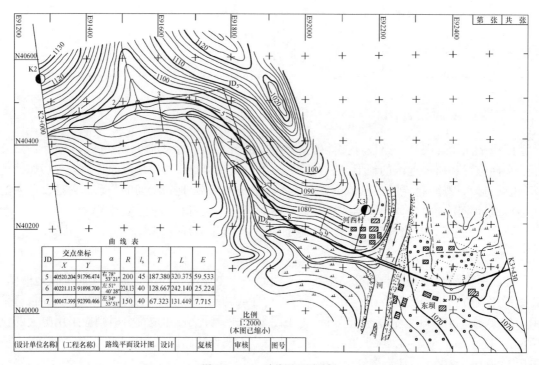

图 1-0-2-25　路线平面图示例

工程案例：轮渡码头接线公路路线设计

浙江省某县交通运输主管部门为完善当地主干线公路交通网络，改善海岛交通条件，促进海岛经济和旅游业的发展，改建双合轮渡码头接线公路。公路全线总长为 5.098km，采用二级公路设计标准，设计速度为 80km/h，路基宽度 12m。

路线从起点开始至拆船厂门口沿老路两侧或单侧拼宽。为改善线形，路线在剪刀头山西北侧石场穿过走新线，直至仇江门大坝。为充分利用旧路和原大坝资源，并加固大坝本身的抗风浪能力，路线按原大坝前进方向右侧拼宽；过仇江门大坝后，路线右转，沿双合山北侧并结合地形和充分利用旧路要求进行布线，设置 JD_5、JD_6 及 JD_7，直至小岙村。在该村路段，为改善线形以及满足现行设计标准与规范的要求，对部分房屋进行拆迁。JD_7 与 JD_8 为两同向的平曲线径相连接，公切点桩号为 K4+691.595，曲线元素表见表 1-0-2-16。路线终点设置于南岙村北面的晒谷场处,终点桩号为 K5+098.000。路线共设平曲线 8 个,圆曲线最小半径为 426.187m,平曲线长度占路线总长度的 53.94%。路线占用土地总计 205.42 亩(1 亩 ≈ 666.67m²),具体如下:经济作物地 25.27 亩,山地 60.45 亩,水田 0.44 亩,海塘 23.02 亩,宅基地 5.16 亩,盐田 41.7 亩,旧路 49.38 亩,拆迁建筑物 279 亩。

JD7 与 JD8 曲线元素表   表 1-0-2-16

交点号	交点坐标		交点桩号	转角值	曲线要素值(m)					
	X(N)	Y(E)			半径	缓和曲线长度	切线长度	曲线长度	外距	校正值
7	2000.291	546.727	K4+504.815	29°47′28.4″(Z)	598.000	70.000	194.153	380.933	21.147	7.373
8	1661.798	321.303	K4+904.127	45°11′07.4″(Z)	426.187	70.000	212.532	406.106	35.943	18.959

本章小结

(1)汽车在弯道上行驶时,要产生离心力,离心力的大小、车速、平曲线半径有关。半径越小,则离心力越大,汽车越容易产生横向滑移或倾覆。平曲线设计的任务就是确定合适的半径,保证汽车能以设计速度在弯道上安全行驶。

(2)平面线形设计时应综合考虑,即平面线形三要素(直线、圆曲线、缓和曲线)的合理设计以及它们之间的相互协调,特别对于同向曲线间与反向曲线间经平曲线设置后的直线段距离应综合考虑,做到平面顺直与视线正确诱导及路线与环境的恰当配合。

(3)设置缓和曲线的目的是消除离心力突变,并满足汽车以正常的行驶轨迹由直线顺利过渡至圆曲线。缓和曲线采用回旋线。其设计时的主要任务是确定合理的缓和曲线长度及相应的常数和曲线要素计算。

(4)超高就是把曲线外侧抬高,形成向内侧倾斜的单向坡,使弯道的内侧与外侧有相同的行车条件,超高的主要内容是确定合适的超高横坡度以及在弯道上的超高值计算。从直线上的路拱双向坡断面过渡到圆曲线上具有超高横坡度的单向坡断面,要有一个逐渐变化的超高过渡段,以满足行车舒适、路容美观及排水的要求。

(5)当平曲线半径小于或等于 250m 时,需在平曲线内侧进行加宽,其主要任务是确定合适的加宽值。在圆曲线上进行全加宽时,需在主曲线的两端设置加宽过渡段,加宽过渡段的渐变尽量保证变化自然、平滑,避免突变是安全行车的需要。

(6)驾驶员在公路上驾驶汽车时,应能看到前方一定距离内的路面状况,当发现障碍物或对向来车时,能及时采取措施,使汽车在一定的车速下及时制动或绕过。汽车在这段时间内沿路面所行驶的最短距离称为视距。在平面设计中,视距包括停车视距、会车视距、超车视距和识别视距。

思考题与习题

1.《公路路线设计规范》(JTG D20—2017)中圆曲线极限最小半径、一般最小半径、不设超高最小半径是如何确定的?

2. 为什么要设置缓和曲线？如何确定缓和曲线最小长度？
3. 什么是超高？超高的作用是什么？
4. 什么是超高过渡段？超高过渡方式有哪些？
5. 什么是加宽？圆曲线加宽值有哪些规定？
6. 什么是停车视距？停车视距由哪几部分组成？
7. 确定平曲线长度时应考虑哪些因素？
8. 平面线形组合有哪几种？其设计时有哪些规定与要求？
9. 平面设计成果主要包括哪些内容？

第三章 CHAPTER THREE
公路纵断面设计

本章提要：
本章主要介绍公路纵断面线形组成、纵坡设计、竖曲线设计，平、纵组合设计，确定了纵断面设计方法，形成纵断面设计成果。

能力目标：
1. 理解路线纵断面线形组成，能描述纵断面线形的基本定义；
2. 理解纵坡设计的一般要求与标准，了解最大纵坡、最小纵坡、坡长限制、缓和坡段、平均纵坡、合成坡度与爬坡车道的含义；
3. 理解纵坡设计方法，能识读公路纵断面设计图。

第一节　纵断面线形组成

　　通过公路中线的竖向剖面称为路线纵断面。由于地形、地物、地质、水文等自然因素的影响以及满足经济性的要求，公路路线在纵断面上不可能从起点至终点是一条水平线，而是一条有起伏的空间线。纵断面设计的主要任务就是根据汽车的动力性能、公路等级和性质、当地的自然地理条件以及工程经济等，来研究这条空间线形的纵坡大小及其长度。纵断面设计是公路设计的重要内容之一，而且会直接影响到行车的安全和迅速、工程造价、运营费用和乘客的舒适程度。

　　图 1-0-3-1 为公路路线纵断面示意图。在纵断面图上，通过路中线的原地面上各桩点的高程，称为地面高程；相邻地面高程的不规则折线的连线，称为地面线，它反映了道路中线所经过的地面起伏情况。设计公路未设超高加宽前的路基边缘相邻高程的连线，称为设计线，反映了道路纵断面的起伏情况；设计线上表示路基边缘各点的高程，称为设计高程。在同一横断面上设计高程与地面高程之差，称为施工高度。当设计线在地面线以上时，路基构成填方路堤；

当设计线在地面线以下时,路基构成挖方路堑。施工高度的大小直接反映了路堤的高度和路堑的深度。

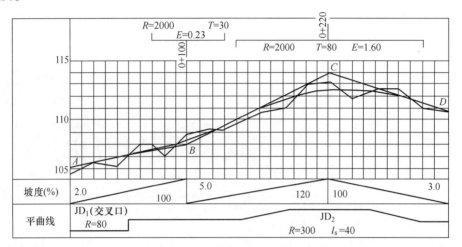

图 1-0-3-1　公路路线纵断面示意图

公路纵断面设计线由直线(直坡段)和曲线(竖曲线)两种线形要素所组成,它是根据汽车的动力性能、地形条件、路基临界高度以及运输与工程经济等方面的要求,通过技术、经济以及视觉效果等诸多因素的比较后确定的,反映了公路路线的起伏变化情况。在相邻两个直坡段的转折处即为变坡点,纵断面两变坡点之间的水平直线距离称为坡长。直线有上坡和下坡,是用高差、坡长及纵坡度表示的。纵坡度 i 表征匀坡路段坡度的大小,用高差 h 与坡长 l 之比量度,即 $i=h/l(\%)$,上坡为" + ",下坡为" - "。在直线的坡度转折处,为了平顺过渡,需设置一定长度的竖曲线来进行缓和。竖曲线分为凸形竖曲线和凹形竖曲线,其大小用竖曲线的半径和水平长度表示。

公路纵断面上的设计高程,即路基设计高程,其位置与新建公路、改建公路和是否设置中央分隔等情况有关。对于新建公路的路基设计高程:高速公路和一级公路宜采用中央分隔带的外侧边缘高程;二级、三级、四级公路采用公路未设超高加宽前路基边缘高程。对于改建公路的路基设计高程:一般与新建公路相同,也可视具体情况采用中央分隔带中线或公路行车道中线高程。

第二节　纵坡设计

一、纵坡设计的一般要求

为使纵坡设计达到经济合理的目的,在设计之前必须全面掌握勘测资料,并结合选(定)线时的纵坡考虑意图,经综合分析、比较后定出设计纵坡。纵坡设计应满足以下几点要求:

(1)纵坡设计必须满足《标准》中的各项规定。

(2)为保证汽车能以一定的车速安全、舒顺地行驶,纵坡应具有一定的平顺性,起伏不宜过大及过于频繁。平原地形的纵坡应均匀、平缓;丘陵地形的纵坡应避免过分迁就地形而起伏过大;山区地形的纵坡应尽量避免采用极限纵坡值,缓和坡段应自然地配合地形设置,在连续采用极限长度的陡坡之间,不宜插入最短的缓和坡段,以争取较均匀的纵坡。连续上坡或下坡路段,应避免设置反坡。

(3)纵坡设计时,应对沿线的地形、地质、水文、气候等自然条件综合考虑,根据不同的具体情况妥善处理,以保证公路的畅通和稳定。

(4)地下水位较高的平原微丘区和潮湿地带的路段,应满足最小填土高度的要求,以保证路基稳定。

(5)纵坡设计在一般情况下应考虑填挖平衡,并尽量利用挖方用作就近路段填方,减少借方和废方,以降低工程造价。

(6)纵坡设计时,应考虑当地民间运输工具、农业机械、农田水利等方面的特殊要求。

二、纵坡设计标准

1.最大纵坡

最大纵坡是指各级公路容许采用的最大坡度值,它是公路纵断面设计的重要控制指标。在山岭地区,纵坡的大小将直接影响路线的长度、使用质量、运输成本和工程造价。因此,纵坡大小的取值必须要通过全面分析,综合考虑后合理确定。

1)确定最大纵坡应考虑的因素

(1)汽车的动力性能。根据公路上主要行驶车辆的牵引性能,在一定的行驶速度条件下确定。

(2)设计速度。设计速度越高,要求的行车速度越快,但从汽车的动力特性可知其爬坡能力越低,因此不同设计速度的公路有不同的最大纵坡值。

(3)自然因素。公路所经地区的地形、气候、海拔高度等自然因素,对汽车的行驶条件和爬坡能力也有很大的影响。

2)最大纵坡的确定

最大纵坡的确定主要取决于汽车的动力性能、设计速度和自然因素,另外还必须保证行车安全。从实际调查中可知,汽车在陡坡路段下坡时,由于紧急制动次数增多,易使制动器发热而失效,导致事故频发。如东风 EQ-140 载货汽车及解放 CA-140 载货汽车上坡时,均可用Ⅱ挡顺利地通过 12% 以上的纵坡,但在下坡时很不安全。因此,确定最大纵坡不能只考虑汽车的爬坡性能,还要从行驶的快速、安全及经济等方面综合分析,同时还要兼顾汽车拖挂车、民间运输工具的特殊要求等。我国《标准》对各级公路最大纵坡的规定见表 1-0-3-1。

各级公路最大纵坡　　　　　　表 1-0-3-1

设计速度(km/h)	120	100	80	60	40	30	20
最大纵坡(%)	3	4	5	6	7	8	9

3)最大纵坡技术指标的运用

(1)设计速度为120km/h、100km/h、80km/h的高速公路,受地形条件或其他特殊情况限制时,经技术经济论证合理,最大纵坡可增加1%。改扩建公路,设计速度为40km/h、30km/h、20km/h的利用原有公路的路段,经技术经济论证合理,最大纵坡可增加1%。

(2)四级公路,为了达到其相应的行车速度一般情况下最大纵坡不宜超过8%,只有在工程特殊困难的山岭地区,经技术论证合理,其最大纵坡才可增加1%,但位于海拔2000m以上或积雪冰冻地区的路段,为考虑安全,最大纵坡不应大于8%。

(3)高原地区公路,随着海拔高度的增加,大气压力、空气温度和密度都逐渐减小,使汽车发动机的正常运行状态受到影响,从而使汽车的动力性能受到影响;此外,经常持久使用低档高转速,因空气密度下降,散热能力也降低,发动机易过热,并使汽车水箱中的水易沸腾而破坏冷却系统。设计速度小于或等于80km/h,位于海拔3000m以上高原地区的公路,最大纵坡应按表1-0-3-2的规定予以折减。最大纵坡折减后小于4%时应采用4%。

高原纵坡折减值　　　　　　　　　　　　　　　表1-0-3-2

海拔高度(m)	3000～4000	4000～5000	5000以上
纵坡折减(%)	1	2	3

(4)小桥处的纵坡应随路线纵坡设计。桥梁及其桥头引道的平、纵、横技术指标应与路线总体布设相协调,各项技术指标应符合路线布设的规定。大、中桥上的纵坡不宜大于4%,桥头引道纵坡不宜大于5%,引道紧接桥头部分的线形应与桥上线形相配合。易结冰、积雪的桥梁,桥上纵坡宜适当减小。位于城镇混合交通繁忙处的桥梁,桥上及桥头引道纵坡均不得大于3%。

(5)隧道内的纵坡应大于0.3%并小于3%,但短于100m的隧道不受此限。隧道纵坡与汽车排放的废气量有关,其纵坡以接近3%为界限,纵坡再增大,排放的废气量将急剧增加。高速公路、一级公路的中、短隧道,条件受限时,经技术经济论证后,最大纵坡可适当加大,但不宜大于4%。隧道内的纵坡宜设置成单向坡,地下水发育的隧道及特长、长隧道宜采用人字坡。

(6)位于城镇附近非汽车交通量较大的路段,其纵坡可根据具体情况适当放缓。

2. 最小纵坡

一般来说,为使公路上汽车行驶快速和安全,纵坡设计的小一些总是有利的。但在挖方路段,设置边沟的低填路段和横向排水不畅路段,为保证排水的要求,防止积水渗入路基而影响其稳定性,应避免采用水平纵坡,以免因为排水而将边沟挖得过深。故《路线规范》规定,公路纵坡不宜小于0.3%,横向排水不畅的路段或长路堑路段,采用平坡(0%)或小于0.3%的纵坡时,其边沟应进行纵向排水设计。

3. 坡长限制

坡长限制包括最小坡长限制和最大坡长限制两个方面的内容。

(1)最小坡长限制

最小坡长的限制是从汽车行驶平顺性、乘客的舒适性、纵断面视距和相邻两竖曲线的布置等方面考虑的。如果坡长过短,变坡过多,使纵坡线形呈锯齿形状,对路容也不美观。此外,当相邻坡段的纵坡相差较大,而坡长又较短时,汽车运行中换档频繁也增加了驾驶员的操作劳动强度。因此,纵坡的坡长应有一定的最短长度。

我国综合考虑了设计速度和地形条件等情况,规定最小坡长见表1-0-3-3。

最小坡长   表1-0-3-3

设计速度(km/h)	120	100	80	60	40	30	20
最小坡长(m)	300	250	200	150	120	100	60

(2)最大坡长限制

根据汽车的动力性能可知,公路纵坡的大小及其坡长对汽车的行驶影响很大,特别是长距离的陡坡对汽车行驶非常不利。实际调查资料表明,当纵坡的坡段太长,汽车因克服行驶阻力而使行驶速度显著降低,在提高汽车功率时又易使水箱中的冷却水沸腾,导致汽车爬坡无力,甚至熄火;下坡时制动次数增加易使制动器发热而失效,造成车祸。我国《标准》规定的各级公路不同纵坡时的最大坡长见表1-0-3-4。

不同纵坡的最大坡长(单位:m)   表1-0-3-4

	设计速度(km/h)	120	100	80	60	40	30	20
纵坡坡度(%)	3	900	1000	1100	1200	—	—	—
	4	700	800	900	1000	1100	1100	1200
	5	—	600	700	800	900	900	1000
	6	—	—	500	600	700	700	800
	7	—	—	—	—	500	500	600
	8	—	—	—	—	300	300	400
	9	—	—	—	—	—	200	300
	10	—	—	—	—	—	—	200

在实际纵坡设计中,当某一坡度的坡长还未达到其规定的限制坡长时,可变化坡度(应为连续上坡或连续下坡),但其长度应按坡长限制的规定进行折算。例如:某山岭地区公路(设计速度$V=30$km/h)的第一坡段纵坡为8.0%,长度为180m,即占坡长限制值的3/5(180/300 = 3/5),若相邻坡段的纵坡为7.0%,则其坡长不应超过$500\times2/5 = 200$(m)。也就是说8.0%的纵坡设计长度为180m以后,还可接着设计坡度为8.0%的长度为200m纵坡段,此时坡长限制值已用完。

4.缓和坡段

各级公路的连续上坡路段,应根据载重汽车上坡时的速度折减变化,在不大于表1-0-3-4规定的纵坡长度之间设置缓和坡段。为载重汽车提供一个能够加速的纵坡条件,使其行驶速度能够恢复到容许最低速度以上,并能够继续以不低于容许最低速度的实际速度通行。缓和坡段的设置应符合下列规定:

(1)设计速度小于或等于80km/h时,缓和坡段的纵坡应不大于3%;设计速度大于80km/h时,缓和坡段的纵坡应不大于2.5%。

(2)缓和坡段的长度应大于表 1-0-3-3 的规定。

5. 平均纵坡

平均纵坡是指一定长度路段的高差与水平距离之比,以百分率(%)表示。它是衡量纵断面线形设计质量的一个重要指标之一。

根据实际调查发现,汽车在山区公路上行驶时,纵使公路纵坡设计完全符合最大纵坡、坡长限制及缓和坡长的相关规定,但也不一定能保证行车安全。如对地形困难、高差较大路段,设计者可能交替使用极限长度的最大纵坡与缓和坡长,形成"台阶式"纵断面线形,这是一种合规但不合理的做法。在这种坡道上,汽车会较长时间频繁以低速行驶,对机件和安全都不利。

为了合理运用最大纵坡、坡长和缓和坡长,以利汽车安全顺利行驶,二级、三级、四级公路越岭路线连续上坡或下坡的路段,相对高差为 200~500m 时,平均纵坡应不大于 5.5%;相对高差大于 500m 时,平均纵坡应不大于 5%,且任意连续 3km 路段的平均纵坡不宜大于 5.5%。

6. 合成坡度

合成坡度是指在设有超高的平曲线上,路线纵坡与超高横坡或路面横坡组合而成的最大坡度。其方向为流水方向,又称流水线坡度。合成坡度的计算公式为:

$$i_{合} = \sqrt{i_{纵}^2 + i^2} \tag{1-0-3-1}$$

式中:$i_{合}$——合成坡度,%;

$i_{纵}$——路线纵坡度,%;

i——超高横坡度或路面横坡度,%。

汽车在有合成坡度的路段行驶时,如果合成坡度过大,由于离心力的作用,可能引起汽车向合成坡度方向的倾斜和侧向滑移,给汽车行驶带来危险。因此,应将合成坡度控制在一定的范围之内。各级公路的最大容许合成坡度见表 1-0-3-5。

各级公路的最大合成坡度　　　　　　　表 1-0-3-5

公路等级	高速公路、一级公路				二级、三级、四级公路				
设计速度(km/h)	120	100	80	60	80	60	40	30	20
合成坡度(%)	10.0	10.0	10.5	10.5	9.0	9.5	10.0	10.0	10.0

当陡坡与小半径平曲线相重叠时,在条件许可的情况下,宜采用较小的合成坡度。在下述情况下,其合成坡度必须小于 8%。

(1)冬季路面有积雪、结冰的地区;

(2)自然横坡较陡峻的傍山路段;

(3)非汽车交通量较大的路段。

在应用最大合成坡度时,用规定值如 10% 来控制合成坡度,并不意味着横坡为 10% 的弯道上就完全不允许有纵坡。无论是纵坡或横坡中任何一方采用最大值时,允许另一方采用缓一些的坡度,一般不大于2%为宜。合成坡度关系到路面排水。合成坡度过小则排水不畅,路面积水易使汽车滑移,前方车辆溅水造成的水幕影响通视,使汽车行驶时易发生交通事故。为此,各级公路的最小合成坡度不宜小于0.5%。在超高过渡的变化处,合成坡度不应设计为0%。当合成坡度小于0.5%时,则应采取综合排水措施,保证路面排水畅通。

路线为各种横坡及纵坡合成时,为便于检查合成坡度是否超标,可直接用合成坡度临界图进行检查,如图1-0-3-2所示,可不必用式(1-0-3-1)进行计算。

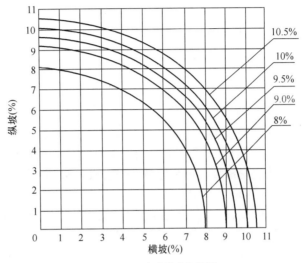

图1-0-3-2 合成坡度临界图

7. 爬坡车道

爬坡车道是指在陡坡路段正线行车道右侧设置的专供载重汽车行驶的专用车道。

在确定高速公路和一级公路的最大纵坡时,一般是以小客车行驶速度为标准的,当公路纵坡较大时载重汽车因爬坡时需克服较大的坡度阻力,只有降低车速才能通过。当载重汽车所占比例较大时,小客车的行驶速度受到影响,超车频率增加,导致爬坡路段的通行能力下降,甚至产生堵塞交通的现象。为了不使爬坡速度低的载重汽车影响爬坡速度高的小客车行驶,就需要在陡坡路段的上坡方向增设爬坡车道,把载重汽车从正线车流中分离出去,来保证道路的通行能力。爬坡车道的布设形式如图1-0-3-3所示。

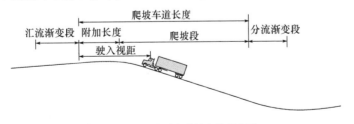

图1-0-3-3 爬坡车道的布设形式图

1)设置爬坡车道的条件

四车道高速公路、四车道一级公路以及二级公路连续上坡路段,符合下列情况之一者,宜在上坡方向行车道右侧设置爬坡车道。

(1) 沿连续上坡方向载重汽车的行驶速度降低到表1-0-3-6的容许最低速度以下。

上坡方向容许最低速度　　　　　　　　　表1-0-3-6

设计速度(km/h)	120	100	80	60	40
容许最低速度(km/h)	60	55	50	40	25

(2) 单一纵坡坡长超过表1-0-3-4的规定或上坡路段的设计通行能力小于设计小时交通量。

(3) 经设置爬坡车道与减小主线纵坡不设爬坡车道技术经济比较论证，设置爬坡车道的效益费用比、行车安全性较优。

纵坡设计中，对是否需要设置爬坡车道的路段，应与减小主线纵坡不设爬坡车道的方案进行比较，从工程建设目的、服务水平、工程投资规模方面综合分析后确定是否设置爬坡车道。

2) 爬坡车道加宽与超高

爬坡车道的曲线加宽值应采用一个车道曲线加宽的规定。由于爬坡车道上的行车速度要比主线上的行车速度低，故超高横坡度可相应减小，超高的旋转轴为爬坡车道内侧边缘，其超高横坡度见表1-0-3-7。

爬坡车道的超高横坡度　　　　　　　　　表1-0-3-7

行车道超高横坡度(%)	10	9	8	7	6	5	4	3	2
爬坡车道的超高横坡度(%)	5				4			3	2

3) 爬坡车道的起、终点与长度

爬坡车道的起点，应设于陡坡路段上载重汽车运行速度降低至表1-0-3-6中"容许最低速度"处。爬坡车道的终点，应设于载重汽车爬经陡坡路段后恢复至"容许最低速度"处，或陡坡路段后延伸的附加长度的端部。该陡坡路段后延伸的附加长度规定见表1-0-3-8。

陡坡路段后延伸的附加长度　　　　　　　表1-0-3-8

附加路段的纵坡(%)	下坡	平坡	上坡			
			0.5	1.0	1.5	2.0
附加长度(m)	100	150	200	250	300	350

设计爬坡车道时，应综合考虑爬坡车道与主线线形设计的关系，其起、终点应设在通视良好、便于辨认和过渡顺适的地点。

爬坡车道起、终点处应按规定设置分流、合流渐变段，其长度见表1-0-3-9；为使载重汽车车速恢复到容许最低速度，在爬坡车道终点处应设置表1-0-3-10规定的附加长度L_2，以便载重汽车加速后顺利驶入主线行车道。该附加长度包括终点渐变段长度60m在内，如图1-0-3-4所示。爬坡车道的长度应与主线相应纵坡长度一致。当高速公路、一级公路爬坡车道长度大于500m时，应按规定在其右侧设置紧急停车带。

渐变段长度 表1-0-3-9

公路等级	分流渐变段长度(m)	汇流渐变段长度(m)
高速公路、一级公路	100	150~200
二级公路	50	90

爬坡车道终点的附加长度 表1-0-3-10

附加段的纵坡(%)	下坡	平坡	上坡			
			0.5	1.0	1.5	2.0
附加长度(m)	100	150	200	250	300	350

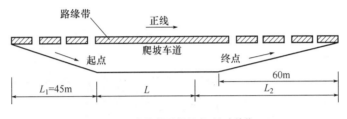

图1-0-3-4 爬坡车道的长度(尺寸单位:m)

第三节 竖曲线设计

纵断面上相邻两条纵坡线相交的转折处,为了行车平顺用一段曲线来缓和,称为竖曲线。竖曲线的形状,通常采用平曲线或二次抛物线两种,但在设计和计算上抛物线更为方便,故一般采用二次抛物线的形式。

在纵坡设计时,由于纵断面上只反映水平距离和竖直高度,因此竖曲线的切线长与弧长是其在水平面上的投影,切线支距是竖直的高程差,相邻两条纵坡线相交角用转坡角表示。当竖曲线变坡点在曲线上方时为凸形竖曲线,反之为凹形竖曲线,如图1-0-3-5所示。

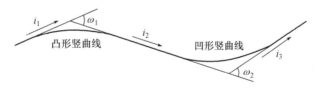

图1-0-3-5 竖曲线

一、竖曲线要素计算公式

如图1-0-3-5所示,变坡点相邻两纵坡坡度分别为i_1和i_2,它们的代数差用ω表示,即$\omega = i_2 - i_1$,当ω为"+"时,为凹形竖曲线,当ω为"-"时,为凸形竖曲线。

1. 竖曲线基本方程式(二次抛物线)

如图 1-0-3-6 所示，k 为切线 i_1 的斜率，二次抛物线一般方程为：

$$y = \frac{1}{2k}x^2 + ix$$

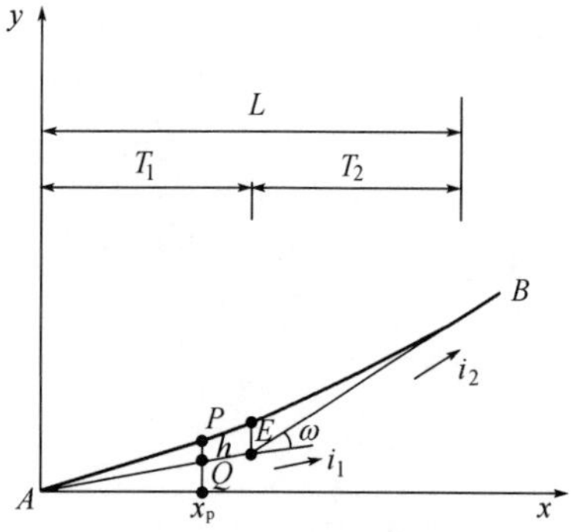

对竖曲线上任一点 P，其斜率为：

$$i_P = \frac{dy}{dx} = \frac{x}{k} + i$$

当 $x = 0$ 时，$i = i_1$；$x = L$ 时，$i = \frac{L}{k} + i_1 = i_2$，则：

$$k = \frac{L}{i_2 - i_1} = \frac{L}{\omega}$$

抛物线上任一点的曲率半径为：

$$R = \left[1 + \left(\frac{dy}{dx}\right)^2\right]^{3/2} \bigg/ \frac{d^2 y}{dx^2}$$

式中，$\frac{dy}{dx} = i$，$\frac{d^2 y}{dx^2} = \frac{1}{k}$，代入上式，得

$$R = k(1 + i^2)^{3/2}$$

因为 i 介于 i_1 和 i_2 之间，且 i_1、i_2 均很小，故 i^2 可略去不计，则

$$R \approx k$$

由此，可知竖曲线基本方程式(二次抛物线)为：

$$y = \frac{\omega}{2L}x^2 + i_1 x \text{ 或 } y = \frac{1}{2R}x^2 + i_1 x \tag{1-0-3-2}$$

图 1-0-3-6 竖曲线要素

式中：ω——坡度差，%；
L——竖曲线长度，m；
R——竖曲线半径，m。

2. 竖曲线要素计算公式

曲线长：

$$L = R(i_2 - i_1) = R\omega \tag{1-0-3-3}$$

切线长：

$$T = T_1 \approx T_2 = \frac{L}{2} = \frac{1}{2}R \cdot \omega \tag{1-0-3-4}$$

外距：

$$E = \frac{T^2}{2R} \tag{1-0-3-5}$$

竖距：

$$h = PQ = y_P - y_Q$$

则

$$h = \frac{x^2}{2R} \tag{1-0-3-6}$$

式中：h——竖曲线上任意一点 P 至切线上（坡度线）的竖向距离，m；

x——竖曲线上任意一点 P 至竖曲线起点 A 的水平距离，m，若点 P 在图 1-0-3-6 所示的变坡点右侧，则为点 P 至竖曲线终点 B 的水平距离。

二、竖曲线的最小长度和半径

1. 凸形竖曲线的最小长度和半径

凸形竖曲线的最小长度和半径是以满足汽车平顺地由直坡段过渡到竖曲线，不使驾驶员的视线受到影响，以及汽车在竖曲线上行程时间不宜过短来考虑的。因为汽车在凸形竖曲线上行驶时，如果竖曲线半径太小，会阻挡驾驶员视线（视线高度为 h）而产生盲区（图 1-0-3-7），为了行车安全，应以满足视距的要求来确定最小凸形竖曲线半径。此外，汽车从直坡段驶入竖曲线时，如果其竖曲线长度过短，汽车倏忽而过，冲击力大，乘客会感到不适，应限制汽车在竖曲线上的行程时间，不宜过短，以此来控制竖曲线的最小长度和半径。另外，汽车在竖曲线上行驶时，会产生径向的离心力，如果这种离心力达到某种程度时，也会引起乘客不适，应对径向离心力加以控制。所以，凸形竖曲线的最小长度与半径是按视距、行程时间和径向离心力的要求综合确定的。

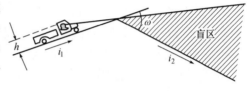

图 1-0-3-7　盲区示意图

2. 凹形竖曲线的最小长度和半径

确定凹形竖曲线的最小长度和半径的影响因素（即视距、行程时间和径向离心力的要求）与凸形竖曲线基本相同，主要异同点如下：

（1）凹形竖曲线的径向离心力和行程时间的计算公式与凸形竖曲线完全相同，但凹形竖曲线与凸形竖曲线所产生的径向离心力，前者是增重作用，后者是减重作用，当这种径向离心力增大到一定程度时，都会使乘客感到不适。具体可参见凸形竖曲线。

（2）凸形竖曲线最不利的情况是以满足视距要求作为主要控制因素，而凹形竖曲线最不利的情况是以径向离心力产生的冲击力不应过大作为主要控制因素，因为这种冲击力在相同的条件下，对凹形竖曲线更为严重。

（3）在公路技术等级和地形条件相同的条件下，凸形竖曲线的最小半径值比凹形竖曲线的最小半径值大，这主要是凸形竖曲线的视距要求更高所致，将其取得大一些才更为合理。

（4）汽车在凹形竖曲线上行驶时，前灯照明应有足够的距离来保证夜间行车安全，因此需要有足够的视距长度来确定最小长度和半径。

《路线规范》根据汽车在竖曲线上行驶的视距、行程时间及径向离心力要求三种影响因素，规定各级公路的竖曲线最小长度和半径见表 1-0-3-11。

竖曲线最小半径与竖曲线长度 表 1-0-3-11

设计速度（km/h）		120	100	80	60	40	30	20
凸形竖曲线半径（m）	一般值	17000	10000	4500	2000	700	400	200
	极限值	11000	6500	3000	1400	450	250	100

续上表

设计速度(km/h)		120	100	80	60	40	30	20
凹形竖曲线半径(m)	一般值	6000	4500	3000	1500	700	400	200
	极限值	4000	3000	2000	1000	450	250	100
竖曲线长度(m)	一般值	250	210	170	120	90	60	50
	极限值	100	85	70	50	35	25	20

注:"一般值"为正常情况下的采用值;"极限值"为条件受限制时,经技术经济论证后的采用值。

三、竖曲线设计与计算

1. 竖曲线设计

竖曲线设计,首先要合理地确定竖曲线半径和长度。表1-0-3-11所列各级公路的竖曲线最小半径的"极限值",只在地形等特殊原因不得已时方可采用。在实际设计中,为了安全和舒适,应采用表1-0-3-11所列"一般值"的 1.5~2.5 倍或更大值。设计速度大于或等于60km/h的公路,竖曲线设计宜采用长的竖曲线和长直线的组合。有条件时宜采用大于或等于表1-0-3-11所列视觉所需要的竖曲线半径值。因此,当条件许可时,竖曲线应选用较大的半径。对设计速度较高的公路,为了使公路的线形获得理想的视觉效果,还宜从视觉观点确定最小半径值,见表1-0-3-12。

视觉所需要的最小竖曲线半径值　　表1-0-3-12

设计速度 (km/h)	竖曲线半径(m)	
	凸形	凹形
120	20000	12000
100	16000	10000
80	12000	8000
60	9000	6000

竖曲线半径选择主要考虑以下因素:

(1)同向竖曲线间,特别是同向凹形竖曲线之间,如直线坡段接近或达到最小坡长时,宜合并为单曲线或复曲线,以避免出现断背曲线。

(2)反向竖曲线之间,为使汽车的增重与减重之间有一过渡段,应尽量在中间设置一段直线坡段,以利于汽车行驶的过渡。直线坡段的长度一般以不小于3s的行程时间为宜。当插入直线段有困难时,也可直接连接。

(3)在不过分增加土石方数量情况下,为使行车舒适,应尽量采用较大半径。

(4)根据竖曲线范围内的纵断面地面线起伏情况和高程控制要求,尽量考虑土石方填挖平衡,确定合适的外距值,按外距控制选择半径。

(5)夜间行车交通量较大的路段,选择半径时应适当加大,使汽车前照灯有较长的照射距离。

(6)双车道公路在有超车需求的路段,应考虑超车视距要求,采用较大的凸形竖曲线半径或设置必要的标志、标线等设施。

2. 竖曲线计算

竖曲线计算的目的是确定设计纵坡上指定桩号的路基设计高程。其要点是：首先根据变坡点处的地面线与相邻设计直坡段情况，按上述竖曲线设计中的有关规定和要求，合理地选定竖曲线半径；其次，根据变坡点相邻纵坡度 i_1、i_2 和已确定的半径 R，计算出竖曲线的基本要素 ω、L、T、E 及竖曲线起、终点桩号；第三，分别计算出指定桩号的切线设计高程，指定桩号至竖曲线起（或终）点间的平距 x 和指定桩号的竖距 h，则指定桩号的路基设计高程为：

凸形竖曲线：路基设计高程 = 切线设计高程 $- h$

凹形竖曲线：路基设计高程 = 切线设计高程 $+ h$

【例 1-0-3-1】 某山岭地区二级公路，变坡点设在 K6 + 140 桩号处，其高程为 428.90m，两相邻坡段的前坡 $i_1 = +4.0\%$，后坡 $i_2 = -5.0\%$，选用竖曲线半径 $R = 2000$m。试计算竖曲线要素及桩号 K6 + 080 和 K6 + 160 处的路基设计高程。

【解】(1) 计算竖曲线要素

转坡角：$\omega = i_2 - i_1 = (-0.05) - (0.04) = -0.09$

$\omega < 0$，为凸形竖曲线，为方便计算，ω 取正值。

曲线长：$L = R\omega = 2000 \times 0.09 = 180(\text{m})$

切线长：$T = L/2 = \dfrac{180}{2} = 90(\text{m})$

外距：$E = \dfrac{T^2}{2R} = \dfrac{90^2}{2 \times 2000} = 2.03(\text{m})$

(2) 计算竖曲线起、终点桩号

竖曲线起点桩号 = (K6 + 140) − 90 = K6 + 050

竖曲线终点桩号 = (K6 + 140) + 90 = K6 + 230

(3) 计算路基设计高程

桩号 K6 + 080 处：

平距：$x = (\text{K6} + 080) - (\text{K6} + 050) = 30(\text{m})$

竖距：$h = \dfrac{x^2}{2R} = \dfrac{30^2}{2 \times 2000} = 0.23(\text{m})$

切线高程 = 428.90 − 60 × 0.04 = 426.50(m)

设计高程 = 426.50 − 0.23 = 426.27(m)

桩号 K6 + 160 处：

平距：$x = (\text{K6} + 230) - (\text{K6} + 160) = 70(\text{m})$

竖距：$h = \dfrac{x^2}{2R} = \dfrac{70^2}{2 \times 2000} = 1.23\text{m}$

切线高程 = 428.90 − 20 × 0.05 = 427.90(m)

设计高程 = 427.90 − 1.23 = 426.67(m)

第四节 平、纵线形组合设计

公路平、纵线形组合设计是指在满足汽车运动学和力学要求的前提下,结合地形、地物、景观、视觉和经济性等,研究如何满足驾驶员在视觉和心理方面的连续性、舒适性以及与周围环境相协调,以保证汽车行驶的安全、舒适与经济。

一、平、纵线形组合原则

公路平、纵线形组合应遵循下列原则:
(1) 路线线形应能自然地诱导驾驶员的视线,并保持视线的连续性。
(2) 在确定平、纵断面的各相对独立技术指标时,各自除应相对均衡、连续外,还应考虑与之相邻路段的各技术指标值的均衡、连续。
(3) 选择组合得当的合成坡度,以利于路面排水和行车安全。
(4) 平、纵断面线形组合应注意与周围环境相配合,充分利用公路周围的地貌、地形、天然树林、建筑物等,尽量保持自然景观的连续,以消除景观单调感,使公路与大自然融为一体。

二、平曲线与竖曲线组合

1. 平曲线与竖曲线相互重合

平曲线与竖曲线相互重合,使平曲线稍长于竖曲线,并将竖曲线的起、终点分别放在平曲线的两个缓和曲线内,即所谓的"平包竖",这是平、竖曲线最佳组合。图1-0-3-8为平曲线与竖曲线相互重合的透视形状。这种立体线形不仅能起诱导视线的作用,而且可取得平顺而流畅的效果。对于等级较高的公路应尽量做到这种组合,并使平、竖曲线半径都大一些才显得协调,特别是凹形竖曲线处车速较高,二者半径更应该大一些。

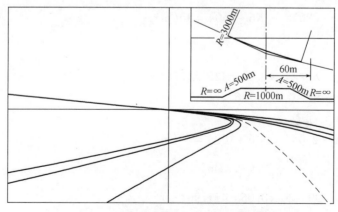

图1-0-3-8 平曲线与竖曲线相互重合的透视形状

2. 平曲线与竖曲线的大小应保持均衡

平曲线与竖曲线的大小应设置均衡，否则不仅造成工程上的浪费，而且影响线形的平顺性。根据相关计算可知，若平曲线半径小于1000m，则竖曲线半径大约为平曲线半径的10～20倍时，便可达到均衡的目的，可参考表1-0-3-13选用。

平、竖曲线半径的均衡值　　　　表1-0-3-13

平曲线半径（m）	竖曲线半径（m）	平曲线半径（m）	竖曲线半径（m）
500	10000	1100	30000
700	12000	1200	40000
800	16000	1500	60000
900	20000	2000	100000
1000	25000		

3. 平、竖曲线应避免的组合

（1）半径小的圆曲线起讫点不得设在或接近凸形竖曲线的顶部或凹形竖曲线的底部。

（2）长的平曲线内不宜包含多个短的竖曲线；短的平曲线不宜与短的竖曲线组合。

（3）凸形竖曲线的顶部和凹形竖曲线的底部，不宜同反向平曲线的拐点重合。

（4）应避免急弯与陡坡相重合。

（5）应避免短的平曲线与短的凸形竖曲线组合。

（6）应避免驾驶员能在行驶视野内看到两个或两个以上的平曲线或竖曲线。

（7）应避免平曲线与竖曲线错位的组合。

（8）小半径竖曲线不宜与缓和曲线相互重叠。

（9）凸形竖曲线的顶部和凹形竖曲线的底部，应避免插入小半径平曲线；凸形竖曲线的顶部，不宜同反向平曲线的拐点重合。

如果在凸形竖曲线的顶部设有小半径的平曲线，驾驶员须驶近坡顶才能发现平曲线，会导致紧急制动并急转方向盘而易发生行车危险；在凹形竖曲线的底部设有小半径平曲线，会因汽车高速下坡时急转弯，同样可能发生行车危险。

凸形竖曲线的顶部，不得与反向平曲线的拐点重合。主要是因为这样的组合除存在上述所列情况外，还因组合后的扭曲使线形很不美观。

为了便于实际应用，把平曲线与竖曲线的组合形象地表示为图1-0-3-9。如果做不到平曲线与竖曲线较好的组合，而两者的半径均较小时（一般指平曲线半径小于一般最小半径值），可以把平曲线、竖曲线错开相当距离，使竖曲线位于平面的直线上，但如果平曲线与竖曲线半径都很大，则平、竖曲线的位置可不受上述限制。

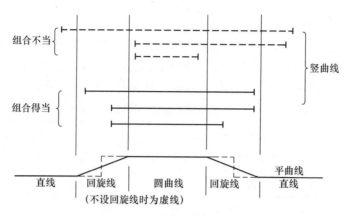

图 1-0-3-9　平曲线与竖曲线的组合

三、直线与纵断面组合

平面的长直线与纵断面的直坡线配合,对双车道公路超车方便,在平坦地区易与地形相适应,但行车单调乏味,易疲劳。直线上一次变坡是很好的平、纵组合,从美学观点讲以包括一个凸形竖曲线为好,而包括一个凹形竖曲线次之;直线上二次以上变坡会形成反复凸凹的"驼峰"和"凹陷",看上去线形既不美观也不连贯,使驾驶员的视线中断。因此,只要路线有起有伏,就不要采用长直线,最好使平面路线随纵坡的变化略加转折,并把平、竖曲线合理地组合。使用时,应避免的组合如下:

(1)长直线配长坡。
(2)直线上短距离内多次变坡,如图 1-0-3-10 所示。
(3)直线段内插入短的竖曲线。
(4)在长直线上设置陡坡及曲线长度短、半径小的凹形竖曲线。
(5)直线上的纵断面线形出现驼峰、暗凹(图 1-0-3-11)、跳跃等使驾驶员视觉中断的线形。

图 1-0-3-10　直线上短距离内多次变坡路段

图 1-0-3-11　暗凹路段

平、纵线形的组合,是通过设计者对立体线形要素所形成的想象来分析判断的,必要时还应绘制透视图进行分析研究。各种直线和曲线组合的立体线形要素如图1-0-3-12所示。

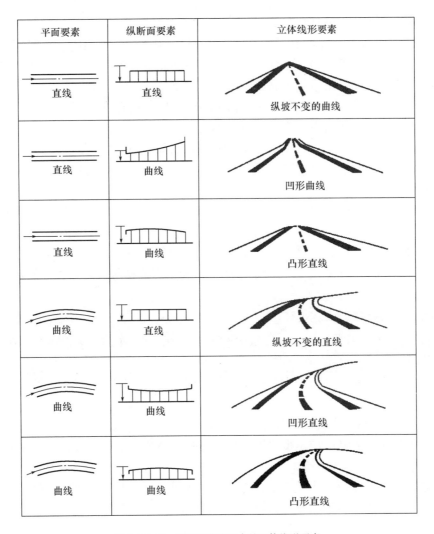

图 1-0-3-12　直线和曲线组合的立体线形要素

第五节　纵断面设计方法

纵断面设计主要是指纵坡和竖曲线设计。它的主要内容是根据公路等级和相应的有关规定,以及路线自然条件和拟建构造物的高程要求等,确定路线适当的高程、各坡段的纵坡和坡长,并设计竖曲线。

一、纵断面设计要点

纵断面设计,首先涉及的内容是纵断面线形布置,它包括不同地形条件下的设计高程控制、纵坡设计和变坡点位置确定等。

1. 各种地形条件下的设计高程控制

所谓设计高程的控制,是指在纵坡设计时将路线安排在哪一个高度上最为合适。

(1)在平原地区,地形平坦,河沟纵横交错,地面水源多,地下水位较高,因此,路线设计高程主要由保证路基稳定的最小填土高度所控制。

(2)在丘陵地区,地面有一定的高差,除局部地段外,路线在纵断面上一般可以克服高差。因此,设计高程的选定,主要由土石方平衡和降低工程造价所控制。

(3)在山岭地区,地形变化频繁,地面自然坡度大,布线有一定的困难。因此,设计高程主要由纵坡度和坡长所控制,但也要从土石方尽量平衡及路基防护工程经济性等方面考虑,力求降低工程造价。

(4)在沿溪(河)路段,为保证路基安全稳定,路基一般应高出规定洪水频率的计算水位加壅水高、波浪侵袭高和0.5m以上。

此外,纵断面设计高程的控制,还应考虑公路的起终点、交叉口、垭口、隧道、桥梁、排灌涵洞、地质不良地段等方面的要求。有时这些地物和人工构造物对设计高程控制往往起着决定性的作用。

2. 各种地形条件下的纵坡设计

对不同地形的纵坡设计,要在初步拟定设计高程控制的基础上,按下列要求和规定进行,以求纵坡设计合理。

(1)平原地形的纵坡应均匀、平缓,并注意保证路基最小填土高度和最小排水纵坡的要求。

(2)丘陵地形的纵坡应避免过分迁就地形而使路线起伏过大。

(3)山岭地形的沿河线,应尽量采用平缓的纵坡,坡长不宜过短,纵坡度不宜过大,较高等级的公路更应注意不宜采用陡坡。

(4)越岭线的纵坡应力求均匀,尽量不采用极限或接近极限的坡度,更不宜连续采用极限长度的陡坡之间夹短距离缓和坡段的纵坡线形。越岭线不应设置反坡,以免浪费高程。

(5)山脊线和山腰线,除结合地形不得已时采用较大的纵坡外,在一般情况下应采用平缓的纵坡。

3. 变坡点位置的确定

变坡点位置的确定,直接影响到纵坡坡度的大小,坡长,平、纵线形组合,土石方填挖平衡和公路的使用质量。因此,在确定变坡点位置时,除要尽量使填挖工程量最小和线形最理想外,还应使最大纵坡、最小纵坡、坡长限制、缓和坡段满足有关规定的要求,同时还要处理好平、纵线形的相互配合和协调。此外,为方便设计和计算,变坡点的位置一般应设在10m的整数桩号处。

二、纵断面设计步骤

公路的纵坡是通过公路定线和室内设计两个阶段来实现的。在定线阶段,选线人员在现场或纸上定线时结合平面线形、地形等已对公路纵坡作了全面的考虑,所以纵断面设计由选线人员在室内根据选线时的记录,以及桥涵、地质等方面对路线的要求,综合考虑工程技术与经济的因素,最后定出路线的纵坡。

纵断面设计一般按以下步骤进行。

1. 准备工作

纵坡设计(俗称拉坡)前首先应搜集和研究地形、地质、水文、筑路材料的各项记录、图表等野外资料,熟悉领会设计意图和各项具体要求。然后,在纵断面图上点绘出里程、桩号、地面高程和地面线、直线与平曲线,并将桥梁、涵洞、隧道、交叉、地质、土质等与纵坡设计有关的资料在纵断面图上标明,以便供拉坡时参考。

2. 标注控制点

控制点是指影响纵坡设计的高程控制点。如路线的起终点、垭口、桥涵、地质不良地段、最小填土高度、最大挖深、沿河线的洪水位、隧道进出口、路线交叉点以及受其他因素限制路线必须通过的高程控制点等,都应作为控制坡度的依据。

对于山岭公路,除上述控制点外,还有根据路基填挖平衡关系控制路中心填挖值的高程点,称为经济点,如图1-0-3-13所示。其含义是指如果纵坡设计线刚好通过该经济点,则在相应横断面上填方和挖方基本平衡,最为经济。经济点的选取可通过道路设计专用软件在计算机上进行。

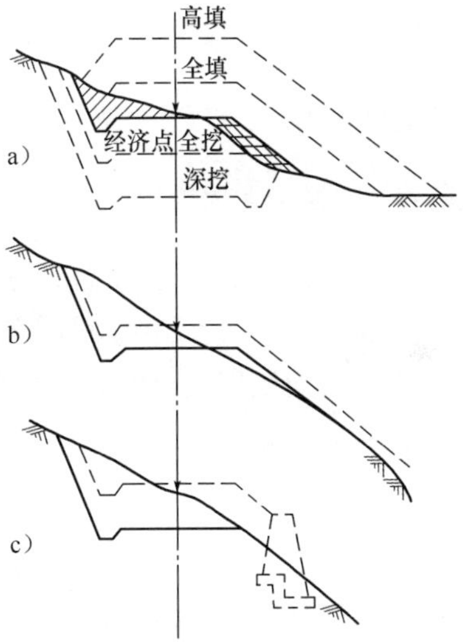

图1-0-3-13 路基填挖平衡经济点示意图
a)半填半挖;b)多挖少填;c)全挖路基

3. 试定纵坡

在已标出控制点与经济点的纵断面图上,以控制点为依据,以尽量照顾经济点为原则,根据定线意图,结合地面起伏情况,在控制点与经济点之间进行插点穿线,试定出纵坡。在试定纵坡时,每定一个变坡点,均需全面考虑前后几个变坡点的情况,要前后照顾,定出变坡点的位置。一般来说,如果试定的纵坡线既能符合技术标准,又能满足控制点要求,而且土石方工程量又较省,则这样的设计纵坡是最理想的,关键是要反复比较,通盘考虑,抓住主要矛盾。

4. 调整纵坡

试定纵坡之后,首先将所定的坡度与定线时所考虑的坡度进行比较,两者应基本相符,若有较大差异,应全面分析,找出原因,决定取舍。然后检查纵坡度、坡长、合成坡度等是否符合《路线规范》的规定,平、纵线形组合是否合理,若有问题应进行调整。

调整纵坡的方法一般有抬高、降低、延长、缩短坡线和加大、减小纵坡度等。调整时应以少脱离控制点,尽量减少填挖量,与自然条件协调为原则,使调整后的纵坡与试定纵坡基本相符,以避免因纵坡调整产生填挖不合理等现象。

5. 与横断面进行核对

根据已调整的纵坡线,选择有控制意义的重点横断面,如高填深挖、挡土墙、重要桥涵等横断面,在纵断面初定的拉坡线处找到相应的填挖高度,对照此位置的横断面进行认真核对和检查。若出现填挖工程量过大、填方坡脚落空以及挡土墙工程量过大等情况,应再次调整纵坡线,直到满足要求为止。

6. 确定纵坡

纵坡线经调整核对无误后,即可确定纵坡。方法是从起点开始,按纵坡度和坡长分别计算出各变坡点的设计高程。公路的起终点设计高程是根据接线的需要事先确定的。变坡点设计高程确定后,公路纵坡设计线也随之确定。

第六节 纵断面设计成果

纵断面设计成果,主要包括路线纵断面图、路基设计表等。其中路线纵断面图是公路设计的重要文件之一,它反映路线所经范围的中心地面起伏情况与设计纵坡之间的关系。把纵断面线形与平面线形组合起来,就能反映出公路线形在空间的位置。

1. 路线纵断面图

1)路线纵断面图的组成

如图 1-0-3-14 所示,纵断面图由两部分内容组成。图的上半部分主要是用来绘制地面线和纵坡设计线,同时根据需要标注竖曲线位置及其要素,沿线桥涵及人工构造物的位置、结构类型、孔径与孔数,与公路、铁路交叉的桩号及路名,水准点位置、编号和高程等。

图的下半部分主要是用来填写有关测量数据,自下而上分别填写直线与平曲线、里程桩号、地面高程、设计高程、填挖高度、地质概况等。

(1)地面线与地面高程:在纵断面图上,通过路中线的原地面上各桩点的高程,称为地面高程,相邻地面高程的起伏折线的连线,称为地面线。它是以里程为横坐标、高程为纵坐标,根据中线测量的中桩地面高程绘制的。

(2)设计线与设计高程:设计线是指包含竖曲线在内的纵坡设计线,纵断面图中常用粗线来表示;平面各中桩在设计线上对应的高程即为设计高程。

(3)填挖高度:是指在同一横断面上设计高程与地面高程之差,即施工高度。

(4)直线与平曲线:根据中线测量资料绘制的中线示意图,图中路线的直线部分用直线表示,圆曲线部分在图中用矩形折线表示,带有缓和曲线的平曲线在图中用梯形折线表示,上凸表示路线右转,下凹表示路线左转,并注明交点编号。

(5)里程桩号:是指根据公路中线测量资料绘制的公路里程数。其中百米桩的里程以数字 1~9 注写,公里桩的里程以 K 注写,如 K0、K1 等。

(6)地质概况:沿路线标明路段的土壤地质情况。

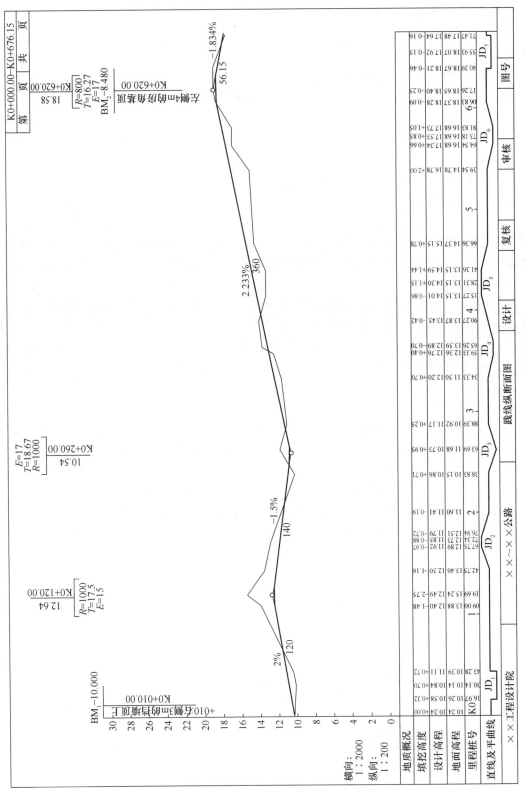

图1-0-3-14 路线纵断面图

2）路线纵断面图的绘制

路线纵断面图是以里程为横坐标,高程为纵坐标使用直角坐标绘制的。其一般绘图步骤如下:

(1)选定比例尺。为了清楚地反映路中线上地面起伏情况,通常平原地区的横坐标里程的比例尺采用1:5000,纵坐标高程的比例尺采用1:500;山岭地区的横坐标里程的比例尺采用1:2000,纵坐标高程的比例尺采用1:200。

(2)打格制表。按规定比例尺寸绘制表格,填写里程桩号、地面高程、直线与平曲线、地质概况等资料。

(3)绘制地面线。绘制地面线应首先确定起始点高程在图上的位置,使绘出的地面线位于图中适当位置,同时求10m整倍数的高程定在厘米方格纸的5cm粗横线上,以便于绘图和阅图,然后根据中桩的高程和里程,在图上按纵横比例尺依次点出各中桩地面位置,用细实线连接相邻点位,即可绘出地面线。如果在山区因高差变化较大,纵向受到图幅限制时,可在适当地段变更图上高程起算位置,在此处地面线上下错开一段距离,此时地面线将形成台阶形式。

(4)计算设计高程。当路线的纵坡确定以后,即可根据设计纵坡和两点间的水平距离,由前一点的高程计算后一点的设计高程。计算公式为:

$$H_P = H_0 + iD \tag{1-0-3-7}$$

式中:H_P——待推算点P的高程,m;

H_0——起算点的高程,m;

i——设计坡度,%,上坡时为正,下坡时为负;

D——待推算点桩号至起算点桩号的水平距离,m。

(5)计算各桩的填挖高度。填挖高度为"+"时,路基构成填方路堤;填挖高度为"-"时,路基构成挖方路堑;计算完成后填入表格中。

(6)图上注记。在纵断面图上注记有关资料,如水准点、桥涵、竖曲线等。

绘制的纵断面图,应按规定采用标准图纸和统一格式,以便装订成册。

以上为人工绘制纵断面图的传统方法,在正式设计中,应以道路设计专用软件绘制纵断面图。

2. 路基设计表

路基设计表是公路设计文件的组成内容之一。表中填写路线平、纵断面等主要测设与设计资料,里程桩号,填、挖宽度(包括加宽),超高值等有关内容,为公路横断面设计提供基本数据,同时也可作为路基施工的依据之一。具体介绍见第四章第四节内容。

工程案例:公路纵断面优化设计

某高速公路施工图设计阶段,对纵断面进行了优化设计,原则上尽量降低前面高程以减少工程量、节约投资。具体的优化情况如下:

K0+500～K2+500路段对纵断面进行优化,满足某机场规划限高要求。在施工图设计阶段对接某机场集团规划部门,根据收集的《某国际机场近期净空保护区图》,降低纵断面设计高程,进行优化。

本次调整涉及桩号 K0+500～K2+500,在 K0+540 新增变坡点,将 0.5% 上坡改为 -1.4% 下坡,并将变坡点 K0+830 移至 K0+980,采用 1% 上坡跨过某省道,该省道此处的变坡点移至 K1+295。跨过该省道后采用 -2% 下坡至 A 隧道的 U 形槽进洞口,于 K1+730 处新增变坡点并采用 -2.9% 下坡顺接隧道暗埋段纵坡。

本章小结

(1)进行公路路线纵断面图设计时,由于地形、地物、地质、水文等自然因素的影响以及经济性的要求,其主要任务就是根据汽车的动力性能、公路等级和性质、当地的自然地理条件以及工程经济等,来研究这条空间线形的纵坡大小及其长度,它是公路设计的重要内容之一。

(2)纵坡设计主要包括最大纵坡与最小纵坡、坡长限制与缓和坡段、平均纵坡、合成坡度、爬坡车道的合理确定以及纵坡设计的一般要求等。

(3)竖曲线设计时,确定竖曲线的最小长度和半径是以满足汽车平顺地由直坡段过渡到竖曲线,不使驾驶员的视线受到影响,以及汽车在竖曲线上行程时间不宜过短来考虑的。

在实际确定竖曲线半径和长度时,要从满足现行《公路路线设计规范》(JTG D20)的技术要求、线形的衔接、行车舒适以及尽量考虑土石方填挖平衡和降低土石方工程数量等方面考虑。

(4)公路是由平面线形和纵断面线形所组成的空间立体形状。平、纵线形组合设计的过程,最终是以平、纵组合的立体线形展现出来的。设计中仅仅满足平面、纵断面线形标准是不够的,还应充分考虑驾驶员在视觉和心理上的要求,使这条空间线形能尽量做到线形连续、指标均衡、视觉良好、景观协调、安全舒适。

(5)在进行纵断面设计时,应根据技术指标,结合具体地形反复研究,所拟定的纵断面设计线有时会有几个方案,此时应进行反复比较,最后选定设计线。

思考题与习题

1. 何谓路线纵断面?纵断面由哪些线形组成?
2. 公路纵坡设计应考虑哪些技术指标要求?运用这些技术指标时要注意哪些问题?
3. 简述竖曲线的要素,并说明竖曲线最小长度和半径的设计要求。
3. 公路平、纵线形组合设计的原则有哪些?为了满足这些原则,平曲线与竖曲线、直线与纵断面组合应满足哪些要求?
4. 简述影响平原区、丘陵区、山岭区纵断面设计高程控制的主要因素。
5. 确定变坡点位置时应考虑哪些问题?

第四章 CHAPTER FOUR
公路横断面设计

本章提要：
本章主要介绍公路路基横断面组成与功能、建筑限界与用地范围,确定了横断面设计方法,分析了路基土石方计算与调配,形成横断面设计成果。

能力目标：
1. 能描述路基横断面的组成及相应功能,理解公路建筑限界与用地范围的相关规定；
2. 能描述横断面设计的要求、方法与步骤；
3. 会进行路基土石方的计算与调配,并进行相关表格的填写,形成横断面设计成果。

第一节 横断面组成

公路中线的法线方向剖面称为公路路基横断面。它是由横断面设计线与横断面地面线所围成的图形,在横断面图上反映了路基的组成和几何尺寸,以及路基形成前的原地面线。公路路基横断面应根据公路技术等级、设计速度,结合地形、气候、土壤、水文、地质等条件,做出正确的设计,以保证路基的强度和稳定性。公路路基横断面的组成包括：车道、路肩、边坡、边沟、截水沟、排水沟、护坡道、支挡防护工程以及专门设计的取土坑、弃土堆、环境保护等设施；高速公路和一级公路的横断面设置有中间带,根据需要有时还设置有紧急停车带、加(减)速车道、爬坡车道和其他安全设施。各部分的位置、名称如图 1-0-4-1 所示。

横断面设计是路线设计的重要组成部分,它和纵断面设计、平面设计相互影响,所以在设计中应对平、纵、横三个方面结合起来综合考虑,反复比较和调整后,才能达到各元素之间的协调一致,做到组成合理、用地节省、工程经济和有利于环境保护。横断面设计的主要内容是确定横断面的形式、各组成部分的位置和尺寸,以及计算和调配路基土石方。

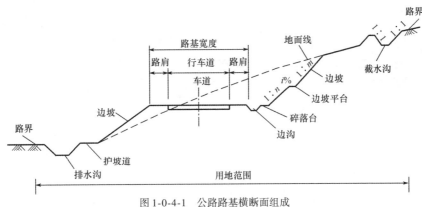

图 1-0-4-1 公路路基横断面组成

一、路基横断面组成及功能

1. 路基标准横断面组成

高速公路、一级公路的路基标准横断面分为整体式和分离式两类。上下行公路的横断面由一个路基形成，称为整体式；由两个路基分别独立形成，称为分离式，如图 1-0-4-2 所示。整体式路基的标准横断面应由车道、中间带（中央分隔带、左侧路缘带）、路肩（右侧硬路肩、土路肩）等部分组成。分离式路基的标准横断面应由车道、路肩（右侧硬路肩、左侧硬路肩、土路肩）等部分组成。

图 1-0-4-2 分离式断面景观形式

二级公路路基的标准横断面应由车道、路肩（硬路肩、土路肩）等部分组成。三级、四级公路路基的标准横断面应由车道、路肩等部分组成。按公路等级、断面的类型、路线所处地形情况而规定的各组成部分横向尺寸，可供设计时参考使用。

2. 路基横断面形式

公路路基横断面形式应根据公路功能、技术等级、交通量和地形等条件确定。各级公路一般路基横断面形式如图 1-0-4-3 所示。高速公路、一级公路应根据需要采用整体式或分离式路基断面形式；双向十车道及以上车道数的高速公路可采用复合式断面形式；二级、三级、四级公路应采用整体式路基断面形式。

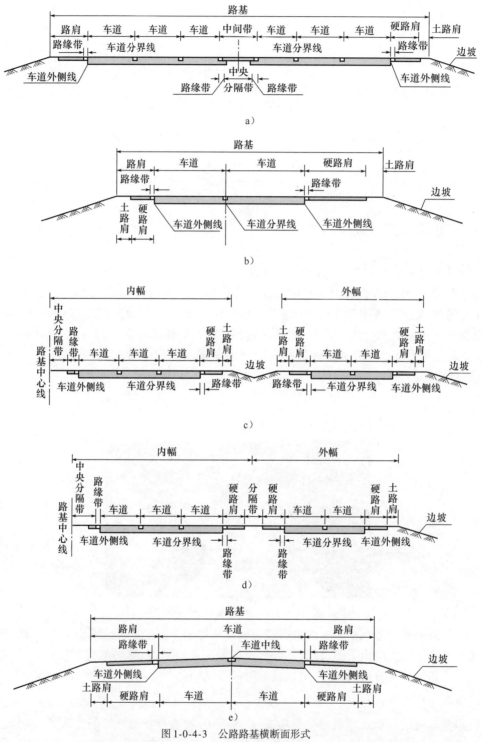

图1-0-4-3 公路路基横断面形式

a)高速公路、一级公路一般整体式断面形式；b)高速公路、一级公路一般分离式断面形式(右幅断面)；c)高速公路分离复合式断面形式(右幅断面)；d)高速公路整体复合式断面形式(右幅断面)；e)二级、三级、四级公路一般路基断面形式

公路路基横断面中各组成部分宽度应根据公路技术等级、交通量与交通组成、横断面各组成部分的功能综合确定,并应符合下列规定:

(1)非机动车、行人密集公路和城市出入口的公路,可根据需要设置侧分隔带、非机动车道和人行道。

(2)一级公路在慢行车辆较多时,可利用右侧硬路肩(宽度不足时应加宽)设置慢车道,并应在车道与慢车道之间设置隔离设施。

(3)二级公路在慢行车辆较多时,可根据需要采用加宽硬路肩的方式设置慢车道,并应增加必要的交通安全设施,加强交通组织管理。

3. 车道数及车道宽度

在公路上提供每一纵列车辆安全行驶的路面,称为一个车道。车道数目的多少则依远景年的设计小时交通量和一条车道的设计通行能力而定。按公路技术等级和设计速度将车道数分为单车道、双车道、四车道、六车道、八车道及以上,其中高速公路和一级公路各路段的车道数应根据设计交通量、设计通行能力等确定,且应不小于四车道,当车道数增加时,应按双数、两侧对称增加;二级、三级公路应为双车道;四级公路一般路段应采用双车道,交通量小且工程特别艰巨的路段可采用单车道。

车道宽度是指一个车道边缘之间的水平距离,不同设计速度时的车道宽度见表 1-0-4-1。八车道及以上公路在内侧车道(内侧第 1、2 车道)仅限小客车通行时,其车道宽度可采用 3.5m;以通行中、小型客运车辆为主且设计速度为 80km/h 及以上的公路,经论证后,车道宽度可采用 3.5m;四级公路采用单车道时,车道宽度应采用 3.5m;设置慢车道的二级公路,慢车道宽度应采用 3.5m;需要设置非机动车道和人行道的公路,非机动车道和人行道的宽度宜视实际情况确定。

车道宽度 表 1-0-4-1

设计速度(km/h)	120	100	80	60	40	30	20
车道宽度(m)	3.75	3.75	3.75	3.50	3.50	3.25	3.00

4. 路面宽度

路面宽度应是在保证设计速度及道路通行能力的情况下,安全行车所必需的宽度。路面宽度取决于设计车辆的横向几何尺寸、行驶速度以及车辆间或车辆与路肩之间的安全距离。单车道的路面最小宽度为 3.5m,最大宽度为 3.75m;一条双车道公路的路面最小宽度为 6.0m,最大宽度为 7.5m。一般来说,路面宽度 = 车道数 × 车道宽度。

5. 路肩宽度

路肩设于行车道外缘至路基边缘之间,是具有一定宽度的带状结构物,供行人通行,临时停放故障车辆,并作为路面的横向支承及侧向余宽的组成部分。按路肩上铺筑的材料性质可分为硬路肩和土路肩。各级公路右侧路肩宽度值见表 1-0-4-2。

右 侧 路 肩 宽 度   表 1-0-4-2

公路技术等级(功能)		高速公路			一级公路(干线功能)	
设计速度(km/h)		120	100	80	100	80
右侧硬路肩宽度(m)	一般值	3.00(2.50)	3.00(2.50)	3.00(2.50)	3.00(2.50)	3.00(2.50)
	最小值	1.50	1.50	1.50	1.50	1.50
土路肩宽度(m)	一般值	0.75	0.75	0.75	0.75	0.75
	最小值	0.75	0.75	0.75	0.75	0.75
公路技术等级(功能)		一级公路(集散功能)和二级公路			三级、四级公路	
设计速度(km/h)		80	60	40	30	20
右侧硬路肩宽度(m)	一般值	1.50	0.75	—	—	—
	最小值	0.75	0.25	—	—	—
土路肩宽度(m)	一般值	0.75	0.75	0.75	0.50	0.25(双车道)
	最小值	0.50	0.50			0.50(单车道)

注:1. 正常情况下,应采用"一般值";在设爬坡车道、变速车道及超车道路段,受地形、地物等条件限制路段及多车道公路特大桥,可论证采用"最小值"。
2. 高速公路和作为干线的一级公路以通行小客车为主时,右侧硬路肩宽度可采用括号内数值。
3. 高速公路局部设计速度采用60km/h的路段,右侧硬路肩宽度不应小于1.5m。

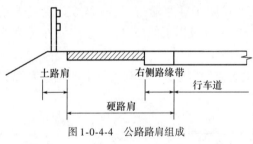

图 1-0-4-4 公路路肩组成

路肩通常由右侧路缘带(高速公路、一级公路才设置,其宽度为0.50m)、硬路肩、土路肩三部分组成,如图 1-0-4-4 所示。二级公路的硬路肩可供非汽车交通使用,非汽车交通量较大的路段,可采用全铺的方式,以充分利用。二级、三级、四级公路在路肩上设置的标志、防护设施等不得侵入公路建筑限界,必要时应加宽路肩。

高速公路、一级公路的分离式路基断面,应设置左侧路肩,其宽度应符合表 1-0-4-3 的规定。左侧硬路肩宽度包含左侧路缘带宽度,左侧路缘带宽度为 0.50m。

高速公路、一级公路分离式路基断面的左侧路肩宽度   表 1-0-4-3

设计速度(km/h)	120	100	80	60
左侧硬路肩宽度(m)	1.25	1.00	0.75	0.75
左侧土路肩宽度(m)	0.75	0.75	0.75	0.50

高速公路整体式路基双向八车道及以上的路段,宜设置左侧硬路肩,其宽度应不小于 2.5m。高速公路分离式路基断面单幅同向四车道及以上的路段,左侧硬路肩宽度不宜小于 2.5m。

二级公路非汽车交通量大的路段,土路肩可予以加固。既可充分地利用硬路肩和加固的土路肩通行非机动车辆,还可保证汽车行驶的通畅。二级、三级、四级公路在路肩上设置路上设施时,不得侵入公路建筑限界,必要时应加宽路基,增加设施所需的宽度,如设置护栏、挡土墙及其他直立构件等所需的宽度。

6. 中间带宽度

公路的中间带和中央分隔带在构造上起到分隔对向交通的作用,保证来往两个方向的汽车能高速、安全地行驶,防止车辆互相碰撞,对提高行车安全性和发挥公路项目功能具有关键性作用,并可作为设置防护栅、标志和绿化,以及埋置地下管线等设施之用。

高速公路、一级公路整体式路基断面必须设置中间带。中间带由两条左侧路缘带及中央分隔带组成,中央分隔带的两侧设置左侧路缘带。高速公路和作为干线的一级公路,中央分隔带宽度应根据公路项目中央分隔带功能确定。作为集散的一级公路,中央分隔带宽度应根据中间隔离设施的宽度确定。左侧路缘带宽度应不小于表1-0-4-4的规定。

左侧路缘带宽度　　　　　　　　　　　表1-0-4-4

设计速度(km/h)		120	100	80	60
左侧路缘带宽度(m)	一般值	0.75	0.75	0.50	0.50
	最小值	0.50	0.50	0.50	0.50

注:1. "一般值"为正常情况下的采用值。
　　2. 设计速度为120km/h、100km/h时,受地形、地物限制的路段或多车道公路内侧仅限小型车辆通行的路段,可论证采用"最小值"。

7. 路基宽度

公路路基宽度为车道宽度与路肩宽度之和,当设有中间带、加(减)速车道、爬坡车道、紧急停车带、超车道、错车道、慢车道、侧分隔带、非机动车道、人行道等时,应计入这些部分的宽度。

二级公路货车比例较高时,可根据需要局部增设超车道,超车道宽度应按相应路段的车道宽度确定。二级公路慢行车辆较多时,可根据需要采用加宽硬路肩的方式设置慢车道,并应增加必要的交通安全设施,加强交通组织管理。

四级公路路基宽度采用单车道时,应在不大于300m的距离内选择有利地点设置错车道,并使驾驶员能看到相邻两错车道之间的车辆。设置错车道路段的路基宽度应不小于6.5m,有效长度应不小于20m,如图1-0-4-5所示。

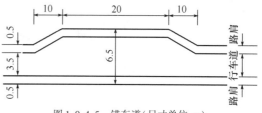

图1-0-4-5　错车道(尺寸单位:m)

8. 加(减)速车道

加速车道是为保证驶入干道的车辆,在进入干道车流之前,能安全加速以保证汇流所需的距离而设的变速车道。减速车道是为保证车辆驶出干道时能安全减速而设的变速车道。高速公路、一级公路的互通式立体交叉、服务区、停车区、客运汽车停靠站、管理与养护设施、观景台等与主线相衔接处,应设置加速车道和减速车道。加(减)速车道宽度应为3.5m。

二级公路在服务区、停车区、客运汽车停靠站、管理与养护设施、加油站、观景台等的各类出入口处,应设置过渡段,以提高这些路段和位置的交通安全性。

9. 紧急停车带

紧急停车带是为故障车辆提供停车的主要设施之一,在关键时刻具有重要的作用。高速公路和作为干线的一级公路的右侧硬路肩宽度小于 2.50m 时，应设置紧急停车带。紧急停车带宽度应不小于 3.50m，有效长度不应小于 40m，间距不宜大于 500m，并应在其前后设置不短于 70m 的过渡段。高速公路、一级公路的特大桥、特长隧道，根据需要可设置紧急停车带，其间距不宜大于 750m。二级公路根据需要可设置紧急停车带，其间距宜根据实际情况确定。

10. 爬坡车道

高速公路、一级公路以及二级公路在连续上坡路段设置爬坡车道时，其宽度不应小于 3.5m，且不大于 4.0m。六车道及以上的高速公路、一级公路可不设爬坡车道。高速公路、一级公路的爬坡车道应紧靠车道的外侧设置。条件受限时，爬坡车道路段右侧硬路肩宽度应不小于 0.75m。二级公路的爬坡车道应紧靠车道的外侧设置，可利用硬路肩宽度。当需保留原来供非汽车交通行驶的硬路肩时，该部分应移至爬坡车道的外侧。

11. 避险车道

避险车道是供制动失效车辆尽快驶离行车道、减速停车、自救的专用车道。连续长、陡下坡路段，应结合交通安全性评价论证设置避险车道。避险车道应设置在长、陡下坡路段的右侧视距良好的适当位置，其宽度不应小于 4.50m。有条件时，宜在避险车道右侧平行设置救援车道。避险车道可修建在直线路段上，或失控车辆不能安全转弯的主线弯道之前，应避开人口稠密区，以保证其他车辆以及坡道下方居民的安全。

12. 路拱、路肩横坡度

为了利于路面横向排水，将路面做成由中央向两侧倾斜的拱形，称为路拱。路拱的基本形式很多，各有特点，一般有直线形、抛物线形、直线夹圆曲线形和折线形，如图 1-0-4-6 所示。在设计路基横断面时，路拱及路肩横坡度应根据车道宽度、路面结构类型、排水和当地的自然条件等要求而定，路拱横坡度取值规定见表 1-0-4-5。

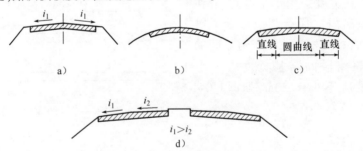

图 1-0-4-6 路拱的形式

a) 直线形；b) 抛物线形；c) 直线夹圆曲线形；d) 折线形（用于水泥混凝土路面）

路 拱 横 坡　　　　　　　　　　　　　　　　　表 1-0-4-5

路 面 类 型	路拱横坡度(%)	路 面 类 型	路拱横坡度(%)
沥青混凝土、水泥混凝土路面	1~2	碎、砾石等粒料路面	2.5~3.5
其他沥青路面	1.5~2.5	低级路面	3~4
半整齐块石路面	2~3		

注：路肩横坡度一般应较路面横坡度大 1%~2%。

高速公路、一级公路整体式路基的路拱宜采用双向路拱横坡度,由路中央向两侧倾斜。位于中等强度降雨地区时,路拱横坡度宜为 2%;位于降雨强度较大地区时,路拱横坡度可适当增大。高速公路、一级公路分离式路基的路拱,宜采用单向横坡,并向路基外侧倾斜,也可采用双向路拱横坡度;积雪、冰冻地区,宜采用双向路拱横坡度。双向六车道及以上车道数的公路,当超高过渡段的路拱横坡度过于平缓时,可采用双向路拱横坡度;路拱横坡度过于平缓路段应进行路面排水分析。二级、三级、四级公路的路拱应采用双向路拱横坡度,由路中央向两侧倾斜;路拱横坡度应根据路面类型和当地自然条件确定,但不应小于 1.5%。

二、公路建筑限界

为保证车辆、行人通行的安全,公路上一定宽度和一定高度范围内不得有任何障碍物侵入的空间限界称为公路建筑限界,如图 1-0-4-7 所示。

公路建筑界限是一个空间概念,不同等级的公路其公路建筑限界的大小不同。在公路横断面设计中,公路标志、护栏、照明灯柱、电杆、管线、绿化、行道树以及跨线桥的梁底、桥台、桥墩等的任何部分不得侵入公路建筑限界之内,以确保行车空间的通畅。

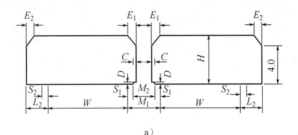

a)

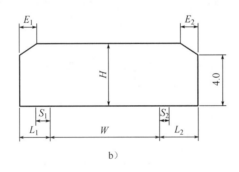

b)

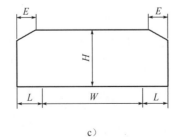

c)

图 1-0-4-7

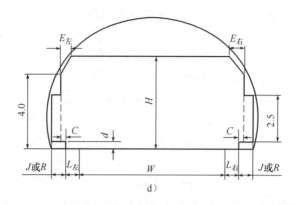

图 1-0-4-7 各级公路的建筑限界(尺寸单位:m)

a)高速公路、一级公路(整体式);b)高速公路、一级公路(分离式);c)二级、三级、四级公路;d)公路隧道

W-行车道宽度;L_1-左侧硬路肩宽度;L_2-右侧硬路肩宽度;S_1-左侧路缘带宽度;S_2-右侧路缘带宽度;L-侧向宽度,二级公路的侧向宽度为硬路肩宽度,三级、四级公路的侧向宽度为路肩宽度减去 0.25m;$L_左$-隧道内左侧侧向宽度;$L_右$-隧道内右侧侧向宽度;C-当设计速度大于 100km/h 时为 0.5m,小于或等于 100km/h 时为 0.25m;D-路缘石高度,小于或等于 0.25m,一般情况下,高速公路可不设路缘石;M_1-中间带宽度;M_2-中央分隔带宽度;J-检修道宽度;R-人行道宽度;d-检修道或人行道高度;E-建筑限界顶角宽度,当 $L ≤ 1m$ 时,$E = L$,当 $L > 1m$ 时,$E = 1m$;E_1-建筑限界左顶角宽度,当 $L_1 ≥ 1m$ 或 $S_1 + C ≥ 1m$ 时,$E_1 = 1m$;E_2-建筑限界右顶角宽度,$E_2 = 1m$;$E_左$-建筑限界左顶角宽度,当 $L_左 ≤ 1m$ 时,$E_左 = L_左$,当 $L_左 > 1m$ 时,$E_左 = 1m$;$E_右$-建筑限界右顶角宽度,当 $L_右 ≤ 1m$ 时,$E_右 = L_右$,当 $L_右 > 1m$ 时,$E_右 = 1m$;H-净空高度

公路建筑限界的宽度范围,还应符合下列规定:

(1)设置加(减)速车道、紧急停车带、爬坡车道、错车道、慢车道、车道隔离设施等路段,行车道应包括该部分的宽度。

(2)八车道及其以上整体式路基的高速公路,设置左侧硬路肩时,建筑限界应包括相应部分的宽度。

(3)隧道最小侧向宽度应符合表 1-0-4-6 的规定。

隧道最小侧向宽度   表 1-0-4-6

设计速度 (km/h)	高速公路、一级公路				二级、三级、四级公路				
	120	100	80	60	80	60	40	30	20
左侧侧向宽度 $L_左$(m)	0.75	0.75	0.50	0.50	0.75	0.50	0.25	0.25	0.50
右侧侧向宽度 $L_右$(m)	1.25	1.00	0.75	0.75	0.75	0.50	0.25	0.25	0.50

(4)桥梁、隧道设置检修道、人行道时,建筑限界应包括相应部分的宽度;人行道、自行车道、检修道与行车道分开设置时,其净高应为 2.50m。

(5)高速公路、一级公路、二级公路的净高应为 5.00m;三级、四级公路的净高应为 4.50m。

(6)路基、桥梁、隧道相互衔接处,其建筑限界应按过渡段处理。

三、用地范围

公路用地是指为修建、养护公路及设置其沿线设施,依照国家规定所征用的地幅。公路用地应根据公路建设的需要,在满足公路正常建设用地的基础上,遵循保护、开发土地资源,合理利用土地，切实保护耕地，促进社会经济可持续发展的原则，合理拟定公路建设规模、技术指标、设计施工方案，确定公路用地范围。

公路用地范围的确定应符合下列规定：

(1)公路用地范围为公路路堤两侧排水沟外边缘(无排水沟时为路堤或护坡道坡脚)以外，或路堑坡顶截水沟外边缘(无截水沟为坡顶)以外不小于1m范围内的土地；在有条件的地段，高速公路、一级公路不小于3m，二级公路不小于2m范围内的土地为公路用地范围。

(2)在风沙、雪害、滑坡、泥石流等不良地质地带设置防护、整治设施时，以及在膨胀土、盐渍土等特殊土地带采取处治措施时，应根据实际需要确定用地范围。

(3)桥梁、隧道、互通式立体交叉、分离式立体交叉、平面交叉、安全设施、服务设施、管理设施、绿化以及其他线外工程等用地，应根据实际需要确定其用地范围。

(4)有条件或环境保护要求种植多行林带的路段，应根据实际情况确定用地范围。

(5)改扩建公路可参照新建公路用地范围的规定执行。

公路用地的征用，必须严格按《中华人民共和国土地管理法》的规定征用，并办理相应手续，才能确认为公路用地。在此范围内，不得修建非路用建筑物，如开挖渠道、埋设管道、电缆、电杆及其他设施；各种管线设施如与公路交叉或接近时，应符合现行《公路路线设计规范》(JTG D20)中公路与管线交叉有关条文的规定。

第二节 横断面设计基本要求与方法

一、横断面设计的基本要求

公路横断面的组成除了与行车有关的路幅宽度外，还与路基工程、排水工程、环保工程的各种措施有关，这些设施的位置和尺寸均应在横断面设计中有所体现。横断面设计是在总结上述工作的基础上把它具体化，绘制出横断面图纸，作为计算土石方数量和日后施工的依据。

路基横断面设计应充分考虑当地的气象、地形、土壤、地质、水文、环境、土地利用、材料供应等自然条件和社会条件，本着节约用地的原则，选用合理的断面形式，以满足行车顺适、工程经济、路基稳定且便于施工和养护的要求，设计出适合路基稳定和经济的横断面。横断面设计线是设计的结果，它应满足如下要求：

(1)公路横断面设计既受平、纵线形设计的制约，也对其起控制性作用。应最大限度地降低路堤高度，做好防护、排水、取土、弃土等的设计，减小对沿线生态的影响，防止水土流失，保护环境，使公路融入自然。路基边坡不宜过高、过陡，对出现的高填、深挖地段，应同高架桥、隧道以及分离式路基等多方案进行比选、论证。

(2)路基横断面布设应结合沿线地面横坡、自然条件、工程地质条件等进行设计。自然横坡较缓时，以整体式路基横断面为宜。横坡较陡、工程地质复杂时，高速公路宜采用分离式路基横断面，从而减小工程对自然环境的影响，避免引发工程地质病害。

(3)整体式路基的中间带宽度宜保持等值。当中间带的宽度根据需要增宽或减窄时，应采用左右分幅线形设计。条件受限制，且中间带宽度变化小于3.0m时，可采用渐变过渡，过渡段的渐变率不应大于1/100。

(4)整体式路基分为分离式路基或分离式路基汇合为整体式路基时,其中间带的宽度增宽或减窄时,应设置过渡段。其过渡段以设置在圆曲线半径较大的路段为宜。

(5)公路横断面设计应注重路侧安全,做好中间带、加(减)速车道、路肩以及渠化、左(右)转弯车道、交通岛等各组成部分的细节设计。在有条件的地区或路段,积极采用宽中央分隔带、低路基、缓边坡、宽浅边沟等断面形式。

(6)中间带的设计应符合下列要求:

①中央分隔带形式:中央分隔带宽度大于或等于3.0m时宜采用凹形;中央分隔带宽度小于3.0m时可采用凸形;对于存在风沙和风雪影响的路段,宜采用平齐式。

②中央分隔带缘石:中央分隔带宽度大于或等于3.0m,或存在风沙和风雪影响的路段,宜采用平齐式;中央分隔带宽度小于3.0m时可采用平齐式或斜式。高速公路、一级公路中央分隔带不得采用栏式缘石。

③中央分隔带表面处理:中央分隔带宽度大于或等于3.0m时宜植草皮;中央分隔带宽度小于3.0m时可栽灌木或铺面封闭。

(7)公路横断面范围内的排水设计应自成体系、满足功能要求。设置在紧靠车道的边沟,其断面宜采用浅碟形或漫流等方式;当采用矩形或梯形边沟时,应加盖板。

(8)路基边坡应根据自然、生态、地质等情况采用相适宜的坡率,且随纵、横向地势变化而变,不应采用单一坡率。低填方路段应尽量将边坡放缓;挖方路段边坡的坡脚、坡顶,应采用自然的圆弧过渡;边坡外形与周围环境融为一体。

(9)冬季积雪路段、工程地质病害严重路段等可适当加宽路基,改善行车条件。

二、路基横断面设计方法与步骤

横断面设计俗称"戴帽子",是设计横断面的常用方法,其过程就是在横断面测量所得各桩号的横断面地面线上,按纵断面设计确定的填挖高度和平面设计确定的路基宽度、超高、加宽值,结合当地的地形、地质等自然条件,参考典型横断面图式,逐桩号绘出横断面图;对采用挡土墙、护坡等结构物的路段,应对结构物的尺寸根据土压力的大小经稳定性验算后,将确定所采用结构物绘于相应的横断面图上,并注明其起讫桩号和断面的尺寸。

横断面设计,必须结合地形、地质、水文等条件,本着节约用地的原则选用合理的断面形式,以满足行车顺适、工程经济、路基稳定且便于施工和养护的要求。

在设计每个横断面时,应参考路基典型横断面图示,断面中的边坡坡率、边沟尺寸、挡土墙断面必须符合现行《公路路基设计规范》(JTG D30)的规定。对高填、深挖、浸水等特殊路基还应单独设计,绘制特殊路基设计图。

横断面设计在平面设计、纵断面设计完成后进行,其方法与步骤如下:

(1)逐桩绘制横断面地面线(一般在现场与外业同时进行),各桩号在图纸上按从左到右、从下到上的顺序排列,比例一般为1:200。

(2)逐桩标注相应中桩的填(T)或挖(W)高度、路基宽度(B)、超高(h_c)和加宽(B_j)的数据。

(3)根据现场调查所得来的土壤、地质、水文资料,参照"标准横断面图"和"典型横断面图",标出各断面土石分界线,确定边坡坡度和边沟形状、尺寸。

(4)用三角板(也可用"帽子板")逐桩绘出路基横断面设计线,通常用左右路肩边缘的连线代替路面的路拱横坡线(即不必绘出路拱,但必须绘出超高、加宽),然后再按边坡坡度绘出边坡线,与地面线相交得坡脚点(路堤)或坡顶点(路堑)。

(5)有超高时,应按旋转方式绘出有超高横坡度的路肩边缘连线;有加宽时,按加宽后的路基宽度绘出左右路肩边缘的连线;两者都存在时,按上述方法同时考虑超高、加宽绘出横断面设计线。

(6)根据综合排水设计,绘制护坡道、边沟、取土坑、截水沟、挡土墙等横断面设计内容。

(7)分别计算各桩号断面的填方面积(F_T)和挖方面积(F_W)并标注在图上。

在以上横断面设计时,尽管在横断面图上按比例绘出边沟、截水沟、护脚、挡土墙等设施,但一般不标注详细尺寸,仅注明其起讫桩号。

路基横断面设计图应绘出所有整桩、加桩的断面图,在图中示出加宽、超高、边坡、边沟、截水沟、碎落台、护坡道、路侧取土坑、填方路基开挖的台阶及视距台等,并注意标明地界。挡土墙、护面墙、护脚、护肩、护岸、边坡加固、边沟(排水沟)及截水沟加固等均绘在图上,并注明起讫桩号、圬工种类及断面尺寸(另绘有防护工程设计图的只绘出示意图,注明起讫桩号和设计图编号)。高速公路、一级公路还应标出设计高程、路基边缘高程、边沟(排水沟)底设计高程等。

此外,计算机辅助设计(CAD)在工程技术领域中应用也很广泛。利用计算机辅助设计系统进行路线设计,它不仅提高手工绘制的工作效率,能够准确绘制横断面图,而且能自动解算横断面面积,在设计完成时可以利用绘图机输出各设计阶段所需的相应的图纸。目前由我国自行研发的"路线CAD"系统已日趋成熟和完善,关于"路线CAD"可参阅相关书籍。

第三节 路基土石方计算与调配

路基土石方数量在整个公路工程项目中占有较大的比例,它直接影响公路的造价、工期、用地等许多方面,是公路工程项目的主要技术经济指标之一。土石方的数量及其调配,关系着取土或弃土地点、公路用地范围,同时对工程造价、所需劳动力和机具设备的数量以及施工期限有一定影响。

土石方计算与调配的主要任务是计算每公里路段的土石数量和全线总土石方工程数量,设计挖方的利用和填方的来源及运距,为编制工程预(概)算、确定合理的施工方案以及计量支付提供依据。

由于自然地面起伏多变,填挖体积不可能是一个简单的几何体,若依实际地面起伏变化情况来进行土石方数量的计算,不仅繁杂,而且实用意义不大。因此,在公路的测设过程中,土石方的计算通常采用近似方法,计算精度按工程的要求而定。一般情况下,横断面的面积以平方米(m^2)为单位,取小数后一位,土石方的体积以立方米(m^3)为单位,取至整数。

一、横断面面积计算

路基横断面上的填挖面积是指原地面线与路基设计线所包围的面积,它包括填方面积 F_T 和挖方面积 F_W,在计算横断面面积时填方面积和挖方面积应分别计算。横断面面积计算的方法有许多种,一般常用的计算方法有积距法、坐标法、几何图形法、混合法。

1. 积距法

积距法是按单位宽度 b 把横断面划分为若干个梯形和三角形条块,则每个小块的近似面积等于其平均高度 h_i 乘以横距 b,F 为平均断面积的总和,如图 1-0-4-8 所示。其计算公式为:

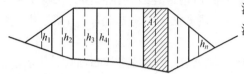

图 1-0-4-8 积距法计算示意图

$$F = b \times h_1 + b \times h_2 + \cdots + b \times h_n = b \sum_{i=1}^{n} h_i \quad (1\text{-}0\text{-}4\text{-}1)$$

式中:F——横断面面积,m^2;

b——横断面所分成的三角形或梯形条块的宽度,通常为 1m 或 2m;

h_i——横断面所分成的三角形或梯形条块的平均高度,m。

由此可见,积距法求面积就是在实际操作中转化为量取 h_i 的累加值,这种操作可以用分规按顺序连续量取每一条块的平均高度 h_i,分规最后的累计高就是 $\sum_{i=1}^{n} h_i$,将条块宽度乘以累计高度 $\sum_{i=1}^{n} h_i$,即为填或挖的面积。积距法也可以用厘米格纸拆成窄条作为量尺,每量一次 h_i 在窄条上画好标记,从开始到最后标记的累计距离就是 $\sum_{i=1}^{n} h_i$,然后乘以条块宽度 b,即为所求面积。

2. 坐标法

建立如图 1-0-4-9 所示坐标系,给定多边形各顶点的坐标,由解析几何可得多边形面积的计算公式为:

$$F = \frac{1}{2} \sum_{i=1}^{n} \left(x_i y_{i+1} - x_{i+1} y_i \right) \quad (1\text{-}0\text{-}4\text{-}2)$$

式中:x_i、y_i——设计线和地面线围成面积的各折点的坐标,m。

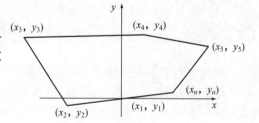

图 1-0-4-9 坐标法计算示意图

坐标法精度较高,方法较复杂,适用于计算机计算。

3. 几何图形法

当横断面地面线较规整时,可分成几个规则的几何图形,如三角形、矩形和梯形,然后分别计算面积,即可求出总面积。

4. 混合法

在一个填方或挖方面积较大的横断面设计图中,几何图形法和积距法共用,可以加快计算速度。

在横断面面积的计算中应注意以下几个问题：

(1) 填方和挖方的面积应分别计算。

(2) 填方或挖方的土石也应分别计算，因为其造价不同。

(3) 有些情况下，横断面上的某一部分面积可能既是挖方面积，又要算作填方面积，例如，遇淤泥既要挖除，又要回填其他材料。当地面自然坡度较陡，按《公路路基设计规范》(JTG D30—2015)的要求计算需挖台阶的面积等。

二、填挖方体积计算

在所有中桩的横断面面积求出后，就可以进行土石方数量计算。

为简化计算，目前一般采用平均断面法计算填挖方体积。平均断面法的基本原理是假定两相邻断面组成一棱柱体，如图 1-0-4-10 所示，两断面即为棱柱体的上底面和下底面，中线距离（两桩号里程差）即为棱柱的高，其体积公式为：

$$V = \frac{1}{2}(F_1 + F_2)L \qquad (1\text{-}0\text{-}4\text{-}3)$$

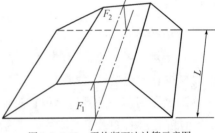

图 1-0-4-10　平均断面法计算示意图

式中：F_1、F_2——两相邻断面的断面面积，m^2；

L——两相邻断面的间距，m，即两相邻断面的桩号差。

平均断面法计算简便、实用，是目前公路工程中常采用的方法。但其精度较差，该法只有当两相邻断面面积 F_1、F_2 相差不大时才较准确。当 F_1、F_2 相差较大时，按棱台体公式则更为接近，其公式如下：

$$V = \frac{1}{3}\left(F_1 + F_2\right)L\left(1 + \frac{\sqrt{m}}{1+m}\right) \qquad (1\text{-}0\text{-}4\text{-}4)$$

式中，$m = \dfrac{F_1}{F_2}$，其中 $F_1 > F_2$。

后一种计算公式精度较高，特别适用于计算机编程计算。

用上述方法计算的填挖方体积中，是包含了路面体积的。若所设计的纵断面有填有挖基本平衡，则填方断面中多计算的路面面积与挖方断面中少计算的路面面积相互抵消，其总体积与实施体积相差不大。但若路基是以填方为主或以挖方为主，则最好是在计算断面面积时将路面部分计入，也就是填方要扣除、挖方要增加路面所占的那一部分面积。特别是路面厚度较大时更不能忽略。

计算路基土石方数量时，应扣除大、中桥及隧道所占路线长度的体积；桥头引道的土石方，可视需要全部或部分列入桥梁工程项目中，但应注意不要遗漏或重复；小桥涵所占的体积一般可不扣除。

三、路基土石方调配

路基土石方数量计算完毕后，应考虑土石方的调运问题，以便确定填方用土的来源、挖方弃土的去向，以及计价土石方的数量和运量。

在路基的施工过程中，就某一断面的土石方而言，会发生三种情况：一是挖去多余的土，形成路基，或者本桩有填有挖，利用了本桩的土后，还有多余，需要调走（挖余）；二是借其他地方的土，形成路基，或者本桩有填有挖，利用了本桩的土后，还不够，需要借土（填缺）；三是本桩有填有挖，利用本桩的土填挖平衡（本桩利用）。通过调配，合理地解决各路段土石方数量的平衡与利用问题，把从路堑挖出的土石方，在经济合理的调运条件下移挖作填，就近运到填方路堤，达到填方有所"取"，挖方有所"用"，避免不必要的借土和弃土，尽量减少占用耕地的数量，减少水土流失，保护自然环境。

针对这些情况，"挖余"有两种处理方法：调至其他断面利用或作为废方弃土。"填缺"也有两种处理方法：从其他断面调土或从路外借土。土石方调配就是要解决这些问题。

1. 调配原则

（1）半填半挖路基，应首先考虑本路段内横向移挖作填，进行横向平衡，然后再作纵向调配，以减少总的运量。

（2）调配时应考虑到桥涵位置对施工运输的影响，一般不跨沟、跨河调运。同时应注意施工的可能与方便，如人工运输尽可能避免和减少上坡运土。

（3）为使土方调配合理，必须根据地形情况和施工条件，选用适当的运输方式，确定合理的经济运距，用以分析工程用土是调运还是外借。

（4）土方调配"移挖作填"，固然要考虑经济运距问题，但这不是唯一的指标，还要综合考虑弃土或借方占地、赔偿青苗损失及对农业产生的影响等问题。有时移挖作填虽然运距超出一些，运输费用可能稍高一些，但如能少占地、少影响农业生产，从整体来看也是经济的。

（5）不同的土方和石方应根据工程需要分别进行调配，以保证路基稳定和人工构造物的材料供应。

（6）位于山坡上的回头曲线，要优先考虑上、下线的土方竖向调运。

（7）土方调配，对于借土和弃土应事先同地方商量，妥善处理。借土应结合地形、农田规划等选择借土地点，并综合考虑借土还田、整地造田等措施；弃土应不占或少占耕地，在可能条件下宜将弃土平整为可耕地，切莫乱弃乱堆，防止产生水土流失、泥石流和堵塞河流、损害农田等病害。

2. 调配方法

土石方调配方法有多种，如累计曲线法、调配图法以及土石方计算表调配法等。目前设计上多采用土石方计算表调配法。该法不需要绘制累计曲线与调配图，可直接在土石方表上进行调配。其优点是方法简捷、调配清晰、精度符合要求。该表也可由计算机自动完成。具体步骤是：

（1）调配是在土石方数量计算与复核完毕的基础上进行的。调配前应将可能影响运输调配的桥涵位置、陡坡、大沟等注在表旁,供调配时参考。

(2)弄清各桩号间路基填方、挖方情况并先作横向平衡,明确本桩利用方、欠方及可作远运土石方等的数量。

(3)在纵向调配前,应根据施工方法及可能采用的运输方式定出合理的经济运距。

(4)根据欠方、可作远运土石方数量的分布情况,结合路线纵坡和自然条件,本着技术经济和支农的原则,具体拟定调配方案。方法是逐桩、逐段地将毗邻路段的可作远运方就近纵向调运到欠方段内,加以利用,并把具体调运方向和数量(土、石分开)用箭头及数字标明在纵向利用调配栏中,见表1-0-4-8。

(5)经过纵向调配,如果仍有欠方或可作远运方,则应会同当地协商确定借土或弃土地点,然后将借土或弃土的数量和远运距离分别填注到借方和弃方栏内。

(6)土石方调配后,应按下面的公式进行复核检查:

$$横向调运方 + 纵向调运方 + 借方 = 填方$$
$$横向调运方 + 纵向调运方 + 弃方 = 挖方$$
$$挖方 + 借方 = 填方 + 弃方$$

以上检查一般是逐页进行,如有跨页调配,须将其数量考虑在内。通过复核可以发现调配与计算过程中有无错误,经核实无误后,即可分别计算计价土石方数量、运距和运量等,为编制概、预算提供资料。

3. 调配计算中的几个问题

1)免费运距

根据公路工程概算定额和预算定额,土方作业包括挖、装、运、卸等工序,这里的"运"是指在规定的距离范围内,只按土石方数量计价,计价中包括了挖、装、运、卸的所有工作,而不再计算运费,这个不再计算运费所规定的距离就是免费运距。施工方法不同,免费运距也不同,如人工作业时,人工运输的免费运距为100m,各种作业方法的免费运距可以在《公路工程概算定额(上、下册)》(JTG/T 3831—2018)和《公路工程预算定额》(JTG/T 3832—2018)中查到。

2)经济运距

填方用土来源,一是纵向调运,二是就近路外借土。在一般情况下,调运路堑挖方来填筑距离较近的路堤还是比较经济的,但是如调运距离过长,以致运价超过了填方附近借土所需的费用时,借土就显得经济了。因此,采用"调"还是"借",有个限度距离问题,这个限度距离即所谓"经济运距"。计算公式如下:

$$L_{经} = \frac{B}{T} + L_{免} \tag{1-0-4-5}$$

式中:$L_{经}$——经济运距,km;

B——借土单价,元/m³,由征用土地费、青苗补偿费、挖和运输费用等组成;

T——远运运费单价,元/(m³·km);

$L_{免}$——免费运距,km,定额规定挖方后应无偿运输的距离。

由上述内容可知,经济运距是评定借土或调运的指标,当调运距离小于经济运距时,采取纵向调运还是经济的;反之则可考虑就近借土。

在计算运距时注意预算定额的规定:土石方的运距,第一个 20m(指人工运输)为免费运距,如不足 20m 也按规定 20m 计,此后每增加 10m 为一个超运距单位,尾数不满 5m 时不计,满 5m 时按 10m 计。这个超运距单位称为"级"。

3) 平均运距

土方调配的运距,一般是指平均运距。所谓平均运距是指从挖方体积的重心到填方体积的重心之间的距离。为简化计算起见,平均运距可用挖方断面间距中心至填方断面间距中心的距离计算。

4) 运量

土石方运量为平均运距与土石方调配数量的乘积,运量的单位是"级立方米"。"级"是长度单位,每一级等于多少要根据运输工具和运输方式而定。以人力运输土方为例,一级为 10m。其计算运量的公式为:

$$运量 = 调配的(土石方)方数 \times n \tag{1-0-4-6}$$

$$n = \frac{L - L_{免}}{10}$$

式中:n——平均运距单位,级;

L——平均运距;

$L_{免}$——免费运距。

5) 计价土石方数量

在土石方计算与调配中,所有挖方,无论是"弃掉"或"调走",都应予计价,但对于填方,它要根据用土决定。如果是路外借土,就需计价和计算运量;倘若是移挖作填,调配利用,则不应计价,只计算运量,否则形成双重计价(即路堑挖方和路堤填方两次计价)。计价土石方数量为:

$$V_{计} = V_{挖} + V_{借} \tag{1-0-4-7}$$

式中:$V_{计}$——计价土石方数量,m³;

$V_{挖}$——挖方数量,m³;

$V_{借}$——借方数量,m³。

6) 天然密实方与压实方

路基横断面设计图中的填挖方土石量,一般称为"断面方"。断面方中的填是按压实后的体积计算,称为"压实方"。断面方中的挖方是按天然密实体积计算,称为"天然密实方"。实践证明,天然密实的 1m³ 土体开挖运来填筑路堤,并不等于 1m³ 的压实方。公路工程定额相关规范规定:当以填方体积为工程量,采用天然密实方为计量单位的定额时,所采用的定额应乘以调整系数。对于调整系数的采用,应在路基土石方工程量的计算及填挖平衡调运过程中充分注意和考虑,不应简单地按断面方进行调配。

第四节 横断面设计成果

横断面设计完成后应完成的图表包括：路基标准横断面图、路基设计表、路基横断面图、路基土石方数量计算表、每公里土石方数量计算表、路基土石方运量统计表等。

一、路基横断面设计图

路基标准横断面图反映一般路堤、路堑、半填半挖路基横断面设计的具体成果，在图中应标示出路幅范围内各组成部分的具体尺寸，还应反映出边坡的坡度、边沟、排水沟、截水沟、碎落台及其他设施的位置及尺寸，为逐桩横断面设计提供依据；路基一般设计图是路基横断面设计图中所出现的所有路基横断面形式的汇总，应绘制出设计图中采用的一般路堤、路堑、半填半挖路基、高填方路堤、深挖路基、水田内路堤及沿河水塘等不同形式的路基设计图，并应分别示出路基路幅范围内各组成部分的具体尺寸、边坡坡率、排水设施、护脚墙、护肩、护坡、挡土墙等防护加固结构形式和标注主要尺寸。

路基横断面图的比例尺一般用 1∶200，每页图纸的右上角应标明横断面图的总页数和本页图纸的编码数。图 1-0-4-11 和图 1-0-4-12 是某公路的路基标准横断面图和路基横断面图。

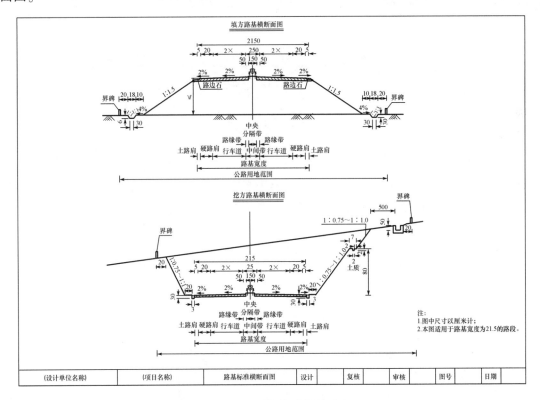

图 1-0-4-11　路基标准横断面图

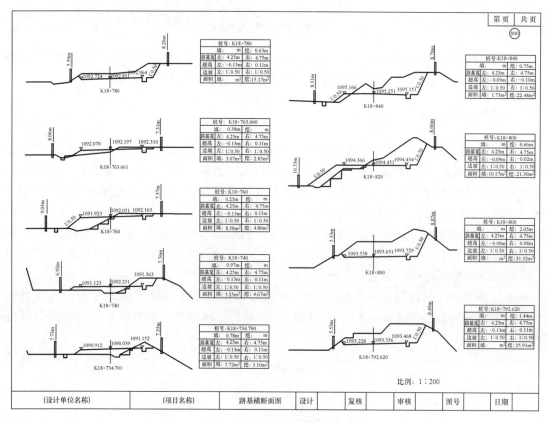

图 1-0-4-12　路基横断面图

二、路基设计表

路基设计表是公路路线设计文件中的主要技术文件之一,它是综合路线平、纵、横 3 个方面设计资料汇编而成的。在表中列有平面线形及纵断面线形资料,如中桩桩号、平曲线情况、竖曲线情况、中桩地面高程、设计高程、施工高度等。还列有横断面情况,如路基宽度、路拱坡度、小半径弯道上的超高及加宽等,路基施工必用此表。路基设计表包括平、纵两种设计图纸,它在施工现场使用极为方便,但不如平、纵面图直观。某公路路基设计表见表 1-0-4-7。

路基设计表有 22 栏,其中 1~14 栏的数据是根据纵断面设计资料填写的;15~22 栏是根据横断面设计资料填写的,15~19 栏分别填写路基宽度与超高加宽情况。对于直线路段(或者平曲线半径大与不设超高加宽的路段)为不变的路基宽度,但对半径较小(需设超高加宽)的弯道,有超高和加宽值,因此填写时需注意填上,有些中桩是在缓和曲线(或超高缓和段)上,则其超高、加宽值与弯道上的不同,需逐个计算,然后填上。此外,在填表和计算中要注意每一栏的相互关系,做到填表、计算、复核三个环节统一,以保证数据的准确性。

路 基 设 计 表

表 1-0-4-7

桩号	平曲线 左偏	平曲线 右偏	竖曲线 凹形	竖曲线 凸形	地面高程 (m)	设计高程 (m)	填挖高度 (m) 填/挖	路基宽度 (m) 左侧 W_1	W_2	W_3	中分带 W_0	右侧 W_3	W_2	W_1	以下各点与设计高程之差 (m) 左侧 A_1	A_2	A_3	右侧 A_3	A_2	A_1	坡口、坡脚至中桩距离 (m) 左侧	右侧	备注
K0+000					1139.448	1140.865	1.417	0.00	2.50	7.00	2.50	7.00	2.50	0.00	−0.190	−0.190	−0.140	−0.140	−0.190	−0.190	10.75	11.12	
+011.608		K0+011.608 (ZH)			1139.207	1140.670	1.463	0.00	2.50	7.00	2.50	7.00	2.50	0.00	−0.190	−0.190	−0.140	−0.140	−0.190	−0.190	10.75	12.26	
+020					1138.894	1140.529	1.635	0.00	2.50	7.00	2.50	7.00	2.50	0.00	−0.126	−0.126	−0.093	−0.140	−0.190	−0.190	10.75	11.47	
+040					1138.552	1140.193	1.641	0.00	2.50	7.00	2.50	7.00	2.50	0.00	0.026	0.026	0.019	−0.140	−0.190	−0.190	10.00	11.75	
+060					1138.163	1139.860	1.697	0.00	2.50	7.00	2.50	7.00	2.50	0.00	0.178	0.178	0.131	−0.140	−0.190	−0.190	10.75	12.71	
+080					1137.622	1139.542	1.920	0.00	2.50	7.00	2.50	7.00	2.50	0.00	0.330	0.330	0.243	−0.243	−0.330	−0.330	14.13	12.24	
+100					1136.907	1139.240	2.333	0.00	2.50	7.00	2.50	7.00	2.50	0.00	0.380	0.380	0.280	−0.280	−0.380	−0.380	14.77	13.23	
+120				−1.680% QD K0+047.500	1136.452	1138.954	2.502	0.00	2.50	7.00	2.50	7.00	2.50	0.00	0.380	0.380	0.280	−0.280	−0.380	−0.380	15.37	14.23	
+131.608		K0+131.608 (HY)			1136.298	1138.795	2.497	0.00	2.50	7.00	2.50	7.00	2.50	0.00	0.380	0.380	0.280	−0.280	−0.380	−0.380	15.07	15.88	
+140				200.00	1136.153	1138.684	2.531	0.00	2.50	7.00	2.50	7.00	2.50	0.00	0.380	0.380	0.280	−0.280	−0.380	−0.380	15.12	15.18	
+160					1134.996	1138.430	3.434	0.00	2.50	7.00	2.50	7.00	2.50	0.00	0.380	0.380	0.280	−0.280	−0.380	−0.380	16.47	15.93	
+180					1134.323	1138.192	3.869	0.00	2.50	7.00	2.50	7.00	2.50	0.00	0.380	0.380	0.280	−0.280	−0.380	−0.380	16.92	15.99	
+200		JD₁ 1-31°3711.2″ R-500.00 L₁-120.00 L₂-155.93			1133.399	1137.970	4.571	0.00	2.50	7.00	2.50	7.00	2.50	0.00	0.380	0.380	0.280	−0.280	−0.380	−0.380	17.59	17.04	
+209.576			R-25000.00 T-152.50 E-0.47	1137.505 K0+200	1133.107	1137.870	4.763	0.00	2.50	7.00	2.50	7.00	2.50	0.00	0.380	0.380	0.280	−0.280	−0.380	−0.380	18.16	17.32	
+220					1133.014	1137.764	4.750	0.00	2.50	7.00	2.50	7.00	2.50	0.00	0.380	0.380	0.280	−0.280	−0.380	−0.380	17.84	18.50	
+235					1132.719	1137.620	4.901	0.00	2.50	7.00	2.50	7.00	2.50	0.00	0.380	0.380	0.280	−0.280	−0.380	−0.380	18.37	19.03	
+240					1131.551	1137.574	6.023	0.00	2.50	7.00	2.50	7.00	2.50	0.00	0.380	0.380	0.280	−0.280	−0.380	−0.380	20.02	20.72	
+260			ZD +352.500 −0.460%		1131.719	1137.400	5.681	0.00	2.50	7.00	2.50	7.00	2.50	0.00	0.380	0.380	0.280	−0.280	−0.380	−0.380	18.57	18.70	
+280					1131.531	1137.242	5.711	0.00	2.50	7.00	2.50	7.00	2.50	0.00	0.380	0.380	0.280	−0.280	−0.380	−0.380	19.89	18.75	
+287.543		K0+287.543 (YH)		1600.00	1131.582	1137.187	5.605	0.00	2.50	7.00	2.50	7.00	2.50	0.00	0.380	0.380	0.280	−0.280	−0.380	−0.380	19.73	18.59	
+300					1131.529	1137.100	5.571	0.00	2.50	7.00	2.50	7.00	2.50	0.00	0.380	0.380	0.280	−0.280	−0.380	−0.380	19.68	18.54	
+320					1131.545	1136.974	5.429	0.00	2.50	7.00	2.50	7.00	2.50	0.00	0.323	0.323	0.238	−0.238	−0.323	−0.323	19.76	18.32	
+340					1131.450	1136.864	5.414	0.00	2.50	7.00	2.50	7.00	2.50	0.00	0.171	0.171	0.126	−0.140	−0.190	−0.190	19.36	17.39	
+360					1131.518	1136.769	5.251	0.00	2.50	7.00	2.50	7.00	2.50	0.00	0.019	0.019	0.014	−0.140	−0.190	−0.190	18.88	16.99	
+380					1131.553	1136.677	5.124	0.00	2.50	7.00	2.50	7.00	2.50	0.00	−0.133	−0.133	−0.098	−0.140	−0.190	−0.190	18.47	14.65	
+400					1131.602	1136.585	4.983	0.00	2.50	7.00	2.50	7.00	2.50	0.00	−0.190	−0.190	−0.140	−0.140	−0.190	−0.190	17.43	15.07	
+407.543		K0+407.543 (HZ)			1131.763	1136.550	4.787	0.00	2.50	7.00	2.50	7.00	2.50	0.00	−0.190	−0.190	−0.140	−0.140	−0.190	−0.190	17.65	15.75	
410					1131.873	1136.539	4.666	0.00	2.50	7.00	2.50	7.00	2.50	0.00	−0.190	−0.190	−0.140	−0.140	−0.190	−0.190			
+413					1131.824	1136.525	4.701	0.00	2.50	7.00	2.50	7.00	2.50	0.00	−0.190	−0.190	−0.140	−0.140	−0.190	−0.190			

编制：　　　　　　　　　　　　　　　　　　　　　　　　　　　　　　　　复核：

三、路基土石方数量计算表

路基土石方数量和运量是统计路基工程量的主要内容,工程数量计算的正确与否会影响整个工程造价,应正确计算和周密调配。因此,在填表和计算时要注意每一栏的相互关系,做到填表、计算、复核三个环节统一,以保证数据的准确性。

路基土石方数量计算表在目前各省虽有图例规定,但仍未统一,其原理基本相同,某公路路基土石方数量计算表见表1-0-4-8。

工程案例:公路匝道路基横断面设计

某公路工程主线采用《公路工程技术标准》(JTG B01—2014)中的双向六车道高速公路标准,设计速度120km/h,路基宽度34.5m。全线设有多处互通式立交,对应的匝道设计速度为40~60km/h,根据被交叉公路的等级、交通量、车辆组成、地形、地物、汽车在匝道上行驶速度的变化及交通使用条件等选用。

匝道横断面采用《公路立体交叉设计细则》(JTG/T D21—2014)中的标准。全线匝道分为3种类型:双向双车道匝道(路基宽度为16.5m)、单向双车道匝道(路基宽度为10.5m)、单向单车道匝道(路基宽度为9.0m)。行车道、路缘带及硬路肩的路面横坡为2%,土路肩的为4%。当填方边坡位于互通区内侧时,可结合地形、地貌和废弃方条件放缓边坡,利于安全和美化景观,缓坡坡率取为1:4。双向双车道匝道、单向双车道匝道、单向单车道匝道路基标准横断面分别如图1-0-4-13~图1-0-4-15所示。

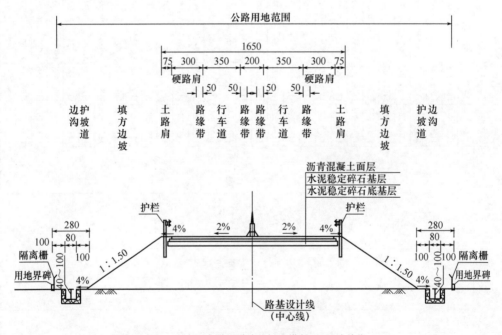

图1-0-4-13 双向双车道匝道路基标准横断面(尺寸单位:cm)

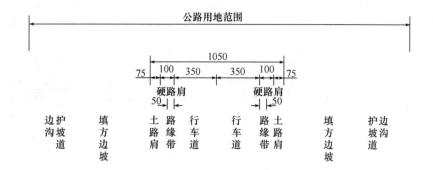
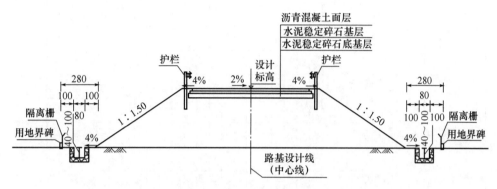

图 1-0-4-14　单向双车道匝道路基标准横断面(尺寸单位：cm)

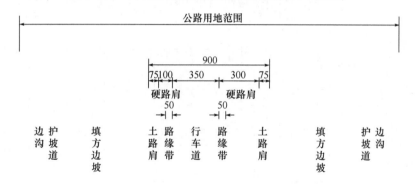
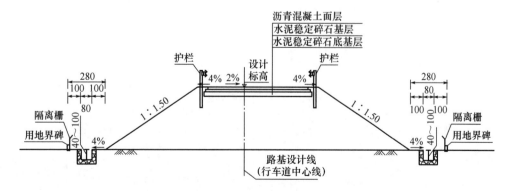

图 1-0-4-15　单向单车道匝道路基标准横断面(尺寸单位：cm)

表 1-0-4-8

路基土石方数量计算表

项目名称：

桩号	横断面面积 (m²)		距离 (m)	总数量	挖方分类及数量(m³)												填方数量 (m³)			本桩利用		填缺		利用方数量及调配 (m³)		远运利用及纵向调配示意	备注
					土						石													挖余			
					I		II		III		IV		V		VI												
	挖方	填方			%	数量	%	数量	%	数量	%	数量	%	数量	%	数量	总数量	土	石	土	石	土	石	土	石		
1	2	3	4	5	6	7	8	9	10	11	12	13	14	15	16	17	18	19	20	21	22	23	24	25	26	27	28
K0+000	2.24	24.08																									
K0+011.608	0.00	33.13	11.61	13.0			100	13.0									332.1	332.1		13.0		372.2					
K0+020	0.37	37.24	8.39	1.5			100	1.5									295.3	295.3		1.5		341.0					
K0+040	0.72	37.73	20.00	10.9			100	10.9									749.7	749.7		10.9		858.8					
K0+060	0.00	44.98	20.00	7.2			100	7.2									827.2	827.1		7.2		952.3					
K0+080	0.00	53.97	20.00														989.6	989.6				1147.9					
K0+100	0.00	65.11	20.00														1190.8	1190.8				1381.4					
K0+120	0.00	76.94	20.00														1420.4	1420.4				1647.7					
K0+131.608	0.00	80.58	11.61														914.2	914.2				1060.5					
K0+140	0.00	81.74	8.39														681.1	681.1				790.1					
K0+160	0.00	106.45	20.00														1881.8	1881.8				2182.9					
K0+180	0.00	120.92	20.00														2273.7	2273.7				2637.5					
K0+200	0.00	137.39	20.00														2583.1	2583.1				2996.4					
K0+209.576	0.00	145.18	9.58														1352.9	1352.9				1569.4					
K0+220	0.00	150.66	10.42				100										1541.9	1541.9				1788.7					
K0+235	0.00	162.85	15.00				100										2351.3	2351.3				2727.5					
K0+240	0.00	207.70	5.00				100										926.4	926.4				1074.6					
K0+260	0.00	175.02	20.00				100										3827.2	3827.2				4439.5					
K0+280	0.00	184.75	20.00				100										3597.7	3597.7				4173.3					
K0+287.543	0.00	180.55	7.54				100										1377.7	1377.7				1598.2					
K0+300	0.00	179.17	12.46				100										2240.5	2240.5				2599.0					
K0+320	0.00	177.37	20.00				100										3565.4	3565.4				4135.9					
K0+340	0.00	172.10	20.00				100										3494.7	2116.9	1377.8			2455.6	1267.6				
K0+360	0.00	162.60	20.00				100										3347.0	2597.2	749.7			3012.8	689.8				
K0+380	0.00	146.20	20.00				100										3088.1	3088.1				3582.1					
K0+400	4.88	102.33	20.00	48.8			100	48.8									2485.4	2485.4		48.8		2834.2					
K0+407.543	10.96	94.93	7.54	59.8			100	59.8									744.0	744.0		59.8		803.2					
小计				141.2				108.6		32.6							48079.1	45951	2127.5	141.2		53163	1957.3				

备注列示意：
±11733.4(309m)
左1957.3(441m)
±2424.5(766m)
(从K0+440取弃)
±37740.1(1941m)
借方(从取土坑K1+940)
±358.2(1186m)
(从K1+000取弃)
±2405.3(1257m)
(从K1+484取弃)
(从K1+553取弃)

编制：　　　　　　复核：

本章小结

(1)公路中线的法线方向剖面称为公路路基横断面。它是由横断面设计线与横断面地面线所围成的图形。在横断面图上反映了路基的组成和几何尺寸,以及路基形成前的原地面线。公路路基横断面的组成包括:车道、路肩、边坡、边沟、截水沟、排水沟、护坡道、支挡防护工程以及专门设计的取土坑、弃土堆、环境保护等设施;高速公路和一级公路的横断面设置有中间带,根据需要有时还设置有紧急停车带、加(减)速车道、爬坡车道和其他安全设施。

(2)公路用地是指为修建、养护公路及其沿线设施而依照国家规定所征用的地幅。公路用地的征用应遵守国家有关的土地法规。确定公路用地既要根据公路建设的需要,保证必需的用地,又要考虑农业生产及照顾群众利益尽可能节省用地。在公路用地范围内不得修建非路用建筑物。

(3)路基土石方的数量与调配的主要任务是计算每公里路段的土石方数量和全线总土石方工程数量,设计挖方的利用和填方的来源及运距,为编制工程预(概)算、确定合理的施工方案以及计量支付提供依据。因此,要通过合理地设计横断面、计算横断面面积、土石方数量和调配各路段土石方平衡与利用问题,尽量减少路外借土和弃土,少占用耕地以降低公路造价。

(4)公路横断面设计成果主要是路基横断面设计图和路基土石方数量计算表。其中横断面设计图所需的各桩号横断面地面线可以在外业实测后直接绘制在图纸上,也可按实测记录到室内绘制在图纸上。绘制横断面地面线的一般规定顺序是:从图纸左下方起,自下而上、由左向右,依次按桩号绘制,每页图纸的右上角应标明横断面图的总页数和本页图纸的编码数。在填表和计算路基土石方数量计算表时要注意每一栏的相互关系,做到填表、计算、复核三个环节统一,以保证数据的准确性。

思考题与习题

1. 公路路基横断面组成包括哪些内容?它们各自的功能是什么?
2. 什么是中间带?中间带的作用有哪些?
3. 简述公路建筑限界与用地范围的含义。
4. 简述横断面设计的方法及步骤。
5. 路基土石方调配的原则是什么?
6. 在进行路基土石方计算和调配时,怎样进行核算?
7. 在土石方调配过程中应注意哪些问题?
8. 横断面设计成果主要有哪些?如何获得这些成果?

第五章 CHAPTER FIVE
公路选线

本章提要：
本章主要包括公路选线步骤,平原区、山岭区和丘陵区的路线特点与布线要点。

能力目标：
1. 了解公路选线步骤；
2. 能描述平原区选线的特点,了解布线要点；
3. 能描述山岭区选线特点,了解沿河(溪)线、越岭线及山脊线与山坡线选线时应解决的主要问题及布线要点；
4. 能描述丘陵区选线特点,了解丘陵区选线时应解决的主要问题及布线要点。

第一节 选线步骤

公路从宏观上看是一条空间曲线,无论在形状、尺寸、位置,还是在经济、技术、环保等方面都有特定的要求,如何根据公路的性质、任务、等级和技术标准,结合地形、地质、地物及其沿线条件,综合平、纵、横三方面因素,在实地或纸上选定公路中线的平面位置并把它有机地安排在地面上,这个过程就是选线。公路选线应确定路线的走向和总体布局,具体确定公路的交点位置和选定公路曲线的要素,通过纸上或实地选线,把路线的平面位置确定下来。

一条公路路线的选定是经过由浅入深、由轮廓到局部、由总体到具体、由面到带进而到线的过程来实现的,一般要经过以下三个步骤：

(1)全面布局

全面布局是解决路线基本走向的全局性工作,就是在路线的起讫点及中间必须通过的控制点间寻找可能的路线带,并确定一些大的控制点,连接起来即形成路线的基本走向。

(2)逐段安排

逐段安排是在路线基本走向已经确定的基础上,进一步加密控制点,解决路线局部方案的工作。即在大控制点间,结合地形、地质、水文、气候等条件,逐段定出小控制点。例如,翻越垭口时从哪侧展线;沿河时为避开艰难工程或改善路线,沿一条河是仅走一岸还是多次跨河两岸布线等都属于局部方案问题。逐段安排路线是通过踏勘测量或详测前的查看路线来解决的。

(3)具体定线

具体定线是在逐段安排的小控制点之间,根据技术标准结合自然条件,综合考虑平、纵、横三方面因素,具体定出路线位置的工作。具体定线由详细测量时的选线组来完成,一般有纸上定线与实地定线等。

第二节 平原区选线

一、路线特征

平原是指地形宽广平坦或略有起伏,地面自然坡度很小的地区。一般自然坡度都在3°以下,除泥沼地、平原、沙漠、戈壁等外,多为宽阔成片的农田,城镇村庄比较稠密,各种道路和农田水系渠网纵横交错,电力电信线路交叉频繁;在天然河网湖区,还具有湖泊、水塘、河汊多等特点。

从地质和水文条件来看,平原区一般不良地质现象较少,有时会遇软土和沼泽地段,另外,平原区地面平坦,地面容易积水,河流较宽阔,泥沙容易淤积,河床低浅,洪水泛滥较宽。

由于平原的上述特征,使得平原地区地形对路线的约束限制不大,路线平、纵、横三方面的几何条件很容易达到标准,路线的布置主要是考虑地物障碍问题,其路线特征是:平面线形顺直,以直线为主体线形,弯道转角较小,平曲线半径较大;在纵面上坡度平缓,以低路堤为主,路线布设除考虑地物障碍外,一般没有太大困难。

二、路线走向的确定

平原区由于地势比较平坦,路线受高差和纵坡限制小,平、纵、横三方面的几何线形易达到较高的技术标准,但往往由于受地形自然条件和地物的阻碍以及农业建设的需要迫使路线转折,选线应综合考虑各方面因素。

确定路线走向,首先是把总方向内所规定经过的地点,如城镇、工厂、农场以及文物风景地点作为大控制点;然后在大控制点之间进行实地勘察,了解农田优劣以及地物分布情况,注意路线需要绕越的位置和范围,选择中间控制点,如大片建筑物、水电设施、河流桥位以及必须绕过的洼地、湖泊均可作为中间控制点,路线由一个控制点直达另一个控制点,无充分理由不应转弯。图1-0-5-1所示为江汉平原上一个主干公路的一段,路线选择普安桥位、蟹湖、红星镇、石灰厂和新丰桥位作为控制点。路线的前一段,系考虑河流、湖泊及居民情况,穿越蟹湖,绕开红星镇,后一段考虑地势较高处的石灰厂,用正交桥跨过新丰江。

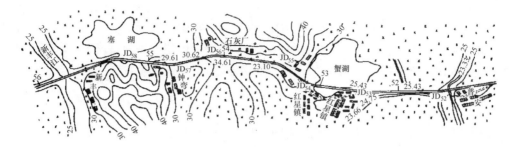

图 1-0-5-1 平原区路线示例

路线需要经过的地物,除军事禁区必须绕过外,对其他地物障碍是否绕越,应进一步技术经济比较后取舍。一般交通量大的高级公路,以穿过障碍物,缩短路线为宜;交通量小的低级公路,则以绕越障碍,减少工程费用较为合理。

平原区对交通运输的要求增长比较迅速。因此,路线要充分考虑远期和近期相结合,路线尽可能采用较高标准,以便将来提高标准时能充分利用原有路基和桥涵等工程。

三、路线的布设要点

根据平原区地形条件和地物分布的特点,路线布设尽可能顺直和短捷,一般应采用较长的直线、较大半径的曲线、中间加入缓和曲线的线形。凡需要转向处,应在较远处开始偏离,使偏角小而线形平顺。综合平原地区的特点,布线应注意以下几个方面:

1. 正确处理道路与农业的关系

平原地区新建公路占用一些农田是必要的,但要尽量做到少占或不占高产田。要从路线对国民经济的作用,对支农运输效果、地形条件、工程数量、交通运输费用等方面全面分析比较,使路线既不片面求直而占用大量良田,也不片面强调不占田而使路线弯曲过多,造成行车条件恶化。如图 1-0-5-2 所示,公路通过某河附近时,如按虚线方案走田中间穿过,路线短,线形好,但多占好田,填筑路基取土困难;如将路线移向坡脚(实线),里程虽略有增长,但避开了大片高产田,而且沿坡脚布线,路基可为半填半挖,既节省了土方,又避免了填方借土的远运。

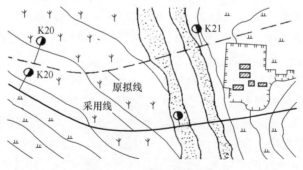

图 1-0-5-2 占地路线方案比较

2. 合理考虑路线与城镇的关系

路线穿过居民区时,有直穿和绕行两种方案。路线原则上不宜穿过城镇内部。因为由内部穿过不仅降低过境交通车速,增多交通事故,而且给城镇居民在生产活动上造成干扰。公路等级越高则其经过的城镇越少,路线定在城镇外围也越恰当;但不宜偏离城镇太远,要做到靠城不进城,利民不扰民。联系的支线要既方便运输,又要保证安全。对于连接县、乡、村镇内部的公路,要有足够的路基宽度和行车视距,确保交通安全。

3. 处理好路线与桥位的关系

大中桥位是路线的控制点,应将路桥综合考虑。桥位应选在河床稳定、河道顺直、河面较窄、地质良好和两岸地形有利于桥头路线布设的河段,尽可能使桥位中线与洪水主流向正交。不应片面地强调桥位,以至造成路线过分迂回,或过分强调正交桥位,不合适或斜交角度过大,增大工程投资或增加施工难度。图1-0-5-3为某路跨河的3个桥位方案,方案Ⅱ为正交桥位,跨河条件好,但路线线形弯曲,不利于行车;方案Ⅲ路线顺直,但桥位正处于河曲地段,对桥梁不利;综合比较方案Ⅰ,桥位虽略呈斜交,桥长稍大于方案Ⅱ,但路线比较顺适,为可取方案。

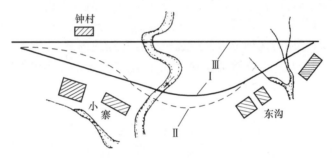

图1-0-5-3 桥位方案比较

小桥涵位置原则上应服从路线走向,但遇到斜交过大(夹角小于45时)或河沟过于弯曲时,可考虑采取改沟或改移路线的办法,调整交角,布线时应通过比选确定。

4. 注意土壤与水文条件

平原区河道、湖泊、池塘较多,地势低,地下水位高,使得水文地质条件较差,容易影响路基的稳定性。当路线遇到湖泊、水塘和洼地时,一般应绕越通过。如需穿越,应对其进行调查钻探,了解淤泥深度及基底情况。路线应选在最窄、最浅和基地坡面较平缓地方通过,并采取经济有效的措施保证路基稳定。

在选线时,除了保证最小填土高度,采取必要的路基稳定性处理措施以外(比如换土、清淤、降低地下水等),尽可能沿接近分水岭的地势较高处布线。

5. 正确处理新、旧路的关系

路线布设时若遇老路,对于现有一般公路改建成二级及以下等级公路时,则应尽可能充分利用,以降低工程造价和减少占地面积。老路利用时应以保证技术标准为前提,不能因为老路限制而降低相应的公路标准;当新建公路为高速公路或一级公路时,原有公路宜作为辅道,路线全部新建。

6. 尽量靠近建筑材料产地

平原地区一般缺乏砂石建筑材料，路线应尽可能靠近材料产地，以减少施工、养护材料运输费用。

第三节　山岭区选线

一、路线特征

山岭地区山水相隔，山峦重叠，山高坡陡，谷深流急，地形曲折复杂，它一般包括分水岭、山脊、山谷、山坡等。选线要摸清山脉水系的走向和变化规律，对各种地形对路线的影响有一个清晰的概念。即山区高差大，复杂的地形使公路路线坡陡弯急。石多土薄，地质复杂，直接影响路线的位置和路基的稳定。山区河流曲折，比降大，水流急，雨季暴雨集中，洪水猛长猛落，流量大，流速快，冲刷和破坏力大。气候多变，冬季多冰雪，昼夜温差大，雾大，能见度低，对车辆的安全通行有很大影响。

但事物都有双重性，山岭区地形对路线选择也有有利的因素，山脉水系清晰，给山区公路走向提供了依据，鲜明的地质水文特征，为准确定位路基高程、防护措施和桥位提供了资料，丰富的石材为公路建设提供了原材料。

综上所述，由于山岭地区自然条件复杂，地形变化很大，使得路线在平、纵、横三方面受到很大限制，因而技术指标一般多采用低限。在山岭地区所有自然条件中，高差急变是主导因素，因此在路线布设时，一般多以纵面线形为主安排路线，其次是横面和平面。在选线时要注意分析平、纵、横三方面因素，结合影响路线的主要自然因素，综合考虑，求得协调合理。山岭地区按地形布线可分为沿河(溪)线、越岭线、山脊线等。

二、沿河(溪)线

图1-0-5-4　沿河(溪)线

沿河(溪)线是沿河(溪)岸布置的路线，其特点是傍山临水，如图1-0-5-4所示。由于溪谷地面纵坡一般较平缓，常有台地可布线，除上游较短地段和中游有个别地段外，一般不超过山区公路所容许的最大纵坡；山区居民多聚居于傍山沿河(溪)一带，城镇居民点多，沿河(溪)线便于为政治、经济服务，发挥公路的效益；溪谷内有丰富的砂砾石料，水源充足，便于施工、养护和行车使用。因此，沿河(溪)线常成为山区选线中优先考虑的方案，它也是山区路线中比较常见的一种线形。

但是沿河(溪)线也有许多不利条件：由于溪谷一般较窄，两岸台地常被支沟截断；溪流又多具有曲流的特点，曲流两岸横坡不对称，一般是凹岸较陡而凸岸较缓，如沿一岸设线,则常常是陡岸与缓岸交替出现;溪流平时流量小,但一遇暴雨,山洪骤至,洪流挟带泥沙、砾石、树木下泄,冲刷两岸,对设计施工不合理的路基常常造成水毁;溪谷两岸常存在不良地质情况;寒冷地区的峡谷因日照少,常有积雪、雪崩和流冰等现象。因此,在路线布线时,要结合地形克服不利影响,发挥沿河(溪)线的优势,使公路更好地为社会服务。

1. 路线布局

沿河(溪)选线的布局需要解决的主要问题是:路线选择走河的哪一岸;路线线位放在什么高度;路线选在什么合适地点跨河。这三个问题是互相联系、互相影响的,选线时要抓住主要矛盾,结合路线性质等级和对自然界的影响,因地制宜地去解决。

1) 河岸选择

适于布线的一岸应是谷坡较缓、支沟较少、地质条件较好、有连续适宜布线的台地。当这些有利条件交替出现在两岸时,就有必要交替使用两岸有利地段。因此,困难工程集中地段、严重不良地质地段、其他工程干扰地点、城镇村庄以及跨河建桥地点,是沿河(溪)线布设的控制点。一般除国防公路以及高速公路、一级公路外,路线布设时应尽可能选择在村镇多、人口较密,风景区、名胜古迹集中的一岸以方便居民出行。

2) 桥位选择

一般情况下,如果起讫点在同岸,且距离很近,一般不考虑跨河的方案,以避免因跨河建桥使费用增加。只有当跨河布线或跨河建桥比开挖防护直接布线更为经济时,如路线起讫点在河岸两侧,避让严重不良地质地段,避让艰巨工程地段或遇铁路、大型水利工程、重要建筑发生严重干扰时,就需要考虑跨河的问题。此外,对生态环境和珍稀濒危动植物栖息环境产生严重影响时,也应避让而跨河。

如图 1-0-5-5、图 1-0-5-6 所示,跨河地点选择在河曲及 S 形河段,可使桥头线形显著改善。当路线平行于河道时,要尽量避免在直河段跨河,必须跨越时,中小桥可适当考虑斜交;对大中桥不宜斜交时,可对桥头路线作适当处理,争取较大的转弯半径。

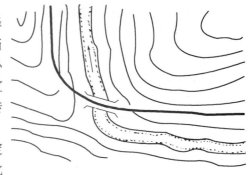

图 1-0-5-5　利用河曲跨河

跨河建桥,要通过进行技术经济比较来确定方案。如图 1-0-5-7 所示,沿响水河一段路线,北岸因地形陡峻,有断续的陡崖,路线改走南岸,到夏村后前方又遇陡崖,只好又返回北岸。这样在 3km 内跨河两次,需建中桥两座。如路线不跨河,虽需集中开挖一段石方,但较建桥经济得多,因此,以不跨河换岸为宜。

3) 路线高度

线位的高低是路线纵面线形布局的问题。路线沿岸走多高,首先应考虑洪水的威胁。不管是高线位还是低线位,均应在设计洪水位以上一定安全高度。因此,在选线中应认真做好洪水位调查工作,以确保路线必需的最低线位高度。

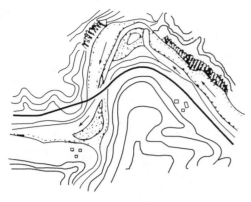
图 1-0-5-6　绕走支垭口的方案

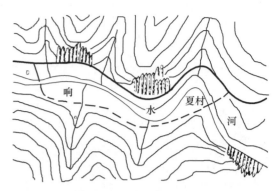
图 1-0-5-7　跨河换岸的实例

低线位是指路基高出设计洪水位不多,路基上侧临水很近的布线方案。其主要优点是:一般情况有台地可以利用;地形较好,平面线较顺适,纵面切割不大,容易达到标准;路线低,填方边坡低,土石方数量小,边坡较稳定,路线活动余地稍大,跨河利用有利条件和避让不利条件较容易;养护、施工用水、取材较方便;从国防来看,路基破坏后因线位低抢修也很快。低线位的主要缺点是:线位低,受洪水威胁大,通常防护工程较多;多在沟口附近跨越支沟,桥涵孔径较大,基础工程也较困难;路线与农田矛盾较大,处理废方比较困难。

高线位是指路线高出洪水位较多,完全不受洪水威胁的布线方案。其路线特征与山坡线相近。其主要优点是:无洪水影响,防护工程较少,废方处理问题不突出。当采用台口路基时,路基比较稳定。高线位的主要缺点是:路基多用台口路基,挖方大,废方较多;由于线位高,路线势必随山形走势绕进绕出,特别是鸡爪地形地段,线形差,土石方数量大,跨支沟的桥涵构造物较多,工程费用较高;路基边坡常出现"缺口",因而挡土墙和加固工程较多;线位高需要跨河时比较困难;施工、养护取料、用水也不如低线位方便。

综上所述,一般来说,低线位优点多,在满足规定频率的设计水位的前提下,路线越低,工程越经济,线形标准也越高。各地有不少采用低线位的成功经验,但也有不少水毁的教训,因此采用低线位方案时,要特别注意洪水调查,把低线位放在安全高度上,同时要采取切实的防洪措施,以保证路基的稳定和安全,而把高线位作为局部路段的选线方案。

2.路线在河谷断面上的布设

1)开阔河谷布线

浅盆形河谷比较开阔,从溪岸到山坡有较宽的台地,台地上农田、村镇居民点多。布线一般有傍山、傍河或中穿三种走法(图1-0-5-8)。

(1)傍山走,沿较高台地内缘修建路基较为有利,其优点是:不占或少占农田,不受洪水威胁,路基强度高;但遇窄而短的台地,其间有深沟或山埂阻隔,以及高差很大的相邻台地,则考虑用适当的纵坡或平曲线穿插其间,以求合理利用有利地形。

(2)傍河走,坡度均匀平缓,线形顺适,路基需按设计水位考虑,做好防护工程;如将公路路堤与河堤相结合,桥闸结合,有利于防止洪水、保村护田。对于个别弯曲的小溪流,可局部改迁,以便线形顺适。

(3)中穿方案线形标准高,但占田多,路基稳定性差,一般不宜采用。

2）河道弯曲、狭窄的河谷布线

对于河湾、蛇曲地段（图1-0-5-9），可有3种走法：一是随河弯绕山嘴走；二是改移河床；三是两次跨河取直路线。采用哪种走法要通过技术经济比较确定，一般是交通量大的干线宜取直，而等级低的支线则采用工程量小的方案。

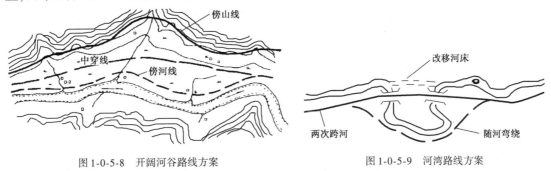

图1-0-5-8　开阔河谷路线方案　　　　　图1-0-5-9　河湾路线方案

3）陡崖峭壁河段

V形河谷即峡谷，其两岸多为陡崖峭壁。遇到这种溪谷，路线能自远处开始提升，绕过崖顶选择有利地带通过是一种较好的方案。当崖顶过高，上下崖展线困难，或峡谷不长时，则宜采用穿过峡谷的方案。穿过时可根据峡谷宽度、水流状况采用不同的布线方式：当河床较宽，水流不深，压缩部分河床不致引起洪水位抬高过多时，可考虑占河筑路（图1-0-5-10）；若河床较窄，不宜过分压缩时，则可采用筑路与治河相结合的办法，从对岸河槽开挖整治中得到补偿。

当河床较窄，水流很急，不容侵占河床时，则可考虑在岸壁上开挖台口式路基，如图1-0-5-11所示。设计时要注意地质情况和废方的处理。

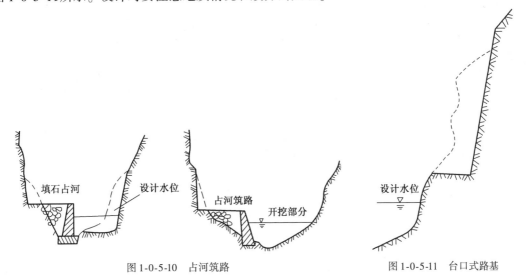

图1-0-5-10　占河筑路　　　　　　　　图1-0-5-11　台口式路基

三、越岭线

当路线的两个主要控制点位于山脊线的两侧山麓时，路线需从一侧山麓翻过山脊，在适当地点穿过垭口至另一侧山麓，这种路线即为越岭线。它的特点是路线需要克服很大的高差，路线的长度和平面位置主要取决于路线纵坡的安排,因此,越岭线选线应以纵坡为主导。

越岭线布局时主要应解决三方面问题:垭口选择、过岭高程的确定和两侧展线。它们是相互联系,相互影响的。布局时应综合考虑,处理好三者的关系。

1. 垭口选择

垭口是指分水岭上一些马鞍形凹口。对越岭线来说,垭口是路线方案的重要控制点。垭口的位置、高低,决定了将来路线的长度和标准。一般应在基本符合路线走向的较大范围内综合考虑垭口的位置、高程、地质条件以及展线条件后确定。

1) 垭口位置选择

选择垭口通常利用国家现有的 1:10000 等高线地形图或航测影像图,在基本符合路线总方向的范围内,与两侧山坡展线方案结合在一起选择地质条件好的低垭口。

2) 垭口高程选择

越岭高差较小,地质条件稳定,展线降坡后能与山麓控制点直接衔接,不需要无效延长路线,这种垭口最为理想。如垭口虽低,但地质条件不好,或两侧山坡不适于展线,或展线后与山麓控制点接线不顺,则应稍微偏离总方向上另行选择。对于高寒山区,高程低的垭口对行车和养护条件都有利,有时需适当偏离路线总方向找低垭口通过。

3) 垭口地质条件选择

垭口附近通常为地质构造薄弱地带,常伴有不良的地质现象,布线时应深入调查摸清其性质和对公路的影响。此外,由于修建路基开挖边坡,就要破坏原来垭口处岩层的天然平衡状态,当垭口下切深度越大时,这种影响就越为严重,必要时需查清影响布线的大小及程度,选择有利部位通过,并做好可靠的工程措施。

4) 垭口展线条件选择

垭口以下的两侧山坡线是越岭线的主要组成部分,山坡的地形、地质条件直接影响路线的质量、造价和路线的稳定。陡坡悬崖、深沟割切,有滑坡、崩坍地质问题的山坡,都不适合布线;若自垭口下来的路线不能绕避这些不良地形、地质条件时,就需另择垭口。如地形、地质条件好,即使偏离总方向稍远一点,或者高差稍大一点,也可能是合理的。

图 1-0-5-12 为砂甸至塘下公路之一段,有两条分别经过仙狐亭垭口(方案 1)和拾花亭垭口(方案 2)的路线方案,因方案 2 线形较顺适,加之高程低,因此最后选用拾花亭垭口。

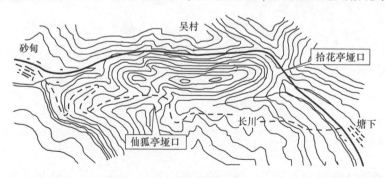

图 1-0-5-12　垭口选择

2. 过岭高程的确定

垭口的过岭高程是指路线采用填(或挖)方式通过垭口的设计高程。当垭口选定之后,采用不同的过岭高程,其路线长度、工程量大小、投资费用等也就不同。一般来说,过岭高程越低,路线就越短,但路堑或隧道的长度就越深、越长,工程量也就越大。

过岭高程的选择,与路线等级、垭口的地质条件、过岭方式等因素有关。布线时应根据垭口的地形、地质条件综合考虑,过岭高程一般有三种:浅挖低填、深挖垭口与隧道穿越。

1)浅挖低填

适用于垭口宽而厚(肥大)、地质条件差的垭口。这种垭口往往有沼泽,一般不宜深挖,垭口高程基本上就是垭口的过岭高程。

2)深挖垭口

适用于垭口较瘦、地质条件好的。布线时可以采用深挖路堑通过,但应注意挖方边坡的稳定性,一般挖深控制在 20~30m 以内。

3)隧道穿越

当垭口挖深在 20~30m 以上时,应与隧道方案进行比较。隧道穿越具有路线短、线形好、路线隐蔽和路基稳定、保护环境等优点,在高寒山区降低了高程,不受冰冻、积雪、大雾等的影响,大大改善了行车条件。缺点是隧道造价较高,受地质条件影响大,施工技术复杂。

隧道的高程将直接影响路线的长短、建设投资费用、环境保护以及后期运营费用等。一般情况下,隧道高程越低,路线越短,技术指标也越易提高,对运营也越有利。但高程低,隧道就长,造价就高,工期也长。布线时可通过各项因素综合比较,合理取舍。

3. 垭口两侧山坡路线的展线

1)放坡展线

越岭线的高差主要是通过垭口两侧的山坡展线来克服的。在确定了垭口和山麓的主要控制点以后,就需要试坡展线,定出中间控制点,在控制点之间逐段展线,最后形成路线的整体。控制点有固定和活动之分:一种是位置和高程都不能改变,例如地形严格限定的回头地点,必须通过的桥梁等;另一种是位置固定,高程可以调整,如垭口,重要桥位等;第三种是高程和位置都可以适当调整,对地形应分段了解坡度的大小、适合展线或回头的位置以及避让不良地质地段的位置。

试坡从垭口开始,由上而下,这样视野开阔,便于选择有利地形,用带角手水准测定两控制点的倾斜角度(垭口处以开挖以后的高度计),在安排好纵坡的前提下,定好路线的位置。相邻两个控制点之间的坡度不得超过最大坡度或过于平缓,并将放线长度、试坡高差和控制点可活动的范围等记录下来,供最后定线参考。如果某控制点不能满足试坡线的要求,则应返回与之相邻的控制点,适当调节路线位置重新试坡,或者修改控制点的高程或位置,直到合适为止。经试坡修改后的路线纵断面或线形仍不理想,则宜另选新线,重新展线试坡。

2)展线方式

根据中间控制点的地形和地质情况,常用的展线方式主要有自然展线、回头展线和螺旋展线。

(1) 自然展线

自然展线是路线以适当的平均坡度(5.0%~5.5%),顺山坡自然地形,绕山咀、侧沟来延展距离、克服高差的一种展线方式。其优点是路线走向与地形走向基本一致,顺应地形自然升降,路线最短,线形简单,技术指标较高,路线不重叠,对行车、施工、养护有利。缺点是避让艰巨工程或不良地质路段的自由度不大,如遇陡崖、峡谷段,只能采用其他的展线方式。

(2) 回头展线

回头展线是当控制点之间的高差大,地面自然坡度大于路线的平均纵坡,或因地质条件限制不宜自然展线时,可利用合适的地形,以回头的方式展线升坡到垭口的一种展线方式。

回头展线的设置地点对线形、工程量、行车都有较大的影响,一般应选择地形平缓、有利展线的位置回头,常见的适宜回头的地形有山包回头、山脊平面回头、垭口回头以及平缓山沟、山坡回头、山坳回头等,如图1-0-5-13所示。

图1-0-5-13 回头展线的实例

回头展线的优点是便于利用有利地形,避让不良地质、地形和艰巨工程。缺点是在同一面坡上,上下线重叠,工程集中,互相干扰,线形差,不利于行车、养护和施工。

(3) 螺旋展线

当路线受地形、地质条件限制,需要在很短的平面距离内,迅速提高或降低高度时,螺旋展线可利用山包或山谷旋转提升路线高度,这种展线实际就是一种路线转角大于360°的回头展线形式。其特点是:路线利用有利的山包或山谷,在很短的平面距离内就能克服较大的高差,它的线形虽较回头曲线好,避免了路线的重叠,但因需要建桥或隧道,将使工程造价增大。螺旋展线可分为地面展线布局和地下展线布局两种形式,如图1-0-5-14所示。但因为螺旋展线需要在路线上下相交的地方建桥或修隧道,将使工程造价偏高,故一般较少采用。

一条较长的越岭线,由于地形的变化,常常是各种展线方法的综合运用,布线时要根据地形特点,通过全面分析,综合考虑,运用各种展线形式,才能做出较好的布局方案。

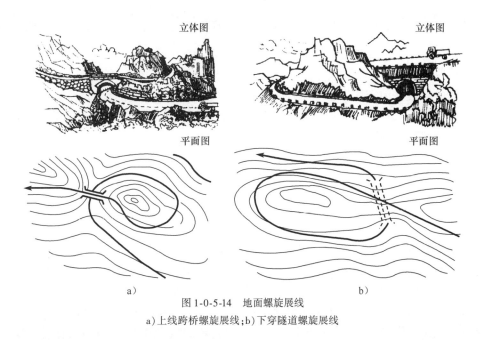

图 1-0-5-14　地面螺旋展线
a)上线跨桥螺旋展线；b)下穿隧道螺旋展线

四、山脊线

山脊线是指公路大体沿分水岭方向所布设的路线，分水岭一般平缓、起伏不大、岭脊宽厚的山脊是布设山脊线的理想地形。但一般连续而又平缓的山脊很少，因此长距离的纯粹山脊线比较少见，它一般是作为越岭线的中间连接或沿河线的比较线而考虑。当路线沿山脊方向布线，一些较低的垭口和山脊线的高差大，路线纵坡无法满足要求时，可把山脊线移至山腰上，使路线沿分水岭的侧坡和垭口之间穿行，成为山坡线。

1. 山脊线的特点及选择条件

山脊线的优点是里程短，土石方工程小，水文地质条件好，路基稳定，地面排水好，桥涵构造物和防护工程少。缺点是线位高，离居民点较远，水源和筑路材料缺乏，服务性差，在冬季云雾、积雪、结冰对行车和养护不利等。能否采用山脊线方案主要考虑下列因素：

(1)路线总方向和分水岭(山脊)的方向基本一致。

(2)分水岭在平面上能满足线形要求，不过分迂回；在纵面上能满足纵坡的要求，特别是垭口之间的高差不过分悬殊。

(3)没有岩堆、软弱岩层等不良地质现象。

由于山脊线基本上是沿分水岭前进，所以走向明确，因此布线的关键是如何连贯山脊上的各个控制垭口，选择条件好而接近分水岭的侧坡布线。

2. 控制垭口的选择

在山脊线上往往是峰峦、垭口相间排列，符合路线总方向，可供山脊线通过的垭口不止一个，当分水岭方向直顺，起伏不大时，几乎每个垭口都可考虑布线。如地形复杂，起伏较大，各垭口高低悬殊，则舍去高垭口，留下低垭口为路线的控制点；如在有支脉横隔的情况下，对相距不远的并排几个垭口均可布线，选择其中一个垭口前后布线条件较好的作为首选方案。

此外,控制垭口的选择还必须和分水岭两侧的布线条件联系起来考虑,在侧坡选择和试坡布线中,对初选的控制垭口加以取舍,确定推荐方案。

3. 侧坡的选择

分水岭的侧坡是山脊线主要布线地带,选择哪一侧坡通过,要综合分析比较确定。一般选择坡面整齐、横坡平缓、路线短捷、地质稳定、无支脉横隔的向阳山坡布线较为理想,以取得平纵线形好、工程量小及路基稳定的效果。

4. 试坡布线

在两个控制点之间布线,应力求距离短捷,坡度平缓。如果控制垭口中间没有地形地质上的障碍,应以均匀坡度沿侧坡布线,连接两垭口;当有障碍或难点工程时,要加设中间控制点,以调整避让。

图 1-0-5-15 为一山脊线布线实例。路线首先由山下采用回头展线,升坡到山脊(图中 A 段);路线上到山脊后,循分水岭前进,遇山脊高峰,仍选择有利一侧山坡布线(图中 B 段);如线路继续前进,遇见个别低垭口(图中 C 点),前后路段又无法降低,则考虑用路堤或建旱桥通过;如垭口出现陡坎,按具体情况采用螺旋展线(图中 D 段)或回头展线升坡前进;当山脊自然坡度接近路线最大纵坡时,可寻求较缓山坡,适当展线前进(图中 E 段);当山脊自然坡度超过规定最大纵坡时,需选择有利地形进行展线(图中 F 段)。

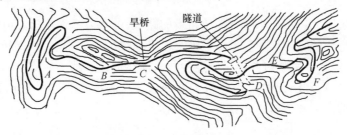

图 1-0-5-15 山脊线示意

综上所述,山脊线的布线过程要从选择控制垭口到选择侧坡,再到试坡布线,彼此相互联系,相互影响,其中多个垭口间的自然坡度是重要控制因素,当它满足路线平均纵坡的要求时,可以沿侧坡以均匀坡度布线;当有支脉时,也可选择沿支脉布线,这样就需要在路线长度和工程量、线形等方面比较后确定;当垭口间的自然坡度高差大,无法按路线的平均纵坡布线时,就要根据具体地形、地质条件,采用回头展线或螺旋展线、旱桥、隧道等措施进行布线。

第四节 丘陵区选线

一、路线特征

丘陵是介于平原区和山岭区之间的地形,它包括微丘和重丘两种。微丘是指丘岗低矮、顶部浑圆、地面自然坡度平缓(20°以下)、相对高差不大(100m 以内)的地区;重丘是指丘岗较高,地面起伏较大,但无明显的山岭自然形态要素(山顶、山坡、山脚)、地面自然坡度较陡(20°

以上)、相对高差不大的地区。它们的总体特征是地势平缓起伏,山丘连绵交错,岗坳迂回曲折,横坡平缓自然,形态要素朦胧,地形、地貌多变。

丘陵区农业比较发达,土地种植面积广,种类多,小型水利设施也较多,居民点、建筑群、风景区、文物点时有出现,这些都是在布线时需要考虑的因素。

丘陵区多变的地面形态,决定了丘陵地区的路线特征是:局部方案多;为了充分适应地形,路线纵断面会有起伏,平面也必将是以曲线为主;路线平、纵、横三个方面相互制约、相互影响。

二、路线走向的选择

丘陵区路线走向的选择,一般情况下应按地形地势来选定,合理的方案往往不是最直最短的路线。因为丘陵区路线受平、纵、横三方面制约较严,路线短直会造成高填深切,工程量大,占田过多,破坏自然景观和生态平衡。但是随地形变化而变化,不填不切过分曲折、起伏频繁的路线,会使行车条件恶化,达不到公路使用性质和任务的要求。因此选线首先要摸清路线总方向所规定经过的主要控制点之间的地形情况。为此,可先利用国家已有的小比例尺地形航拍片,顺总方向两侧寻找路线可能通过的山沟、山脊和垭口,掌握地形变化的规律;然后深入实际,通过视察和初步测量,做到不遗漏任何一个可以考虑的方案;最后选择几个可行的方案进行比较,确定路线走哪个山沟、翻越哪道山脊、穿越哪个垭口,在什么地方跨河,先靠近哪个村镇等,从而建立一系列控制点。

当路线总方向上的局部地形是狭长的分水岭时,在岭的两侧必有山沟。丘陵区分水岭虽多为宽脊,但平面上往往曲折而纵断面起伏频繁,路线只能利用宽脊的垭口作为中间控制点,路线布置在山脊的两侧山坡上。这就要比较两侧山坡和山沟内土地种植情况、支沟分布情况、农田水利设施和居民点的分布情况,一般应走土地产量低、支沟少、对水利设施干扰少和为居民点服务好的一侧。

当路线总方向上的局部地形是连续跨越几道山梁和山沟时,低垭口和窄山沟可考虑作为中间控制点。如局部地形是比较宽的田垄,路线不能盲目求直,应选择田垄较窄处或其间有稍高地势处作为中间控制点跨过,这样路线占用高产田少,且路基稳定性好。

三、路线的布设

在丘陵区布线,首先要因地制宜,掌握好线形技术指标。一般是丘陵地形按平原区处理,而重丘陵区则按山岭区方式处理。对于高等级公路,要强调线形的平顺,路线与地形大致相适应,不迁就丘陵区微小的地形变化;对于低等级公路,则较多考虑小地形,以节省工程投资。各级路线都要避免不顾纵坡起伏、片面追求长直线,或不顾平面过于弯曲、片面追求平缓纵坡的倾向;都应注意平、纵、横三方面协调,考虑驾驶员和乘客的视觉和心理效应。

丘陵区路线的布设,要考虑横断面设计的经济合理性。在一般横坡平缓地段,可采用半填半挖或填多于挖的地基;在横坡较陡的地段,则宜采用全挖或挖多于填的路基,并要注意纵向土石方平衡,以减少废方和借方,尽量少破坏自然景观。

丘陵区农林业比较发达,土地种植面积很广,低地为稻田,坡地多为旱作物和经济林,小型水利设施多,布线时要注意支援农业,尽可能和当地的整田造地及水利规划密切配合。

根据上述要求,针对不同地形地带,应采用不同布线方式。根据选线实践经验,可概括为三类地形地带和相应的三种布线方式,具体如下:

1. 平坦地带——走直连线

路线遇平坦地带,如无地质、地物障碍影响,可按平原区以直线方向主导的原则布线(图1-0-5-16);如有障碍或应联系的地点,则加设中间控制点,相邻控制点间仍以直线相连,凡线路转弯处,设置与地形协调的长而缓的曲线。走直线时,要注意有关规范对长直线长度的限制。

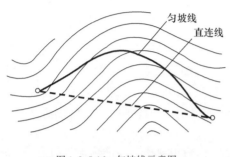

2. 具有较陡横坡的地带——走匀坡线

在具有较陡横坡的地带,两个已定控制点间,如无地形、地物、地质上的障碍,路线应沿匀坡线布设。匀坡线是两点间顺自然地形以均匀坡度所定的地面点连线(图1-0-5-16),这种坡线常需要多次试放才能求得。两个已定控制点间如有障碍,则在障碍处加设控制点,相邻控制点间仍沿匀坡线布设。

图1-0-5-16 匀坡线示意图

3. 起伏地带——走直连线与匀坡线之间(即走中间)

路线遇横坡较缓的起伏带,如走直线,纵向坡度大,势必出现高填深挖;如走匀坡线,路线迂回,里程增长不合理。因此要在匀坡线和直线之间进行布线,选择平面顺适、纵坡均衡的地段穿过较为适宜。但路线具体位置,要视地形起伏程度及路线等级要求而定。对于较小的起伏,在坡度和缓的前提下,考虑平面与横断面之关系,一般是低等级路工程宜小,路线可偏离直线稍远(如图1-0-5-17中方案Ⅱ),高等级路可将路线定得离直线近些(如图1-0-5-17中方案Ⅰ),高速公路走直线。

对于较大的起伏地带,两侧高差常不相同,高差大一侧的坡度常常是决定因素,结合梁顶的挖深和谷底的填高来确定路线的平面位置。如图1-0-5-18所示,A、B间跨一谷地,靠A一侧高差大、坡度陡,当梁顶A可多切,谷底D可多填时,路线放坡可得ADB线;若A少切,谷底C少填时,放坡可得ACB线。

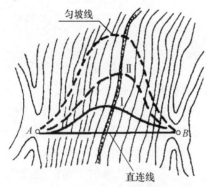

图1-0-5-17 较小起伏地带路线方案

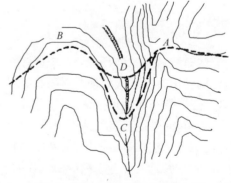

图1-0-5-18 较大起伏地带路线方案

总之,在丘陵地区选线,由于路线方案较多,各路线方案之间的优缺点不是很突出,这就要求选线人员加强踏勘调查,用分段布线、逐步渐近的办法,详细分析比较,最后确定一条最适合的路线。

工程案例：公路过岭展线方案比选

垭口深挖，虽土石方工程较集中，但由于降低了过岭高程，相应缩短了展线长度，总工程量并不一定增加。即使有所增加，也可从改善行车条件，节约运营费中得到补偿。如图 1-0-5-19 所示，由于采用了不同的挖深，出现了三种展线方案：甲方案切深 9m，需设两个回头曲线；乙方案切深 13m，只需设一个回头曲线；丙方案切深 20m，不需设置回头曲线，路线最短，线形好，有利于行车和节约运输费用。但深切垭口，要有良好的地质条件，加之工程量集中，要处理大量废方，影响施工限期，这是在方案比较中需要慎重考虑的。

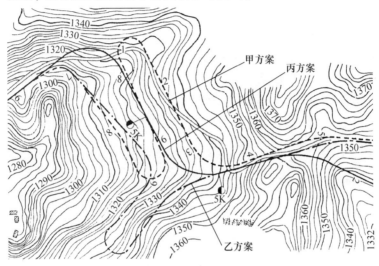

图 1-0-5-19　垭口采用不同过岭高程的展线方案布设

本章小结

（1）公路选线在公路测设的整个过程中具有举足轻重的作用。一条公路设计的好坏，工程造价等与公路选线、定线有直接关系。但公路选线是一件灵活性很大的工作，影响因素很多，具有较强的经验性。

（2）对于平原地区，地形平坦，纵坡限制少，但居民点多、建筑物多、耕地多、河网交叉，湖泊、水塘、河汊多，选线时要综合考虑路线与城镇、路线与农田水利、路线与桥位的关系，注意土壤、地质、水文条件，根据不同情况，抓住主要矛盾，充分利用自然条件，合理选定路线。

（3）沿河（溪）线是沿着山岭区内溪河的两岸布设路线。这种路线在平面随河溪的地形而变动。选线时要综合解决路线选择走河的哪一岸、路线线位放在什么高度、路线选在什么合适地点跨河三个问题，而这三个问题又互相联系、互相影响、互相制约。

（4）越岭线是路线走向与山脉方向大致垂直而必须在垭口穿越时，常常采用的一种路线。其主要特点是路线需要克服较大的高差，路线的长度和位置主要取决于路线纵坡的安排。因此，在越岭线的选线中，以路面的纵断面设计为主导。

（5）山脊线的布线过程要从选择控制垭口到选择侧坡，再到试坡布线，彼此互相联系、互相影响。

(6)丘陵地形介于平原和山岭之间,它具有平缓的外形和连绵不断的丘岗,地面起伏较多。由于丘陵区地形形态复杂,路线的可能方案较多。选线时要根据具体地形和公路等级,做到质量和效益的统一。

 思考题与习题

1. 选线的主要步骤是什么?
2. 平原地区选线的主要控制因素有哪些?简述平原区选线应解决的主要问题。
3. 何谓沿河(溪)线、越岭线、山脊线。
4. 简述沿河(溪)线选线应解决的主要问题。
5. 什么叫路线展线?展线有哪几种方式?怎样利用自然地形进行公路展线?
6. 丘陵地区公路选线时主要应考虑哪些因素?

第六章 CHAPTER SIX
公路定线

本章提要：
本章主要介绍公路实地定线要点、纸上定线步骤与方法、纸上移线的方法，以及平曲线半径与长度的选定方法等。

能力目标：
1. 能描述实地定线要点；
2. 能描述纸上定线步骤与方法；
3. 能描述纸上移线的方法；
4. 能合理选定平曲线半径和长度。

公路定线就是具体落实公路中线确切位置的工作。公路定线在具体做法上有实地定线和纸上定线两种。实地定线是指直接在实地钉桩确定路线线位的方法，一般只适用于路线等级低，路线长度短及地形、地物控制要求不严的公路。纸上定线是在实测或航测的大比例地形图上确定路线位置后再放线到实地的方法。一般技术等级高，地形、地物复杂的路线必须采用纸上定线的方法。纸上定线采用先进的航测手段进行选定线的方法叫航测定线。实地定线由于受视野的限制，难于对路线方案进行优化，而纸上定线则必须测绘大比例尺的地形图，这两种需大量的人力、物力，且工作强度很大，选线的周期较长。因此，航测定线是目前采用的最先进的定线方法，随着航测技术的不断发展，将逐步成为公路定线的常用方法。

第一节 实地定线

一、纵坡不受限时的定线

以平、纵面为主体确定路线，其要点为：以点定线，以线交点。以点定线就是在全面布局和逐段安排确定的控制点间,结合各方面因素进一步确定影响公路中线位置的小控制点,然后按照这些小控制点,大致确定道路直线的方法。以线交点,就是在已确定小控制点的基础上结合路线标准和前后路线条件,穿出直线,并延长交出交点。

1. 控制点的加密

两控制点之间,一般不可能作直线(特别是地形困难、等级较低的公路),常常需要设置交点,使路线转向,从而避开障碍物,利用有利地形,以达到技术经济的目的。加密控制点,就是在实地寻找控制和影响路中线位置的具体点位。一般小控制点有经济性和控制性两种控制点。

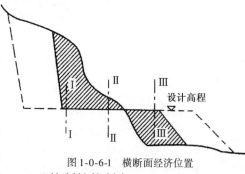

图 1-0-6-1 横断面经济位置

(1) 经济性控制点

此类控制点,主要在路线穿过斜坡地带,考虑横向填挖平衡或横向施工经济(有挡土墙及其他加固边坡时)因素而确定的小控制点。如图 1-0-6-1 中Ⅱ-Ⅱ中线位置,使挖方面积和填方面积大致相等,这时的线位即为经济控制点。由于这类点仅从横向施工经济出发控制线位,它只能作为穿线定点的参考位置。

(2) 控制性控制点

此类控制点是受艰巨工程、不良地质、地物障碍、路基边坡稳定等因素限制所确定的路中线位置。如图 1-0-6-2 所示为各种因素对线位影响的示意,从图中可看出,控制点的位置还与路基的形状尺寸、加固方式、通过不良地质地段的工程措施、地表形状、路基设计高程等因素有关。定线时应综合考虑这些因素,合理确定小控制点的位置。

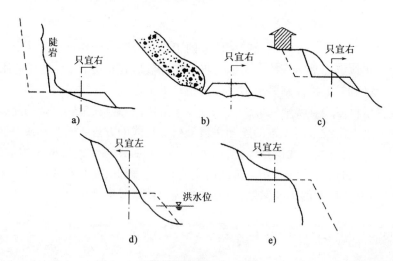

图 1-0-6-2 控制线位的主要因素
a) 工程控制; b) 地质控制; c) 地物控制; d) 路基临河稳定控制; e) 路基填方稳定控制

2. 穿线定点

受各种因素限制的平面位置控制点比较多,而且这些点在平面上的分布又没有一定的规律,另一方面,路线受技术标准和平面线形组合的限制,不可能照顾到每一个控制点。因此,穿线定点就是根据技术标准和线形组合的要求,满足控制点和照顾多数经济点,用穿线的办法延长直线,交出转角点。

二、纵坡受限时的定线

1. 放坡

放坡就是按照要求的设计纵坡(或平均坡度)在实地找出地面坡度线的工作。在山岭地区路段,天然地面坡度角均在20°以上,而设计纵坡(或平均坡度)有一定要求,如图1-0-6-3所示,路线由 A 点到 B 点,如果沿最大地面自然坡度方向 AB(垂直于等高线的方向)前进,设计纵坡太大,显然不可能实施。如果路线沿等高线走(即 AC 方向),虽然纵坡平缓,但方向偏离,达不到上山的目的。因此,就需要在 AB 和 AC 方向间找到 AD 方向线,使其地面坡度正好等于设计坡度(或平均坡度) i_p(α 为对应的坡度角),这样既使路线纵坡平缓,又使填挖数量最小,寻求这条地面坡度等于设计坡度(或平均坡度) i_p 的工作就是放坡的任务。

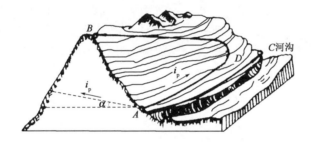

图1-0-6-3 放坡原理示意

2. 放坡定线

放坡结合定线开展的工作为放坡定线,就是在现场用仪器实地确定出按平均坡度升坡的路线位置(导向线),以此为导向再结合平面线形标准要求,确定出交点位置,即定出路线的折线位置。经过穿线交点确定了路线的交点位置,在交点处还需要根据标准结合地形、地物及其他因素选择适宜的平曲线半径,控制曲线线位。

第二节 纸上定线

1. 收集资料与准备工作

在纸上定线前,应收集以下资料:初拟路线方案及所确定的控制点,沿线地质情况,不良地质地段,城市规划,地下电缆,文物古迹,自然保护区以及气候、气象等资料。

准备工作包括:在地形图上标绘各个控制点、应避让的地段和区域。

2. 根据地形和地物初定路线的位置

在相邻控制点之间,根据所经过的不同地形和地物分布情况,参照准备工作所标绘应避让的地段的区域,满足一定标准和要求,选择合适的路线位置,沿着前进方向加密中间控制点或采用徒手滑顺地勾绘曲线。

(1) 平原地区

在两控制点之间主要是地物障碍,合理解决哪些可穿越、哪些该绕避的问题,从而建立起一系列中间控制点,路线一般应由一个控制点直达另一个控制点。

选择线位时,应注意在保证设计标准的前提下,尽量做到少占、不占高产田和经济林,少拆或不拆迁各种电力、通信设施,沿高地布线,避免斜穿水田和直穿大的池塘和沼泽地,减少对自然景观的破坏。

(2) 山岭地区

在两控制点之间主要是地形或高差的限制,对受高差限制的路段必须通过放坡得到一系列坡度控制点,沿着自然地形,参照坡度控制点和地形、地物控制点,徒手勾绘出与地形基本吻合且线形舒顺、平缓的路线概略位置。

在山岭地区选择路线位置时,要注意线位的高低,考虑平、纵协调配合,尽量避免大砍大伐和大填大挖,注意环境保护问题。

纸上放坡时,根据等高线间距 h 及平均纵坡 i_p,计算相邻等高线间距 $a = h/i_p$,使用圆规进行放坡,如图 1-0-6-4 所示。

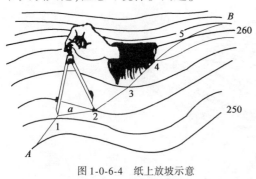

图 1-0-6-4 纸上放坡示意

3. 定线

定线必须满足技术标准的有关规定,同时又要参照初拟的路线位置进行。根据不同地形特点,定线方法一般有两种,一种是传统的直线形定线法,另一种是曲线形定线法。

(1) 直线形定线法

在修正导向线上,先用直线尺绘出与较多地形相适应的各个直线段,然后用半径适当的平曲线把相邻直线连接起来。当地形复杂、转折较多或弯道处控制较严时,也可先确定平曲线,然后用直线把平曲线连接起来。

(2) 曲线形定线法

此法适应于以曲线为主的连续线形。定线的过程与直线形定线法相反,即根据导向线受地形、地物控制的宽严程度,先用不同的圆弧分别去吻合曲线地段,定出平曲线部分,然后在相邻曲线之间用合适的缓和曲线顺滑连接。若相邻平曲线之间相距较远,可根据需要插入直线段,形成一条以曲线为主的连续平面线形。

4. 纵断面设计

路线确定以后,量出路中心线穿过每一等高线的桩号及高程,绘制纵断面图,点绘地面线,进行纵坡设计。定纵坡设计线可采用先定直坡段,后用竖曲线连接的方法,也可以先定竖曲线,后用直坡线连接。

5. 最佳横断面修正

平面地区地形比较平缓,最佳横断面一般不是控制平、纵线形的主要因素,但在山岭地区,当地面横坡较陡时,如果不考虑最佳横断面,会导致填、挖方边坡很高,防护支挡工程量大,很不经济。因此,在路线的平面和纵断面基本确定以后,应绘制出地面横坡较陡地段以及其他可能高填深挖处的横断面,找出最佳横断面位置,由此再修正平面或纵断面设计线形。

纸上定线是一个反复试定线路的过程,平面试线的修改次数越多,最后所定路线的设计质量越高,直到认为再修改已得不到显著效果时,纸上定线工作才算完成。

第三节 纸上移线

一、纸上移线的条件

在公路定线过程中,往往由于定线时考虑不周、地形条件限制或其他原因,难免产生因平面中线位置不当致使工程过大、标准或线形不够理想等缺点。此时可在分析研究已定路线平、纵、横图纸资料的基础上,考虑移动路线,使设计达到经济合理的要求,它对提高设计质量,降低工程费用起着一定的作用。当路线设计出现以下情况时,应考虑纸上移线。

(1)当平曲线半径选择过小,以致影响纵坡折减或平面线形前后不协调,或平、纵线形配合矛盾突出时,应采取调整交点位置,加大半径或减少弯道的方法进行移线。

(2)因路线中线位置不当而使工程量过大、边坡过高,或须设置高挡墙和砌石工程时,仅靠调整纵坡无法达到目的,应考虑纸上移线,如图1-0-6-5所示。

纸上移线应在实测横断面的范围内进行。对纸上移线原因与情况,应在纸上移线平面图上作扼要说明。由于实测横断面的范围有限,且离中线越远误差越大,故移距一般以小于3~5m为好。当移距较大时,应在定出移改导线后,实地放线重测。

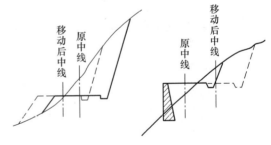

图1-0-6-5 横断面移线示意

二、纸上移线的方法和步骤

(1)绘制移线路段大比例尺(一般采用1∶200~1∶500)路线平面图,注出交点编号、曲线起、终点以及各桩位置。

(2)根据移线的目的,在纵断面图上试定纵坡,算出各桩的填挖值。

(3)根据纵断面图上各桩填挖值,在横断面图上找出各桩最经济或控制性的路基中心线位置。量出偏移原中心线的距离(即移距),分别用不同的符号标记在平面图上。

(4)在保证重点照顾一般的原则下,参照平面图上标记,经反复试定修改,定出改移后的导线。用正切法算出各交点偏角,并使移线与原线角度闭合。拟定平曲线半径,计算平曲线要素,绘出平曲线。

(5)根据移线起点与原线桩号里程的对应关系,推算移线后各新桩的桩号里程,算出长短链值,注在移线终点。

(6)按各桩在平面图上的移距,在相应各横断面图上绘出移线后的中桩位置,并注明新桩号。

(7)根据横断面图上移线前后中桩处的相对高差,在原纵断面图上点绘移线后地面线(用虚线表示),重新设计纵坡及竖曲线。

(8)设计路基横断面,并计算土石方数量。

第四节 平曲线半径及长度的选定

无论是实地定线还是纸上定线,在路线定线后,定线人员还要根据路线交点实际情况,酌情选定平曲线(即圆曲线)半径。因各级公路不论转角大小均应设置平曲线,在选用平曲线半径时应与设计速度相适应,并应尽可能选用较大的平曲线半径,一般情况下,宜选用大于技术标准所规定的不设高程的平曲线半径,只有当受地形地物或其他条件限制时,方可采用小于一般最小半径,不要轻易采用极限最小半径。

平曲线半径的选定,除要与弯道本身所在位置的地形、地物条件相适应,使曲线沿理想的位置通过外,还要考虑与弯道前后的线形标准相协调,如在长而陡的坡道下端和长直线中间不宜插设小半径平曲线,以及在陡坡上设小半径平曲线要考虑纵坡折减的影响等。现将平曲线半径选定的方法归纳如下。

一、根据外距控制半径

1. 平曲线半径的选定

在交点附近有地物,平曲线线位受地形、地物制约时,其半径的选定通常可以用单交点法或双交点法解决,平曲线预期通过的理想线位,一般是结合现场实际予以首先确定,然后按曲线要素几何关系来推算适应上述线位要求的相应半径值。对于转角 α 不大,线位受限制不严的平曲线弯道,通常多采用单交点法,控制点位取曲线中点(QZ),根据预期中点线位至交点的实测距离 $E_{控}$ 按下式计算

$$R = \frac{E_{控}}{\sec\frac{\alpha}{2} - 1} \tag{1-0-6-1}$$

式中:$E_{控}$——实测控制外距的外距,m。

按式(1-0-6-1)求得的 R 值,一般应取 5m 或 10m 倍数的整数值。

2. 用外距控制线位高低或工程数量

当路线相邻直线的等高线线位高程基本相同,此时平曲线部分的线位能与相邻直线大致在同一高程上最为合适,若按此求得的平曲线半径值符合现行《公路路线设计规范》(JTG D20)的

规定,则即为所求。此外,当路线绕越山嘴时,可按外距值的大小选择平曲线半径。其中 E 值越大,工程数量越大,具体选定半径时可根据公路等级高低合理确定。

二、用切线长控制半径

平曲线半径的选定,除受地形、地物制约外,有时还应考虑如何适应前后线形的要求。如当同向或反向曲线间直线长度较短时,为解决曲线敷设与衔接,通常采用限制切线长度的方法来推求平曲线半径,如图1-0-6-6a)所示。当桥梁或隧道两端有曲线起、终点时,曲线起、终点到桥头或隧道口应留有一定长度的直线段,如图1-0-6-6b)所示,此时平曲线半径也应根据切线长来选定。

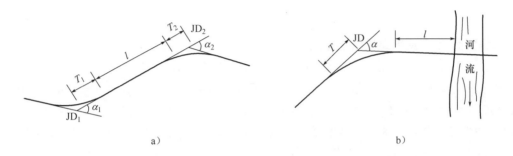

图 1-0-6-6 切线长度控制半径

对采用单交点法选定平曲线半径,一般应首先留出现行《公路路线设计规范》(JTG D20)规定的直线长度(当反向或同向曲线径向连接时,直线长度 $D=0$),然后选定出地形、地物控制较严的一侧曲线半径,再根据切线差反算相邻曲线半径,计算公式为:

$$R = \frac{T}{\tan\frac{\alpha}{2}} \tag{1-0-6-2}$$

对采用双交点法选定曲线半径,一般应先选择曲线适宜通过的点位 C 点(图1-0-6-7),然后通过 C 点作 AB 线交前后导线于 JD_A 与 JD_B,测量 α_A、α_B 及 AB 长度,最后按双交点等半径共切于 C 点关系用下式计算曲线半径值:

$$R = \frac{AB}{\tan\frac{\alpha_A}{2} + \tan\frac{\alpha_B}{2}} \tag{1-0-6-3}$$

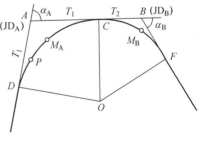

图 1-0-6-7 双交点法

当按上式计算出曲线半径后,应在现场定出平曲线的起点 D、公切点 C 及终点 F,当以上三点通过验校无法满足合适线位时,可改为虚交点法或复曲线法选定曲线半径,如图1-0-6-8所示。

对复曲线半径的选定,一般应先定出受地形控制较严的一侧曲线半径,然后反算相邻曲线半径,要求曲线通过理想线位外,还应注意两相邻曲线的半径值不宜相差过多,其比值一般以不大于1.5倍为宜。

三、用曲线长控制半径

当已知交点转角,其他条件不受限制时,如果平曲线半径选得过小,则曲线长度太短显然对行车不利。此时应用平曲线的最短允许长度来控制半径,其计算公式为:

$$R = \frac{180l}{\pi\alpha} \tag{1-0-6-4}$$

式中:l——要求的平曲线长度,m。

工程案例:公路局部路段纸上移线

某山岭区四级公路,设计速度为20km/h,路基宽度6.5m。因涉及建筑物避让原因,需进行局部路段中心线移线,根据原有平面设计图(图1-0-6-9)进行纸上移线。原JD$_{175}$和JD$_{176}$向路线左侧分别移动至移JD$_{175}$和移JD$_{176}$,纸上移线后,原JD$_{175}$处的ZY点移动至新的起点,桩号为K50+311.88,移线后的新终点桩号为K50+429.10,较移线前此处的桩号K50+424.77(JD$_{176处}$的YZ点)相比,路线长度增加了4.33m,形成了断链。平面纸上移线完成后,相应JD处的曲线表进行调整计算,并修改局部路段纵、横断面图(图1-0-6-10、图1-0-6-11),修改计算填挖高度、土石方工程量等。

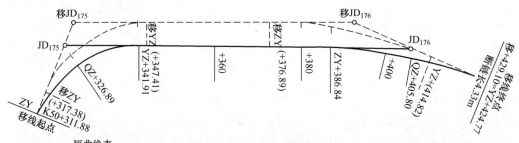

原曲线表

JD	α_z	α_y	R	T	L	E
175	68°49′		25	17.12	30.03	5.30
176		21°44′	100	19.20	37.93	1.83

移线曲线表

JD	α_z	α_y	R	T	L	E
175	68°49′		25	17.12	30.03	5.30
176		21°44′	100	19.20	37.93	1.83

原桩号	移线桩号	移距左	移距右
K50+311.88	K50+311.88	0	0
+326.89	+327.80	2.7	
+341.91	+345.30	4.9	
+360	+363.40	5.0	
+380	+383.40	4.8	
+386.84	+390.20	4.2	
+400	+404	2.4	
+405.80	+410	1.8	
+424.77	+429	0	0

注:此段移线原因为土石方数量过大线位偏右。将JD$_{175}$与JD$_{176}$间直线平行左移5m两曲线要素不变,断链长4.33m,土石方减少4000m³左右。

图1-0-6-9 纸上移线平面图

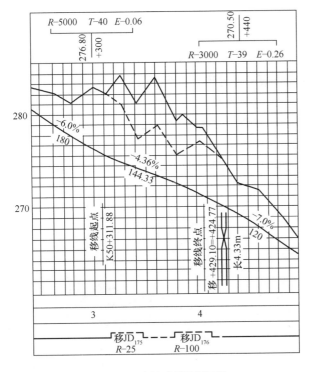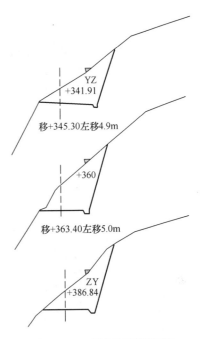

图 1-0-6-10　纸上移线纵断面图　　　　图 1-0-6-11　纸上移线横断面图

本章小结

（1）公路定线就是具体落实公路中线确切位置的工作。公路定线在具体做法上有实地定线和纸上定线两种。实地定线是指直接在实地钉桩确定路线线位的方法，一般只适用于路线等级低，路线长度短及地形、地物控制要求不严的公路。纸上定线是在实测或航测的大比例地形图上确定路线位置后再放线到实地的方法。一般技术等级高，地形、地物复杂的路线必须采用纸上定线的方法。纸上定线采用先进的航测手段进行选定线的方法叫航测定线。

（2）纸上移线是指在公路实地定线过程中，由于考虑不周或受其他条件限制的原因，导致工程量过大、标准或线形不够理想时采取的一种补救措施，它对提高设计质量，降低工程费用起着一定的作用。纸上移线是在实测横断面的范围内进行的，同时应对移线的原因与情况移线平面图上作扼要说明。

（3）平曲线半径及长度的现场选定，一般有根据外距控制半径、用切线长控制半径和用曲线长控制半径等三种。但在具体运用时，影响因素很多。有时一个因素起主要作用，有时需要同时考虑两个以上的因素，并且相互制约，此时就需要通过分析比较，满足主要因素的要求，选定适宜的平曲线半径。

思考题与习题

1. 简述公路定线的含义,并列举其具体做法与适用性。
2. 分别叙述实地定线在纵坡不受限与受限时的定线要点。
3. 简述纸上定线的步骤与方法。
4. 为什么要进行纸上移线?纸上移线的具体做法有哪些?
5. 简述平曲线半径选定的一般规定、要求以及选定的具体方法。

第七章
CHAPTER SEVEN
公路交叉设计

本章提要：
本章主要介绍公路平面交叉的特征、平面交叉的交通特性分类,平面交叉面设计;立体交叉的类型及适用条件,匝道设计要点与测设要点等内容。

能力目标：
1. 能描述公路平面交叉的特征,交通特性分类;
2. 了解平面交叉的立面设计;
3. 能描述立体交叉的分类及适用条件。

第一节 公路平面交叉设计

公路路线交叉是公路的重要组成部分,是公路交通的"咽喉"。交叉按相交路线的设计高程不同,可分为平面交叉和立体交叉,当两条公路(或公路与铁路等道路)在同一平面上相交时,称为平面交叉;当两条公路在不同高度相交时,称为立体交叉。

公路与公路交叉时,交叉范围内的各种车辆和行人都要在交叉处汇集、通过或转换方向。由于它们之间的相互干扰,会使行车速度降低,阻滞交通,耽误通行时间,同时,平面交叉是交通事故高发地段。因此,如何设计平面交叉,合理组织交通,提高平面交叉的通行能力,避免交通阻塞及减少交通事故,具有十分重要的意义。

一、平面交叉的特性

进出交叉口的车辆,由于行驶方向不同,车辆与车辆之间的交错方式也不相同,可能产生的交错点的性质也不一样。同一行驶方向的车辆以不同的方向分离行驶的地点称为分流点;来自不同行驶方向的车辆以较小的角度向同一方向汇合的地点称为合流点;来自不同行驶方向的车辆以较大的角度相互交叉的地点称为冲突点。此三类交错点的存在会导致相互尾撞、挤撞或碰撞,是影响平面交叉行车安全、行车速度和通行能力的主要原因。冲突点对行车干扰与交通安全影响最大,其次是合流点,再次是分流点。所以在平面交叉设计中,交通组织的关键是如何减少或消除冲突点。

对于无交通管制的情况,三路、四路和五路相交的交叉口的冲突点、合流点及分流点分布情况如图 1-0-7-1 所示。

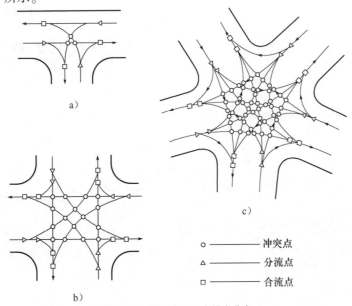

图 1-0-7-1 平面交叉口交错点分布
a)三路交叉口;b)四路交叉口;c)五路交叉口

从交错点分布情况可知:

(1)在无交通管制的交叉口,都存在着冲突点、合流点及分流点,其数量随交叉道路条数的增加而急剧增加,特别是冲突点,其数量随交叉条数的增加呈级数增加。因此,在交叉口设计中,应尽可能避免 5 条或以上的道路相交。

(2)产生冲突点最多的是左转弯车辆,若无左转弯车辆,则冲突点的个数会大幅下降。因此,如何正确处理和组织左转弯车辆,是保证交叉口交通通畅和行车安全的关键。

减少或消除冲突点的措施有:

(1)建立交通管制。在交叉口处设置信号灯或由交警指挥,使直行车和左转弯车在通行时间上错开。

(2)采用渠化交通。在交叉口处合理布置交通岛、交通标志和标线,或增设车道等,引导各方向车流沿一定方向行进,减少车辆之间的相互干扰,使车流像水流一样被渠化分流。

(3)采用立体交叉。将相互冲突的车流从空间上分开,使其互不干扰。这是解决交叉口交通问题最彻底、最有效的方法。

二、平面交叉的交通特性分类

在具体设计中,常因交通量、交通性质以及不同的交通组织方式,把交叉口设计成各具交通特点的形式,可归纳为加铺转角式、分道转弯式、扩宽路口式和环形交叉四类。

1. 加铺转角式

交叉口用适当半径的圆曲线平顺连接相交道路的路基和路面,如图 1-0-7-2 所示。此类交叉口形式简单,占地少,造价低,设计方便,但行车速度低,通行能力小。其适用于交通量小、车速低、转弯车辆少的三级、四级公路或地方道路,若斜交不大时,也可用于转弯交通量较小的主要道路与次要道路交叉。设计时主要解决合适的转角曲线半径和保证足够的视距问题。

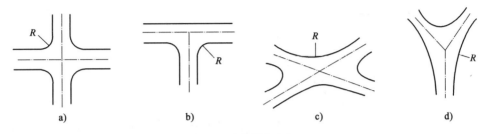

图 1-0-7-2　加铺转角式交叉口
a)十字形;b)T 形;c)X 形;d)Y 形

2. 分道转弯式

通过设置导流岛、划分车道等措施,使单向右转或双向左、右转车流以较大半径分道行驶的平面交叉,如图 1-0-7-3 所示。此类交叉口转弯车辆,尤其是右转弯车辆行驶速度和通行能力都较高。其适用于车速较高,转弯车辆较多的一般道路。设计时主要解决分道转弯半径、保证足够的视距和满足导流岛端部半径的要求。

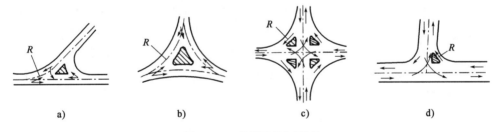

图 1-0-7-3　分道转弯式交叉口
a)单向右移;b)、c)、d)双向左、右转

3. 拓宽路口式

为使转弯车辆不影响其他车辆的正常行驶,在交叉口连接处增设变速车道和转弯车道的平面交叉。这种交叉口可以单增右转或左转车道,也可以同时增设左、右转弯车道,如图 1-0-7-4 所示。此类交叉口可减少转弯交通对直行交通的干扰,车速较高,事故率低,通行能力大,但占地多,投资较大。适用于交通量大,转弯车辆较多的二级公路和城市主干路。设计时主要解决拓宽的车道数,同时也要满足视距和转角曲线半径的要求。

4. 环形交叉

在交叉口中央设置中心岛,用环岛组织渠化交通,使进入环道的所有车辆均按逆时针方向绕岛单向行驶,直至所要去的路口离岛驶出的平面交叉称为环形交叉,如图 1-0-7-5 所示。环形交叉的优点是各种车辆可以连续不断地单向运行,没有停滞,减少了车辆在平面交叉的延误时间,环道上的行车只有交织或分流,消除了冲突点,提高了行车安全性;交通组织简便,不需信号管制;对多路交叉和畸形交叉,用环式交叉更为有效。

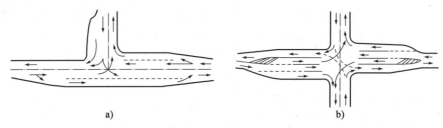

图 1-0-7-4　扩宽路口式交叉口
a)单增右转路口;b)同时增左、右转路口

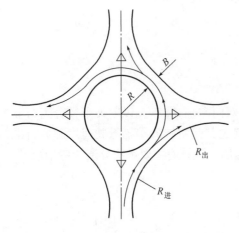

图 1-0-7-5　环形交叉口

环形交叉的缺点是占地面积大,增加了车辆的绕行距离,特别是左转弯车辆,造价相对高于其他形式的平面交叉。

三、平面交叉渠化设计

相交公路等级较高或交通量较大的平面交叉,应作渠化设计,即采用交通岛、路面标线等设施疏导车流,如图 1-0-7-6 所示。渠化平面交叉适用于交通量大、车速较高、转弯车辆较多的三、四级公路、二级公路以及四车道以上公路交叉。设计时主要解决分道转弯半径,保证足够的视距和满足导流岛端部半径的要求。平面交叉渠化设计原则如下:

(1)渠化设计的路线应简单明了,过于复杂的设计容易使车辆误行,反而降低其使用效果。
(2)应避免交通流的分流、合流集中于一点。
(3)导流车道的宽度应适当,过宽易导致车辆并行而引起碰撞事故。
(4)驾驶员驶近导流设施前能醒目地觉察到导流设施的存在,交通岛的端部应视情况设置标志、标线和照明等设施。

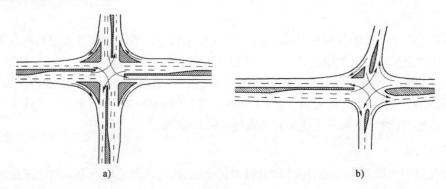

图 1-0-7-6　渠化平面交叉

交通岛是组织渠化交通的主要设施，其构造可以缘石围砌或画线作成隐形结构。交通岛按其功能不同可有分隔岛、安全岛、中心岛、导流岛等形式，如图1-0-7-7所示。分隔岛是用来分隔机动车和非机动车、快速车和慢速车，以及对向行驶车流，保证行车速度和交通安全的长条形交通岛，有时也可在路面上画线来代替分隔岛。设计速度大于60km/h的公路，若平面交叉处横穿的行人较多，且横穿的距离较长，则应设置安全岛，以确保行人的安全。中心岛是设在交叉口中央，用来组织左转弯车辆和分隔对向车流的交通岛。导流岛一般采用缘石围成高出路面的实体岛，当岛面窄小时，可用以路面标线表示的隐形岛。

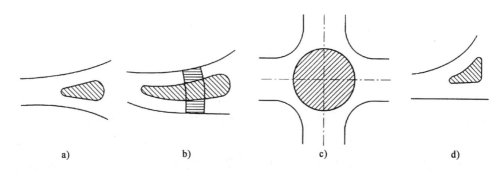

图1-0-7-7 交通岛类型
a)分隔岛；b)安全岛；c)中心岛；d)导流岛

四、平面交叉平面设计

1. 交叉口的平面线形布设要点

（1）平面交叉范围内两相交道路应正交或接近正交，且平面线形宜为直线或大半径曲线，尽量避免采用需设超高的曲线半径。

（2）新建道路与等级较低的既有道路斜交时，应对次要道路在交叉前后一定范围内作局部改线，使交叉的交角不小于70°。

2. 交叉口视距

（1）视距三角形

为了保证交叉口上行车安全，驾驶员在进入交叉口前的一段距离内，应能看清相交道路上的行车情况，以便能安全通过交叉口，或及时停车避免发生碰撞。这段必要的距离应该大于或等于停车视距S_T。

由相交道路上的停车视距所构成的三角形称为视距三角形。在其范围内不能有任何阻挡驾驶员视线的障碍物，如图1-0-7-8所示，视距三角形应以最不利情况绘制。

（2）识别距离与视距检验

为了保证车辆安全顺利通过交叉口，应使驾驶员在交叉口之前的一定距离能识别交叉口的存在及交通信号和交通标志等，这一距离称为识别距离。该识别距离随交通管制条件而异。同时，对于有阻碍通视的路段进行视距检验，检验所采用的相关参数应按停车视距、识别视距中的视高与物高确定。

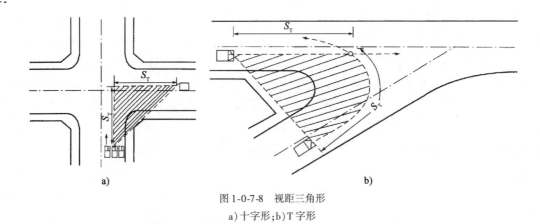

图 1-0-7-8 视距三角形
a) 十字形；b) T 字形

五、平面交叉立面设计

公路平面交叉的立面设计，也称为竖向设计，是确立相交公路之间相互协调的共同立面，以满足汽车安全行驶、路面正常排水以及线形美观上的要求。立面设计主要取决于相交公路的等级、交通量、横断面形状、纵坡的大小和方向以及当地的地形条件。立面处理时首先满足主要公路的行车线形，在不影响主要公路安全行车的条件下，有时也可适当改变主要公路的纵、横坡度，以照顾次要公路的行车线形。

1. 平面交叉立面设计的基本类型

平面交叉立面设计的形式，主要取决于相交公路的纵坡和横坡度、地形以及平面交叉交通量和排水要求。公路平面交叉立面根据其纵坡方向不同，可分为以下 6 种类型：

(1) 处于凸形地形上，相交公路的纵坡方向均背离平面交叉。设计时使平面交叉的纵坡与相交公路的纵坡一致，适当调整平面交叉附近的路拱横坡，使雨水向 4 个转角方向排除。

(2) 处于凹形地形上，相交公路的纵坡方向都指向平面交叉。这种形式对排水不利，应尽量避免。

(3) 处于分水线地形上，有 3 条公路纵坡方向背离平面交叉。设计时应将纵坡指向平面交叉的公路路脊线在平面交叉处分为 3 个方向，相交公路的横断面不变，并在指向平面交叉公路处设置雨水口以防止雨水进入平面交叉内。

(4) 处于山谷线地形上，有 3 条公路的纵坡方向指向平面交叉而另一条背离平面交叉。设计时应尽量考虑在纵坡处设置转坡点并使纵坡方向背离平面交叉，而且使其转坡点的位置离平面交叉远一些。

(5) 处于斜坡地形上，相邻两条公路的纵坡方向指向交叉口，而另两条则背离交叉口。设计时保证相交公路的纵坡不变，而将两条公路的横坡在进入平面交叉之前逐渐向相交公路的纵坡方向变化，使平面交叉处形成一个简单的倾斜面。

(6) 处于马鞍形地形上，相邻两条公路的纵坡方向指向平面交叉而另两条则背离平面交叉。设计时，相交公路纵、横坡都可按自然地形的平面交叉适当调整。

除了以上 6 种组合外，还有一种特殊形式，即交叉口处于水平位置上。立面设计类型不同，有不同的使用效果，这主要与相交公路的纵坡大小及不同方向的组合有关。所以，如要获得理想的平面交叉立面设计效果,在进行公路纵断面设计时就应为立面设计创造有利条件。

2. 平面交叉立面设计的方法

平面交叉立面设计的方法有方格网法、设计等高线法、方格网设计等高线法 3 种。其中方格网法是将平面交叉范围内以相交公路的中心线为坐标基线打上方格网,方格网一般采用 5m × 5m 或 10m × 10m 且平行于路中心线,斜交公路平面交叉应选在便于施工放线的方向,测出方格网点上的地面高程并按一定要求计算出方格网点的设计高程,从而计算出施工高度以便计算其平面交叉的工程数量。设计等高线法是在平面交叉的设计范围内选定路脊线和划分高程计算网,算出路脊线及高程计算线上的设计高程,然后在平面交叉范围内勾出等高线,并计算出施工高度。

方格网设计等高线法则是将上面两种方法联合使用。对于沥青路面可按与干道中线平行及垂直方向绘制方格线(间距一般为 5m),根据所调整后的设计等高线,填写各方格网点处的设计高程(图 1-0-7-9)。对于水泥混凝土路面,可在各设计的水泥混凝土板角上填写设计高程(图 1-0-7-10)。根据等高线的高程,用补插法求出方格点上的设计高程,最后可以求出施工高度(设计高程减去地面高程),以符合施工要求。

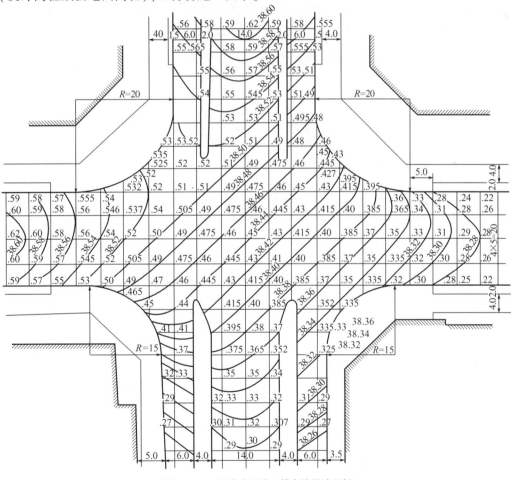

图 1-0-7-9　沥青路面路口等高线设计示例

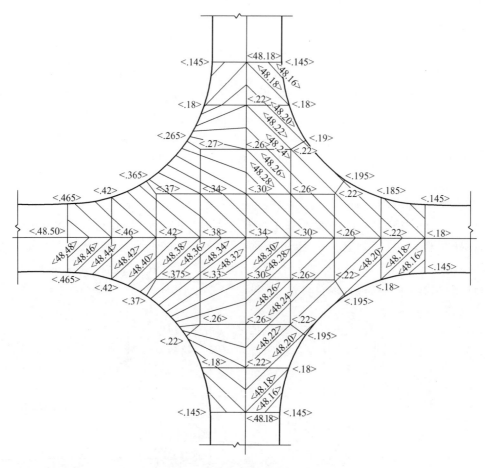

图 1-0-7-10　水泥混凝土路面路口等高线设计示例

以上为方格网设计等高线法,适用于大型、复杂的交叉口和广场立面设计。对于一般简单的交叉口也可采用特征高程点(如在纵、横坡方向选点)表示,路宽的、复杂的则点数可多些,路窄的、简单的则点数可少些。

第二节　公路立体交叉设计

高等级公路相交或相交公路之间交叉的交通量很大,当平面交叉无法满足车辆正常运行要求时,或平面交叉处要求有较高的行车速度及较大的通行能力时,在地形条件许可的情况下,由技术经济比较,可采用立体交叉。

一、公路立体交叉的基本组成

公路立体交叉按其为车辆服务的功能不同,可以分为主体部分和附属部分。立体交叉基本组成如图 1-0-7-11 所示。

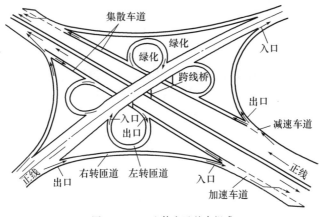

图 1-0-7-11 立体交叉基本组成

1. 主体部分

立体交叉的主体是指直接供车辆直行、转向行驶的组成部分,包括跨越设施、主线、匝道三部分。

(1)跨越设施。跨越设施是立体交叉实现交通流分离的主体构造物。跨越设施是立体交叉的重要组成部分,其工程量可占全立交的 50%~70%。

(2)主线。又称正线,是指相交公路的直行车道。两条相交主线在空间分离时有上线和下线之分。上跨的正线从立交桥到两端主线起坡点的路段叫引道,下穿的正线从立交桥下到两端主线的坡点的路段叫坡道。引道与坡道使相交的路线与跨线设施连接而实现空间分离。主线由于有引道、坡道,纵面起伏变化较大,再加上转弯匝道的进、出口均接于主线,并通过加、减速车道与主线连接,因而主线设计与一般路线相比要求不同。

(3)匝道。匝道是连接立体交叉的上线与下线的通道。匝道的线形和结构,直接影响转弯车辆行驶的技术条件和立交本身的经济环境效益。因而匝道的布置和设计是立交设计的重要内容。

2. 附属部分

如图 1-0-7-12 所示,除上述三大主体部分外,立交的其他组成部分称附属部分。主要包括出口、入口、变速车道、三角地带、收费站等。

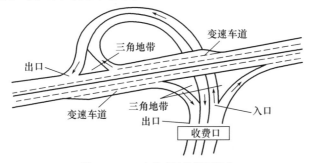

图 1-0-7-12 立体交叉的附属部分

(1)出口与入口。出、入口是主线与匝道的结合部位。由主线驶出进入匝道的路口称为出口;由匝道驶入主线的路口称为入口。

（2）辅助车道。辅助车道是指在交叉口分、合流处，用作停车、减速、转弯、交织、载货汽车爬坡以及其他辅助直行交通运行的所有车道的总称。

（3）三角区及立交范围。在立交范围内，匝道与主线间或匝道与匝道间的旷地统称为立交三角区。三角地带是立交绿化和美化布置，照明以及布置设施等的用地。

立交范围是指交通交叉口的交点至各方向相交公路路口出、入口处变速车道斜带的顶点间包围的主线和匝道以及三角区的全部区域范围。立交范围线是划分路段与立交、立交与周围其他用地的界限，也是立交征地的依据。

二、立体交叉的类型及适用条件

1. 按结构物形式分类

立体交叉按相交公路结构形式划分为上跨式和下穿式两类。

（1）上跨式：用跨线桥从相交公路上方跨过的交叉方式。这种立交施工方便、造价低、排水易处理，但占地大、引道较长，高架桥影响行车视线和路容，多用于市区以外或周围有高大建筑物处。

（2）下穿式：用地道（或隧道）从相交公路下方穿过的交叉方式。这种立交占地少，立面易处理，对视线及市容影响小，但施工复杂，造价高，排水困难，多用于市区。

2. 按交通功能分类

立体交叉按交通功能可划分为分离式立体交叉和互通式立体交叉两类。

1）分离式立体交叉

分离式立体交叉是指相交公路之间设置跨线构造物（跨线桥或地道）一座，使相交公路在空间上分离，上、下公路间无匝道连接的交叉方式，如图 1-0-7-13 所示。这种立体交叉结构简单，占地少，造价低，但相交公路的车辆不能转弯行驶，只能保证直行方向的车辆空间分离行驶。

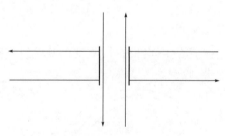

图 1-0-7-13　分离式立体交叉

分离式立体交叉主要适用于直行交通量大，转弯车辆少，可不设置转弯车道的交叉处及公路与铁路交叉处。高速公路与其他各级公路交叉时，除在控制出入的地点设置互通式立体交叉外，均采用分离式立体交叉，一般等级公路之间交叉时，因场地或地形条件受限制时，可采用分离式立体交叉，以减少工程数量，降低造价。

2）互通式立体交叉

互通式立体交叉是指不仅设跨线构造物使相交公路空间分离，而且上、下道之间有匝道连接，以供转弯车辆行驶的交叉方式。这种立交车辆可以转弯行驶，全部或部分消灭了冲突点，各方向行车相互干扰小,但立交结构复杂,占地多,造价高。互通式立体交叉适用于高速公路与其他各级公路、大城市出入口道路,以及重要港口、机场或游览胜地的道路相交处。

互通式立体交叉的基本形式按交叉的岔路数目分为 T 形、Y 形和十字形 3 种。

(1) T 形交叉:包括喇叭形、直连 T 形。

(2) Y 形交叉:包括全部直连式匝道的 Y 形和有半直连式匝道的 Y 形。

(3) 十字形交叉:包括菱形、全苜蓿叶形、部分苜蓿叶形、喇叭形、环形和复合式等。

3. 适用条件

(1) 喇叭形立体交叉:按主要公路的左转弯出口在跨线桥结构之后和之前分为 A 形和 B 形两种,如图 1-0-7-14 所示。一般情况下宜采用 B 形。因地形、地物限制或左转进入主线的交通量远大于右转驶入主线的交通量时,宜采用 A 形,但双车道不宜布置为环形匝道。喇叭形立交适用于 T 形交叉或收费公路的十字形交叉。

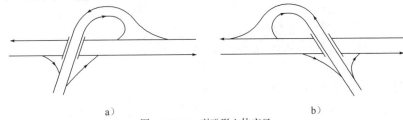

图 1-0-7-14　喇叭形立体交叉
a) A 形;b) B 形

(2) 直连 T 形立体交叉:即直接式,如图 1-0-7-15 所示。该交叉在匝道布置时因采用左出左进式,且进、出口都设在超车道上,对于低速行驶的车辆将造成严重交通安全问题,对高速行驶车辆不利,在我国公路上基本不用。

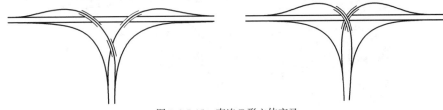

图 1-0-7-15　直连 T 形立体交叉

(3) Y 形立体交叉:适用于转弯速度高,且交通量大的干线公路之间交叉,如图 1-0-7-16 所示。

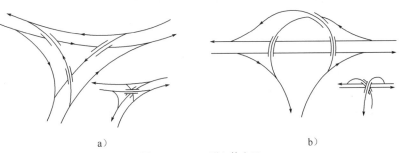

图 1-0-7-16　Y 形立体交叉
a) 定向 Y 形;b) 半定向 Y 形

(4)菱形立体交叉:是用四条直线形匝道来实现所有方向(左转、右转)车辆转弯的立体交叉形式。由于四条匝道在平面上呈"菱形"状,故由此得名,如图1-0-7-17所示,它适合于出入交通量小、匝道上无收费站的一般互通式立体交叉。

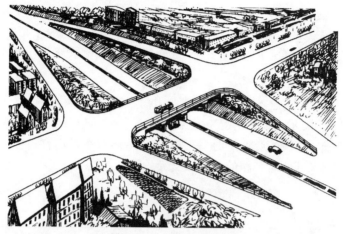

图1-0-7-17 菱形立体交叉

(5)全苜蓿叶形立体交叉:是由四个小环道来实现四个方向左转所构成的立体交叉形式。匝道数与转弯方向数相等,为完全互通、完全立体交叉型。由于四个小环道布置在四个象限,外形似苜蓿叶状,故由此得名,如图1-0-7-18所示,它适用于左转弯交通量小的一般互通式立体交叉。

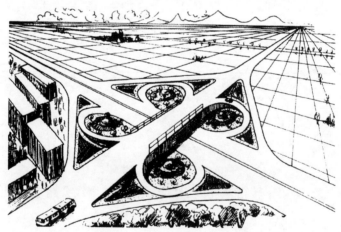

图1-0-7-18 全苜蓿叶形立体交叉

(6)部分苜蓿叶形立体交叉:是苜蓿叶形立体交叉去掉部分匝道而形成的一种立体交叉形式。它仍然以小环道为左转匝道,但匝道数不足,如图1-0-7-19所示。按匝道布置方式分为A形、B形及A-B形3类,它们适用于出入交通量较小的一般互通式立体交叉。

(7)环形立体交叉:将所有转弯车辆集中于环道实现转向,构成环形立体交叉,如图1-0-7-20所示。

(8)复合式立体交叉:如图1-0-7-21所示,当两处互通式立体交叉相距很近而不能保证应有的立体交叉间距时,可将它们复合成一个立体交叉。对于出入交通量较大的复合式立体交叉,应采用匝道间的立体分离等措施来避免所有交织或高速公路间的主流匝道上的交织。

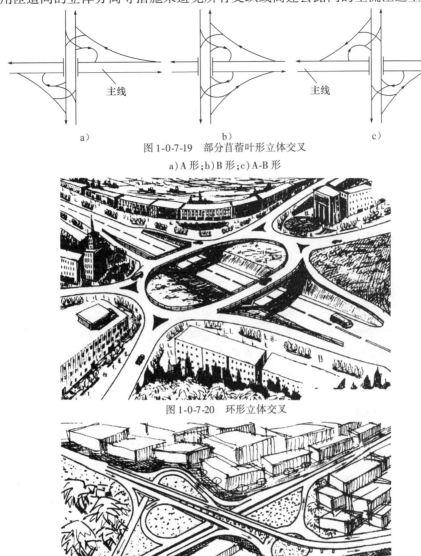

图 1-0-7-19　部分苜蓿叶形立体交叉
a)A 形;b)B 形;c)A-B 形

图 1-0-7-20　环形立体交叉

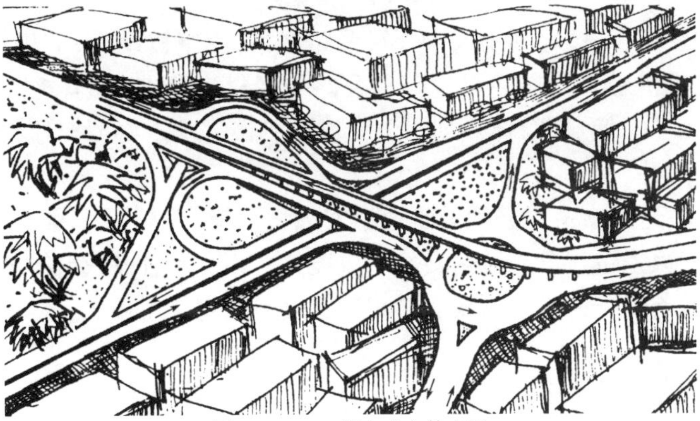

图 1-0-7-21　复合式立体交叉

第三节　公路与其他路线交叉设计

一、公路与铁路交叉

公路与铁路交叉分为平面交叉(又称道口)和立体交叉两类。具体是采用立体交叉还是平面交叉应根据公路的使用性质、交通情况以及铁路的使用性质、运行情况、轨道数、有无调车作业(次数和断道时间)等情况综合确定。

1. 公路与铁路平面交叉

公路与铁路平面交叉时,以正交为宜。当必须斜交时,交叉角应大于45°;且道口应符合侧向瞭望视距的规定,平交道口应设置在汽车瞭望视距不小于表1-0-7-1规定值的地点。道口处的铁路路线以直线为宜,公路路线应为直线。当公路与铁路(单股与多股)交叉时,应在车辆驶向道口方向的右侧或上方,设置铁路道口标志。

公路汽车瞭望视距　　　　　　表1-0-7-1

路段旅客列车设计速度(km/h)	120	100	80
汽车瞭望视距(m)	400	340	270

2. 公路与铁路立体交叉

高速公路、一级公路与铁路交叉时,必须设置立体交叉。高速铁路、准高速铁路和路段旅客列车设计速度为140km/h及以上的铁路与公路交叉时,必须设置立体交叉。其他各级公路与铁路交叉时,符合下列情况之一者应设置立体交叉:

(1)铁路与二级公路交叉。
(2)路段旅客列车设计速度大于或等于120km/h的铁路与公路交叉;
(3)由于铁路调车作业对公路上行驶的车辆会造成交严重延误;
(4)受地形等条件限制,采用平面交叉危及公路行车安全。

二、公路与乡村道路交叉

乡村道路泛指乡村、城镇之间不属于等级公路之列,用于机动车、非机动车及行人通行的道路,包括大车道、机耕道等均属乡村道路。公路与乡村道路交叉的位置、形式、间距等的规定,应考虑县、乡(镇)土地利用总体规划中农业耕作机械需求。必要时应结合规划,对农业机耕道做适当调整或归并。

高速公路与乡村道路交叉时必须设置通道或天桥,一级公路与乡村道路交叉时应设置通道或天桥。二级、三级公路与乡村道路交叉时应设置平面交叉,四级公路与乡村道路交叉时宜设置平面交叉,地形条件有利或公路交通量大时宜设置通道或天桥。

三、公路与管线交叉

各种管线如电信线、电力线、电缆、管道、渠道等跨越公路的设施,不得侵入公路建筑限界,不得妨碍公路交通安全、损害公路设施,也不得对公路及其设施形成潜在危险。表1-0-7-12规定的要求,并符合各种与之有关的相应行业规范要求。

架空输电线路导线距路面的最小垂直距离　　　　表1-0-7-12

架空输电线路标称电压(kV)	35~110	154~220	330	500	750	1000 单回路	1000 双回路逆相序	±800 直流
距路面最小垂直距离(m)	7.0	8.0	9.0	14.0	19.5	27.0	25.0	21.5

管道与各级公路相交且采用下穿方式时,应设置地下通道(涵)或套管。通道或套管应按相应公路技术等级的汽车荷载等级进行验算。

为保证公路的正常养护和交通安全、畅通与公路发展的需要,新建或改建公路通过已有管线地区时,设计时应根据公路的使用要求,事先与有关部门协商,以便妥善处理好修建公路所引起的干扰问题。当需沿现有公路两侧敷设管线时,有关部门应事先与交通部门协商。

工程案例:绕城高速公路互通式立体交叉设计案例

华东某城市绕城高速公路 A 互通式立体交叉位于绕城高速公路与留祥路交叉处,是亚运会保畅通项目、客运西站枢纽和西站新城的规划落地的交通保障工程,是实现快速路网体系与绕城高速公路交通体系转换的关键性枢纽支撑,构成贯通火车西站等区块交通走廊的重要组成部分。

该项目在现有互通基础上原址改建,高架桥东接留祥路提升工程高架桥,上跨绕城高速公路,终与某国道连接。拆除现状互通匝道及东侧收费站,新建匝道收费站 2 处、匝道 8 条,并拓宽绕城高速公路主线约 1.6km,同步建设互通连接线约 1.5km。项目范围内绕城高速公路主线拼宽改建为双向八车道,设计速度 100km/h;互通匝道设计速度 40~60km/h;被交路和连接线采用双向六车道一级公路标准兼顾城市道路功能,设计速度 80km/h。

绕城高速公路 A 互通式立体交叉将进一步完善快速路网体系,提升城市品质。同时,也将串联绕城高速公路、火车西站、中环、绕城西复线等区域,有效改善城西片区对外交通条件,促进区域协同发展。

本章小结

(1)公路交叉口是公路的重要组成部分,是公路交通的"咽喉"。公路与公路(或铁路)交叉分为平面交叉与立体交叉,公路与公路在同一高程上的交叉称为平面交叉,公路与公路(或铁路)在不同高程的相互交叉称为立体交叉。

(2)交叉口上的冲突点与交织点是交叉口处容易发生交通事故、影响通行能力的危险点,随着交叉口处岔道数的增加,冲突点和交织点大幅增加。消除冲突点的方法是实行交通管制、渠化交通或立体交叉。

(3)在具体设计中,常因交通量、交通性质以及不同的交通组织方式,把交叉口设计成各具交通特点的形式,可归纳为加铺转角式、分道转弯式、扩宽路口式和环形交叉四类。相交公路等级较高或交通量较大的平面交叉,应作渠化交通设计,即采用交通岛、路面标线等设施疏导车流。

(4)公路平面交叉应进行平面布设、立面设计等。立面设计主要取决于相交公路的等级、交通量、横断面形状、纵坡的大小和方向以及当地的地形条件。

(5)公路立体交叉由主体部分和附属部分组成,其中主体部分包括跨越设施、主线、匝道三部分。匝道是连接立体交叉的上线与下线的通道。附属部分主要包括出口、入口、辅助车道、三角地带、收费口等。

(6)公路立体交叉按相交公路结构形式划分为上跨式和下穿式两类,按交通功能可划分为分离式和互通式两类。

(7)公路与其他线路交叉主要是指公路与铁路交叉、公路与乡村道路交叉、公路与管线交叉等。

 思考题与习题

1. 平面交叉设计的主要内容有哪些？
2. 什么情况下会产生冲突点？如何减少或消除冲突点？
3. 平面交叉口可设计成各具交通特点的哪些形式，其适用范围是什么？
4. 平面交叉渠化设计原则有哪些？
5. 交叉口的平面线形布设要点有哪些？
6. 平面交叉立面设计的基本类型有哪些？平面交叉立面设计的方法有哪些？
7. 公路立体交叉一般由哪些部分组成？
8. 立体交叉的类型有哪些？

路基工程

第一分篇

路基设计

第一章 绪论

本章提要：
本章主要介绍路基结构基本特性、公路自然区划、路基干湿类型划分、路基土的分类与工程性质。

能力目标：
1. 能描述路基的组成，对路基结构能按填方高度进行划分，并能分析影响公路路基稳定性的因素；
2. 能描述路基湿度的影响源，会判定路基干湿类型；
3. 能描述路基土的分类，掌握土的工程性质。

第一节 概述

一、路基结构

公路路基是指按照路线位置和一定技术要求修筑的带状构造物，是路面的基础，承受由路面传递下来的行车荷载与路面结构的自重并将其扩散至地基，是公路的承重主体。

路基结构可分为路床与路堤。其中，路床是指路面结构层以下的 0.8m 或 1.2m 范围内的路基部分，在结构上分为上路床和下路床两层，上路床厚 0.3m，下路床厚在轻、中等及重交通荷载等级公路为 0.5m，特重、极重交通荷载等级公路为 0.9m；路堤是指高于原地面的填方路基，在结构上分为上路堤和下路堤两层，上路堤是指路床以下 0.7m 厚度范围的填方部分，下路堤是指上路堤以下的填方部分。路床和路堤按填方高度划分见表 2-1-1-1，路基横断面构造示意如图 2-1-1-1 所示。

路床和路堤按填方高度划分　　表2-1-1-1

在路基中的部位	交通荷载等级	路面底面以下的深度(m)
上路床	—	0~0.3
下路床	轻、中等及重交通	0.3~0.8
下路床	特重、极重交通	0.3~1.2
上路堤	轻、中及重交通	0.8~1.5
上路堤	特重、极重交通	1.2~1.9
下路堤	轻、中及重交通	1.5以下
下路堤	特重、极重交通	1.9以下

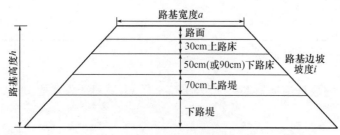

图2-1-1-1　路基横断面构造示意图

路基工程包含的项目较多,主要有路基土石方工程、排水工程和防护支挡工程等。其中,路基土石方工程主要包含土方路基、填石路基、特殊路基等。

二、影响路基结构稳定性的因素

路基是一种常年暴露于大自然中的线形构造物,其稳定性在很大程度上受当地自然条件的影响。因此,深入调查公路沿线的自然条件,从整体(地区)和局部(具体路段)去分析研究,掌握各有关自然因素的变化规律及其对路基路面稳定性的影响,从而因地制宜地采取有效的工程技术措施,以达到正确进行路基设计、施工和养护的目的。

影响公路路基稳定性的自然因素一般有：

1. 地形条件

平原地区地势平坦,一般来说地面水容易积聚,地下水水位较高,因此,路基需要保持一定的最小填土高度,并且要加强地面排水,特殊路段采取必要的地下排水措施。山岭地区地势起伏较大,路基的强度与稳定性,尤其是稳定性不易保证,需要采取某些防护与加固措施;同时路基的排水系统必须设置完备,否则会导致稳定性下降,出现破坏现象,影响路基的稳定性。

2. 地质条件

沿线的地质条件,如岩土的种类、成因,岩层的走向、倾向和倾角、风化程度和裂隙情况等,都影响路基的强度与稳定性。

3. 气候条件

公路沿线的气温、降雨量、湿度、冰冻深度、日照、年蒸发量、风力、风向等均影响路基的水温状况,从而影响路基的稳定性。

4. 水文与水文地质条件

水文是指地面径流、河道的洪水位、河岸的冲刷与淤积情况等;水文地质则是指地下水位、地下水移动的规律,有无泉水及层间水等。所有这些都会影响路基的稳定性,如处理不当,往往会导致路基产生各种病害。

5. 土的类别

土是建筑路基的基本材料,不同的土具有不同的工程性质,因而将直接影响路基结构的强度与稳定性。

路基设计时,应根据各路段的具体情况,采用合理的路基断面形式,做好地面和地下排水设施,对不良地质路段,还应采取必要或特别的措施,防止路基病害的发生。

第二节 路基土的分类与工程性质

一、路基土的分类

我国公路用土依据土的颗粒组成特征、土的塑性指标和土中有机质含量的情况,分为巨粒土、粗粒土、细粒土和特殊土四类,并进一步细分为13种土,如图 2-1-1-2 所示。土的颗粒组成特征可用不同粒径粒组在土中的百分含量表示。不同粒组的划分界限及范围见表 2-1-1-2。

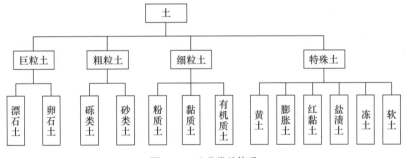

图 2-1-1-2 土分类总体系

粒 组 划 分　　　　　　　　　表 2-1-1-2

200	60	20		5	2	0.5	0.25	0.075	0.002(mm)
巨粒组		粗粒组						细粒组	
漂石(块石)	卵石(小块石)	砾(角砾)			砂			粉粒	黏粒
		粗	中	细	粗	中	细		

特殊土主要包括黄土、膨胀土、红黏土、盐渍土、冻土和软土。黄土、膨胀土、红黏土按塑性指数和液限划分,根据特殊土塑性图上的位置定名。

(1)黄土:低液限黏土,液限 $w_L < 40\%$;

(2) 膨胀土：高液限黏土，液限 $w_L > 50\%$；
(3) 红黏土：高液限粉土，液限 $w_L > 55\%$；
(4) 盐渍土：按盐渍化程度进行分类，分为弱盐渍土、中盐渍土、强盐渍土、过盐渍土；
(5) 冻土：大气温度 0℃ 以下，并含有冰的土；
(6) 软土：天然含水率大于液限，天然孔隙比 ≥1.5 的黏性土是淤泥，天然孔隙比 <1.5，但大于或等于 1.0 的黏性土或粉土为淤泥质土。

二、路基土的工程性质

1. 巨粒土

巨粒土有很高的强度及稳定性，是很好的路基填筑材料，但大块填料摆放和压实困难。巨粒土包括漂石土和卵石土。对于漂石土，在码砌边坡时，应正确选用边坡值，以保证路基稳定。对于卵石土，填筑时应保证有足够的密实度。

2. 粗粒土

粗粒土包括砾类土和砂类土。砾类土由于粒径较大，内摩擦力较大，因此强度和稳定性均能满足要求。级配良好的砾类土混合料，密实程度好。对于级配不良的砾类土混合料，填筑时应保证其密实程度，防止由于空隙大而造成路基积水、不均匀沉降或表面松散等病害。

砂类土又可分为砂、含细粒土砂（或称砂土）和细粒土质砂（或称砂性土）3 种。

砂和砂土无塑性，透水性强，毛细水上升高度很小，具有较大的摩擦系数，强度和水稳定性较好。但由于其黏性小，易于松散，压实困难，需用振动法或灌水法才能压实。为了克服这一缺点，可添加一些黏质土，以改善其使用质量。

砂性土既含有一定数量的粗颗粒，有利于提高路基的强度和水稳定性，又含有一定数量的细粒土，使其具有一定的黏性，不致过分松散。一般遇水干得快，不膨胀，干时有足够的黏结性、扬尘少，容易被压实。因此，砂性土是修筑路基的良好材料。

3. 细粒土

细粒土包括粉质土、黏质土和有机质土。粉质土为最差的筑路材料。它含有较多的粉土粒，干时稍有黏性，但易被压碎，易扬尘，浸水时很快被浸透，易成稀泥。粉质土的毛细作用强烈，上升速度快，毛细水上升高度一般可达 0.9~1.5m，在季节性冰冻地区，水分积聚现象严重，造成严重的冬季冻胀，春融期间出现翻浆，故又称翻浆土。如遇粉质土，特别是在水文条件不良时，应采取一定的措施，改善其工程性质，在达到规定的要求后使用。

黏质土透水性很差，黏聚力大，因而干时较硬，不易挖掘。它具有较大的可塑性、黏聚性和膨胀性，毛细现象也很显著，用来填筑路基比粉质土好，但不如砂性土。浸水后，黏质土能较长时间滞留水分，因而承载能力小。对于黏质土，如在适当的含水率时加以充分压实和良好的排水设施，筑成的路基也能获得稳定。

有机质土（如泥炭、腐殖土等）不宜作路基填料，如遇有机质土应在设计和施工上采取适当措施进行处理。

4. 特殊土

特殊土包括黄土、膨胀土、红黏土、盐渍土、冻土和软土。黄土属大孔和多孔结构，具有湿陷性；膨胀土受水浸湿发生膨胀，失水则收缩；红黏土失水后体积收缩量较大；盐渍土潮湿时承载力很低；冻土的冻胀和融陷对路基极为不利，导致承载力降低而沉陷；软土的承载力很低，容易发生路基的不均匀沉降或大面积开裂。因此，特殊土也不宜用作路基填料。

第三节 公路自然区划与路基干湿类型

一、公路自然区划

我国地域辽阔，各地气候、地形、地貌、水文地质等自然条件相差很大，而不同自然条件的差异与公路建设密切相关。为区分不同地理区域自然条件对公路工程影响的差异性，并在路基路面的设计、施工和养护中采取适当的技术措施和采用合适的设计参数，以体现各地公路设计与施工的特点，我国的公路部门制定了公路自然区划标准。

为使自然区划便于在实践中应用，结合我国地理、气候特点，将全国的公路自然区划分为三个等级。一、二级区划的具体位置与界限，详见《公路自然区划标准》(JTJ 003—1986)所附的中华人民共和国公路自然区划图。

1. 一级区划

首先将全国划分为多年冻土、季节冻土和全年不冻土三大地带，然后根据水热平衡和地理位置，划分为冻土、温润、干湿过渡、湿热、潮暖、干旱、高寒七个大区。即：Ⅰ.北部多年冻土区；Ⅱ.东部温润季冻区；Ⅲ.黄土高原干湿过渡区；Ⅳ.东南湿热区；Ⅴ.西南潮湿区；Ⅵ.西北干旱区；Ⅶ.青藏高寒区。

2. 二级区划

二级区划仍以气候和地形为主导因素，但具体标志与一级区划有显著区别。一级自然区的共同标志为气候因素潮湿系数 K 值(即年降水量与年蒸发量之比)，地形因素是独立的地形单元。二级区划的划分则需因区而异，将上述标志具体化或加以补充，其标志是以潮湿系数 K 为主的一个标志体系。

根据二级区划的主导因素与标志，在全国七个一级自然区内又分为 33 个二级区和 19 个副区(亚区)，共有 52 个二级自然区。各二级区的区界、自然条件对工程的影响详见有关标准及其附录。

3. 三级区划

三级区划是二级区划的进一步划分。三级区划的方法有两种：一种是按照地貌、水文和土质类型将二级自然区进一步划分为若干类型单元；另一种是继续以水热、地理和地貌等标志将二级区划细分为若干区域。各地可根据当地的具体情况选用。

二、路基干湿类型判定

路基的强度与稳定性，在很大程度上与路基的温度以及大气温度引起的路基水温状况有密切的关系。

1. 路基湿度的影响源

路基在使用过程中，受到各种外界因素的影响，使湿度发生变化。路基湿度的影响源可分为以下几方面：

(1) 大气降水。大气降水直接通过路面、路肩和边坡渗入路基。

(2) 地面水。边沟的流水、地表径流水因排水不良形成积水，渗入路基。

(3) 地下水。路基下方一定范围内的地下水浸入路基。

(4) 毛细水。路基下的地下水通过毛细作用，上升到路基。

(5) 水蒸气凝结水。在土的空隙中流动的水蒸气，遇冷凝结成水。

(6) 薄膜移动水。在土的结构中，水以薄膜的形式从含水率较高处向较低处流动，或由温度较高处向冻结中心周围流动。

上述各种导致路基湿度变化的水源，其影响程度随当地自然条件和气候特点以及所采取的工程措施不同而异。

2. 路基干湿类型

路基平衡湿度是指公路建成通车后，路基在地下水、降雨、蒸发、冻结和融化等因素作用下，湿度达到相对稳定的平衡状态，此时的湿度称为路基平衡湿度，即路基湿度达到与周围环境相平衡的稳定状态时的湿度。路基平衡湿度状况可依据路基的湿度来源分为潮湿、中湿、干燥三种干湿类型。由于平衡湿度无法反映非黏性土的湿度状态，也难以准确地反映含水率对回弹模量的影响，故采用饱和度来表征路基土的湿度状态，即路基平衡湿度用饱和度来表示。

潮湿类路基的湿度由地下水控制，即地下水或地表长期积水的水位高，路基工作区均处于地下水毛细润湿区影响范围内，路基平衡湿度由地下水或地表长期积水的水位升降所控制。

中湿类路基的湿度兼受地下水和气候因素影响，路基工作区被地下水毛细润湿面分为上、下两部分，下部受地下水的影响，上部则受气候因素影响，如图 2-1-1-3 所示。

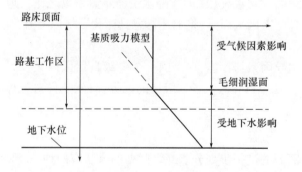

图 2-1-1-3　中湿类路基的湿度状况

干燥类路基的湿度由气候因素控制，即地下水位很低，路基工作区处于地下水毛细润湿面之上，路基平衡湿度完全由气候因素变化所控制，如图 2-1-1-4 所示。

路基平衡湿度可根据路基土组类别及地下水位高度，按表 2-1-1-3 确定距地下水位不同高度处的饱和度。

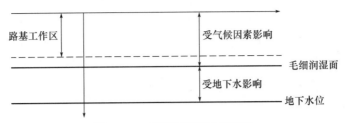

图 2-1-1-4　干燥类路基的湿度状况

各路基土组距地下水位不同高度处的饱和度（单位:%）　　表 2-1-1-3

土　组	计算点距地下水或地表长期积水水位的距离(m)						
	0.3	1.0	1.5	2.0	2.5	3.0	4.0
粉土质砾 GM	69~84	55~69	50~65	49~62	45~59	43~57	—
黏土质砾 GC	79~96	64~83	60~79	56~75	54~73	52~71	—
砂 S	80~95	50~70	—	—	—	—	—
粉土质砂 SM	79~93	64~77	60~72	56~68	54~66	52~64	—
黏土质砂 SC	90~99	77~87	72~83	68~80	66~78	64~76	—
低液限粉土 ML	94~100	80~90	76~86	73~83	71~81	69~80	—
低液限黏土 CL	93~100	80~93	76~90	73~88	70~86	68~85	66~83
高液限粉土 MH	100	90~95	86~92	83~90	81~89	80~87	—
高液限黏土 CH	100	93~97	90~93	88~91	86~90	85~89	83~87

注：1. 对于砂（包括级配良好的砂、级配不良的砂），级配累计百分率60%的粒径d_{60}较大时，平衡湿度取低值；反之，取高值。
　　2. 对于其他含细粒的土组，通过0.075mm筛的颗粒含量大和塑性指数高时，平衡湿度取高值；反之，取低值。

3. 路基填土高度

路基填土高度应满足各等级公路所对应的路基设计洪水频率及其设计洪水位；不含路面厚度的路基填土高度不宜小于中湿状态路基临界高度；不含路面厚度的路基填土高度不宜小于路基工作区深度；季节性冰冻地区，不含路面厚度的路基填土高度不宜小于道路冻结深度。

第四节　路基抗变形能力

路基作为路面结构的基础，它抵抗车轮荷载能力的大小，主要取决于路基顶面在一定应力级位下抵抗变形的能力。用于表征路基抗变形能力的参数有路基回弹模量、路基反应模量和加州承载比（CBR）等。

1. 路基回弹模量

路基回弹模量能较好地反映路基所具有的部分弹性性质，所以，在以弹性半空间体地基模型表征路基的受力特性时，可以用回弹模量表示路基在瞬时荷载作用下的可恢复变形性质。路基回弹模量用 E_0 表示，是路面结构设计的重要参数，其取值的大小对路面结构厚度有较大影响。路基回弹模量值与土的性质、密实度、含水率、路基所处的干湿状态以及测试方法有密切的关系。在我国公路路面设计方法中,都以回弹模量 E 作为路基的刚度指标。当前,确定路基回弹模量 E_0 的常用方法有以下几种:对于原有路基的回弹模量应采用实测法确定;在新建公路初步设计时,路基的回弹模量值应根据计算得到。

1) 现场实测法

(1) 现场承载板法

目前采用的现场实测方法,是按照《公路路基路面现场测试规程》(JTG 3450—2019)规定,在现场路基表面采用圆形刚性承载板(板厚 20mm,直径为 ϕ300mm)对路基逐级加载、卸载,测定路基在各级压强下的回弹变形,荷载小于 0.1MPa 时,每级增加 0.02MPa,以后每级增加 0.04MPa 左右。每次加载至预定荷载(P)后,稳定 1min,立即读记两个百分表数值,然后轻轻放开千斤顶油门卸载至 0,待卸载稳定 1min 后,再次读数,每次卸载后百分表不再调零。绘制压力—回弹变形曲线,按公式(2-1-1-1)计算路基回弹模量 E_0。

$$E_0 = \frac{\pi D}{4} \cdot \frac{\sum p_i}{\sum L_i}(1 - \mu_0^2) \tag{2-1-1-1}$$

式中:E_0——路基回弹模量,MPa;

  D——承载板直径,m,记为 0.3m;

  p_i——第 i 级承载板压力,Pa;

  L_i——相对于荷载 p_i 时的第 i 级回弹变形计算值,cm;

  μ_0——土的泊松比,根据路面设计规范规定取用,当无规定时,非黏性土可取 0.30,高黏性土取 0.50。一般可取 0.35 或 0.40。

(2) 贝克曼梁测试路基路面回弹模量方法

因弯沉测定比承载板测定方法要简便快捷,可在已建成的路基上,选择典型路段,在不利季节用贝克曼梁(杠杆式弯沉仪)测定路基各测点在标准汽车(后轴重为 100kN)的作用下轮隙中心的回弹弯沉值 L_i。按公式(2-1-1-2)计算路基回弹模量值 E_1。

$$E_1 = \frac{200p\delta}{L_1}(1 - \mu^2)a \tag{2-1-1-2}$$

式中:E_1——计算的路基、整层材料路基路面材料的回弹模量或既有道路的综合回弹模量,MPa;

  p——测试车轮的平均垂直荷载,MPa;

  δ——测试用加载车双圆荷载单轮传压面当量圆的半径,mm;

  μ——测试层材料的泊松比,根据相关路面设计规范的规定取用;

  a——弯沉系数,为 0.712。

  L_1——计算代表弯沉(0.01mm)。

计算代表弯沉 L_1 公式为:

$$L_1 = \bar{L} + S \tag{2-1-1-3}$$

式中:$\bar{L}$——舍弃不合要求的测点后所余测各点弯沉的算术平均值,0.01mm;

  S——舍弃不合要求的测点后所余测各点弯沉的标准差,0.01mm。

2)计算法

新建公路路基应以路床顶面回弹模量为设计指标,以路床顶面竖向压应变为验算指标,并应符合下列要求:

(1)路基在平衡湿度状态下,路床顶面回弹模量不应低于《公路沥青路面设计规范》(JTG D50—2017)和《公路水泥混凝土路面设计规范》(JTG D40—2011)的有关规定。

(2)沥青路面路床顶面竖向压应变的计算值应满足沥青路面永久变形的控制要求。

(3)水泥混凝土路面路床顶面竖向压应变可不作控制。

2.路基反应模量

用温克勒(E.Winkler)路基模型描述路基工作状态时,用路基反应模量 K 表征路基的抗变形能力。根据温克勒地基假定,路基顶面任一点的弯沉 l,仅同作用于该点的垂直压力 p 呈正比,而同其相邻点处的压力无关。符合这一假定的路基如同由许多各不相连的弹簧所组成。压力 p 与弯沉 l 之比称为路基反应模量 K,一般在水泥混凝土路面板设计中较为常用。

路基反应模量 K 用承载板试验确定。承载板试验测定方法与回弹模量测定方法相类似,但是采取一次加载到位的方法,施加荷载的量值根据不同的工程对象有两种方法供选用。当路基较为软弱时,用 0.127cm 的弯沉量控制承载板的荷载。假如路基较为坚实,弯沉值难以达到 0.127cm,则采用以单位压力 $p=70\text{kPa}$ 控制承载板的荷载。

3.加州承载比(CBR)

加州承载比是由美国加利福尼亚州提出的一般评定路基及路面材料抗变形能力的指标。抗变形能力以材料抵抗局部荷载压入的能力表征,并以高质量标准碎石为标准,以它们的相对比值表示 CBR 值。试验时,用一个端部面积为 19.35cm^2 的标准压头,以 0.127cm/min 的速度压入土中。记录每贯入 0.254cm 时的单位压力,直至压入深度达到 1.27cm 时为止。CBR 试验设备分为室内试验与室外试验两种。

4.路基模量设计要求

我国现场测定路基土回弹模量时,采用直径 30cm 的刚性承载板用加载卸载的试验方法确定,室内测定路基土和粒料回弹模量则采用动三轴试验确定。

新建公路路基设计以路床顶面回弹模量为设计指标,以路床顶面竖向压应变为验算指标。路面结构设计的路基回弹模量设计值 E_0 应符合下列规定:路基在平衡湿度状态下,路床顶面的回弹模量不应低于《公路沥青路面设计规范》(JTG D50—2017)和《公路水泥混凝土路面设计规范》(JTG D40—2011)的有关规定,见表2-1-1-4。沥青路面路床顶面竖向压应变的计算值应满足沥青路面永久变形的控制要求,水泥混凝土路面路床顶面竖向压应变可不作控制。

路床顶面回弹模量要求(不小于)(单位:MPa)　　　　表2-1-1-4

交通荷载等级	极重	特重	中等、重	轻交通
沥青混凝土路面	70	60	50	40
水泥混凝土路面	80		60	40

当路基结构的填料 CBR、路床顶面回弹模量和竖向压应变、路基湿度状态等不能满足要求时,应根据气候、土质、地下水赋存和料源等条件,经技术经济比选后,采取换填、处治、排水、

加筋等措施。

工程案例：高速公路路基结构识读

华东某高速公路路基主要为填方路段，其路基高度在 5.0~40.0m，位于河谷冲洪积平原、沟谷及山前平原、缓坡丘陵坡麓。河谷冲洪积平原、沟谷及山前平原、缓坡丘陵坡麓段地形有起伏，场地上部主要以可塑状（含砾）粉质黏土、中密~密实状的卵石、漂石、含黏性土碎石为主，厚度一般为 2.0~5.0m，局部厚度较大，下伏基岩为燕山晚期花岗岩、凝灰岩、凝灰质砂岩等，总体工程地质性质较好。一般清除表部的耕植土，碾压后可以进行路基填筑。

按照《公路工程技术标准》(JTG B01—2014)中设计速度为 80km/h 的高速公路路基横断面几何尺寸的规定，以及该项目工程可行性研究报告中所预测的交通量及当地的实际需要，确定整体式路基宽度为 25.5m，分离式路基宽度为 12.75m，适用于不同路堤高度的一般填方路基结构如图 2-1-1-5 所示。

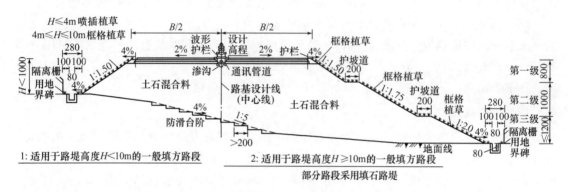

图 2-1-1-5　适用于不同路堤高度的一般填方路基结构（尺寸单位：cm）

本章小结

(1) 路基是指按照路线位置和一定技术要求修筑的带状构造物，是路面的基础，承受由路面传递下来的行车荷载。路基由路床与路堤组成。

(2) 影响路基结构稳定性的自然因素包括地形、地质、气候、水文与水文地质、土的类别等。

(3) 为使自然区划便于在实践中应用，结合我国地理、气候特点，将全国的公路自然区划分为三个等级。

(4) 路基的强度与稳定性，在很大程度上与路基的温度以及大气温度引起的路基水温状况有密切的关系。路基平衡湿度状况可依据路基的湿度来源分为潮湿、中湿、干燥三种干湿类型。

(5) 路基作为路面结构的基础，它抵抗车轮荷载能力的大小，主要取决于路基顶面在一定应力级位下抵抗变形的能力。用于表征路基抗变形能力的参数有路基回弹模量、路基反应模量和加州承载比(CBR)等。

(6) 我国公路用土依据土的颗粒组成特征、土的塑性指标和土中有机质含量的情况，分为巨粒土、粗粒土、细粒土和特殊土四类，并进一步细分为 13 种土。

思考题与习题

1. 路床和路堤按填方高度如何进行划分?
2. 影响路基结构稳定性的因素有哪些?
3. 路基干湿类型有哪几类?
4. 简述用于表征路基抗变形能力的参数。
5. 从工程性质上来说,路基用土哪类土最好?哪类土最差?为什么?

第二章 CHAPTER TWO
路基结构设计

本章提要：
本章主要介绍路基典型横断面、路基附属设施、一般路基和特殊路基设计。
能力目标：
1. 能描述路基三种典型横断面形式，能进行填挖结合的综合运用；
2. 能描述路基常用的各种附属设施；
3. 能解释一般路基与特殊路基的区别。

第一节　路基典型横断面

一般路基是指在良好的地质与水文等条件下，填方高度和挖方深度在 1.5～20m 的路基。通常一般路基可以结合当地的地形、地质情况，直接选用典型横断面作各横断面设计图，不必进行个别验算。特殊路基是指修建在不良地质、特殊地形地质，某些特殊气候因素等不利条件下的道路路基。对于超过规范规定的高填、深挖路基，以及地质和水文等条件特殊的路基，为了确保其具有足够的强度与稳定性，需要进行个别设计和验算。

通常根据公路路线设计确定的路基高程与天然地面高程是不同的。路基设计高程低于天然地面高程时，需进行挖掘；路基设计高程高于天然地面高程时，需进行填筑。由于填挖情况的不同，路基横断面的典型形式有路堤、路堑和填挖结合路基（又称为半填半挖路基）三种类型，如图 2-1-2-1 所示。路堤全部用岩土填筑而成，路

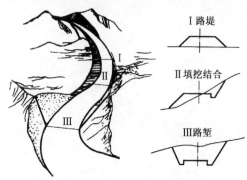

图 2-1-2-1　路基横断面的典型形式
Ⅰ-路堤；Ⅱ-填挖结合路基；Ⅲ-路堑

堑则全部在天然地面上开挖而成。当天然地面横坡大,且路基较宽,需要一侧开挖而另一侧填筑时,为填挖结合路基。在丘陵或山区公路上,填挖结合是路基横断面的主要形式。由于自然地形、地质条件的多样性,由此可派生出一系列类似的断面形式,它们在公路设计中经常被采用,路基边坡坡率通常用 $1:n$(路堑)或 $1:m$(路堤)的形式表示。此外,为了保证路基稳定和行车安全,根据实际需要设置取土坑、弃土堆、护坡道、碎落台、堆料坪等,这些都是路基主体工程不可缺少的部分。

一、路堤

图 2-1-2-2 所示为路堤的几种常见横断面形式。按路堤的填土高度不同,可划分为低路堤、高路堤和一般路堤。当填土高度小于 1.5m 时,属于低路堤;填土高度大于 20m 时,属于高路堤;填土高度在 1.5~20m 范围内的路堤属于一般路堤。此外,随其所处的条件和加固类型的不同,还有浸水路堤、护脚路堤及挖沟填筑路堤等形式。

低路堤通常在平坦地区取土困难时选用。平坦地区地势低,水文条件较差,易受地面水和地下水的影响,设计时应注意路基高度力求不低于规定的临界高度,使路基处于干燥或中湿状态。路基两侧均应设边沟。低路堤的高度接近或小于路基工作区的深度时,除填方路堤本身需要满足规定的施工要求外,天然地面也应按规定进行压实,达到规定的压实度,必要时进行换土或加固处理,以保证路基路面的强度和稳定性。

填方高度不大,$h = 2 \sim 3m$ 时,填方数量较少,全部或部分填土可以在路基两侧设置取土坑取土,有条件时使其与排水沟渠相结合。为保护填方坡脚不受临近流水侵害,保证边坡稳定,可在坡脚与沟渠之间预留 1~2m 甚至 4m 宽的护坡道。地面横坡较陡时,为防止填方路基沿山坡向下滑动,应将路基下的天然地面挖成台阶,或在路基边坡坡脚设置砌石护脚。

高路堤的填方数量大、占地多,为了使路基稳定,及横断面经济合理,需进行单独设计。高路堤和浸水路堤的边坡,可采用上陡下缓的折线形或台阶形(即在边坡中部设置护坡道)。

二、路堑

图 2-1-2-3 所示是路堑的几种常见横断面形式,有全挖路基、台口式路基及半山洞路基。挖方边坡可视高度和岩土层情况设置成直线或折线。挖方边坡的坡脚处可设置边沟,路堑的上方可设置截水沟用来排水。挖方弃土可堆放在路堑的下方,但不能对坡下环境造成不良影响。边坡坡面易风化时,可采用防护措施,必要时可在坡角处设置 0.5~1.0m 的碎落台。

陡坡上的半路堑,路中线宜向内侧移动,尽量采用台口式路基,避免路基外侧难以稳定的少量填方。遇有整体性的坚硬岩层,为减少开挖石方量,可采用半山洞路基。

对于路堑开挖后形成的路基及地基,要求人工压实至规定的压实程度,必要时还应翻开,重新分层填筑分层碾压。当路堑挖方处土质或水文状况不良时,应进行地基加固和设置必要的排水设施。

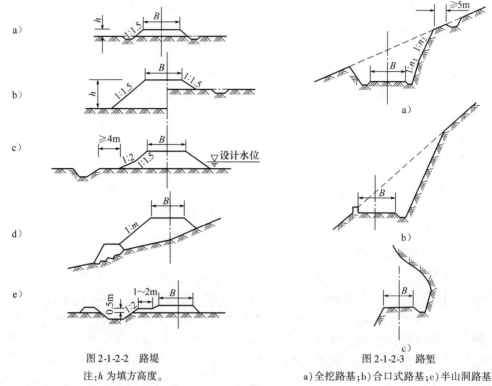

图 2-1-2-2 路堤
注:h 为填方高度。
a)低路堤;b)一般路堤;c)浸水路堤;d)护脚路堤;e)挖沟填路堤

图 2-1-2-3 路堑
a)全挖路基;b)合口式路基;c)半山洞路基

三、填挖结合路基

为了减少土石方数量,保持土石方数量横向平衡,位于山坡上的路基,通常取路中心的高程接近原地面的高程,形成填挖结合路基。若处理得当,路基稳定可靠,是比较经济的断面形式。常用的填挖结合路基如图 2-1-2-4 所示。

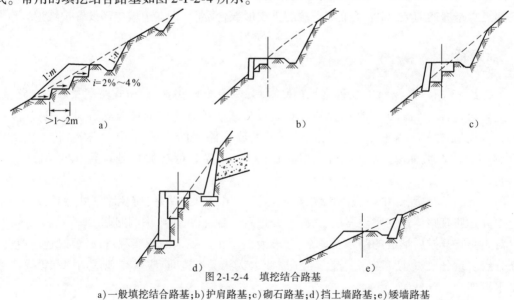

图 2-1-2-4 填挖结合路基
a)一般填挖结合路基;b)护肩路基;c)砌石路基;d)挡土墙路基;e)矮墙路基

(1)一般填挖结合路基:填挖结合路基是比较经济的断面形式,注意当原地面横坡大于1∶5时,将原地面挖成台阶,以保证填土的稳定。

(2)护肩路基:用于填土高度不大,但坡脚太远不易填筑时的情况,护肩高度一般不超过2m。

(3)砌石路基:用于地面横坡太陡,坡脚落空,不能填筑的情况。

(4)挡土墙路基:挡土墙是不依靠路基独立稳定的结构物,它也能支挡填方,稳定路基。

(5)矮墙路基:用于挖方边坡土质松散,易产生碎落的情况。

各种典型路基横断面要结合实际地形选用,且应以路基稳定、行车安全、工程量小和经济适用为前提。

上述三类路基横断面形式,各具特点,分别在一定条件下使用。由于地形、地质、水文等自然条件差异性很大,且路基位置、横断面尺寸及要求等应服从于路线、路面及沿线结构物的要求,所以路基横断面类型的选择,必须因地制宜,综合设计。

第二节 路基附属设施

与一般路基工程有关的附属设施有取土坑、弃土堆、护坡道、碎落台、堆料坪及错车道等,这些设施是路基设计的组成部分。为了确保路基的强度、稳定性和行车安全,正确合理地设置路基附属设施是十分重要的。

一、取土坑与弃土堆

路基土石方的挖填平衡,是公路路线设计的基本原则,但往往难以做到完全平衡。土石方数量经过合理调配后,仍然会有部分借方和弃方(又称废方)。路基土石方的借弃,首先要合理选择地点,即确定取土坑或弃土堆的位置。选点时要兼顾土质、用土数量、用地范围及运输条件等因素,结合沿线区域规划,因地制宜、综合考虑,并且注意自然环境保护,防止水土流失。

平坦地区,如果用土量较少,可以沿路两侧设置取土坑,与路基排水和农田灌溉相结合。路旁取土坑如图2-1-2-5所示,深度约1.0m或稍深一些,宽度依用土数量和用地允许情况而定。为防止坑内积水危害路基,当堤顶与坑底高差不足2.0m时,在路基坡脚与坑之间需设置宽度大于或等于1.0m的护坡平台,坑底应设纵横排水坡及相应设施。

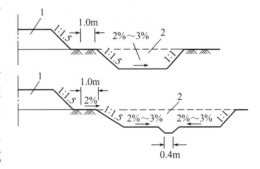

图2-1-2-5 路旁取土坑
1-路堤;2-取土坑

河水淹没地段的桥头引道近旁,一般不设取土坑。如设取土坑,要距桥头引道与河流的水位边界10m以外。此类取土坑要求排水畅通,不得长期积水而危及路基或构造物的稳定。路基开挖的废方,应尽量加以利用。如用以加宽路基或加固路堤,填补坑洞、路旁洼地等,亦可兼顾农田水利或工民建等所需,做到变废为用,弃而不乱。

废方一般选择路旁低洼地就近堆弃。原地面倾斜横坡度小于1∶5时，路旁两侧均可设置弃土堆；坡面较陡时，宜设在路基下方。沿河路基爆破后的废石方，往往难以远运，条件许可时可以部分占用河道，但要注意河道压缩后，水流流速增大，不致冲刷引起路基滑塌；不致壅水危及上游路基及附近农田等。

路旁弃土堆要求堆弃整平，顶面具有适当横坡，并设平台、三角土块及排水沟，如图2-1-2-6所示。宽度 d 与地面土质有关，最少3.0m，最大可按路堑深度 H 加5.0m，即 $d \geqslant H + 5.0 \mathrm{m}$。积砂或积雪地段的弃土堆，宜有利于防砂防雪，可设在迎面一侧，并具有足够的距离。

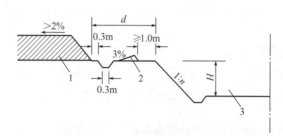

图 2-1-2-6　路旁弃土堆
1-弃土堆；2-平台与三角土块；3-路堑；d-宽度；H-路堑深度

二、护坡道与碎落台

护坡道是保护路基边坡稳定性的措施之一，如图2-1-2-7所示，护坡道的高度为 H。设置的目的是加宽边坡横向距离，减小边坡平均坡度。护坡道越宽，越有利于边坡稳定，最小为1.0m。但是工程数量亦随之增大，因此要从边坡稳定性和经济合理性两方面加以兼顾。通常护坡道宽度 d，视边坡高度 h 而定，$h < 3.0 \mathrm{m}$ 时，$d = 1.0 \mathrm{m}$；$h = 3.0 \sim 6.0 \mathrm{m}$ 时，$d = 2.0 \mathrm{m}$；$h = 6.0 \sim 12.0 \mathrm{m}$ 时，$d = 2.0 \sim 4.0 \mathrm{m}$。护坡道一般设在挖方坡脚处，边坡较高时亦可在边坡上方及挖方边坡的变坡处。浸水路基的护坡道，可设在浸水线上的边坡上。

碎落台设于土质或石质土的挖方边坡坡脚处，如图2-1-2-8所示。主要供零星土石碎块下落时临时堆积，以保护边沟不致阻塞，亦有护坡道的作用；山区公路弯道内侧设碎落台时，还可增大行车通视范围。碎落台宽度应不小于1.0m，一般为1.0～1.5m，如兼有护坡作用，可适当放宽。碎落台上的堆积物应定期清理。

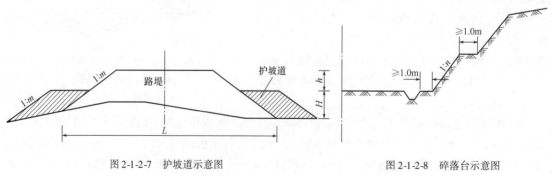

图 2-1-2-7　护坡道示意图
注：H 为护坡道高度；h 为边坡高度。

图 2-1-2-8　碎落台示意图

三、堆料坪与错车道

为避免在路肩上堆放路面养护用料,路面养护所用砂石材料,可就近选择路旁合适地点堆置备用,也可在路肩外缘设置堆料坪,其面积可结合地形与材料数量而定。高等级公路采用机械化养护路面的路段,可以不设堆料坪,而集中设置备用料场,以维护公路外形的视觉平顺和景观优美。

单车道公路,由于双向行车会车和相互避让的需要,通常应每隔 200~500m 设置错车道一处。按规定错车道的长度不得短于 30m,两端各有长度为 10m 的出入过渡段,中间 10m 供停车用。单车道的路基宽度为 4.5m,而错车道地段的路基宽度为 6.5m。错车道是单车道路基的一个组成部分,应与路基同时设计施工。

第三节 一般路基与特殊路基设计

一、一般路基

在工程地质和水文条件良好的地段修筑一般路基的设计包括以下内容:
(1)选择路基横断面形式,确定路基宽度与路基高度。
(2)选择路基填料与压实标准。
(3)确定边坡形状与坡度。
(4)确定路基排水系统布置和排水结构设计。
(5)坡面防护与加固设计。
(6)附属设施设计。

1. 路基宽度

路基宽度为行车道路面及其两侧路肩宽度之和。对于设有中间带、路缘石、变速车道、爬坡车道、紧急停车带等的高等级公路,其均应包括在路基宽度范围内。路面宽度根据设计能力及交通量大小而定,一般每个车道为 3.50~3.75m,技术等级高的公路及城镇近郊的一般公路,路肩宽度尽可能增大,一般取 1.0~3.0m,并铺筑硬质路肩,以保证路面行车不受干扰。各级公路路基宽度按《公路工程技术标准》(JTG B01—2014)的规定进行设计。

路基需要占用土地,尤其是占用耕地,这对于我国许多人多地少的地区是个突出问题。公路建设应尽量利用非农业用地,少占农田。建路占地必须综合规划,统筹兼顾,讲究经济效益,农业和交通相互促进。山坡路基应尽量填挖平衡,减少高填深挖,防止水土流失,维护生态平衡。

2. 路基高度

路基高度表示的是路堤的填筑高度或路堑的开挖深度,是指路基设计高程和原地面高程之差。由于原地面沿横断面方向往往是倾斜的,因此在路基宽度范围内,两侧的高差一般有差别。路基的中心高度是指路基中心线处设计高程与原地面高程之差。而路基两侧边坡的高度是指填方坡脚或挖方坡顶与路基边缘的相对高差。所以路基高度有中心高度与边坡高度之分。

《公路路线设计规范》(JTG D20—2017)中规定:

(1)新建公路的路基设计高程:高速公路和一级公路宜采用中央分隔带的外侧边缘高程;二级公路、三级公路、四级公路宜采用路基边缘高程,在设置超高、加宽路段为设超高、加宽前该处边缘高程。

(2)改建公路的路基设计高程:宜按新建公路的规定执行,也可视具体情况而采用中央分隔带中线或行车道中线高程。

路基的填挖高度,是在路线纵断面设计时,综合考虑路线纵坡要求、路基稳定性和工程经济等因素确定的。从路基的强度和稳定性要求出发,路基上部土层应避免毛细水过大的影响(如使其处于干燥、中湿状态或考虑基质吸力的影响),处于相对干燥的状态。而填方路基填料的土质不同时,毛细水上升高度也不同,因此,应根据公路路基填料性质、沿线具体条件和排水及防护措施综合确定路堤的最小填土高度,并与路线纵坡设计相协调,保证填方路段的路基高度主体上大于最小填土高度。

路堤填土的高低和路堑挖方的深浅按《公路路基设计规范》(JTG D30—2015)的规定,使用常规的边坡高度值。高路堤和深路堑的土石方数量大,占地多,施工困难,边坡稳定性差,行车不利,应尽量避免;不得已采用时,应进行特殊设计。

路基填土边坡高度大于20m的路堤称为高路堤。土质挖方边坡高度大于20m或岩石挖方边坡高度大于30m的路堑称为深路堑。高路堤和深路堑的土石方数量大、占地多、施工困难、边坡稳定性差,应尽量避免使用。不得已采用时,应进行特殊设计。

为保证路基稳定,应尽量满足路基最小填土高度的要求,若路基高度低于按地下水位及毛细水上升高度计算的最小填土高度,可视为广义上的低路堤。低路堤通常整体处于行车荷载应力作用区范围内,同时经受着地面和地下水不利水温状况影响。有时为了增强路基路面的综合强度与稳定性,需要综合考虑加强路面结构或增设地下排水设施。

沿河及受水浸淹的路基,其高度应根据技术标准所规定的设计洪水频率(表2-1-2-1),求得设计水位,再加0.5m的余量。如果河道因设置路堤而压缩过水面积,致使上游有壅水或河面宽阔而有风浪,就应增加壅水高度和波浪冲上路堤的高度(即波浪侵袭高度)。所以沿河浸水路堤的高度,应高出上述各值之和,以保证不致淹没路基,并据此进行路基的防护与加固。

路基设计洪水频率　　　　　　　　表2-1-2-1

公路等级	高速公路	一级公路	二级公路	三级公路	四级公路
设计洪水频率	1/100	1/100	1/50	1/25	视具体情况而定

注:区域内唯一通道的公路路基设计洪水频率可采用高一个等级公路的标准。

3.路基边坡坡率

路基边坡坡率对路基稳定十分重要,确定路基的边坡坡率是路基设计的重要任务。公路路基的边坡坡率用边坡高度H与边坡宽度b的比值表示,并取$H=1$,如图2-1-2-9所示,$H:b=1:0.5$(路堑边坡)或$1:1.5$(路堤边坡)。

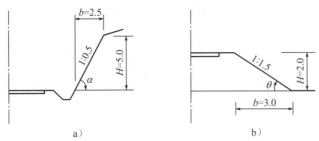

图 2-1-2-9 路基边坡坡率示意图(尺寸单位:m)
a)路堑;b)路堤

路基边坡坡率的大小,取决于边坡的土质、地质构造(路堑)及水文条件等自然因素和边坡高度。在陡坡或填挖较大的路段,边坡坡率不仅影响到土石方工程量和施工的难易,而且是影响路基整体稳定性的关键。因此,确定边坡坡率对于路基的稳定性和工程的经济合理性至关重要。一般路基的边坡坡率可根据多年实践经验和设计规范推荐的数值确定。

(1)路堤边坡

路堤边坡坡率可根据填料种类和边坡高度按表 2-1-2-2 所列的坡率选用。

路堤边坡坡率 表 2-1-2-2

填料种类	边坡坡率	
	上部高度($H \leq 8m$)	下部高度($H \leq 12m$)
细粒土	1:1.5	1:1.75
粗粒土	1:1.5	1:1.75
巨粒土	1:1.3	1:1.5

沿河浸水路堤的边坡坡率,在设计水位以下视填料情况可采用 1:1.75~1:2.0,在长水位以下部分可采用 1:2.0~1:3.0。

当公路沿线有大量天然石料或路堑开挖的废石方时,可用以填筑路堤。填石路堤可采用与土质路堤相同的断面形式,边部可采用码砌;边坡较高时,可在边坡中部设置宽度 1~3m 的平台,边坡坡率根据岩质确定。

陡坡上的路基填方可采用砌石,如图 2-1-2-10 所示,砌石应用当地不易风化的开山片石砌筑。砌石顶宽不应小于 0.8m,基底面以 1:5 的坡率向路基内侧倾斜,砌石高度 H 一般为 2.0~15.0m,墙的内外坡依砌石高度,按表 2-1-2-3 选用。

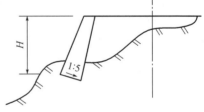

图 2-1-2-10 砌石示意图
H-砌石高度

砌石边坡坡率 表 2-1-2-3

序号	砌石高度(m)	内坡坡率	外坡坡率
1	≤5	1:0.3	1:0.5
2	≤10	1:0.5	1:0.67
3	≤15	1:0.6	1:0.75

在地震地区应参照《公路工程抗震规范》(JTG B02—2013)执行,公路路堤或路堑的高度大于表 2-1-2-4 的规定时,应采取放缓边坡或加固等措施。

路基高度限值(单位:m)　　　　　　　　　　　　　　　表 2-1-2-4

填土类别	设计基本地震动峰值加速度				
	高速公路、一级公路		二级公路	三级、四级公路	
	0.20g(0.30g)	0.40g	0.40g	0.30g	0.40g
岩块和细粒土(粉性土和有机质土除外)路基	15	10	15	—	—
粗粒土(细砂、极细砂除外)路基	6	3	6	—	—
黏性土路堑	15	15	10	15	20

(2)路堑边坡

路堑是从天然地层中开挖出来的路基结构物。设计路堑边坡时,应从地貌和地质构造上判断其整体稳定性。在遇到工程地质或水文地质条件不良的地段时,应尽量使路线避绕;而对于原稳定的地层,则应考虑开挖后,是否会由于减少支承,坡面加剧风化而引起失稳。

影响路堑边坡稳定的因素较为复杂,除了路堑深度和坡体土石的性质之外,地质构造特征、岩石的风化和破碎程度、土层的成因类型、地面水和地下水的影响、坡面的朝向以及当地的气候条件等都会影响路堑边坡的稳定性,这些影响因素在边坡设计时必须综合考虑。

土质(包括粗粒土)路堑边坡坡率,应根据边坡高度、土的密实程度、地下水和地面水的情况、土的成因及生成年代等因素,参照表 2-1-2-5、表 2-1-2-6 选定。

土质路堑边坡坡率　　　　　　　　　　　　　　　表 2-1-2-5

土的类别		边坡坡率
黏土、粉质黏土、塑性指数大于3的粉土		1:1
中等以上的中砂、粗砂、砾砂		1:1.5
卵石土、碎石土、圆砾土、角砾土	胶结和密实	1:0.75
	中密	1:1

注:1.黄土、红黏土、高液限土、膨胀土等特殊土质挖方边坡形式及坡率应按《公路路基设计规范》(JTG D30—2015)第7章有关规定确定。
2.边坡较低或土质比较干燥的路段,可采用较陡的边坡坡率;边坡较高或土质比较潮湿的路段,可采用较缓的边坡坡率。
3.开挖后,密实程度很容易变松的砂类土及砾类土等路段,应采用较缓的边坡坡率。
4.土的密实程度划分见表 2-1-2-6。

土的密实程度划分　　　　　　　　　　　　　　　表 2-1-2-6

分级	试坑开挖情况
较松	铁锹很容易铲入土中,试坑坑壁容易坍塌
中密	天然坡面不易陡立,试坑壁有掉块现象,部分需用镐开挖
密实	试坑坑壁稳定,开挖困难,土块用手用力才能破碎,从坑壁取出大颗粒处能保持凹面形状
胶结	细粒土密实度很高,粗颗粒之间呈弱胶结,试坑用镐开挖很困难,天然坡面可以陡立

岩质路堑边坡,一般根据地质构造与岩石特性,对照相似工程的成功经验选定边坡坡率。岩石的种类、风化程度及边坡的高度是决定坡率的主要因素,设计时可根据这些因素参照表 2-1-2-7~表 2-1-2-9 选定。

岩石路堑边坡坡率 表 2-1-2-7

边坡岩体类型	风化程度	边坡坡率	
		$H<15m$	$15m\leq H<30m$
Ⅰ类	未风化、微风化	1:0.1~1:0.3	1:0.1~1:0.3
	弱风化	1:0.1~1:0.3	1:0.3~1:0.5
Ⅱ类	未风化、微风化	1:0.1~1:0.3	1:0.3~1:0.5
	弱风化	1:0.3~1:0.5	1:0.5~1:0.75
Ⅲ类	未风化、微风化	1:0.3~1:0.5	—
	弱风化	1:0.5~1:0.75	—
Ⅳ类	弱风化	1:0.5~1:1	—
	强风化	1:0.75~1:1	—

注:1. 有可靠的资料和经验时,可不受本表限制。
2. Ⅳ类强风化包括各类风化程度的极软岩。

岩质边坡的岩体分类 表 2-1-2-8

边坡岩体类型	岩体完整程度	结构面结合程度	结构面产状	直立边坡自稳能力
Ⅰ类	完整	结构面结合良好或一般	外倾结构面或外倾不同结构面的组合线倾角大于75°或小于35°	30m高的边坡长期稳定,偶有掉块
Ⅱ类	完整	结构面结合良好或一般	外倾结构面或外倾不同结构面的组合线倾角35°~75°	15m高的边坡稳定,15~30m高的边坡欠稳定
	完整	结构面结合差	外倾结构面或外倾不同结构面的组合线倾角大于75°或小于35°	
	较完整	结构面结合良好或一般或差	外倾结构面或外倾不同结构面的组合线倾角小于35°有内倾结构面	边坡出现局部塌落
Ⅲ类	完整	结构面结合差	外倾结构面或外倾不同结构面的组合线倾角35°~75°	8m高的边坡稳定,15m高的边坡欠稳定较完整
	结构面结合良好或一般	外倾结构面或外倾不同结构面的组合线倾角35°~75°		
	较完整	结构面结合差	外倾结构面或外倾不同结构面的组合线倾角大于75°或小于35°	
	较完整(碎裂镶嵌)	结构面结合良好或一般	结构面无明显规律	
Ⅳ类	较完整	结构面结合差或很差	外倾结构面以层面为主,倾角多为35°~75°	8m高的边坡不稳定
	不完整(散体、碎裂)	碎块间结合很差		

注:1. 边坡岩体分类中未含由软弱结构面控制的边坡和倾倒崩塌型破坏的边坡。
2. Ⅰ类岩体为软岩、较软岩时,应降为Ⅱ类岩体。
3. 当地下水发育时,Ⅱ、Ⅲ类岩体可视具体情况降低一档。
4. 强风化岩和极软岩可划为Ⅳ类岩体。
5. 表中外倾结构面系指倾向与坡向的夹角小于30°的结构面。

岩体完整程度划分 表2-1-2-9

岩体完整程度	结构面发育程度	结 构 类 型	完整性系数 K_v
完整	结构面1~2组,以构造节理或层面为主,密闭型	巨块状整体结构	>0.75
较完整	结构面2~3组,以构造节理或层面为主,裂隙多呈密闭型,部分为微张型,少有充填物	块状结构、层状结构、镶嵌碎裂结构	0.35~0.75
不完整	结构面大于3组,在断层附近受构造作用影响较大,裂隙以张开型为主,多有充填物,厚度较大	碎裂状结构、散体结构	<0.35

注:完整性系数 $K_v = \left(\dfrac{v_R}{v_p}\right)^2$,$v_R$为弹性纵波在岩体中的传播速度,$v_p$为弹性纵波在岩块中的传播速度。

由于地表岩层和自然条件以及路基构造要求与形式变化极大,岩石路堑适宜的边坡坡率难以确定,表列数值为一般条件下的经验数值,运用时应结合当地的工程地质和水文条件,参考各地现有自然稳定的山坡和人工成型稳定的山坡,加以对比选用。必要时应进行个别设计和稳定性验算,还必须采用排水和护坡与加固等技术措施。

在地震地区的岩石路堑边坡坡率应参考《公路工程抗震规范》(JTG B02—2013)规定选用。当岩石路堑边坡高度超过10m时,边坡坡率应按表2-1-2-10采用。

边坡高度超过10m的岩石路堑参考边坡坡率 表2-1-2-10

岩 石 种 类	设计基本地震动峰值加速度	
	0.20g(0.30g)	0.40g
风化岩石	1:0.6~1:1.5	1:0.75~1:1.5
一般岩石	1:0.1~1:0.5	1:0.2~1:0.6
坚石	1:0.1~直立	1:0.1~直立

二、特殊路基

1. 软土地区路基

我国软土分布面积较广,在进行软土地区路基设计时,必须特别重视路基稳定性分析,并在路基施工中和施工后进行变形观测,以控制施工期软土地基稳定性及工后沉降等指标。软土地基一般高程较低,路基形式以路堤为主,当路堤高度大于5m时,就要进行稳定性分析。

2. 冻土地区路基

路基位于富冰冻土、饱冰冻土、含土冰层地段,以及冰丘、冰锥、多年冻土沼泽、热融湖(塘)、地下水路堑地段,应进行特殊设计。

路基填料设计应考虑冻结层上水的发育情况及填料的冻胀敏感性,有条件时应优先采用卵石土或碎石土作填料。

冻土沼泽(沼泽化湿地)、热融湖(塘)地段,应以路堤通过,路堤高度应高出沼泽暖季积水水位、毛细水上升高度、有害冻胀高度之和0.5m,且满足保温厚度的要求,通过较大的热融湖(塘),还需考虑波浪壅水的影响。

3. 特殊土质路基

特殊土质路基包括湿陷性黄土、红黏土、膨胀土、高液限土和盐渍土等路基。

湿陷性黄土是指在自重或一定压力下受水浸湿后,土体结构迅速破坏,并产生显著下沉现象的黄土。红黏土是指碳酸盐类岩石在温湿气候条件下经风化后形成的褐红色粉土或黏性土。膨胀土是含亲水性矿物并具有明显的吸水膨胀与失水收缩特性的高塑性黏土。高液限土是液限(100g 锥试验)超过 50% 的细粒土。盐渍土是易溶盐含量大于规定值的土。

工程案例:高速公路黄土路基横断面布置

西北某高速公路建设项目分布有风积成因类型的新黄土、冲洪积成因类型的次生黄土。第四系全新统冲洪积形成的黄土,即湿陷性黄土(Q_4^{al+pl}),主要分布在山间峡谷谷底的河床地带,厚度一般为 1~3m。黄土路基横断面布置如图 2-1-2-11 所示。根据场地湿陷类型和地基湿陷等级,按照《公路路基设计规范》(JTG D30—2015)有关要求进行处治,消除湿陷,主要从沉降方面进行控制,结合黄土湿陷性等级、厚度、本地区施工经验及工程材料的供应特点,有针对性地选择垫层、冲击碾压及强夯等方案进行处治。

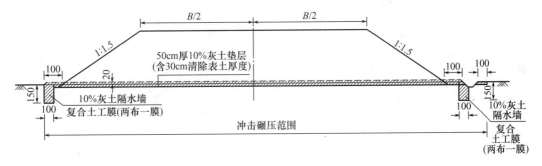

图 2-1-2-11 黄土路基横断面布置(尺寸单位:cm)

冲击碾压开工前,应采用多种压实遍数进行试压,以确定经济合理的施工参数。冲击碾压应在清表完成后进行,推荐采用 25kJ 三边形冲击压实机,冲碾 40 遍。冲击碾压完成后设置 50cm 厚 10% 灰土垫层,压实度不小于 96%,且湿陷性系数小于 0.015。冲击碾压处理沉降回填土方按 0.3m 厚计,实际数量根据现场发生数量计。填方迎水一侧坡脚排水沟外设置 1.0m 宽、1.5m 高灰土隔水墙,压实度不小于 93%。隔水墙外侧包覆复合土工膜。

本章小结

(1)一般路基是指在良好的地质与水文等条件下,填方高度和挖方深度在 1.5~20m 的路基。特殊路基是指修建在不良地质、特殊地形地质、某些特殊气候因素等不利条件下的道路路基。对于超过规范规定的高填、深挖路基,以及地质和水文等条件特殊的路基,为了确保其具有足够的强度与稳定性,需要进行个别设计和验算。

(2)路基横断面的典型形式可分为路堤、路堑和填挖结合路基 3 种类型。路堤、路堑分别有各种常用的横断面形式,填挖结合路基则是两者的综合运用。

(3)与一般路基工程有关的附属设施有取土坑、弃土堆、护坡道、碎落台、堆料坪及错车道等。

(4)在工程地质和水文条件良好的地段修筑一般路基的设计包括:选择路基横断面形式,确定路基宽度与路基高度;选择路基填料与压实标准;确定边坡形状与坡率;确定路基排水系统布置和排水结构设计;针对特殊工况的路基还可能需要进行坡面防护与挡土墙设计,附属设施设计。

(5)特殊路基包括软土地区路基、冻土地区路基与特殊土质路基。

思考题与习题

1. 何谓一般路基?何谓特殊路基?两者在设计方法上有什么区别?
2. 路基典型横断面有哪三种形式?
3. 常用路堤横断面有哪些形式?常用路堑横断面又有哪些形式?
4. 路基高度与路基边坡高度有什么区别?
5. 路基边坡坡率的大小取决于哪些因素?
6. 护坡道与碎落台的作用有何异同?

第三章 CHAPTER THREE
路基排水设计

本章提要：
本章主要介绍路基排水设计的目的、要求与原则,路基地面排水设施设计、路基地下排水设施设计。

能力目标：
1. 能描述路基排水的目的与要求,以及路基排水设计的一般原则;
2. 能描述路基常用的各种地面排水设施及其各自的作用;
3. 能描述路基常用的各种地下排水设施及其各自的作用。

第一节 路基排水设计的目的、要求与原则

路基的强度与稳定性同水的关系十分密切。路基的病害有多种,如路基沉陷、冲刷、坍塌等,都不同程度地与地表水和地下水的侵蚀有关,形成病害的因素亦很多,但水的作用是主要因素之一。因此,在路基设计、施工和养护中应防、排、疏结合,并与路面排水、路基防护、地基处理以及特殊路基地区的其他处治措施互相协调,形成完善的排水系统。

根据水源的不同,影响路基的水源可分为地面水和地下水两大类,与此相适应的路基排水工程,则分为地面排水和地下排水。水的来源示意如图 2-1-3-1 所示。危害路基的地面水,包括大气降水(雨和雪)以及海、河、湖、水渠及水库水。危害路基的地下水,包括上层滞水、潜水及层间水等。

一、路基排水设计的目的与要求

路基排水设计的目的,就是将路基范围内的土基湿度降低到一定的限度以内,保持路基常年处于干燥状态。路基设计时,必须考虑将影响路基稳定性的地面水,排除和拦截于路基用地

范围之外,并防止地面水漫流、滞积或下渗。对于影响路基稳定性的地下水,则应予以隔断、疏干或降低,并引导至路基范围以外的适当地点。

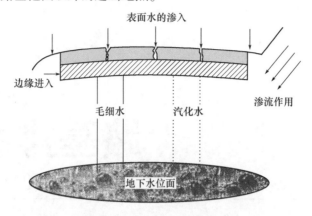

图 2-1-3-1　水的来源示意图

路基施工中,首先应校核全线路基排水系统的设计是否完备和妥善,必要时应予以补充或修改,并重视排水工程的质量和使用效果。此外,应根据实际情况与需要,采取施工现场的临时性排水措施,以保证路基土石方及附属结构物在正常条件下进行施工作业,消除路基基底和土体内与水有关的隐患,保证路基工程的质量。

路基养护中,对排水设施应定期检查与维修,以保证排水设施的正常使用,水流畅通,并根据实际情况不断改善路基排水条件。

二、路基排水设计的原则

路基排水设计应遵循的一般原则可以归纳如下:

(1)摸清水源,全面规划,因势利导,综合治理。设计前必须进行充分的调查研究,充分利用有利地形和自然水系,以使排水系统的规划和设计做到正确合理。

(2)保护生态环境,与农田水利相配合。路基边沟一般不应用作农田灌溉渠道,两者必须合并使用时,边沟的断面应加大,并予以加固,以防水流危害路基。

(3)排水设计应经济适用。一般情况下地面和地下设置的沟渠,宜短不宜长,起到及时疏散、就近分流的作用。尽量选择有利地形地质条件布设排水沟渠,以减少沟渠的防护与加固工程量。

(4)防重于治,防治结合。路线设计时应考虑路基排水;排水沟渠的出水口应就近引至天然河沟、桥涵处;尽量阻止水进入路基结构,然后应对进入路基路面的水,提供良好的排水设施,以便迅速排除。对于各种排水设施要定期检查、维修、清理,并根据实际情况,不断完善路基排水设施。

第二节　路基地面排水设施设计

路基地面排水设施有边沟、截水沟、排水沟、跌水与急流槽、倒虹吸与渡水槽、蒸发池等。常用的有边沟、截水沟和排水沟。这些地面排水设施的作用和要求均有所不同。

一、边沟

边沟设置在挖方路基的路肩外侧或低路堤的坡脚外侧,多与路中心线平行,用于汇集和排除路面、边坡范围内以及流向路基的少量地面水。常用的边沟断面形式有梯形、矩形、三角形或碟形等,如图 2-1-3-2 所示。从边沟底部至路基顶面的高度为 H。

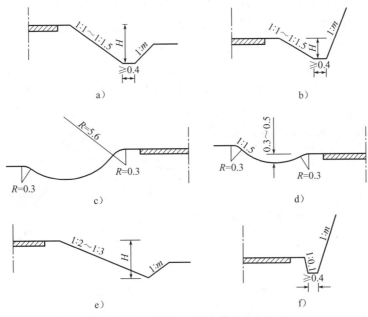

图 2-1-3-2　边沟横断面示意图(尺寸单位:m)
a)梯形;b)梯形;c)碟形;d)碟形;e)三角形;f)矩形

高速公路、一级公路宜采用三角形或碟形边沟,因条件受限而需采用矩形边沟时,应在顶面加带槽孔的混凝土盖板。二级及二级以下公路的土质边沟用梯形,石质边沟用矩形。易于积雪或积砂的路段,边沟宜用碟形。某些较低的路堤,如果用地许可,采用机械化施工时,边沟可用三角形。公路两侧为农田时,为了少占良田及防止农业用水对路基的破坏,可采用石砌矩形边沟。

梯形土质边沟的边坡坡率,靠近路基的一侧常用 $1:1 \sim 1:1.5$,另一侧与挖方边坡坡率一致。土质或经铺砌加固的矩形边沟的边坡,可以直立或稍有倾斜。三角形边沟的边坡坡率采用 $1:2 \sim 1:3$。

碟形边沟的边坡需修整圆滑,可防止积雪积砂。梯形及矩形边沟的深度和宽度,一般为 $0.4 \sim 0.6m$,多雨和潮湿地段不宜小于 $0.5m$,干旱地区或少水路段尺寸可小些,但也不宜小于 $0.3m$。边沟的排水量不大,一般不需进行水力水文计算,依沿线具体情况选用标准横断面。

边沟紧靠路基,通常不容许其他排水沟渠的水引入,也不能与其他人工沟渠合并使用。边沟的纵坡不宜过陡,以免水流冲刷造成损害;亦不宜过缓,造成水流不畅,形成阻滞和淤积。一般情况下,边沟沟底纵坡应与路线纵坡一致,并不宜小于 0.3%。困难情况下,可减小至 1%。当路线纵坡小于沟底最小纵坡时,边沟应采用沟底最小纵坡,并缩短边沟出水口的间距。

边沟出水口的间距,一般地区不超过 $500m$,多雨地区不超过 $300m$,三角形和碟形边沟不超过200m。边沟中水的排放应就近引排到路旁自然水沟或低洼地带,必要时增设涵洞,将边沟水引至路基另一侧排出。

二、截水沟

截水沟设置在距路堑坡顶外缘或路堤坡脚外缘的一定距离(规范规定距路堑坡顶外缘不小于5m,距路堤坡脚外缘不小于2m)。设置截水沟的作用是:当路基一侧或两侧受较大坡面面积汇水影响时,单边拦截汇集水流并予以排除。因此,当路基两侧受水影响时,两侧应分别设置截水沟。截水沟是多雨地区、山岭和丘陵地区路基排水的重要设施之一。截水沟断面形式应结合设置位置、排水量、地形及边坡情况确定,通常采用梯形断面截水沟,深度与底宽不小于0.5m,具有1%~3%的沟底纵坡,沟底最小纵坡不宜小于0.3%,靠近路基一侧设有挡水的土台,沟内必须防止渗水,出口应引伸到路基范围以外。常见的截水沟断面形式如图2-1-3-3所示,从路堑边坡顶部至截水沟边缘的距离为d。

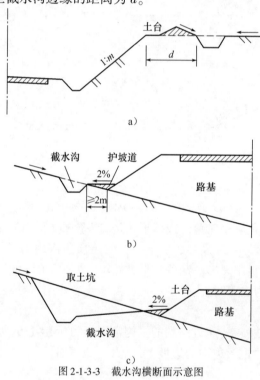

图2-1-3-3 截水沟横断面示意图

三、排水沟

排水沟的主要作用是把来自边沟、截水沟或其他水源的水流引至桥涵或路基范围以外的指定地点。排水沟一般采用梯形断面,其断面尺寸通常需经过水力水文计算确定。

排水沟的布置离路基应尽可能远些,距路基坡脚不宜小于2m,并且结合地形因势利导,平面上力求短捷平顺,以直线为宜;必须转弯时,尽量采用较大半径(10~20m以上),以保证水流舒畅。纵面上控制最大和最小纵坡,沟底纵坡不宜小于0.3%,以1%~3%为宜,纵坡大于3%时,需要加固;纵坡大于7%时,则应改用跌水或急流槽。为避免水流过分集中,排水沟的全长一般不超过 300m。排水沟与其他沟渠相接时应顺畅,并应使原水道不产生冲刷或淤积。一般应使排水沟与原水道成锐角相交,交角不大于 45°,有条件时可采用半径 $R = 10b$(b 为沟底宽)的圆曲线,朝下游与原水道相连接。

四、跌水与急流槽

跌水与急流槽是路基地面排水沟渠的特殊形式,用于陡坡地段,沟槽的纵坡可达 7% 以上(跌水)或更陡(急流槽),是山区公路路基排水常见的结构物。

跌水是一种将沟底做成台阶状的人工沟渠。当高边坡水位落差较大,为了消能减速,便于水流安全进入涵洞而不至于冲刷时,可设置跌水。跌水有单级和多级之分。单级跌水用于边沟出水口高程与涵洞进水口高程水位落差较大,同时改变水流方向集中消能时,如图 2-1-3-4 所示。多级跌水用于水流通过较长陡坡,是为了逐步减缓水流速度,逐步消能而设,如图 2-1-3-5 所示。各级跌水底宽 L 一般采用相等的值。

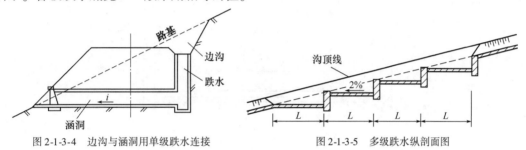

图 2-1-3-4 边沟与涵洞用单级跌水连接　　图 2-1-3-5 多级跌水纵剖面图

跌水的构造可分为进水口、消力池(槛)和出水口 3 个组成部分,如图 2-1-3-6 所示。各个组成部分的尺寸,由水力计算确定。一般情况下,如果地质条件良好,地下水位较低,设计流量小于 $1 \sim 2 m^3/s$,跌水台阶(护墙)高度 P 最大不超过 2m,墙基埋置深度为水深 a 的 $1 \sim 1.2$ 倍,并不小于 1m。进水口水流呈水跌现象;消力池起消能作用,要求坚固稳定,底部具有 1% 的纵坡,底厚 $0.3 \sim 0.35m$,壁高应比计算水深至少大 0.2m,消力池末端设有消力槛,槛高 c 依计算而定,要求低于池内水深,为护墙高度的 $1/5 \sim 1/4$,即 $c = (0.2 \sim 0.25)P$,一般取 $c = 15 \sim 20cm$。出水口是为了使水流镇定而设的段落,出水部分的高度为 h。

通常在水平短距离内需要排泄急速水流,如陡坡路段涵洞的进出口附近联结处,或回头曲线上下线涵洞之间的联结处,可设置急流槽。急流槽的纵坡比跌水更陡,可达 67% 以上,如图 2-1-3-7 所示。急流槽底的纵坡应与地形相结合,进水口应予防护加固,出水口应采取消能措施,防止冲刷。

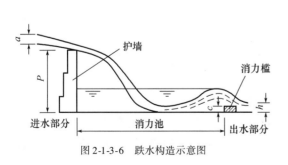

图 2-1-3-6 跌水构造示意图

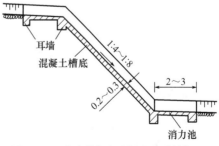

图 2-1-3-7 急流槽构造示意图(尺寸单位:m)

急流槽的构造可分为进口、槽身和出口3个组成部分。根据水力计算,进出口与槽身可采用不同大小的断面尺寸,因此进出口与槽身连接处应设置过渡段。

急流槽一般就地形坡度敷设,应采取加固措施并具有稳固的基础,端部及槽身每隔2~5m在槽底设耳墙嵌入地面以下。槽身较长时,宜分段砌筑,每段长5~10m,预留伸缩缝,并用防水材料填筑。

五、倒虹吸与渡水槽

当水流需要横跨路基,同时受到设计高程的限制时,可以采用管道或沟槽,从路基底部或上部架空跨越。前者称倒虹吸,后者为渡水槽,分别相当于涵洞和渡水桥。两者属于地面排水的特殊结构物,并且大都是配合农田水利所需而设置的。

倒虹吸的设置往往是因路基横跨原有沟渠,且沟渠水位高于路基设计高程,不能按正常条件设置涵洞,此时采用倒虹吸是可行的方案之一,图2-1-3-8是其中的一种。

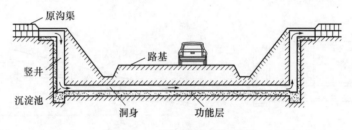

图 2-1-3-8 竖井式倒虹吸布置图

倒虹吸是借助上下游沟渠水位差,利用势能迫使水流降落,经路基下部管道流向路基另一侧,再复升流入下游水渠。由于所设管道为有压管道,竖井式倒虹吸的水流多次垂直改变方向,水流条件较差,结构要求较高,容易漏水和淤塞,且难以清理和修复,应尽量不用或少用,使用时需合理设计,进行水力计算,选择最佳设计方案,并要求施工保证质量,使用时要经常检查维修。

渡水槽相当于渡水桥,如图2-1-3-9所示。渡水槽由进出口、槽身和下部支承三部分组成。原水道与路基设计高程相差较大,如果路基两侧地形有利,或当地确有必要,可设简易桥梁,架设水槽或管道,从路基上部跨越,以沟通路基两侧的水流。

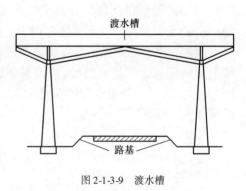

图 2-1-3-9 渡水槽

渡水槽的架设应满足道路对净空与美化的要求,其构造与桥梁相似,但主要作用是沟通水流,故除应在结构上具有足够强度外,在效能上应适合排水的要求,其中包括进出口的衔接,以防止冲刷和渗漏等。

六、蒸发池

在气候干旱、排水困难地段,可利用沿线的集中取土坑或专门设置蒸发池排除地表水。蒸发池边缘距路基边沟外缘的距离应以保证路基的稳定和安全为原则,并不应小于5m,面积较大的蒸发池不小于20m。蒸发池同边沟或排水沟之间设排水沟相连,池中设计水位应低于排水沟沟底。每个蒸发池的容水量应根据蒸发池的纵向间距经水力、水文计算后确定。蒸发池应根据具体情况采取适当的防护加固措施。

第三节　路基地下排水设施设计

由于开挖路堑,边坡或堑底出现流向路基工作区的层间水、集中的泉眼、大面积的渗水,由于填筑的路堤高度不高,堤旁地表长期积水位、堤下地基原地下水位及毛细水上升等各种地下水造成对路基的影响时,应设相应的地下排水设施,起到拦截、汇集、排除地下水或局部范围降低地下水位的作用。

常用的路基地下排水设施有暗沟、渗沟和渗井等。由于地下排水设施埋置在地面以下,不易维修,在路基建成后又难以查明损坏失效情况,因此要求地下排水设施牢固和耐久。

在进行地下排水设施设计前,应进行野外工程地质和水文地质调查、勘探和测试,查明水文地质条件,获取有关水文地质参数。地下排水设施的类型、位置及尺寸应根据工程地质和水文地质条件确定,并与地表排水设施相协调。

一、暗沟

暗沟又称盲沟,主要作用是把路基工作区范围内和以下较浅的集中泉眼或渗沟所拦截、汇集的水流,排到路基范围之外。另外,暗沟还用于城市道路的污水管或雨水管,以及高速公路、一级公路中央分隔带有雨水浸入时,通过雨水口将水流引入地下暗沟,然后排到路基范围之外等。

暗沟应在路基填土前或开挖后,按泉眼范围及流量大小或渗沟汇集的水流情况,确定断面的尺寸。图2-1-3-10是用于排除路基泉眼的暗沟示意图,洞宽为b。首先在泉眼处用浆砌块石或水泥混凝土圈井,上面加以盖板,然后在井壁上连接暗沟。暗沟敷设施工完毕后,恢复正常的路基填筑。当暗沟沟底高程处于路基工作区内或以下不深时,暗沟沿程必须防渗封闭,否则不能保证路基工作在干燥、中湿状态。暗沟沟底纵坡不宜小于1%,条件困难时亦不得小于0.5%,出水口沟底高程应高出沟外最高水位20cm以上,以防水流倒灌。寒冷地区的暗沟,应采取防冻保温处理措施或将暗沟设在冰冻深度以下。

二、渗沟

采用渗透方式将地下水汇集于沟内,并通过沟底通道将水排至指定地点,此种地下排水设施统称为渗沟。它的作用是降低地下水位或拦截地下水。

当用于拦截、汇集和排除流向路基的地下水时,渗沟可设在边沟以下或路基上侧山坡地面以下的适当位置,如图2-1-3-11所示。此时渗沟的平面布置应尽可能与地下水流向相互垂直,使之拦截效果良好。

当用于汇集路基范围内大面积的渗水,并引至指定地点时,首先应根据每条渗沟的流量,平面规划设计好渗沟网,然后在指定地点圈井以利汇集,其后再以暗沟连接,将水排于路基之外。图 2-1-3-12 为渗沟与暗沟结合使用的示例。

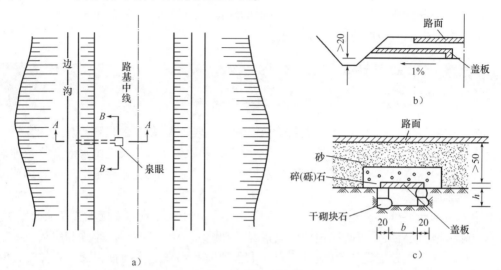

图 2-1-3-10　暗沟结构示意图(尺寸单位:cm)
a)用于排除路基泉眼的暗沟;b)A—A 截面;c)B—B 截面

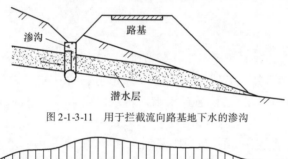

图 2-1-3-11　用于拦截流向路基地下水的渗沟

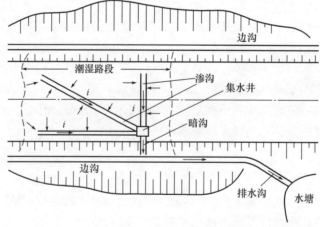

图 2-1-3-12　用于汇集排除大面积渗水的渗沟网(示例)

按照需要排水流量的不同,渗沟大致有三种形式:填石渗沟、洞式渗沟和管式渗沟,如图 2-1-3-13 所示,渗沟宽度为 B,高度为 H。三种形式的渗沟均由排水层(碎砾石缝或管、洞)和反滤层所组成。有无浆砌块石或水泥混凝土托底,应根据沟底排水水面的高程而定。当沟底排水水流已经进入路基工作区或接近该区时,必须设置托底。否则在渗沟内已经汇集应该排出的水,就会沿程又渗回到路基工作区。当沟底排水水面在路基工作区以下较远时,则可不设托底。

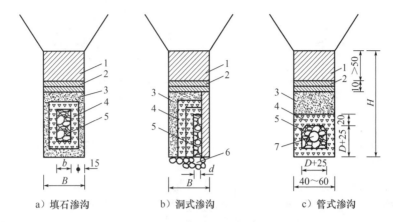

图 2-1-3-13 渗沟结构示意图(尺寸单位:cm)
1-黏土夯实;2-双层反铺草皮;3-粗砂;4-石屑;5-碎石;6-浆砌片石沟洞;7-预制混凝土管

(1)填石渗沟。如图 2-1-3-13a)所示,可用于地下水流量不大、排水距离较短的地段。填石渗沟排水层可采用石质坚硬的较大颗粒填充,以保证具有足够的孔隙率排出设计流量的水,填碎石部分的宽度为 b。由于排水属渗流紊流状态,碎砾石构成的排水层阻力较大,为防止淤积,其纵坡应不小于 1%。

(2)洞式渗沟。如图 2-1-3-13b)所示,在地下水流量大、埋藏深的地段,为满足流量要求,可以在沟底设简易孔洞,做成洞式渗沟,结构相当于顶部可以渗水的涵洞。涵洞可用浆砌片石筑成,宽度为 d,用带泄水小孔的混凝土盖板或条石覆盖。沟底纵坡应不小于 0.5%,有条件时可适当采用较大纵坡,以利排水。

(3)管式渗沟。如图 2-1-3-13c)所示。在地下水流量较大,地下水位埋藏较浅、排水距离较长的地段,可采用管式渗沟。渗沟底部埋设的管道,一般为陶土或混凝土预制管,管壁上半部留有渗水孔,渗水孔交错排列。管的直径 D 由水力计算确定,一般为 $0.4 \sim 0.6m$,管底设基座。在冰冻地区,为防止冻结阻塞,除管道埋在冰冻线以下外,必要时需采取保温措施,适当增大管径。沟底纵坡取决于设计流速,沟底纵坡应不小于 0.5%,最大流速应根据水管及托底的耐冲能力而确定。

渗沟填料应采用洁净的砂砾、粗砂、碎石、片石,反滤层可以用砂砾按从外到里粒径逐渐增大分层制作,也可以在沟壁上布设透水土工布作反滤层。

三、渗井

在平原地区,当路基设计高程不高,但是地下水位较高而影响路基工作区时,可设置竖直方向排水设施,把附近周围上部的地下水,渗流引排到深部的潜水层或透水层中。这种起到局部降低路基范围内地下水位的竖向排水设施称为渗井,如图 2-1-3-14 所示。Z_a 为路床顶面至下方透水层最高点的高差。前述暗沟、渗沟均属于平面方向的排水设施,而渗井则属于竖直方向的排水设施。

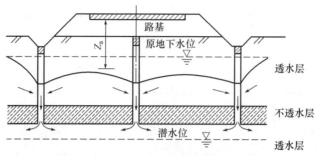

图 2-1-3-14 渗井布置示意图

渗井的下部必须穿过不透水层而深达透水层(透水层中有潜水时,要注意潜水压力不至于造成渗井内潜水倒灌,具体的分析判断可根据地质钻探资料进行)。透水层离地面较深时,可用钻井机钻孔。钻孔的直径为 50~60cm,最小直径不应小于 15cm。井(孔)内由中心向四周按层次分别填入由粗至细的砂石材料。中心粗料渗水,四周细料反滤。填充料要求筛分冲洗。施工时需用铁皮套筒分隔填入不同粒径的材料,不得粗细材料混杂,以保证渗井达到预期排水效果。

渗井平面上的行、列间距布置,以及孔径与渗水量,以满足路基范围内原地下水位降低并脱离路基工作区,使该区内能保持工作在干燥、中湿状态为准则,并需根据渗流流量计算而确定。

工程案例:高速公路主线路基排水设置

平原地区某高速公路路基排水通过设置低路堤坡脚外的边沟,或利用排水沟、涵洞等设施,使路基水能顺畅地排入附近河道。路基边沟与农业灌溉沟渠、交叉道路相交时,均采用立体交叉,即边沟设置涵洞或倒虹吸通过以上人工构造物,使路基边沟水流不影响农田的灌溉系统及交叉道路正常使用。为减少对农田的占用,同时考虑该项目片块石均为外购,低路堤边沟与路基外侧排水沟均采用 C20 混凝土矩形断面形式,如图 2-1-3-15 所示。对于洼地路段及地下水丰富路段,在常规的排水设施设置有困难处,可结合实际地形设置必要的渗沟。

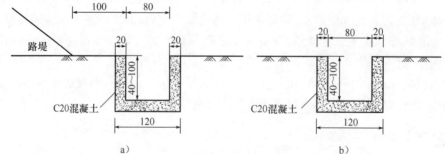

图 2-1-3-15 主线路基边沟与排水沟断面布置(尺寸单位:cm)
a)低路堤路段边沟;b)路基外侧排水沟

本章小结

(1)根据水源的不同,影响路基的水源可分为地面水和地下水两大类。危害路基的地面水和地下水各自包括一定的范畴。

（2）路基排水设计的目的，就是将路基范围内的土基湿度降低到一定的限度以内，保持路基常年处于干燥状态。

（3）路基地面排水设施包括边沟、截水沟、排水沟、跌水与急流槽、倒虹吸与渡水槽、蒸发池等。常用的有边沟、截水沟和排水沟。

（4）路基地下排水设施包括暗沟、渗沟和渗井等。

思考题与习题

1. 影响路基的水源分为哪两类？列举危害路基的地面水与地下水种类。
2. 简述路基排水设计的原则。
3. 路基常用的地面排水设施有哪些？各自起什么作用？
4. 渗沟按排水流量的不同可分为哪几种形式？

第四章 CHAPTER FOUR
路基稳定性验算

本章提要：
本章主要介绍路基稳定性验算基本条件、高路堤和深路堑的边坡稳定性验算、陡坡路堤的稳定性验算。

能力目标：
1. 能描述常见的路基边坡滑动面类型、汽车荷载当量高度、验算参数等；
2. 了解路基边坡稳定性的分析计算方法、不同滑动面类型的路基边坡稳定性分析和验算；
3. 了解陡坡路堤稳定性验算方法，会选择路堤稳定加固措施。

第一节 概述

路基边坡的稳定性涉及岩土性质与结构、边坡高度与坡率、工程质量与经济等多种因素。一般情况下，对于边坡不高的路基，如不超过 8m 的土质边坡、不超过 12m 的岩质边坡，可按一般路基设计，采用规定的坡率，不做稳定性分析计算。对地质与水文条件复杂、高填深挖或有特殊使用要求的路基，应进行边坡稳定性的分析计算，据此选定合理的边坡坡率及相应的工程技术措施。

路基边坡稳定性的分析计算方法主要有工程地质法（比拟法）、力学分析法和图解法等。工程地质法属于实践经验的对比，力学分析法是数解方法，对于某些比较复杂的数解方法，亦可运用图解加以简化。

一、常见的路基边坡滑动面类型

受路基开挖、长期降水影响，路基边坡坍滑已成为路基最常见的破坏现象，严重的边坡坍塌滑动时常中断公路交通,威胁公路运营安全。根据对边坡发生坍滑现象的大量观察,路基破坏时会形成一条或者多条滑动曲面,根据滑动曲面形状,可以分为直线滑动面、圆弧形滑动面和折线滑动面,如图2-1-4-1所示。根据滑动面特征,将路基边坡破坏模式分为平动模式和转动模式。平动模式对应直线滑动面,转动模式则对应圆弧形滑动面和折线滑动面。滑动面的形状与岩土质和坡体结构有关。对于砂类土路基和受软弱结构面控制的路堑边坡,滑动面类似于直线平面,在边坡稳定性验算时可采用直线滑动面法。对于黏性土路堤边坡,因其内摩擦角 φ 较小而黏结力 c 较大,滑动面类似于圆曲面,在边坡稳定性验算时可采用圆弧条分法。对于坡体成分复杂的路堑边坡,滑动面多呈折线形,在边坡稳定性验算时多采用传递系数法(也称不平衡推力法)。

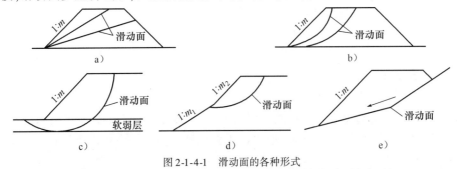

图2-1-4-1 滑动面的各种形式

a)填砂类土时;b)填黏性土时;c)地基软弱土层时;d)边坡坡面为折线时;e)横断面为陡坡时(整体滑动)

进行边坡稳定性验算时,首先要根据不同土质、不同情况进行可能滑动面形式的选择,如图2-1-4-1所示。在一般情况下,当路基填筑的是砂类土时,滑动面为通过坡脚的一直线平面,如图2-1-4-1a)所示;当路基填筑的是黏性土时,为通过坡脚的一圆弧滑动面,如图2-1-4-1b)所示。当地基为软弱土层时,滑动面为通过坡脚以下软弱土层内的一圆弧滑动面,如图2-1-4-1c)所示。当边坡坡面为折线形时,除了以上一般情况下通过坡脚滑动面的考虑,同时可根据变坡点以上路基填筑的是砂类土或黏性土,分别为通过变坡点的一直线或圆弧形滑动面,如图2-1-4-1d)所示。当横断面为陡坡时,除了以上一般情况下通过坡脚滑动面的考虑,还应作沿原地面为滑动面即折线滑动面的路基整体滑动验算,如图2-1-4-1e)所示。

二、汽车荷载当量高度计算

路基除承受自重作用外,同时承受行车荷载的作用,在边坡稳定性验算时,需要按车辆最不利情况排列,采用与设计标准相应的加重车进行布置,将车辆的设计荷载换算成路基表层土的相当厚度 h_0,此厚度 h_0 称为行车荷载换算高度。验算时,将当量高度的土体连同滑动土体一并进行力学计算。计算荷载换算如图2-1-4-2所示。

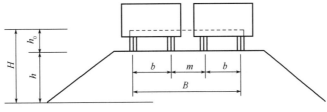

图2-1-4-2 计算荷载换算示意图

h_0 的计算式为:

$$h_0 = \frac{NQ}{BL\gamma} \tag{2-1-4-1}$$

式中:h_0——行车荷载换算高度,m;

N——并列车辆数,单车道 $N=1$,双车道 $N=2$;

Q——一辆重车的重力(标准车辆荷载为 550kN),kN;

B——荷载横向分布宽度,m,$B = Nb + (N-1)m + d$;

b——后轮轮距,m,取 1.8m;

m——相邻两辆车后轮的中心间距,m,取 1.3m;

d——轮胎着地宽度,m,取 0.6m;

L——前后轮最大轴距,m,按《公路工程技术标准》(JTG B01—2014)规定对于标准车辆荷载为 12.8m;

γ——路基填料的重度,kN/m³。

行车荷载对较高路基边坡的稳定性影响较小,换算高度可以近似分布于路基全宽上,以简化滑动体的重力计算。采用近似方法(如图解或表解等)计算时,亦可以不计算行车荷载。

三、路基边坡稳定性验算参数

路基处在复杂的自然条件下,其稳定性随环境条件(特别是土的含水率)及其作用时间的增长而变化。路堑是在天然土层中开挖而成的,而路堤是由人工填筑而成的,填料性质可由人为方法控制。因此,在边坡稳定性验算时,对于岩土的物理力学参数的选用,应结合可能出现的最不利情况,并力求能与路基实际情况相一致。

1. 边坡稳定性验算所需岩土的物理力学参数

(1)对于路堑或天然边坡:取原状土的重度 γ(kN/m³)、内摩擦角 φ(°)和黏结力 c(kPa)。

(2)对于路堤边坡:应取与现场压实度一致的压实土的试验数据,包括压实后土的重度 γ(kN/m³)、内摩擦角 φ(°)和黏结力 c(kPa)。

上述物理力学参数主要通过室内土工试验获取,有条件时也可通过原位测试获取。试验时应根据当地气候条件,考虑季节性变化的影响,在最不利季节和最不利水温条件下获取的岩土参数才能用于边坡稳定性验算。

2. 图解或表解法中多层土体验算参数的确定

当路堤各层填料不同,进行边坡稳定性验算时,图解或表解法所采用的验算数据可按加权平均值法求得,如下式:

$$c = \frac{\sum_{i=1}^{n} c_i h_i}{H} \quad \tan\varphi = \frac{\sum_{i=1}^{n} h_i \tan\varphi_i}{H} \quad \gamma = \frac{\sum_{i=1}^{n} \gamma_i h_i}{H} \tag{2-1-4-2}$$

式中:c_i——各层土体的黏结力,kPa;

h_i——各层土厚,m;

H——边坡高度,m,$H = \sum h_i$;

φ_i——各层土体的内摩擦角,°;
γ_i——各层土体的重度,kN/m³。

用图解或表解法进行边坡稳定性验算时,对于折线形边坡[图 2-1-4-3a)],一般可取各坡度的算术平均值;对于阶梯形边坡[图 2-1-4-3b)],则取坡角点与坡顶点的连线。

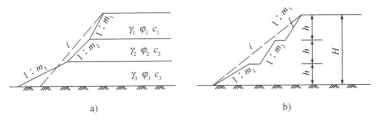

图 2-1-4-3　图解或表解法时的边坡取值
a) 折线形边坡;b) 阶梯形边坡

第二节　高路堤和深路堑的边坡稳定性验算

路堤边坡高度超过 20m 时称为高路堤,土质挖方边坡高度超过 20m 或岩石挖方边坡高度超过 30m 时称为深路堑。在充分查明工程地质条件的基础上,根据边坡岩土的类型和结构,综合采用工程地质法和力学分析法进行高路堤和深路堑的边坡稳定性验算。

需要说明的是,力学分析法基本原理是在边坡上假定几个不同的滑动面,按力学平衡原理对每个滑动面进行验算,从中找出最危险滑动面,按此最危险滑动面的稳定程度来判断边坡的稳定性。其基本假定为:滑动土体仅沿假定的滑动面上滑动,是均质各向同性,不考虑滑动土体内部的应力分布及各土条(指圆弧条分法)之间相互作用力的影响。为简化计算,用力学验算法进行路基边坡稳定性分析时,常按平面问题来处理。

一、工程地质法

工程地质法的主要思路是依据以往的工程经验,利用工程地质学分析方法,将边坡的岩土体类型、结构特征及其他地质条件进行对比,从而对边坡稳定性状态及可能发生的破坏类型作出经验性的定性判断。其特点在于它的经验性和相似性,这种经验性体现在它极度依赖现场调查、观测、统计和分类等。这里提到的相似性,主要指边坡岩性和岩体结构的相似性以及边坡类型的相似性。

由于边坡岩体的破坏受岩土体类型影响很大,在给定的工程地质条件下,通过对边坡岩体的结构形态、特征、性质的实地调查和观测所得到的资料进行统计、分类和地质力学分析。然后,根据介质条件和工程条件,通过对比和经验判断来定性地评价边坡岩体的稳定程度,这种做法是可取的。

对比的因素范围很广,原则上与岩土工程有关的一切因素都属于对比对象。其中包括易变因素如降雨、地震、施工等;而其他因素如岩性、构造、山体结构、岩体结构、风化程度、岩土体变形破坏规律等变化不大的因素则称为基本因素。

工程地质类比法的一般步骤是：

(1)确定研究区域，在研究区域内调查研究分析地质地貌形态、古滑坡及滑坡群、所有边坡的岩土体类型，并描述和分析研究区域内堆积和切割特性，同时对所有边坡进行相应的工程地质测绘。

(2)在边坡工程影响所及的范围内，详细勘察、测量和描述地层层次、岩性、岩体结构的单元块体的形状和大小，结构面的类型、性质、特征、产状、分布规律和发育程度，结构面富集物状态和成分，气象条件，地下水出露特征和赋存状态等。

(3)确定边坡结构面的平面图和剖面图。

(4)将上述资料与条件相同、规模相近的边坡进行对比，通过经验判断，最后作出定性的评价以确定当前边坡岩体的稳定程度及推测今后可能的发展趋势。

工程地质法避开了较复杂的和需要较长时间的测试手段才能确定的定量计算指标，利用宏观调查统计规律，能够很快地评价边坡岩体的稳定情况，一般可为规模不大、影响因素不甚复杂的一些施工进度较快的路基工程提供及时的参考性评价。其缺点在于无法适用于没有对比条件的地区和不足以构成统计规律的情况，特别是对于一些影响因素较复杂的人工高边坡，往往无法起到很好的作用。

二、直线滑动面的边坡稳定性分析

对于砂土类路堤边坡和受顺倾坡外结构面控制的路堑边坡，滑动面近似直线。对于受顺倾坡外结构面控制的路堑边坡，开挖揭露最不利结构面以后，边坡沿着最不利结构面蠕动变形，最不利结构面即为滑动面；而对于砂类土路堤边坡，需要采用直线滑动面法试算以获得最小稳定系数后才能确定滑动面位置，如图 2-1-4-4a)所示，验算时先通过坡脚或变坡点假设一直线滑动面 AD，下滑土楔体 ABD 沿假设的滑动面滑动，其稳定系数 K 按下式计算（按边坡纵向单位长度计）：

$$K = \frac{F}{T} = \frac{G\cos\alpha\tan\varphi + cL}{G\sin\alpha} \qquad (2\text{-}1\text{-}4\text{-}3)$$

式中：F——沿滑动面的抗滑力，kN；

T——沿滑动面的下滑力，kN；

G——土楔体重力和路基顶面汽车荷载（以当量高度及分布宽度计）之和，kN；

α——滑动面对水平面的倾斜角，°；

φ——路堤填料的内摩擦角，°；

c——路堤填料的黏结力，kPa；

L——滑动面 AD 的长度，m。

通过坡脚 A 点，继续假设几个（3~4个）不同的滑动面[图 2-1-4-4a)]，按式(2-1-4-3)求出相应的稳定系数 K_1、K_2、K_3 等值，并绘出 $K = f(\alpha)$ 曲线[图 2-1-4-4b)]，在此关系曲线上找到最小稳定系数 $K_{\min}$ 及对应最危险滑动面时的倾斜角 α_0。

验算的边坡是否稳定，取决于最小稳定系数 $K_{\min}$ 的值。当 $K_{\min} = 1.0$ 时，边坡处于极限平衡状态。由于考虑到滑动面的近似假定、土工试验所得的 φ 和 c 的局限性以及气候环境条件变化的影响,为保证边坡稳定性必须有足够的安全储备,按照《公路路基设计规范》(JTG D30—2015),正常(天然)工况下路堤边坡最小稳定系数值为 $1.25 \leq K_{\min} \leq 1.45$,设计时 K 值不宜太大,以免造成工程不经济。

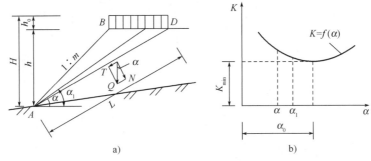

图 2-1-4-4　直线滑动面法

当路堤填料为纯净的粗砂、中砂、砾石、碎石时,其黏结力很小,可忽略不计,则式(2-1-4-3)简化为:

$$K = \frac{F}{T} = \frac{\tan\varphi}{\tan\alpha} \tag{2-1-4-4}$$

三、圆弧滑动面的边坡稳定性分析

用黏性土填筑的路堤,边坡坍滑时的破裂面形状为一弧形曲面,为简化计算,通常近似地假设为一圆弧滑动面。分析边坡稳定性时,按其各种不同的假设,有多种验算方法,但工程上普遍采用圆弧条分法(又称瑞典法)以及简化计算的表解法和图解法。

1. 圆弧条分法

1)计算公式及步骤

(1)如图 2-1-4-5 所示,通过坡脚任意选定一个可能的圆弧滑动面 AB,其半径为 R。将滑动土体分成若干个垂直土条,其宽度一般为 2~4m,通常分 8~10 个土条。为了计算方便,分条时,垂直分条线分别与圆心垂直轴重合,与不同土层和边坡交接点及圆弧滑动面交接点重合。

(2)根据每个土条的面积,纵向以单位长度计,计算出每个土条的土体重 Q_i,引至圆弧滑动面上并分解为切向分力 T_i 和法向分力 N_i,公式如下:

$$T_i = Q_i \sin\alpha_i \tag{2-1-4-5}$$

$$N_i = Q_i \cos\alpha_i \tag{2-1-4-6}$$

式中:α_i——第 i 条土体弧段中心点的径向线与该点垂线之间的夹角,$\alpha_i = \arcsin\dfrac{x_i}{R}$。

(3)以圆心 O 点,半径 R,计算滑动面上各力对 O 点的滑动力矩,但应注意在 Oy 轴右侧的 T_i 为正,是促使土楔体滑动的力;而在 Oy 轴左侧的 T'_i 方向相反,其值为负,为抵抗土楔体滑动的力,其产生的力矩应在滑动力矩中扣除。因此,滑动力矩 $M_{\text{滑动}} = (\sum T_i - \sum T'_i)R$。计算土条重时,汽车荷载当量高度的影响应计算在相应的 Q_i 中。以 O 点为圆心,计算滑动面上各力对 O 点的抗滑力矩, $M_{抗滑} = (\sum N_i f + \sum cL_i) R$。

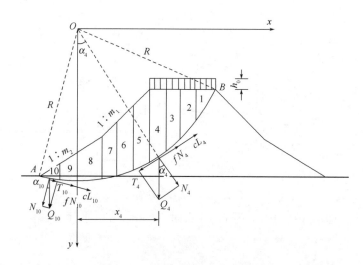

图 2-1-4-5 圆弧滑动面条分法验算示意图

(4)求稳定系数 K:

$$K = \frac{M_{抗滑}}{M_{滑动}} = \frac{R(\sum N_i f + \sum cL_i)}{R(T_i - T'_i)} = \frac{f\sum Q_i \cos\alpha_i + cL}{\sum Q_i \sin\alpha_i - \sum Q_i \sin\alpha'_i} \tag{2-1-4-7}$$

式中: L——滑动圆弧 AB 的总长度,m;

c——填料的黏结力,kPa;

f——填料的摩擦系数,kN, $f = \tan\varphi$, $Q_i = \gamma b_i h_i$;

γ——填料的重度,kN/m³;

b_i——各土条宽度,m;

h_i——各土条高度,m。

当路堤由不同填料分层填筑时,式(2-1-4-5)和式(2-1-4-6)中的各土条重应为该土条所包含的各土层和汽车荷载当量高度引起的重力之和,而各土条 c、φ 值,应取该土条的底部弧段所处土层的数据。

(5)按上述步骤通过坡脚再假设几个可能的滑动圆弧,分别计算各个滑动面的稳定系数 K,从中得出 $K_{\min}$ 值。$K_{\min}$ 值所对应的滑动面就是最危险滑动面。

正常工况下,设计稳定安全系数 $K = 1.25 \sim 1.45$。取值时可根据土的特性、抗剪强度指标的可靠程度、公路等级和地区经验综合考虑确定。当 $K_{\min} < 1.25$ 时,则应放缓边坡、更换填料,重新按上述方法进行稳定性验算。

2)危险圆心辅助线确定

为了较快地找到最危险滑动面的圆心,减少试算的工作量,根据经验,危险滑动面的圆心在一条直线上,该直线称为圆心辅助线。确定圆心辅助线的方法有 $4.5H$ 法和 $36°$ 法,$36°$ 法较简便,但精确度不如 $4.5H$ 法,若不计汽车荷载当量高度,计算结果也出入不大。

2. 表解法

按条分法进行路基边坡稳定性验算时计算工作量较大,所以对均质、直线形边坡路堤,滑动面通过坡脚,坡顶为水平并延伸到无限时,可用表解法进行验算。

第三节 陡坡路堤的稳定性验算

填筑在原地面横坡度陡于 1∶2.5(土质基底)或陡于 1∶2(不易风化的岩石基底)或不稳固山坡上的路堤,被称为陡坡路堤。除了考虑路堤自身稳定性以外,陡坡路堤还有以下几种可能的滑动形式:

(1)基底为岩层或稳定山坡,因地面横坡度大,路堤沿着与基底的接触面产生整体滑动。
(2)路堤连同基底覆盖层沿倾斜基岩面滑动。
(3)路堤连同下卧软弱土层沿某一圆弧滑动面滑动。
(4)路堤连同下伏基岩沿某一软弱层面滑动。

在陡坡路堤的稳定性验算中,受基覆界面或者软弱层面控制时滑动面通常为折线形,其参数应采用基覆界面处土体、软弱层等的强度参数,如 φ、c 等。如果滑动面附近有地面水或地下水作用,致使路堤下滑力增大,同时接触面或软弱面抗剪强度显著降低,验算时应采用浸(饱)水后的土体强度参数。

一、陡坡路堤稳定性验算方法

设计陡坡路堤时应对各种可能的危险滑动面分别进行验算。当滑动面为圆弧形时,利用圆弧条分法进行验算;当滑动面为直线形时,利用极限平衡法进行验算;当滑动面为折线时,利用传递系数法(也称不平衡推力法)进行验算,该法不考虑土体内部所产生的局部应力,根据路堤可能滑动的方向,整块或逐块计算剩余下滑力,由最终剩余下滑力的正负来判断路堤的稳定性。正值为不稳定,负值为稳定。

1. 直线滑动面法

当路堤基底为单一倾斜面时,路基土体可能沿直线滑动面整体下滑,利用直线滑动面法进行路堤整体稳定性验算,如图 2-1-4-6 所示。

滑动面为单一倾斜面,计算公式如下:

$$E = T - \frac{N\tan\varphi + cL}{K} \tag{2-1-4-8}$$

式中:E——剩余下滑力,kN;
  T——切向力,kN,$T = Q\sin\alpha$;
  N——法向力,kN,$N = Q\cos\alpha$;
  Q——滑动面以上路基土体自重(同时含汽车荷载当量高度换算的土层重),kN;
  φ——基底滑动面处较软弱土体的内摩擦角,°;
  α——基底与水平面的倾斜角,°;

c——基底滑动面处较软弱土体的黏结力,kPa;
L——基底滑动面长度,m;
K——稳定系数,正常工况下$K \geqslant 1.25$。

当计算得$E \leqslant 0$时,则路堤稳定。

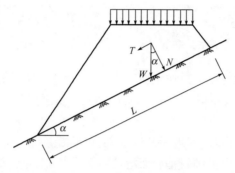

图 2-1-4-6　陡坡路堤的整体验算

2. 传递系数法(也称不平衡推力法)

当滑动面为多个坡度的折线倾斜面时(图 2-1-4-7),可将滑动面上土体按折线段划分为若干条块,依可能滑动的方向,自上而下分别计算各土体的剩余下滑力,根据最终一块的剩余下滑力的正负值确定路堤的整体稳定性。

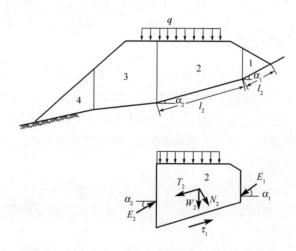

图 2-1-4-7　路堤沿斜坡地基或软弱层带滑动稳定性计算图示

第一土条:

$$E_1 = T_1 - \frac{N_1 \tan\varphi_1 + c_1 L_1}{K} \qquad (2\text{-}1\text{-}4\text{-}9)$$

第二土条:

$$E_2 = [T_2 + E_1 \cos(\alpha_1 - \alpha_2)] - \frac{[N_2 + E_1 \sin(\alpha_1 - \alpha_2)]\tan\varphi_2 + c_2 L_2}{K} \qquad (2\text{-}1\text{-}4\text{-}10)$$

第 n 土条(用数学归纳法可得):

$$E_n = [T_n + E_{n-1}\cos(\alpha_{n-1} - \alpha_n)] - \frac{[N_n + E_{n-1}\sin(\alpha_{n-1} - \alpha_n)]\tan\varphi_n + c_n L_n}{K}$$

(2-1-4-11)

以上式中:E_n——第 n 土条的剩余下滑力,kN;

T_n——第 n 土条的自重 Q_n 与汽车荷载 P_n 的切线下滑力,kN,$T_n = (Q_n + P_n)\sin\alpha_n$;

N_n——第 n 土条的自重 Q_n 与汽车荷载 P_n 的法线分力,kN,$N_n = (Q_n + P_n)\cos\alpha_n$;

α_n——第 n 土条滑动面分段的倾斜角,°;

φ_n——第 n 土条滑动面处较软弱土层的内摩擦角,°;

c_n——第 n 土条滑动面处较软弱土层的单位黏结力,kPa;

L_n——第 n 土条滑动线长度,m;

E_{n-1}——上一个第 $n-1$ 土条传递而来的剩余下滑力,kN;

α_{n-1}——上一个第 $n-1$ 土条滑动面分段的倾斜角,°。

计算过程中出现 $E_n \leq 0$,则此块剩余下滑力不向下一块传递;当最终的剩余下滑力 $E_n \leq 0$ 时,判断路堤为稳定。

二、路堤稳定加固措施

当验算最终一块土体的剩余下滑力 $E_n \geq 0$ 时,则路堤不稳定,必须采取以下措施,以增加陡坡路堤的稳定性。

1. 改善基底,增加滑动面的抗滑力或减少滑动力

开挖台阶,放缓边坡,以减少下滑力;清除坡积层,夯实基底,使路堤置于密实的稳定基础上;选择较大颗粒填料,嵌入原地面,以增加基底接触面的摩擦系数。

2. 加强排水设施

在路堤上侧开挖截水沟或边沟,尽快将水排除到影响范围之外,以阻止地面水浸湿滑动面;受地下水影响时,则设置渗沟等地下排水设施以疏干基底。

3. 设置支挡结构物

剩余下滑力 E_n 较大时,可在坡体适宜位置设置挡土墙、框架锚杆、土钉支护、抗滑桩等支挡结构,以提高陡坡路堤稳定性。

工程案例:高速公路路堑边坡稳定性加固

山岭地区某高速公路某段路堑边坡通过一老滑坡体,最大开挖高度约25m,开挖造成其路基右侧边坡坡面产生局部滑塌,坡顶产生多条拉裂、沉降裂缝,坡体变形已扩展至老滑坡的后缘,滑坡已出现整体性的复活。老滑体物质以红褐色、黄褐色可塑~硬塑状粉质黏土夹碎石为主;滑带主要物质成分为紫红色、灰黄色粉质黏土含碎石,老滑坡滑床岩体为全~强风化玄武

岩。滑带土重度 γ 为 $21\mathrm{kN/m^3}$，黏结力 c 为 $19.8\mathrm{kPa}$，内摩擦角 φ 为 $17.8°$，滑面为折线形。经计算得到边坡稳定系数 K 为 1.007，处于临界失稳状态；根据《公路路基设计规范》(JTG D30—2015)规定，二级以上公路路堤稳定安全系数最小值为 1.30，故应对该边坡进行加固。设计采用了综合治理措施进行边坡防护与加固，如图 2-1-4-8 所示。首先对坡面进行清方，由坡脚向坡顶形成了四级边坡，第一级边坡坡率为 $1:1$，第二级边坡坡率为 $1:1.6$，第三级边坡坡率为 $1:6$，第四级边坡坡率为 $1:1.6$；然后对第一级边坡施作浆砌片石护坡挡土墙防护，对第二级边坡施作框架锚索防护，对第四级边坡施作框架锚杆防护；同时在第四级边坡后缘、第二级边坡后缘以及坡脚施作截排水沟以排除坡面地表水。

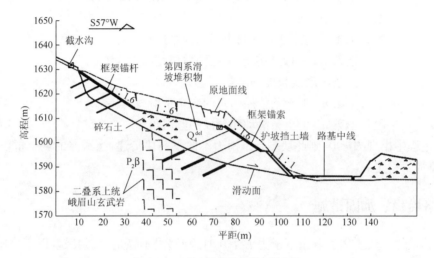

图 2-1-4-8 路堑边坡稳定性加固布置

本章小结

(1) 对于高路堤、深路堑、陡坡路堤等应进行边坡稳定性分析和验算。

(2) 路堤边坡高度超过 20m 时称为高路堤；土质挖方边坡高度超过 20m 或岩石挖方边坡高度超过 30m 时称为深路堑。在充分查明工程地质条件的基础上，根据边坡岩土的类型和结构，综合采用工程地质法和力学分析法进行高路堤和深路堑的边坡稳定性验算。

(3) 在一般情况下，对于砂类土路堤或受顺倾结构面控制的路堑边坡，滑动面类似于直线平面，在边坡稳定性验算时可采用直线滑动面法；当路基填筑的是黏性土时，滑动面类似于圆曲面，在边坡稳定性验算时可采用圆弧条分法。

(4) 填筑在原地面横坡度陡于 $1:2.5$(土质基底)或陡于 $1:2$(不易风化的岩石基底)或不稳固山坡上的路堤，被称为陡坡路堤。设计陡坡路堤时应对各种可能的危险滑动面分别进行验算。当滑动面为圆弧形时，利用圆弧条分法进行验算；当滑动面为直线形时，利用极限平衡法进行验算；当滑动面为折线时，利用传递系数法(也称不平衡推力法)进行验算。当陡坡路堤的边坡稳定性验算不足时，可采用的改善措施有：改善基底，增加滑动面的抗滑力或减少滑动力；加强排水设施；设置支挡结构物。

思考题与习题

1. 什么情况下需要进行边坡稳定性分析和验算?
2. 请列举常用的路基边坡稳定性分析计算方法。
3. 何谓行车荷载换算高度? 换算时以哪层土为基准?
4. 边坡稳定性验算时所需土的物理力学参数有哪些?
5. 直线滑动面法适用于什么边坡土体或结构类型? 其验算思路及步骤如何?
6. 圆弧条分法适用于什么边坡土体类型? 其验算思路及步骤如何?
7. 何谓陡坡路堤? 其稳定性验算的思路是什么?
8. 当边坡稳定性验算不足时,可采用的改善措施有哪些?

第五章 CHAPTER FIVE
路基防护与加固

本章提要：

本章主要介绍路基防护与加固的基本知识，坡面防护与冲刷防护、湿软地基加固方法，路基主要病害与防治方法。

能力目标：

1. 能描述路基防护与加固的意义与类型；
2. 能理解坡面防护类型及适用条件；了解冲刷防护类型及适用条件；
3. 能描述湿软地基的加固方法、加固原理和适用条件；
4. 能描述路基主要病害及相应的防治方法。

第一节 路基防护与加固的基本知识

一、路基防护与加固的意义

由岩土所筑成的路基直接暴露于大气之中，长期受自然因素的影响，在水温变化作用下，岩土的物理、力学性质将发生变化。如浸水后湿度增大，岩土的强度降低；岩性差的岩体，在水温变化条件下，加剧风化；路基表面在温差作用下形成胀缩循环，在湿差作用下形成干湿循环，可导致强度衰减和剥蚀；地表水流冲刷、地下水源浸入，使岩土表层失稳，易造成和加剧路基的水毁病害；沿河路堤在水流冲击、淘刷和侵蚀作用下，易遭破坏；湿软地基承载力不足，易导致路基沉陷、路面开裂。

为确保路基的强度与稳定性，防治路基病害，路基的防护与加固工程是不可缺少的。随着公路等级的提高，为维护正常的汽车运输，减少公路病害，确保行车安全，保持公路与自然环境协调，路基的防护与加固尤为重要。实践证明，在公路建设中，路基防护与加固工程在保证公路使用品质、提高投资效益方面均具有重要的意义。

二、路基防护与加固类型

根据路基病害发生位置的不同,为了便于开展有针对性的处治,将路基防护与加固分为坡面防护、冲刷防护以及湿软地基加固三种类型。

1. 坡面防护

坡面防护主要是保护路基边坡坡面免受雨水冲刷,减缓温差及湿度变化的影响,防止和延缓软弱岩土表面的风化、破碎、剥蚀演变进程,从而保护路基边坡的局部和整体稳定性,在一定程度上还可以兼顾路容,美化公路。

常用的坡面防护措施有植物防护(植草或喷播植草、铺草皮、种植灌木、喷混植生)、工程防护(喷护、挂网喷护、浆砌片石护坡、干砌片石护坡、护面墙)、骨架植物防护。植物防护可视为有"生命"防护,工程防护属无机物防护,骨架植物防护可视为是前两种防护措施的综合使用。有"生命"防护以土质边坡为主,无机物防护以石质路堑边坡为主。

2. 冲刷防护

冲刷防护主要是对沿河滨海路堤、河滩路堤及水泽区路堤,亦包括桥头引道,路基旁边的防护堤岸等的防护与加固。

冲刷防护有直接和间接两类。直接防护是为了防止水流直接危害路基或堤岸,防护重点在边坡和坡脚。直接防护包括抛石防护、石笼防护、土工织物防护、浸水挡墙防护、护坦防护和排桩防护等。间接防护则是通过改变水流方向,消除和减缓水流对路基或堤岸直接破坏,同时促使堤岸附近水流减速和泥沙淤积,起安全保护作用。

3. 湿软地基加固

路基铺设于天然地基上,自身荷载较大,要求地基应具有足够的承载能力,以保持地基稳定;另外应使某些自然因素(如地下水、坑穴、湿陷、胀缩等)不致产生对路基的有害变形。加固的常用方法主要有换填土层法、加固土桩法、粒料桩加固法、排水固结法、强夯法等。

第二节 坡面防护

一、植物防护

植物防护,可美化路容,协调环境,调节边坡土的湿温,起到固结和稳定边坡的作用。它对于坡高不大,边坡比较平缓的坡面是一种简易有效的防护设施,其方法有植草或喷播植草、铺草皮、种植灌木、喷混植生。

1) 植草或喷播植草

适用于坡率不陡于1∶1,土质适宜植草,不浸水或短期浸水但地面径流速度不超过0.6m/s的土质边坡防护。对不利于草类生长的土质,应在坡面先铺一层厚度不小于100mm的种植土再栽种或播种；暴雨强度较大的地区，可在坡面上铺设植生袋，将草籽、肥料和土均匀拌和并裹于土工织物内。草种应适应当地自然条件，最好是根系发达、茎干低矮、枝叶茂盛、生长能力强的多年生草种，常用的有白茅草、毛鸭嘴、果圆、鼠尾草和小冠等，对生长在泥沼或砂砾土中的草不能选用。

当边坡较高时，植草可与土工网、土工网垫结合防护。土工网、土工网垫(也称三维网垫)植草护坡是集边坡加固、植草防护和绿化于一体的复合型防护措施，主要施工工序为：平整边坡→铺设土工网垫→摊铺种植土→人工或机械播种。三维网垫以热塑树脂为原料，采用科学配方，经挤出、拉伸、焊接、收缩等工序制成，其结构分为上下两层，下层为一个经双面拉伸的高模量基础层，强度足以防止植被网变形，上层由具有一定弹性的、规则的、凹凸不平的网包组成。网包能降低雨滴的冲蚀能量，并通过网包阻挡坡面雨水，同时网包能很好地固定充填物(土、营养土、草籽)使其不被雨水冲走，为植被生长创造良好条件。另外，三维网固定在坡面上，直接对坡面起固筋作用。当植物生长茂盛后，根系与三维网盘错、连接、纠缠在一起，坡面和土相接，形成一个坚固的绿色复合防护整体，起到复合护坡的作用。三维植被网中的回填土采用客土或土、肥料及含腐殖质土的混合物。

喷播植草护坡是利用液态播种原理，将草籽、肥料、黏着剂、土壤改良剂和色素等按一定比例在混合箱内配水搅匀，通过机械加压喷射到边坡坡面而完成植草施工绿化的技术。对填料不良的土质路堤边坡，边坡上可采用土工格栅加筋材料补强，保持路堤边坡的浅层稳定，同时对坡面采用液压喷播植草或土工网垫植草，可防止雨水冲刷。

另外，实际工程中也用客土喷播技术防护边坡。客土喷播是将客土(提供植物生长发育的基盘材料)、纤维(基盘辅助材料)、侵蚀防止剂、缓效肥料和种子按一定比例，加入专用设备中充分混合后，喷射到坡面，使植物获得必要的生长基础，达到快速绿化的目的。客土喷播适用于风化岩石、土壤较少的软质岩石、养分较少的土壤、硬质土壤、植物立地条件差的高大陡坡面和受侵蚀显著的坡面。当坡率陡于1∶1时，宜设置挂网或混凝土框架。

2) 铺草皮

适用于坡率不陡于1∶1的土质边坡和强风化、全风化的岩石边坡防护。草皮可为天然草皮或人工培植的土工网草皮，应选用根系发达、茎矮叶茂的耐旱草种，如白茅草、假俭草等，干枯、腐朽及喜水草种不宜采用，严禁采用生长在泥沼地的草皮。当坡面冲刷比较严重，边坡较陡，径流速度大于0.6m/s(容许最大速度为1.8m/s)时，应根据具体条件(坡度与流速等)，分别采用平铺(平行于坡面)、水平叠置、垂直坡面或与坡面成一半坡角的倾斜叠置草皮，还可采用片石铺砌成方格或拱式边框，方格或框内再铺草皮，如图2-1-5-1所示。经常性浸水和受流水影响的路堤边坡不宜采用铺草皮防护。

铺草皮需预先备料，草皮可就近培育，切成整齐块状，然后移铺在坡面上。铺时应自下而上，并用竹木小桩将草皮钉在坡面上，使之稳固。草皮根部土应随草切割，坡面要预先整平，必要时还应加铺种植土，草皮应随挖随铺，注意相互贴紧。

3) 种植灌木

适用于坡率不陡于1∶0.75或更缓的土质、软质岩石和全风化岩石边坡防护。树种应为根系发达、枝叶茂盛、适合当地迅速生长的低矮灌木。常用灌木树种有紫穗槐、夹竹桃、黄荆、野蔷薇、山楂等。在公路弯道内侧边坡严禁栽植高大树木。植树的平面布置，可根据植树品种、作用,结合当地经验而定。

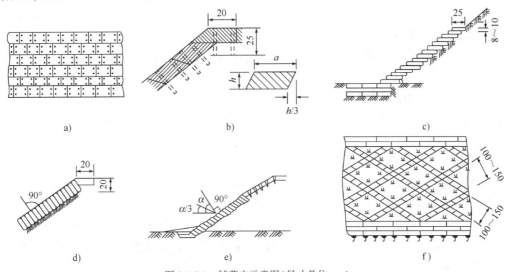

图 2-1-5-1 铺草皮示意图(尺寸单位:cm)
a)平铺平面;b)平铺剖面;c)水平叠铺;d)垂直叠铺;e)斜交叠铺;f)网格式
注:h 为草皮厚度,为 5~8cm;a 为草皮边长,为 20~25cm。

4)喷混植生

适用于坡率不陡于 1:0.75 的砂性土、碎石土、粗粒土、巨粒土及风化岩石边坡防护,边坡高度不宜大于 10m。喷混凝土植草护坡是利用锚杆与金属网或土工网对坡面进行加固,以防止坡面浅层坍滑和厚层基材脱落,然后利用喷射机械将植生混合料喷射在铺设有金属网或土工网的坡面上,使植生基材全面覆盖整个坡面,以达到植草绿化的目的。该方法优势在于植生基材添加了水泥,而水泥中添加了高分子的稳定剂,使得喷射后的坡面初期具有抗雨水冲刷和水土保持能力。

二、工程防护

当不宜使用植物防护或考虑就地取材时,采用砂石、水泥、石灰等矿质材料进行坡面防护是常用的防护形式。它主要有抹面、喷护与挂网喷护、干砌与浆砌片石护坡、护面墙等形式,可根据不同条件选用。

1. 抹面

抹面防护适用于石质挖方坡面,对岩石表面易风化,但比较完整、尚未剥落,如页岩、泥砂岩、千枚岩的新坡面,应及时予以封面,以预防风化成害。常用的抹面材料有石灰浆等,其中石灰为胶结料,要求精选。抹面厚度视材料与坡面状况而定,一般为 2~10cm。施工前,应清理坡面风化层、浮土与松动碎块,填坑补洞,洒水润湿。抹面后,应拍浆、抹平和养生。

2. 喷护与挂网喷护

常用的喷护方法有喷掺砂水泥土、喷浆、喷射混凝土等。对于易受冲刷的土质路堑边坡,坡度不陡于 1:0.75 时,宜采用喷掺砂水泥土防护。其材料为砂、水泥、黏性土,厚度一般为 60~100mm。喷浆适用于易风化但未遭强风化、全风化的岩石挖方边坡,坡度不陡于 1:0.5。

喷浆防护厚度不宜小于50mm,采用的砂浆强度不应低于M10。喷射混凝土适用于易风化但未遭强风化的岩石边坡防护,坡度不陡于1:0.5。喷射混凝土防护厚度不宜小于80mm,采用的混凝土强度不应低于C15,混凝土中集料最大粒径不宜超过15mm。喷浆防护和喷射混凝土防护均应设置伸缩缝,伸缩缝间距宜为15~20m;还应间隔2~3m交错设置孔径为100mm的泄水孔。

挂网喷护是在清挖出密实、稳定的坡面上钻孔、安装锚杆、灌浆,然后挂上钢丝网或纤维网,最后用高压泵喷射混凝土形成防护层。适用于坡率不陡于1:0.5的易风化、破碎的岩石边坡防护。高速公路、一级公路和环境景观要求高的公路不宜采用。锚杆应采用精轧螺纹钢筋,其直径为14~22mm,间距为1.0~3.0m。锚杆应为全长黏结型锚杆,注浆材料根据设计确定,一般选用灰砂比为1:1~1:2,水灰比为0.38~0.45的水泥砂浆,注浆压力不低于0.2MPa。铁丝网宜采用直径为2mm的普通镀锌铁丝制成,网孔尺寸为200~250mm,也可用高强度聚合物土工格栅代替铁丝网。岩石破碎较为严重时,宜采用钢筋网,钢筋直径4~12mm,间距为150~300mm。钢筋保护层厚度不应小于20mm。钢筋网喷射混凝土支护厚度不应小于100mm,亦不应大于250mm。

3. 干砌与浆砌片石护坡

浆砌片石护坡适用于防护流速较大(3~6m/s),波浪作用较强,有流冰、漂浮物等撞击的边坡。对过分潮湿或冻害严重的土质边坡应先采取排水措施再行铺筑。边坡坡率不陡于1:1。浆砌片石护坡采用的砂浆强度不得低于M5,护坡厚度宜为250~500mm,当用于冲刷防护时,应按流速及波浪大小确定,不应小于350mm。护坡底面应设厚度为100~150mm碎石或砂砾垫层,也可以用反滤效果等效于砂砾垫层的土工织物代替。浆砌片石护坡坡脚应修筑墁石基础,埋置深度一般为1.5倍护坡厚度。浆砌片石护坡还应设置20mm宽伸缩缝,伸缩缝间距宜为10~15m;同时,还应间隔2~3m交错设置泄水孔,孔径为100mm。在地基土质变化处还应设置沉降缝。

干砌片石护坡适用于易受水流侵蚀的土质边坡、严重剥落的软质岩石边坡、周期性浸水及受水流冲刷较轻(流速小于2~4m/s)的河岸或水库岸坡的坡面防护。边坡坡率不陡于1:1.25。干砌片石护坡分为单层铺砌和双层铺砌,如图2-1-5-2所示。铺砌层厚度:单层为250~350mm,双层为400~600mm。铺砌层下应设置碎石或砂砾垫层,厚度为100~150mm,当坡面土的粒径分配曲线上通过率为85%的颗粒粒径大于或等于0.075mm时,可以用反滤效果等效于砂砾垫层的土工织物代替。干砌片石护坡坡脚应修筑墁石铺砌式基础,埋置深度为1.5倍护坡厚度。用于冲刷防护时,基础应埋置在冲刷线以下0.5~1.0m。干砌片石应逐块嵌紧且错缝,护面厚度不小于200mm,干砌要勾缝,必要时改用浆砌,护面顶部封闭,以防渗水。

4. 护面墙

为了覆盖各种软质岩层和较破碎岩石的挖方边坡,免受大气因素影响而修建的墙,称为护面墙。护面墙多用于易风化的云母片岩、绿泥片岩、泥质面岩、千枚岩及其他风化严重的软质岩层和较破碎的岩石地段。护面墙除自重外,不承受其他荷载,亦不承受墙背土压力,故所防护的边坡应符合极限稳定边坡的要求,边坡坡率不宜陡于1:0.5。墙面要求紧贴坡面,表面砌平,厚度可不一。护面墙石料应符合规格。每隔10~15m应设置20mm宽伸缩缝一道,并每隔2~3m交错设置泄水孔,孔径100mm,其构造与布置如图2-1-5-3所示。墙高与厚度及路堑边坡的关系,参见表2-1-5-1。

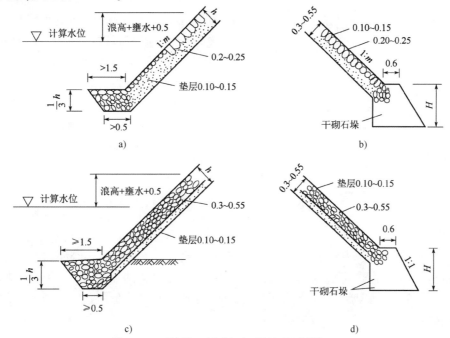

图2-1-5-2 单层与双层干砌片石护坡(尺寸单位:m)
a)受地表冲刷影响的护坡,0.20~0.25m垫层;b)干砌护坡+石垛,0.20~0.25m垫层;
c)受地表冲刷影响的护坡,0.10~0.15m垫层;d)干砌护坡+石垛,0.10~0.15m垫层
注:图中 H 为干砌石垛高度,约20~30cm;h 为护面厚度,大于20cm。

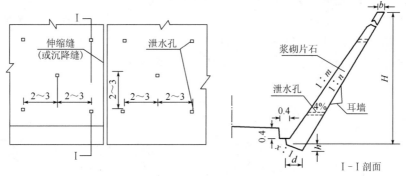

图2-1-5-3 护面墙(尺寸单位:m)

护面墙的厚度

表2-1-5-1

护面墙高度 H (m)	路堑边坡	护面墙厚度(m)	
		顶宽 b	底宽 d
≤2	1:0.5	0.40	0.40
≤6	陡于1:0.5	0.40	$0.40+0.10H$
$6<H≤10$	1:0.5~1:0.75	0.40	$0.40+0.05H$
$10<H<15$	1:0.75~1:1	0.40	$0.60+0.05H$

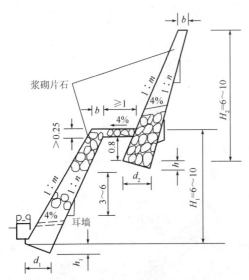

实体护面墙常用于一般土质及破碎岩石边坡,有等截面和变截面两种形式。等截面厚度为500mm;变截面顶宽400mm,底宽视墙高而定。等截面护面墙高度不宜超过6m,当坡度较缓时,不宜超过10m。变截面护面墙,单级不宜超过10m,超过时应设平台,分级砌筑,如图2-1-5-4所示。

护面墙基础应埋置在稳定的地基上,埋置深度应根据地质条件确定,冰冻地区,应埋置在冰冻深度以下不小于250mm。护面墙前趾应低于边沟铺砌的底面。

图 2-1-5-4 两级护面墙(尺寸单位:m)

三、骨架植物防护

对于仅用植物防护不足以抵抗侵蚀冲刷的黏土路基或高填路段,受雨水侵蚀和风化严重易产生沟槽的路段,以及土质不适宜植物生长和周围环境需要绿化的路段,常采用骨架植物防护。骨架植物防护可分为浆砌片石或水泥混凝土骨架植物防护、多边形水泥混凝土空心块骨架植物防护和锚杆混凝土框架植物防护等形式。

1. 浆砌片石或水泥混凝土骨架植物防护

浆砌片石或水泥混凝土骨架植物防护适用于坡率缓于1∶0.75的土质和全风化、强风化的岩石边坡。当坡面受雨水冲刷严重或潮湿时,坡度不陡于1∶1,骨架宽度宜为200~300mm,嵌入坡面深度应视边坡土质及当地气候条件确定,一般为200~300mm。

框架可为方格形、人字形和拱形等,如图2-1-5-5所示。其大小应视边坡坡度、土质确定,并与周围景观相协调,主骨架间距一般为2.0~4.0m。框架内铺植草皮或其他辅助防护措施。护坡四周需用与骨架部分相同的材料镶边加固,加固的宽度不小于500mm,混凝土骨架视情况在节点处可加设锚杆,多雨地区骨架宜做成截水沟形式。

a)

b)

c)

图 2-1-5-5 骨架植物防护
a)方格形骨架护坡;b)人字形骨架护坡;c)拱形骨架护坡

2. 多边形水泥混凝土空心块骨架植物防护

多边形水泥混凝土空心块骨架植物防护适用于坡度缓于1∶0.75的土质边坡和全风化、

强风化的岩石路堑边坡,并视需要设置浆砌片石或混凝土骨架。当有排水或景观要求时,可采用六边形空心预制块骨架植物护坡。预制块的混凝土强度等级不应低于C20,厚度不应小于150mm,宽度宜为50mm,其边长宜为150~200mm。空心预制块内应填充种植土,喷播植草。

3. 锚杆混凝土框架植物防护

锚杆混凝土框架植物防护适用于土质边坡和坡体中无不良结构面、风化破碎的岩石路堑边坡。锚杆采用非预应力的全长黏结型锚杆,锚杆间距、长度应根据边坡地质情况确定。锚杆保护层厚度不应小于20mm。框架应采用钢筋混凝土,混凝土强度不低于C20,框架几何尺寸应根据边坡高度和地层情况等确定,框架内宜植草,如图2-1-5-6所示。

图2-1-5-6 锚杆混凝土框架植物防护

上述防护方法,可以局部处治,综合使用,并与放缓边坡等方法加以比较,力求实用和经济。如果在坡面防护时着色或修饰,还有助于改善路容。

第三节 冲刷防护

沿河路基,直接承受水流的冲刷。为了保证路基坚固、稳定,必须采取措施予以防护。冲刷防护有两种类型:一种是直接防护,以加固岸坡为主要措施;另一种为间接防护,以改变水流方向,降低流速,减少冲刷为主要措施。根据河流情况、水流性质及岸坡具体冲刷情况,可单独使用一种,也可同时使用两种,综合治理。

一、直接防护

1. 抛石防护

抛石防护适用于经常浸水且水深较大的路基边坡或坡脚以及挡土墙、护坡的基础防护。抛石防护类似于在坡脚处设置护脚,亦称抛石垛(图2-1-5-9)。抛石垛的边坡坡度和选用石料块径应根据水深、流速和波浪情况确定,石料粒径应大于300mm,坡度不应陡于所抛石料浸水后的天然休止角,m_1一般为1.5~2.0,m_2为1.25~2.0;石料粒径一般为15~50cm。抛石防护的顶宽不应小于所用最小石料粒径的两倍。在易冲刷的砂质土和淤泥质土坡面上进行抛石防护时,如水流通过缝隙使支承面发生冲蚀,则抛石防护将可能导致失败。因此,应在抛石背后设置反滤层,一般可采用粗砂、砾碎石反滤层,当地基条件较差时,也可以先铺设一层土工织物再设反滤层。抛石防护如图 2-1-5-7 所示。

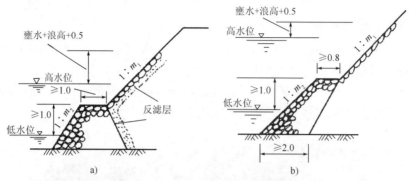

图 2-1-5-7　抛石防护示意图(尺寸单位:m)

2. 石笼防护

石笼防护适用于允许流速为 4~5m/s 的沿河路堤坡脚或河岸防护,特别适用于受水流冲刷和风浪侵袭且防护工程基础不易处理或沿河挡土墙、护坡基础局部冲刷深度过大时的沿河路堤坡脚或河岸的防护,是用铁丝编织成框架,内填石料,设在坡脚处,以防急流和大风浪破坏堤岸,也可用来加固河床,防止淘刷。铁丝框架可以是箱形或圆形,如图 2-1-5-8a)和图 2-1-5-8b)所示。笼内填石的粒径,最小不小于 4.0cm,一般为 5~20cm,外层应用大且棱角突出石料,内层可用较小石块填充。石笼在坡脚处排列,用于防止冲刷淘底时,应平铺并与坡脚线垂直,而且堤岸一端固定,另一端不必固定,淘刷后可以向下沉落贴于底面;用于防止堤岸边坡冲刷时,则垒码平铺成梯形,如图 2-1-5-8c)和图 2-1-5-8d)所示。单个石笼的大小,以不被相应速度的水流冲动为宜,铺设时须用碎(砾)石垫层铺平,底层各角可用铁棒固定于基底。

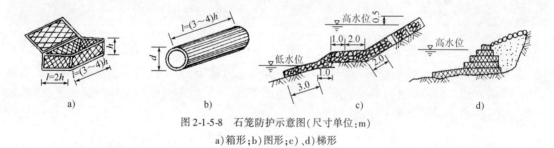

图 2-1-5-8　石笼防护示意图(尺寸单位:m)
a)箱形;b)圆形;c)、d)梯形

3. 土工织物防护

土工织物防护是以块石或预制混凝土块体为压重的护坡结构,适用于允许流速 2~3m/s 的沿河路基冲刷防护。

土工织物软体沉排一般适用于水下工程及预计可能发生冲刷的河床和岸坡土面上。

土工膜袋是一种双层织物袋,袋中充填流动性混凝土或水泥砂浆或稀石混凝土,凝固后形成高强度和高刚度的硬结板块。土工膜袋材料应满足表 2-1-5-2 的技术要求,袋内可充填混凝土或砂浆。充填混凝土时,粗集料最大粒径应符合表 2-1-5-3 的要求,坍落度不宜小于 20mm,其强度等级不低于 C10;充填砂浆时,其强度等级不低于 M2.5。

土工膜袋材料要求 表 2-1-5-2

指标内容	指标要求	指标内容	指标要求
顶破强度(N)	≥1500	等效孔径 o_{95}(mm)	0.07~0.15
渗透系数(10^{-3}cm/s)	0.86~10	延伸率(%)	≤15

混凝土集料的最大粒径要求 表 2-1-5-3

土工膜袋厚度(mm)	骨料最大料径(mm)	土工膜袋厚度(mm)	骨料最大粒径(mm)
150~250	≤20	≥250	≤40

采用土工膜袋护坡的坡率不得陡于1:1。如在水下施工,水流速度不宜大于1.5m/s。膜袋选型应根据工程要求和当地土质、地形、水文、经济与施工条件等确定。应根据水流量选定膜袋滤水点分布数量,当选用无滤水点膜袋时,应增设渗水滤管。膜袋应用尼龙绳缝制。

4. 浸水挡土墙防护

浸水挡土墙可以避免路基受到水流的直接冲刷,稳定河流,使之不再发展,并对路基、河岸有支撑作用。浸水挡土墙适用于流速为5~8m/s的峡谷急流和水流冲刷严重的河段。浸水挡土墙类型有重力式挡土墙、半重力式挡土墙、石笼式挡土墙等。按照《公路路基设计规范》(JTG D30—2015)规定,挡土墙埋置深度应在凹岸最大冲刷深度之下,这样才能保证路基挡土墙安全稳定。

重力、半重力式挡土墙设计应符合下列要求:

(1)墙顶宽度,当墙身为混凝土浇筑时,不应小于0.4m;浆砌片石时,不应小于0.5m;干砌片石时,不应小于0.6m。

(2)应根据墙趾处地形情况及经济比较,合理选择重力式挡土墙墙背坡度。

(3)衡重式路肩挡土墙的衡重台与上墙背相交应采取适当的加强措施,提高该处墙身界面的抗剪能力。

(4)半重力式挡土墙应按弯曲抗拉强度和刚度计算要求,确定立臂与底板之间的转折点数。端部厚度不应小于0.4m,底板的前趾扩展长度不宜大于1.5m。

(5)墙高小于10m的挡土墙可采用浆砌片石,墙高大于10m的挡土墙宜采用片石混凝土。

石笼式挡土墙设计应符合下列要求:

(1)石笼式挡土墙外形可采用外台阶、内台阶、宝塔式等。

(2)石笼可采用重镀锌钢丝、镀锌铁丝、普通铁丝编织。永久工程应采用重镀锌钢丝。使用年限8~12年时,可采用镀锌铁丝;使用期限3~5年时,可采用普通铁丝石笼。

(3)石笼内填充物应采用质地坚硬、不易崩解和水解的片石或块石,石料粒径宜为100~300mm,小于100mm的粒径不应超过15%,且不得用于石笼网格的外露面,空隙率不得超过30%。

(4)石笼式挡土墙背应设置一层透水土工布,以防止淤堵。

5. 护坦防护

护坦的设置限制了螺旋流的自由发展和凹岸的冲刷,螺旋流的削弱使凹岸冲刷和凸岸淤积都减小,横向床面变形趋于平缓,并保护路基基础不受水流的直接冲刷。护坦防护主要适用于沿河路基挡土墙或护坡的局部冲刷深度过大、深基础施工不便的路段。

护坦应在所需防护的路基临岸范围内设置,且其顶面应低于河床面。护坦的布设范围应从凹岸弯道顶端上游的 0.5~1.0 倍河道宽度起到凹岸弯道出口下游直段 1.5~2.0 倍河道宽度止比较适宜,可以起到很好的防护作用。

6. 排桩防护

排桩防护适用于局部冲刷深度过大的河湾或宽浅性河流的防护。常用的排桩类型有仿木桩,钢筋混凝土钻孔灌注桩和挖孔桩,此外还有工字钢桩或 H 型钢桩。对于宽浅性河流,可采用仿木桩挂板消能,减少水流对河岸或路基的直接冲刷,起到防护作用。对于局部冲刷深度过大的河湾,由于路基高陡,排桩通常与挡土墙等组合形成综合的路基防护结构,如图 2-1-5-9 所示。此外,当地形地质条件适宜时,排桩也可作为抗滑支挡结构来增强路基稳定性,此时相关设计应参照《公路路基设计规范》(JTG D30—2015),在此不再详述。

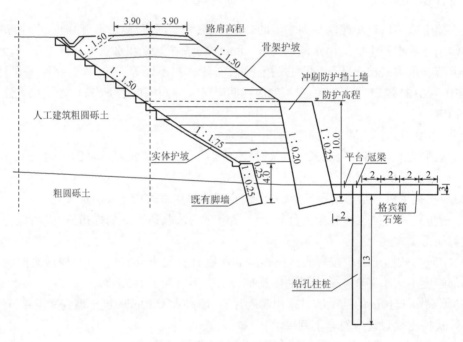

图 2-1-5-9　排桩防护设计断面(尺寸单位:m)

二、间接防护

间接防护,主要是设置各种导流及调治构造物。导流结构物的设置可改变水流方向,消除和减缓水流对堤岸的直接破坏,同时可减轻堤岸近旁淤积,彻底解除水流对局部堤岸的损害作用,起安全保护作用。

1. 导流结构物

导流结构物主要是设坝,按其与河道的相对位置,一般可分为丁坝、顺坝或格坝,如

图 2-1-5-10 所示。丁坝亦称挑水坝,是一种较为剧烈地改变水流结构的河道整治构造物,用于宽浅性河段,保护河岸或路基不受水流直接冲蚀而产生破坏。丁坝大致与堤岸垂直或斜交,将水流挑离堤岸,束河归槽,以调整流水曲度和改善流态。顺坝亦称导流坝,一般用于河床断面窄小,不允许过多侵占,或修建丁坝后河岸或边坡的防护工程量大,以及基础地质条件较差不适宜修筑丁坝等情况下的河岸或沿河路基防护。顺坝大致与堤岸平行,主要作用为导流、束水、调整水流曲度、改善流态。格坝在平面上成网格状,设于顺坝与堤岸之间,与顺坝配合使用,可以促进泥沙淤积,防止边坡或河岸受冲刷。导流结构物的布置,应综合考虑河道宽窄、水流方向、地质条件、防护要求、材料来源、施工条件和工程经济等,要避免更多压缩河床,或因水位提高和水流改向,而危害河对岸或附近地段的农田水利、地面建筑及堤岸等。

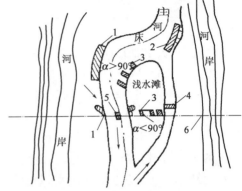

图 2-1-5-10 导流结构物综合布置图例
1-顺水坝;2-格坝;3-挑水坝(丁坝);4-拦水坝;5-导流坝;6-桥墩

导流结构物的布置是工程成败的关键。布置恰当能收到预期效果;布置不当反而恶化水流,造成水毁。关键在于合理设计导治线,符合预定的河轴线和河岸线要求,亦取决于选择导治水位,不致出现不利的冲刷情况。导治线与导治水位,应依据对于水流和河岸、河床地形、地质情况、水流对上下游对岸的影响等因素,综合分析和设计计算而定。

顺坝与丁坝一般采用石砌或混凝土结构修建成梯形横断面,坝体分为坝头、坝身和坝根三个组成部分,横断面尺寸主要依据构造要求、施工条件和使用需要等决定,并参考公路设计手册,通过稳定性计算确定。

2. 改移河道

公路工程中的改河,主要目的是:将直接冲刷路基的水流引向旁处;路基占用河槽后,需要拓宽河道;挖滩改河,清除孤石,改移河道,以保护路基;裁弯取直,有利于布置路线或桥涵。这些措施,应慎重对待,如经过技术、经济论证比较,确有必要且效果较好时,方可通过设计付诸实施。

第四节 湿软地基加固

湿软地基主要是指天然含水率过大,胀缩性高,具有湿陷性,承载能力低,在荷载作用下容易产生滑动或固结沉降的土质地基,如软土泥沼、湿陷性黄土、人为垃圾、松散杂填土、膨胀土等。在湿软土地基上填筑路堤有可能出现失稳,或者沉降量和沉降速率不能满足要求时,需对湿软土地基进行适当的处理,以增加其稳定性,减少沉降量或沉降速率。湿软地基处理大致可分为以下三种类型:一是地基土本身强度足够,但所处的位置不好,长期处于潮湿或过湿状态,致使强度降低,需要采取加速排水固结措施;二是地基土本身强度不够,需要采取增加地基强度的补强措施;三是地基土本身强度不足且又处于潮湿或过湿状态,这种情况需采取先治水,后补强的加速排水固结与增加地基强度相结合的措施。湿软土地基处理的方法很多,各种方法具有不同的特点,可得到不同的效果。

一、换填土层法

换填土层法是将基底下一定深度范围的湿软土层挖去,换以强度较大的砂、碎(砾)石、灰土或素土,以及其他性能稳定、无侵蚀性的土类,并予以分层压实至设计密实度。此法主要用于路基工程中低洼区域填筑、高填方路基以及挡土墙、涵洞地基处理等。换填材料的不同,其应力分布虽然有所差异,但其极限承载力比较接近,而且沉降特点亦基本相似,因此各种材料的垫层设计都近似地按砂垫层的计算方法进行设计,结果相差不大。

砂垫层的作用,可提高承载力,减少沉降量,加速软弱土层的排水固结,防止冻胀,消除膨胀土的胀缩作用,亦可处理暗穴。砂垫层的作用,因工程性质而有所不同,对路基而言,主要是排水固结,素土(或灰土)垫层,可以消除湿陷性黄土 3.0m 深度范围内的湿陷性。

砂垫层厚度,一般在 0.6~1.0m 之间,太厚施工困难,太薄效果差。砂料以中粗砂为宜,要求级配良好,颗粒的不均匀系数不大于 5,含泥量不超过 3%~5%。

二、加固土桩法

加固土桩是将石灰、水泥或其他可以将土固化的材料,通过带有回转、翻松、喷粉与搅拌的专用机械在地基深部将软土和固化剂强制拌和形成的具有较高强度的竖向加固体。它对提高软土地基承载能力,减小地基的沉降量有明显效果。从工艺上分为干法(粉体)搅拌桩和湿法(浆液)搅拌桩。

由于加固土桩是用某种专用机械将软土地基的局部范围内的软土,用加固材料改良加固而成,与桩间软土形成了复合地基。因此改良后的加固土桩只考虑桩的置换作用、应力集中效应,从而减少总沉降,但应考虑加固土桩加快地基的排水固结速度和对地基的挤密作用。

加固土桩的直径及设置深度、间距,应经稳定性验算确定,并应能满足工后沉降的要求。相邻桩的净距不应大于 4.0 倍的桩径;其桩径、桩深除受地质条件限制外,还受机械设备的制约,采用粉喷桩法加固软土地基时,深度不应超过 15m。一般深层拌和法加固软土地基的十字板抗剪强度不宜小于 10kPa。

加固土桩应进行配合比设计。固化材料的水泥用量与软土天然重之比宜大于 7% 且小于 15%,水灰比宜选用 0.4~0.5。加固土桩与桩间土的应力比(n)宜用当地试验工程或类似工程的试验确定。无资料时,n 可取 3~6。当桩底土质好、桩间土质差取高值;否则取低值。设有加固土桩的路段,路堤底部应设置垫层。

三、粒料桩加固法

粒料桩是指用振动、冲击或水冲等方式在软弱地基中成孔后,再将碎石、砂砾、废渣、砂等散粒材料挤压入土孔中,形成的大直径密实桩体。设置粒料桩后桩体与桩间土形成复合地基。用粒料桩加固软土地基有置换、排水固结和应力集中等作用。常用振冲置换法和沉管法两种方法进行施工。

振冲粒料桩适用于十字板抗剪强度大于 15kPa 的地基土,沉管粒料桩适用于十字板抗剪强度大于 10kPa 的地基土。粒料桩的直径及设置深度、间距应经稳定、沉降验算确定,相邻桩净距不应大于 4 倍桩径。粒料桩长度以内的地基属于复合地基,复合地基理论的最基本假定为桩与土的协调变形,设计中一般不考虑桩的负摩阻力及群桩效应问题。粒料桩的承载能力不仅与桩身材料的性质和桩身密实度有关,而且还与桩周土体的侧限能力有关,当被加固的软土强度很低时,粒料桩很难成桩。一般认为,振冲置换法适用于不排水抗剪强度 15kPa 以上的地基;由于沉管法施工时对土体扰动很大,又无法护壁,在强度低的软土地基中很难使用,要求该方法只适用于不排水抗剪强度为 30～60kPa 的不会坍孔的低灵敏度黏性土。

粒料桩施工过程会对土体产生扰动,一般认为采用振冲置换法施工时土体强度可能降低 10%～40%,20～30d 强度可以恢复;采用沉管法施工时淤泥质土的强度在 30d 以上才能恢复,在地基强度检验时要注意这种因素的影响。

四、排水固结法

排水固结法是软基处理的最基本方法之一。它是利用饱和软黏土在外荷载作用下排水压实且卸载后仍基本维持密度不变的特性,对软土地基进行预压加固处理的一种物理加固方法。此法在预压荷载作用下,使得饱和软弱黏性土固结,孔隙率减小,土体强度提高,以达到增强地基承载力和减少工后沉降的目的。为加速地基固结,常在地基中打设垂直排水通道——砂井或塑料排水板。这一方法广泛用于路基填筑工程、建筑工程以及机场跑道工程中,常用于加固软弱地基,包括天然沉积层和人工充填的土层,如沼泽土、淤泥及淤泥质土、水力冲积土等。

排水固结法常用的有砂井堆载预压法和真空预压法等。砂井堆载预压法是在被加固的软基范围内打设砂井后,配合堆载预压,使地基在预压荷载下加速固结,从而加速地基强度的增长,减小建筑物建成后地基变形的方法。该法所用材料一般以散粒料为主,如石料、砂和砖等。砂井堆载预压,需进行地基固结计算,以确定加载以及砂井布置的有关数据。一般情况下,加载量大致与设计荷载接近,预压至 80% 固结度。砂井直径多为 8～10cm,间距是井径的 6～8 倍。砂井长度应穿越地基可能的滑动面,井长如能穿越主要受压层,对沉降有利,如果软土层较浅,有透水性下卧层,则井长深入透水层,对排水固结更有利。为加速排水,缩短固结时间,在设置竖井的同时,可加设井顶砂垫层或纵横连通砂井的排水砂沟,砂垫层厚度为 0.5～1.0m。

真空预压法是通过降低砂垫层和竖向排水体中的孔隙水压力至形成负压区,使被加固地基中的排水体和基体间形成压差,并在此压差作用下,迫使土中水排出,达到土体固结的方法。此法的工艺过程,首先是在地基中设置袋装砂井或塑料排水板,形成竖向排水通道,地表铺设砂垫层,形成地表平面的排水通道。再在砂垫层中埋设吸水管道,并与抽真空装置连接,形成抽气、抽水系统。在砂垫层上铺设不透气的封闭膜,薄膜四周埋入土中一定深度。最后通过抽气、抽水在砂垫层和竖向排水体中形成负压区。真空预压法的真空度一般可达 80kPa。通过不断地抽气、抽水,被加固地基中的孔隙水在压差的作用下,排出土体而固结,直到加固区的土体和排水体间的压差趋于零,渗流停止,固结完成。

理论研究和实践表明,真空预压和堆载预压的效果可以叠加,联合预压后,加固效果更好。

五、强夯法

强夯法是一种软弱地基加固技术,该方法一般采用 80～300kN 的重锤,以 8～20m 的落距自由落下,对软弱地基瞬时施加巨大的冲击能,单击能量一般为 500～8000kN·m,加固影响深度可达到 10～20m,甚至更深一些。落锤夯击时,冲击能产生的冲击波和动力应力,可以提高地基土的强度、降低土的压缩性、改善砂土抗液化能力以及提高湿陷性黄土的稳定性。同时强夯技术可显著减少地基土层的不均匀性,降低基础差异沉降。

实践证明,强夯法具有施工简单、加固效果好、使用经济、运用面较广等优点。国外资料表明,经强夯法处理的地基,其承载力可提高 2～5 倍,压缩性降低 2～10 倍,广泛用于杂填土(各种垃圾)、碎石土、砂土、黏性土、湿陷性黄土及泥炭和沼泽土,不但陆地上使用,亦可水下夯实。缺点是需要相应的机具设备,操作时噪声和振动较大,不宜在人口密集或附近防震要求高的地点使用。在我国津、沪等地不仅成功运用,而且在加固饱和软黏土地基方面,取得新的成果与经验。

以上简要介绍了公路路基工程中常用的湿软地基加固方法,单一处治措施的作用与效果总是有局限性的,为了同时解决沉降、稳定问题或使处治作用更为有效,可以考虑同时利用两种或两种以上处治措施进行综合处治。综合处治的一般原则是:加速排水固结的措施与增加地基强度的措施相结合;地上、地面处治与地下处治相结合。在进行方案选择时,应根据当地的地质、水文、材料、施工、环境条件等,用两个或两个以上可行的方案进行经济、技术比较,选择其最优方案。

第五节　路基主要病害与防治

路基因经受各种自然因素的长期影响,承受车辆荷载的重复作用,并且由于路基所经过地区的地形、地质及水文地质等条件不同,路基在使用过程中常产生各种病害。主要的病害有路基的沉陷、翻浆和路基边坡的滑坡、塌方及泥石流等。

一、路基主要病害的种类及成因

1. 路基沉陷

路基沉陷是指路基在垂直方向产生较大的沉落,从而引起局部路段的破坏,影响交通的正常运行。路基沉陷有两种:一种是堤身下陷,另一种是地基下陷,如图 2-1-5-11 所示。

(1)堤身下陷:因填料选择不当,填筑方法不合理,压实不足,在荷载和水、温度的综合作用下,堤身可能向下沉陷。

(2)地基下陷:原地面为软弱土层,如泥沼、流沙或垃圾堆积等,填筑前未经换土或压实,发生地基下陷,侧面剪裂凸起,引起路堤沉陷。

2. 翻浆

翻浆是指在冻胀性土的路段,冬季地下水分连续向上汇集、冻结成冰,导致春融期间,路基含水率过高,强度急剧降低,在行车荷载作用下路面将发生弹簧、裂缝、鼓包、冒泥等现象,如图 2-1-5-12 所示。

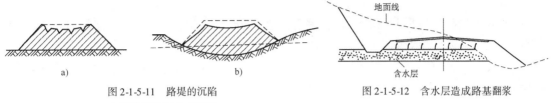

图 2-1-5-11　路堤的沉陷
a)堤身下陷;b)地基下陷

图 2-1-5-12　含水层造成路基翻浆

如某国道改建工程投入使用几个月后,路面上大坑挨着小坑,给行车安全造成隐患。其原因是冻胀的道路在春暖融化时,路基中上部已融化的水被下部未融化的冻土所阻,不能下渗,使路基土上部处于饱水状态,承载能力显著降低。在车轮碾压作用下,路面下沉,饱水泥浆从路面裂缝中挤出,造成翻浆,给公路交通带来危害。

3. 滑坡

滑坡是指斜坡上的岩土体,受河流冲刷掏蚀、地下水活动、雨水浸泡、地震及人工切坡等因素影响,在重力作用下,沿着一定的软弱面或者软弱带,整体或分散地顺坡向下滑动的自然现象。滑坡下来以后直接危害路基和行车安全。

滑坡的成因很多,在我国东部地区主要是由水害引起的。因此,必须高度重视导水、排水的作用。

4. 塌方

路基的塌方是山区公路常见的路基病害,根据其形成的条件及原因一般可分为剥落、碎落、滑坍和崩塌等形式。

(1)剥落。剥落是指边坡表土层或风化岩表面,在湿热的作用下,表面发生胀缩现象,从而引起零碎薄层从边坡上脱落的现象。

(2)碎落。碎落是岩石碎块的一种剥落现象,其程度较剥落严重。碎落产生原因:路堑边坡较陡(大于45°),岩石破碎和风化严重,在震动及水的侵蚀和冲刷下,块状碎石沿坡面向下滚动。

(3)滑坍。滑坍是指路基边坡土体或岩石沿着一定的滑动面向下滑动的现象。其产生的主要原因包括:边坡较高,大于 10m;边坡较陡,陡于 50°;填土不密实,缺少必要的支撑与加固;岩层倾向公路路基,岩层倾角为 50°~70°,岩石风化严重。

(4)崩塌。崩塌是指路基边坡上的土体或岩层在自重作用下塌落下滚的现象。其产生的主要原因包括:山坡岩层软硬交错,风化程度不同;边坡较陡、较高;边坡下部或坡脚被掏空或挖空,使上部土石失去支撑;大爆破震松了岩层;边坡上部水流的浸入,使边坡土体失去平衡。

5. 泥石流

泥石流是一种突发性的,含大量泥沙、石块和巨砾的固液两相流体。泥石流对路基的危害主要是通过堵塞、淤埋、冲刷、撞击等造成的,也可通过压缩、堵塞河路使水位骤升,淹没上游沿河路基,或者迫使主河槽改道,引起对岸的冲刷,造成间接水毁。

二、路基病害的防治方法

路基病害的防治应贯彻"预防为主、综合治理"的原则。地质、气候和水文等自然因素每时每刻都在对路基产生影响,这势必会加剧病害的扩大与发展。调查病害的成因,是治理病害的起点,而同一病害在不同时间、不同地点发生时,其根源往往不尽相同。因此,只有深入现场,综合分析,才能因地制宜地采取有效的措施。

1. 路基沉陷处治

路基沉陷一般可用换土法、粉喷桩法和灌浆法等进行处治。

(1) 换土法

换土法是指先将路基一定范围内的松软土挖去,然后回填分层夯实的砂砾石或素土等强度较高的填土材料。

(2) 粉喷桩法

粉喷桩法是采用水泥、石灰等粉体状固化剂来进行搅拌处理软土地基的方法。

(3) 灌浆法

灌浆法是利用气压或者液压原理将可以固化的浆液注入软土地基中,以提高软土地基强度与稳定性的方法。

2. 翻浆处治

路基一旦发生了翻浆,可视情况选用挖换土、掺石灰、换铺粒料、挖渗水坑、提高路基、设置不透水隔离层等方法。

(1) 挖换土

挖换土是指把翻浆路段上的土挖出来,挖到稳定土层,然后把挖出的土摊在路肩翻晒再回填,或者换铺一层水稳性较佳的土。此法适用于翻浆较严重的路段。

(2) 掺石灰

掺石灰是指在翻浆路段上撒铺石灰,并用木棍或木榔头捣夯,使石灰进入路基中。此法可用于路基已经翻浆破坏的路段。

(3) 换铺粒料

换铺粒料是指挖除稀泥填以碎石、碎砖或炉渣等粒料,表面整平后直接通车,或在下面填一层干土,再铺上粒料,垫平后通车。此法适用于翻浆严重的地段。

(4) 挖渗水坑

挖渗水坑是指在翻浆路段的中心线上,顺路向每隔4~6m挖一个圆坑,其直径为30~40cm,坑深要挖到冻土层以下10cm左右,以便把融化的冰水引聚到坑内,再加以掏除。此法适用于基层渗透性较好的路段。注意施工中须设立交通安全标志,以保证行车安全。

(5) 提高路基

根据实际情况加高路基,使路基上部土层远离地下水或地表积水。路基增加的高度,应根据当地冻土深度、路基土质和水文情况,以路基最小填土高度或临界高度的方法确定,以保证路基处于干燥状态。此法适用于平原区的土路和其他地区取土较易的路段。

（6）设置不透水隔离层

用经过沥青结合料处理的土做成厚 2~3cm 的不透水隔离层,用油毛毡则为 2~3 层,或用不易老化的塑料薄膜,铺在路基全宽上,做贯通式或者只做到路面边缘 50~60cm 处的不贯通式。

三、路域地质灾害防治对策

公路区域内常见的地质灾害类型主要有滑坡、崩塌、泥石流等。为了确保工程建设的质量,并最大限度地降低地质环境对工程的不利影响,需要对路域地质环境进行详细的调查,并对地质灾害所在区域的地形地貌、地层岩性、地质构造和水文地质条件等,以及地质灾害的类型、分布规律和发育特征等做出综合性评价,提出路域地质灾害防治对策。

1. 滑坡的防治

滑坡的防治主要有截排水措施、减载反压措施和支挡措施。

（1）截排水措施

在滑坡后缘的稳定地层上,修筑具有防渗功能的环形截水沟、排水沟。滑坡体上及其以外的地表水,应拦截引离,可采用截水沟、明沟、渗沟等排水构造物;地下水可采用支撑渗沟、边坡渗沟及截水渗沟等措施,如图 2-1-5-13~图 2-1-5-15 所示。

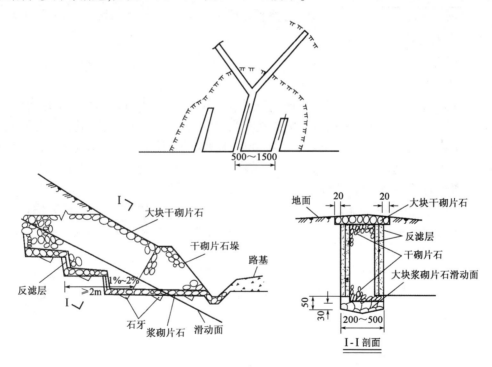

图 2-1-5-13 支撑渗沟示意图(尺寸单位:cm)

（2）减载反压措施

在滑坡体后缘挖除一定数量的滑体,以减小滑体的下滑力,常与其他方法配合使用。应自上而下逐级开挖,严禁采用爆破法施工。减重后的弃土,应尽量堆填于滑坡前缘,以稳定滑坡;减重后的坡面,应注意整平、排水及防渗。

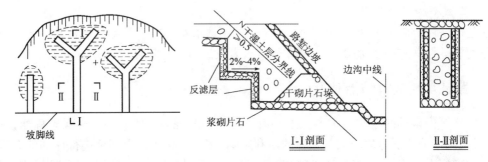

图 2-1-5-14 边坡渗沟示意图(尺寸单位:m)

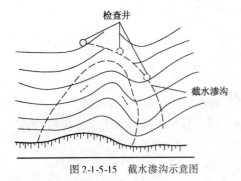

图 2-1-5-15 截水渗沟示意图

滑坡体具有滑动迹象或已经发生滑动时,应采取反压填筑等措施。反压措施应在滑坡体前缘抗滑段实施。

(3)支挡措施

抗滑支挡结构包括抗滑挡土墙、抗滑桩、注浆锚杆、预应力锚索、隧道明洞等。微型桩、山体注浆等措施可治理土质中小型滑坡。各种支挡结构的基底应置于滑动面以下,并应嵌入稳定地层。

2.路基塌方的防治

路基塌方的防治措施主要有加固边坡、柔性防护、拦截、遮挡措施和支撑、支挡措施。

(1)加固边坡

有岩块零星坠落的边坡或自然坡面,宜进行坡面防护。对土质边坡一般采用密铺草皮的方法,在石料充足的地方也可以做石砌护坡。当边坡为软硬岩石交错组成时,可采用灰浆抹面,在抹面前,应先清除松动岩屑及风化层,并嵌补坡面的坑洼。对于易风化的软质岩层边坡,特别是节理发育的边坡,可修建浆砌片石护墙或干砌块石护墙(应加水泥砂浆勾缝)来保护。

(2)柔性防护、拦截、遮挡措施

危岩崩塌体积小时,可采取清除支挡、挂网喷锚、挂柔性防护网等措施,或采取拦石墙、落石槽等拦截措施。拦石墙与落石槽宜配合使用,其设置位置可根据地形布置,拦石墙墙背应设缓冲层。

对处于发展中的岩堆地段路基,应减少开挖,并按设计要求采取挡土墙、坡面封闭等防护措施,也可设置拦石墙与落石槽或修建明洞、棚洞等遮挡构造物。当崩塌体大、发生频繁且距离路线近而设拦截构造物有困难时,应按设计要求采用明洞、棚洞等遮挡构造物,洞顶应设缓冲层。

(3)支撑、支挡措施

对路基有危害的危岩体,应清除或采取支撑、预应力锚固等措施。在破碎带或节理发育的高陡山坡上不宜刷坡。

对于大而稳定性差的岩堆,应按设计要求采取综合治理措施。应先进行抗滑挡土墙或抗滑桩等支挡工程施工,再分阶梯形成边坡或修筑护面墙,然后在岩堆体内分段注入水泥砂浆。

3. 泥石流的防治

泥石流的防治措施主要有水土保持措施、跨越措施和排导措施。

(1) 水土保持措施

在易发生泥石流地区植树造林，平整填洼，修筑截水沟、边坡渗沟等排水工程，设置支挡工程。

(2) 跨越措施

采用桥梁形式跨越泥石流地段时，应按设计要求及时完成防护加固设施。

(3) 排导措施

采用排导沟、明洞、涵洞、渡槽等排导功能为主的构造物，排导构造物平面线形应圆滑、渐变，上下游应有足够长的衔接段，行进段沟槽不宜过分压缩，出口不宜突然放宽。流向改变处的转折角不宜超过15°，避免因急弯突然收缩和扩大而造成淤塞。

工程案例：高速公路路基边坡生态防护工程设计

西南地区某高速公路深挖路堑段路基边坡为一高陡岩质路堑边坡，海拔780～850m，高72m，共九级，边坡坡率1:0.75。边坡整体稳定，全景照片如图2-1-5-16所示。为了防治边坡局部破坏，同时满足景观要求，设计采用的防护措施为锚杆框格梁、厚层基材喷播以及穴栽苗绿化，如图2-1-5-17所示。

图2-1-5-16　九级岩质路堑边坡全景

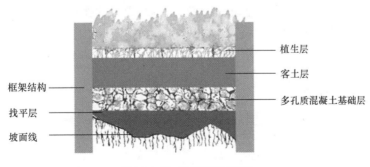

图2-1-5-17　边坡防护示意图

九级边坡采用的厚层基材喷播在框格梁完成后的钢筋网片上覆盖一层镀锌铁丝网[图2-1-5-18a)],并用扎丝绑扎固定。同时在坡面预留灌木种植穴,选好种植灌木的适当位置,把所铺好的镀锌铁丝网破孔,孔径大小能放入直径100mm的PVC管,且保证其不脱落。PVC管底部紧贴坡面,高度略高于喷播厚度,使其在坡面喷播完毕后,易于拔出。预留孔密度为4个/m^2。之后进行基材喷播施工[图2-1-5-18b)]。边坡防护效果如图2-1-5-18c)所示。

a) b) c)

图2-1-5-18 锚杆框格梁喷播植草防护高边坡

本章小结

（1）防护是指为防止路基边坡受冲刷和风化作用,在坡面上所做的各种铺砌和栽植;加固主要是指对天然含水率过大、承载力低的软弱地基或可能失稳的路基边坡所做的各种技术处理。

（2）坡面植物防护有植草或喷播植草、铺草皮、种植灌木、喷混植生等。

（3）坡面工程防护可采用喷护、挂网喷护、浆砌片石护坡、干砌片石护坡、护面墙和骨架植物防护等形式,可根据不同条件选用,但造价较高,与周围环境协调性较差。

（4）沿河路基的直接防护包括抛石防护、石笼防护、土工织物防护、浸水挡土墙防护、护坦防护与排桩防护等;间接防护主要指设置导流结构物,如丁坝、顺坝等,用来改变水流流速、流向和原来状态。

（5）在软土地基上填筑路堤有可能出现失稳,或者沉降量和沉降速率不能满足要求时,需对软土地基进行适当的处理,以增加其稳定性,减少沉降量或沉降速率。常用的方法有换填土层法、加固土桩法、粒料桩加固法、排水固结法、强夯法等。

（6）路基的主要病害类型有路基沉陷、翻浆、滑坡、塌方和泥石流。各种类型的路基病害有适宜的处治方法,应结合实际工程情况灵活运用。

思考题与习题

1. 路基防护与加固的意义何在?
2. 路基直接防护与间接防护的本质区别有哪些?

3. 路基常用的坡面防护措施有哪些？
4. 什么叫护面墙？其作用是什么？
5. 冲刷防护类型有哪些？
6. 在公路工程中常采取哪些措施进行湿软地基处理？阐述各种措施的加固原理和适用范围。
7. 常见的路基病害类型有哪些？各类型病害的防治方法有哪些？

第六章 CHAPTER SIX
挡土墙设计

本章提要：
本章主要介绍挡土墙的基本知识，挡土墙的构造与布置及其稳定性验算方法、轻型挡土墙的构造特点。

能力目标：
1. 能描述挡土墙的结构类型、特点和适用条件；
2. 能描述挡土墙的构造，理解挡土墙的布置；
3. 能描述挡土墙的设计依据，理解其稳定性验算方法；
4. 能描述轻型挡土墙的构造特点。

第一节 挡土墙的基本知识

一、挡土墙的分类及用途

挡土墙是用来支撑路基填土或山坡土体，防止墙后土体坍塌和增加其稳定性的一种支挡结构物。在路基工程中，挡土墙可以稳定路堤和路堑边坡，减少土石方工程量和占地面积，防止水流冲刷路基，并经常用于整治塌方、滑坡等路基病害。在山区公路中，挡土墙的运用广泛。公路上常用的挡土墙按其设置位置可分为：路堑墙、路堤墙、路肩墙和山坡挡土墙等类型，如图 2-1-6-1 所示。

二、挡土墙的特点及适用条件

挡土墙的结构类型很多，应综合考虑工程地质、水文条件、荷载作用情况、环境条件、施工条件、工程造价等因素,综合比较后选用。各类挡土墙的特点及其适用条件见表2-1-6-1。

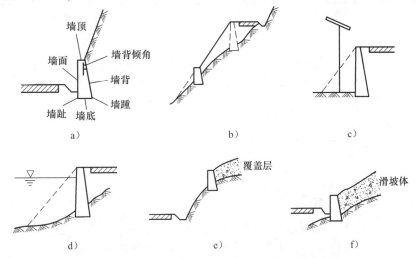

图 2-1-6-1 按位置分类的挡土墙

a)路堑墙;b)路堤墙(虚线为路肩墙);c)路肩墙;d)浸水挡土墙;e)山坡挡土墙;f)抗滑挡土墙

挡土墙的特点及其适用条件　　　　　　　　　　　　　　　表 2-1-6-1

类 型	结构示意图	特点及其适用条件
重力式		1. 依靠墙自重承受土压力,保持平衡。 2. 结构简单、取材容易,施工简便,经济效果好。 3. 墙身一般用浆砌片石或块石砌筑。在墙身不高时,也可用干砌。缺乏石料地区可用混凝土。 4. 由于墙身重,对地基承载力的要求也较高。墙高不宜超过12m,干砌挡土墙的高度不宜超过6m。 5. 适用于一般地区、浸水地区和高烈度区的路肩墙、路堤墙和路堑墙等支挡工程
衡重式		1. 设置衡重台使墙身重心后移,并利用衡重台上的填土,增加墙身稳定性。 2. 上墙背俯斜而下墙背仰斜,可降低墙身及减少基础开挖,以及节约墙身断面尺寸。 3. 适用于陡山坡的路肩墙、路堤墙和路堑墙(兼有拦挡落石作用)
悬臂式		1. 墙身及基础均采用钢筋混凝土浇筑,断面尺寸较小。 2. 墙身由立壁、墙趾板和墙踵板三部分组成。立壁下部弯矩较大,特别在墙高时,需设置的钢筋较多。 3. 适用于在石料缺乏、地基承载力较低的填方路段采用,墙高不宜超过5m

续上表

类　型	结构示意图	特点及其适用条件
扶壁式	（扶肋、墙面板、墙趾板、墙踵板示意图）	1. 相当于沿悬壁式墙的墙长，每隔一定距离设置一道扶壁，使墙面板（立壁）与墙踵板连接起来，以承受较大的弯矩作用。 2. 墙身及基础采用钢筋混凝土浇筑。 3. 适用于在石料缺乏、地基承载力较低的填方路段采用，墙高不宜超过15m。
锚杆式	（肋柱、挡板、锚杆示意图）	1. 由肋柱、挡板和锚杆组成，靠锚杆锚固在稳定山体内拉住肋柱以维持挡土墙的平衡。肋柱、挡板可预制。 2. 适用于墙高较大的岩质路堑地段，可用作抗滑挡土墙，可采用肋柱式或板壁式单级墙或多级墙，每级墙高不宜大于8m，多级墙的上、下级墙体之间应设置宽度不小于2m的平台
锚定板式	（肋柱、拉杆、锚定板、挡土板示意图）	1. 类似于锚杆式，只是使锚杆的固定端用锚定板固定在稳定山体内。 2. 适用于缺少石料地区的路肩墙或路堤墙，但不应建筑于滑坡、坍塌、软土及膨胀土地区。可采用肋柱式或板壁式，墙高不宜超过10m。肋柱式锚定板挡土墙可采用单级墙或双级墙，每级墙高不宜大于6m，上、下级墙体之间应设置宽度不小于2m的平台，上下两级墙的肋柱宜交错布置
加筋土式	（面板、拉筋、填料示意图）	1. 由面板、拉筋和填料三部分组成，依靠拉筋与填料之间的摩擦力来抵抗侧向土压力。 2. 加筋土挡土墙属于柔性结构，对地基变形适应性强，对地基承载力要求较低，建筑高度大，具有省工、省料、施工方便、快速等优点。面板可预制。 3. 可分为有面板加筋挡土墙和无面板土工格栅加筋土挡土墙。有面板加筋挡土墙适用于一般地区的路肩式挡土墙、路堤式挡土墙，无面板土工格栅加筋土挡土墙适用于一般地区的路堤式挡土墙，但均不应修建在滑坡、水流冲刷、崩塌等不良地质地段；高速公路、一级公路墙高不宜大于12m，二级及以下公路不宜大于20m；当采用多级墙时，每级墙高不宜大于10m，上、下级墙体之间应设置宽度不小于2m的平台
桩板式	（抗滑桩、墙面板示意图）	1. 深埋的桩柱间用挡土板拦挡土体。 2. 抗滑桩可用钢筋混凝土桩、钢板桩。 3. 桩顶部可自由，也可锚锭。 4. 适用于表土及强风化层较薄的均质岩石地基，挡土墙高度可较大，也可用于地震区的路堑或路堤支挡或滑坡等特殊地段的治理

第二节　挡土墙的构造与布置

一、挡土墙的构造

作为最主要的路基支挡结构的挡土墙,一般由墙身、基础、排水设施、沉降缝和伸缩缝等部分组成。

1. 墙身

挡土墙各部分名称如图2-1-6-2所示。靠回填土或山体的一侧面称为墙背;外露的一侧面称为墙面,也称墙胸;墙的顶面部分称为墙顶;墙的底面部分称为基底或墙底;墙面与墙底的交线称为墙趾;墙背与墙底的交线称为墙踵;墙背与铅垂线的夹角称为墙背倾角。

(1)墙背

根据墙背倾斜方向的不同,墙身断面形式可分为仰斜、垂直、俯斜、凸形折线式和衡重式等几种,如图2-1-6-3所示。

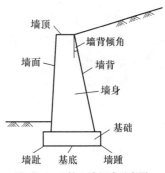

图2-1-6-2　挡土墙组成示意图

以仰斜、垂直和俯斜式三种不同的墙背所受的土压力分析,在墙高和墙后填料等条件相同时,仰斜墙背所受的土压力为最小,垂直墙背次之,俯斜墙背较大。因此仰斜式的墙身断面较经济。用于路堑墙时,墙背与开挖的临时边坡较贴合,开挖量与回填量均较小。但当墙趾处地面横坡较陡时,采用仰斜式墙背会增加墙高,断面增大。故仰斜墙背适用于路堑墙及墙趾处地面平坦的路肩墙或路堤墙。仰斜墙背的坡度越缓,所受的土压力越小,但施工较困难,故仰斜墙背的坡度不宜缓于1∶0.3。

俯斜墙背所受的土压力较大,相对而言,俯斜墙背的断面比仰斜式要大。但当地面横坡较陡时,俯斜式挡土墙可采用陡直的墙面,从而减小墙高。俯斜墙背的坡度缓些固然对施工有利,但所受的土压力亦随之增加,致使断面增大,因此墙背坡度不宜过缓,通常控制 $\alpha < 21°48'$ (即1∶0.4)。

垂直墙背的特点介于仰斜墙背和俯斜墙背之间。

凸形折线墙背是将仰斜式挡土墙的上部墙背改为俯斜,以减小上部断面尺寸,故其断面较为经济,多用于路堑墙,也可用于路肩墙。

衡重式墙背可视为在凸形折线式的上下墙之间设一衡重台,并采用陡直的墙面。上墙俯斜墙背的坡度通常为1∶0.25~1∶0.45,下墙仰斜墙背的坡度一般在1∶0.25左右,上下墙的墙高比一般为2∶3。衡重式墙背适用于山区地形陡峻处的路肩墙和路堤墙,也可用于路堑墙。

(2)墙面

墙面一般为平面,墙面坡度除应与墙背的坡度相协调外,还应考虑到墙趾处地面的横坡度(影响挡土墙的高度)。当地面横坡度较陡时,墙面坡度可采用1∶0.05~1∶0.20,也可采用直立(低墙时);当地面横坡平缓时,墙面可缓些,但一般不缓于1∶0.3,以免过多增加墙高。

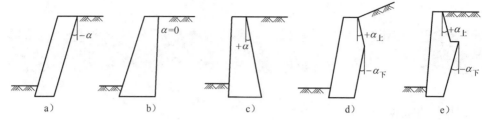

图 2-1-6-3　石砌挡土墙的断面形式
a) 仰斜；b) 垂直；c) 俯斜；d) 凸形折线式；e) 衡重式

(3) 墙顶

石砌挡土墙可采用浆砌或干砌圬工。墙顶最小宽度，浆砌时应不小于 50cm；干砌时应不小于 60cm。干砌挡土墙的高度一般不宜大于 6m。浆砌挡土墙墙顶应用 5 号砂浆抹平，厚 2cm；或用较大石块砌筑，并勾缝。浆砌路肩墙墙顶宜采用粗料石或混凝土做成顶帽，厚度取 40cm。干砌挡土墙顶部 50cm 厚度内，宜用 5 号砂浆砌筑，以求稳定。

(4) 护栏

为增加驾驶员心理上的安全感，保证行车安全，在地形险峻地段的路肩墙，或墙顶高出地面 6m 以上且连续长度大于 20m 的路肩墙，或弯道处的路肩墙的墙顶应设置护栏等防护设施。护栏分墙式和柱式两种，所采用的材料，护栏高度、宽度，视实际需要而定。护栏内侧边缘距路面边缘的距离，一般不应小于 0.5m（四级公路）或 0.75m（二级、三级公路）；高速公路、一级公路防撞护栏设在土路肩宽度内。

2. 基础

挡土墙的破坏在很多情况下，是由于地基不良所引起的。因此，应对地基情况做充分的调查，必要时须做挖探或钻探，然后再来确定基础类型与埋置深度。

(1) 基础类型

挡土墙宜采用明挖基础。绝大多数挡土墙，都是直接修筑在天然地基上。当地基承载力不足且墙趾处地形平坦，而墙身又超过一定高度时，为减少基底应力和增加抗倾覆稳定性，常常采用扩大基础 [图 2-1-6-4a)]，墙趾处伸出不少于 20cm 宽的台阶，台阶的高宽比，可采用 3∶2 或 2∶1。如地基承载力不足，为避免台阶太大和过厚，可采用钢筋混凝土基座 [图 2-1-6-4b)]。当地基为软弱土层，如淤泥、软黏土等，可采用砂砾、碎石、矿渣或石灰土等质量较好的材料予以换填，以扩散基底压应力，使之均匀地传递到下卧软弱土层中。当挡土墙修筑在陡坡上，而地基又为稳定、坚硬的岩石时，为节省圬工和基坑开挖数量，可采用台阶形基础 [图 2-1-6-4c)]。台阶的尺寸，按具体的地形地质条件确定。台阶宽度不宜小于 50cm，台阶的高宽比应不大于 2∶1。如地基有短段缺口（如深沟等）或挖基困难（如需水下施工等），可采用拱形基础 [图 2-1-6-4d)]，以石砌拱圈跨过，再在其上砌筑墙身。但应注意土压力不宜过大，以免横向推力导致拱圈开裂。设计时应对拱圈予以验算。

(2) 基础埋置深度

挡土墙的基础埋置深度应根据地基的性质、承载力的要求、冻胀的影响、地形和水文地质条件等因素确定。为保证挡土墙的稳定，基础的埋置深度应符合下列要求：

①基础最小埋置深度不应小于 1m。风化层不厚的硬质岩石地基，基底应置于基岩未风化层以下。

②当冻结深度小于或等于1m时,基底应在冻结线以下不小于0.25m,且最小埋置深度不小于1m。当冻结深度超过1m时,基底最小埋置深度不小于1.25m,还应对基底至冻结线以下0.25m深度范围内的地基土采取措施如换填为弱冻胀材料,防止冻害。

③受水流冲刷时,应按路基设计洪水频率计算冲刷深度,基底应置于局部冲刷线以下不小于1m。

④路堑挡土墙基底在路肩以下不应小于1m,并低于边沟砌体底面不小于0.2m。

⑤当基础位于稳定斜坡地面上时,前趾埋入地面的深度和距地表的水平距离应满足表2-1-6-2的规定。位于纵向斜坡上的挡土墙,当基底纵坡大于5%时,基底应设计为台阶式。当挡土墙采取倾斜基底时,其倾斜度应符合表2-1-6-3的规定。

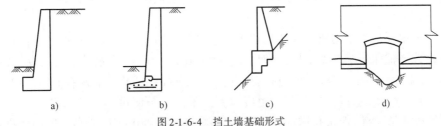

图2-1-6-4 挡土墙基础形式

a) 扩大基础;b) 钢筋混凝土基座;c) 台阶形基础;d) 拱形基础(纵断面)

斜坡地面基础埋置条件　　　　　　　表2-1-6-2

土层类别	最小埋入深度 h(m)	距地表水平距离 L(m)	图 式
较完整的硬质岩石	0.25	0.25~0.50	
一般硬质岩石	0.60	0.60~1.50	
软质岩石	1.00	1.00~2.00	
土层	≥1.00	1.50~2.50	

基底倾斜度　　　　　　　表2-1-6-3

地 层 类 别		基底倾斜度($\tan\alpha_0$)
一般地基	岩石	≤0.3
	土质	≤0.2
浸水地基	$\mu<0.5$	0
	$0.5\leq\mu\leq0.6$	≤0.1
	$\mu>0.6$	≤0.2

注:α_0 为基底倾斜角,为基底面与水平线的夹角;μ 为基底与地基间的摩擦系数。

3. 排水设施

挡土墙的排水处理是否得当，直接影响到挡土墙的安全及使用效果。因此，挡土墙应设置排水设施，以疏干墙后填料中的水分，防止地表水下渗造成墙后积水，从而使墙身免受额外的静水压力；消除黏性土填料因含水率增加产生的膨胀压力；减少季节性冰冻地区填料的冻胀压力。挡土墙的排水设施通常由地面排水和墙身排水两部分组成。

(1) 地面排水

地面排水主要是防止地表水渗入墙背填料或地基。因此，可设置地面排水沟，引排地面水；夯实回填土顶面和地面松土，防止雨水和地面水下渗，必要时可加设铺砌层，采取封闭处理；对路堑挡土墙墙趾前的边沟应予以铺砌加固，以防止边沟水渗入基础。

(2) 墙身排水

墙身排水主要是为了迅速排除墙后积水。浆砌挡土墙应根据渗水量在墙身的适当高度处布置一排或数排泄水孔，如图 2-1-6-5 所示。泄水孔尺寸可视泄水量大小分别采用 5cm×10cm、10cm×10cm、15cm×20cm 的方孔，或直径 5~20cm 的圆孔。泄水孔间距一般为 2~3m，上下交错设置。折线墙背可能积水处，也应设置。干砌挡土墙可不设泄水孔。为保证顺利泄水和避免墙外水流倒灌，泄水孔应向外倾斜，最下排泄水孔的出水口应高出地面或排水沟及积水地区常水位以上 0.3m。下排泄水孔进水口的底部应设置 30cm 厚的黏土隔水层，以防水分渗入地基。进水口周围还应用具有反滤作用的粗颗粒材料覆盖，以避免堵塞孔道。当墙背填土透水性不良或有冻胀可能时，应在墙后最低一排泄水孔到墙顶 0.5m 之间设置厚度不小于 0.3m 的砂、卵石排水层或采用土工布。

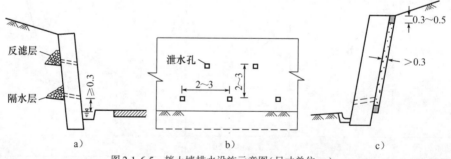

图 2-1-6-5 挡土墙排水设施示意图(尺寸单位:m)

4. 沉降缝和伸缩缝

为了防止因地基不均匀沉陷而引起墙身开裂，应根据地基的地质条件及墙高、墙身断面的变化情况设置沉降缝；为了防止圬工砌体因砂浆硬化收缩和温度变化作用而产生裂缝，须设置伸缩缝。通常把沉降缝与伸缩缝合并在一起，统称为沉降伸缩缝或变形缝。沉降伸缩缝的间距按实际情况而定，对于非岩石地基，宜每隔 10~15m 设置一道沉降伸缩缝；对于岩石地基，其沉降伸缩缝间距可适当增大，但不应大于 20m，如图 2-1-6-6 所示。沉降伸缩缝的缝宽一般为 2~3cm。浆砌挡土墙的沉降伸缩缝内可用胶泥填塞，但在渗水量大、冻害严重的地区，宜用沥青麻筋或沥青木板等材料，沿墙内、外、顶三边填塞，填深不宜小于 15cm；当墙背为填石且冻害不严重时，可仅留空隙，不嵌填料。对于干砌挡土墙，沉降伸缩缝两侧应选平整石料砌筑，使其形成垂直通缝。

二、挡土墙结构布置

挡土墙结构布置是挡土墙设计的一个重要内容,通常是在路基横断面图和墙趾纵断面图上进行,个别复杂的挡土墙应作平面布置。

1. 横向布置

横向布置主要是在路基横断面图上进行,其内容有选择挡土墙的位置、确定断面形式、绘制挡土墙横断面图等。

(1) 选择挡土墙的位置

路堑墙,大多设置在边沟的外侧。路肩墙应保证路基宽度布设。路堤墙应与路肩墙进行技术经济比较,以确定墙的合理位置。当路堤墙与路肩墙的墙高或圬工数量相近,其基础情况亦相仿时,宜做路肩墙,采用路肩墙可减少填方和占地;但当路堤墙的墙高或圬工数量比路肩墙显著降低,且基础可靠时,则宜做路堤墙。浸水挡土墙应结合河流情况布置,以保持水流顺畅,不致挤压河道而引起局部冲刷。山坡挡土墙应考虑设在基础可靠处,墙的高度应保证墙后墙顶以上边坡的稳定性。

(2) 确定断面形式,绘制挡土墙横断面图

不论是路堤墙,还是路肩墙,当地形陡峻时,可采用俯斜式或衡重式;地形平坦时,则可采用仰斜式。对路堑墙来说,宜采用仰斜式或折线式。

挡土墙横断面图的绘制,选择在起讫点、墙高最大处、墙身断面或基础形式变异处,以及其他必需桩号处的横断面图上进行。根据墙身形式、墙高和地基与填料的物理力学指标等设计资料,进行设计或套用标准图,确定墙身断面尺寸、基础形式和埋置深度,布置排水设施,指定墙背填料的类型等。

2. 纵向布置

纵向布置主要在墙趾纵断面图上进行,布置后绘成挡土墙正面图,如图 2-1-6-6 所示。布置的内容有:

(1) 确定挡土墙的起讫点和墙长,选择挡土墙与路基或其他结构物的连接方式。

路肩墙端部可嵌入石质路堑中,或采用锥坡与路堤衔接;与桥台连接时,为了防止墙后回填土从桥台尾端与挡土墙连接处的空隙中溜出,应在桥台尾端与挡土墙之间设置隔墙及接头墙。

路堑墙在隧道洞口应结合隧道洞门、翼墙的设置情况平顺衔接;与路堑边坡衔接时,一般将墙高逐渐降低至 2m 以下,使边坡坡脚不致伸入边沟内,有时也可用横向端墙连接。

(2) 按地基、地形及墙身断面变化情况进行分段,确定沉降缝和伸缩缝的位置。

(3) 布置各段挡土墙的基础。

沿挡土墙长度方向有纵坡时,挡土墙的纵向基底宜做成不大于 5% 的纵坡。若大于 5% 时,应在纵向挖成台阶,台阶的尺寸随地形而变化,但其高宽比不宜大于 1:2。地基为岩石时,纵坡虽不大于 5%,为减少开挖,也可在纵向做成台阶。

(4) 布置泄水孔和护栏的位置,包括数量、尺寸和间距。

(5) 标注各特征断面的桩号,墙顶、基础顶面、基底、冲刷线、冰冻线和设计洪水位的高程等。

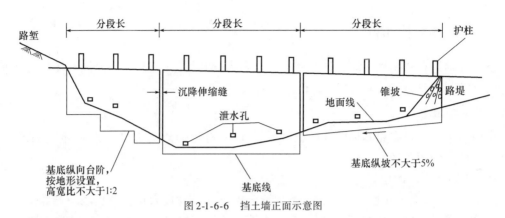

图 2-1-6-6 挡土墙正面示意图

3. 平面布置

对于个别复杂的挡土墙,如高的、长的沿河挡土墙和曲线路段的挡土墙,除了横、纵向布置外,还应作平面布置,并绘制平面布置图。

在平面图上,应标示挡土墙与路线平面位置的关系,与挡土墙有关的地物、地貌等情况,沿河挡土墙还应标示河道及水流方向,以及其他防护、加固工程等。

在挡土墙设计图纸上,应附有简要说明,说明选用挡土墙设计参数的依据,主要工程数量,对材料和施工的要求及注意事项等,以利指导施工。

第三节 挡土墙设计依据与稳定性验算

一、挡土墙的作用(或荷载)

1. 施加于挡土墙的作用(或荷载)

施加于挡土墙的作用(或荷载),按荷载作用的时间变化分为永久作用(或荷载)、可变作用(或荷载)和偶然作用(或荷载)三类,见表 2-1-6-4。

荷 载 分 类 表 2-1-6-4

荷 载 分 类	荷 载 名 称
永久作用(或荷载)	挡土墙结构重力
	填土(包括基础襟边以上土)重力
	填土侧压力
	墙顶上的有效永久荷载
	墙顶与第二破裂面之间的有效荷载
	计算水位的浮力及静水压力
	预加力
	混凝土收缩及徐变
	基础变位影响力

续上表

荷载分类		荷载名称
可变作用 (或荷载)	基本可变作用 (或荷载)	车辆荷载引起的土侧压力
		人群荷载、人群荷载引起的土侧压力
	其他可变作用 (或荷载)	水位退落时的动水压力
		流水压力
		波浪压力
		冻胀压力和冰压力
		温度影响力
	施工荷载	与各类挡土墙施工有关的临时荷载
偶然作用(或荷载)		地震作用力
		滑坡、泥石流作用力
		作用于墙顶护栏上的车辆碰撞力

2. 作用(或荷载)效应组合

作用在一般地区挡土墙上的力,可只计算永久作用(或荷载)和基本可变作用(或荷载);浸水地区、地震动峰值加速度值为 0.2g 及以上的地区、产生冻胀力的地区等,尚应计算其他可变作用(或荷载)和偶然作用(或荷载)。常用作用(或荷载)组合见表 2-1-6-5。

常用作用(或荷载)组合　　　　　　　　　　　表 2-1-6-5

组合	作用(或荷载)名称
Ⅰ	挡土墙结构重力、墙顶上的有效永久荷载、填土重力、填土侧压力及其他永久荷载组合
Ⅱ	组合Ⅰ与基本可变荷载相组合
Ⅲ	组合Ⅱ与其他可变荷载、偶然荷载相组合

注:1. 洪水与地震力不同时考虑。
　　2. 冻胀力、冰压力与流水压力或波浪压力不同时考虑。
　　3. 车辆荷载与地震力不同时考虑。

二、墙后填料的计算参数

在挡土墙的土压力计算中,墙后填料的计算参数对土压力的影响很大,应进行墙后填料的土质试验,确定填料的物理力学指标。当缺乏可靠试验数据时,填料内摩擦角 φ 可参照表 2-1-6-6 选用。

填料内摩擦角或综合内摩擦角　　　　　　　　　　　表 2-1-6-6

填料种类		综合内摩擦角 φ_0(°)	内摩擦角 φ(°)	重度(kN/m³)
黏性土	墙高 $H \leq 6$m	35~40	—	17~18
	墙高 $H > 6$m	30~35	—	17~18
碎石、不易风化的块石		—	45~50	18~19
大卵石、碎石类土、不易风化的岩石碎块		—	40~45	18~19

续上表

填 料 种 类	综合内摩擦角 φ_0(°)	内摩擦角 φ(°)	重度(kN/m³)
小卵石、砾石、粗砂、石屑	—	35~40	18~19
中砂、细砂、砂质土	—	30~35	17~18

注:填料重度可根据实测资料作适当修正,计算水位以下的填料重度采用浮重度。

对计算参数墙背与填料之间的摩擦角 δ,可根据墙背粗糙度和排水条件查有关规范计算确定或通过墙后填料的土质试验确定。

三、挡土墙的设计方法

挡土墙结构超过某一特定状态,致使挡土墙不能正常使用或不能在正常维护下正常使用,该特定状态称为功能的极限状态。挡土墙极限状态分承载能力极限状态和正常使用极限状态。

承载能力极限状态是当挡土墙出现以下任何一种状态,即认为超过了承载力极限状态:

(1)整个挡土墙或挡土墙的一部分作为刚体失去平衡。

(2)挡土墙构件或连接部件因材料强度超过而破坏,或因过度塑性变形而不适于继续承载。

(3)挡土墙结构变为机动体系或局部失去平衡。

正常使用极限状态是当挡土墙出现下列状态之一时,即认为超过了正常使用极限状态:

(1)影响正常使用或外观变形。

(2)影响正常使用或耐久性的局部破坏(包括裂缝)。

(3)影响正常使用的其他特定状态。

现行《公路路基设计规范》(JTG D30)中,挡土墙设计应采用以极限状态设计的分项系数法为主的设计方法,车辆荷载计算应采用附加荷载强度法。挡土墙设计应进行其承载能力极限状态计算和正常使用极限状态验算,以及挡土墙抗滑稳定、抗倾覆稳定和整体稳定性验算。

挡土墙构件承载能力极限状态设计采用的表达式为:

$$\gamma_0 S \leq R(\cdot) \tag{2-1-6-1}$$

$$R(\cdot) = R\left(\frac{R_K}{\gamma_f}, \alpha_d\right) \tag{2-1-6-2}$$

式中:γ_0——结构重要性系数,按表2-1-6-7的规定选用;

S——作用(或荷载)效应的组合设计值;

$R(\cdot)$——挡土墙结构抗力函数;

R_K——抗力材料的强度标准值;

γ_f——结构材料、岩土性能的分项系数;

α_d——结构或构件几何参数的设计值,当无可靠数据时,可采用几何参数标准值。

结构重要性系数 γ_0 表 2-1-6-7

墙高(m)	公路等级	
	高速公路、一级公路	二级及二级以下公路
≤5.0	1.0	0.95
>5.0	1.05	1.0

四、承载能力极限状态作用(或荷载)分项系数

作用于挡土墙墙背上的土压力一般都考虑主动土压力状态,并按库仑理论进行计算。通常挡土墙前的被动土压力可不计算;当基础埋置较深且地层稳定、不受水流冲刷和扰动破坏时,可计入被动土压力,但应按表 2-1-6-8 的规定计入作用分项系数。

承载能力极限状态作用(或荷载)分项系数   表 2-1-6-8

情况	荷载增大对挡土墙结构起有利作用时		荷载增大对挡土墙结构起不利作用时	
组合	Ⅰ、Ⅱ	Ⅲ	Ⅰ、Ⅱ	Ⅲ
垂直恒载分项系数 γ_G	0.90		1.20	
恒载或车辆荷载、人群荷载的主动土压力分项系数 γ_{Q1}	1.00	0.95	1.40	1.30
被动土压力分项系数 γ_{Q2}	0.30		0.50	
水浮力分项系数 γ_{Q3}	0.95		1.10	
静水压力分项系数 γ_{Q4}	0.95		1.05	
动水压力分项系数 γ_{Q5}	0.95		1.20	

五、等代均布土层厚度

车辆荷载作用在挡土墙墙背填土上所引起的附加土体侧压力,可按式(2-1-6-3)换算成等代均布土层厚度计算:

$$h_0 = \frac{q}{\gamma} \quad (2\text{-}1\text{-}6\text{-}3)$$

式中:h_0——换算土层厚度,m;

q——车辆荷载附加荷载强度,kN/m^2,墙高小于 2m,取 $20kN/m^2$;墙高大于 10m,取 $10kN/m^2$;墙高在 2~10m 之内时,附加荷载强度用直线内插法计算;作用于墙顶或墙后填土上的人群荷载强度规定为 $3kN/m^2$;作用于挡土墙栏杆顶的水平推力采用 0.75kN/m,作用于栏杆扶手上的竖向力采用 1kN/m;

γ——墙背填土的重度,kN/m^3。

六、挡土墙的稳定性验算

为保证挡土墙在土压力及外荷载作用下,有足够的强度及稳定性,在设计挡土墙时,应验算挡土墙沿基底的抗滑动稳定性,绕墙趾的抗倾覆稳定性,基底应力和偏心距,以及墙身强度等。一般情况下,主要由基底承载力和滑动稳定性来控制设计,墙身应力可不必验算。挡土墙的力学计算取单位长度计算。

1. 作用在挡土墙上的力系

挡土墙设计关键是确定作用于挡土墙上的力系,其中主要是确定土压力。作用于挡土墙上的力系,按力的作用性质分为主要力系、附加力和特殊力。

主要力系是指经常作用于挡土墙的各种力,包括:

(1) 挡土墙自重 W 及位于墙上的恒载。

(2) 墙后土体的主动土压力 E_a(包括作用在墙后填料破裂棱体上的荷载,简称超载)。

(3) 基底法向反力 N 及摩擦力 T。

(4) 墙前土体的被动土压力 E_p。

对浸水挡土墙而言,在主要力系中尚应包括常水位时的静水压力和浮力。

附加力是季节性作用于挡土墙的各种力,如洪水时的静水压力、浮力、动水压力、波浪冲击力、冻胀压力及冰压力等。

特殊力是偶然出现的力,如地震力、施工荷载、水流漂浮物的撞击力等。

在一般地区,挡土墙设计仅考虑主要力系,在浸水地区还应考虑附加力,而在地震区应考虑地震对挡土墙的影响。各种力的取舍,应根据挡土墙所处的具体工作条件,按最不利的组合作为设计依据。

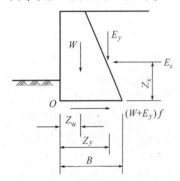

图 2-1-6-7 抗滑动和抗倾覆稳定性验算图示

2. 抗滑动稳定性验算

如图 2-1-6-7 所示,在主动土压力的水平分量 E_x 作用下,使挡土墙向外滑动,抵抗滑动的是基础底面与地基之间的摩阻力、墙前被动土压力的水平分量(一般不考虑)。

挡土墙的抗滑动稳定方程可表示为:

$$[1.1W + \gamma_{Q1}(E_y + E_x\tan\alpha_0) - \gamma_{Q2}E_p\tan\alpha_0]\mu + (1.1W + \gamma_{Q1}E_y)\tan\alpha_0 - \gamma_{Q1}E_x + \gamma_{Q2}E_p > 0$$
(2-1-6-4)

式中:W——作用于基底以上的重力,kN,浸水挡土墙的浸水部分应计入浮力;

E_y——墙后主动土压力的竖向分量,kN;

E_x——墙后主动土压力的水平分量,kN;

E_p——墙前被动土压力的水平分量,kN,当为浸水挡土墙时,$E_p = 0$;

α_0——基底倾斜角,°,基底为水平时,$\alpha_0 = 0$;

γ_{Q1}、γ_{Q2}——主动土压力分项系数、墙前被动土压力分项系数,可按表 2-1-6-8 的规定选用;

μ——基底与地基间的摩擦系数,当缺乏可靠试验资料时,可按表 2-1-6-9 的规定选用。

基底与基底土间的摩擦系数 μ　　　　表 2-1-6-9

地基土的分类	摩擦系数 μ	地基土的分类	摩擦系数 μ
软塑黏土	0.25	碎石类土	0.50
硬塑黏土	0.30	软质岩石	0.40 ~ 0.60
砂类土、黏砂土、半干硬的黏土	0.30 ~ 0.40	硬质岩石	0.60 ~ 0.70
砂类土	0.40		

抗滑动稳定系数 K_c 按式(2-1-6-5)计算:

$$K_c = \frac{[N + (E_x - E'_p)\tan\alpha_0]\mu + E'_p}{E_x - N\tan\alpha_0} \tag{2-1-6-5}$$

式中:N——作用于基底上合力的竖向分力,kN,浸水挡土墙应计浸水部分的浮力;

E'_p——墙前被动土压力水平分量的 0.3 倍,kN;

其余符号意义同前。

在验算挡土墙的抗滑动稳定性时,抗滑动稳定系数应满足表 2-1-6-10 的规定。

抗滑动和抗倾覆的稳定系数　　　　　　　　表 2-1-6-10

荷载情况	验算项目	稳定系数	
荷载组合Ⅰ、Ⅱ	抗滑动	K_c	1.3
	抗倾覆	K_0	1.5
荷载组合Ⅲ	抗滑动	K_c	1.3
	抗倾覆	K_0	1.3
施工阶段验算	抗滑动	K_c	1.2
	抗倾覆	K_0	1.2

若不满足表 2-1-6-10 的规定,可考虑采取下列措施,以增加其抗滑稳定性:

(1)更换基底土层,以增大基础底面与地基之间的摩擦系数。

(2)采用倾斜基底以增加挡土墙抗滑动稳定性。但当基底斜坡较大时,可能发生墙身与基底土体一起滑移,对基底的斜率应加以限制。一般土质地基基底的斜坡不宜大于 1:5;当为岩石地基时,基底的斜坡不宜大于 1:3。

(3)采用凸榫基础,在挡土墙基础底面设置混凝土凸榫,与基础连成整体,利用凸榫前土体所产生的被动土压力以增加挡土墙的抗滑稳定性。

(4)改变墙身断面形式和尺寸,以增大垂直力系。但单纯扩大断面尺寸,收效一般不明显,而且也不经济。

设置于不良土质地基、表土下为倾斜基岩地基及斜坡上的挡土墙,应对挡土墙地基及填土的整体稳定性进行验算,其稳定系数不应小于 1.25。

3. 抗倾覆稳定性验算

如图 2-1-6-7 所示,为保证挡土墙抗倾覆稳定性,须验算它抵抗墙身绕墙趾向外转动倾覆的能力,用抗倾覆稳定系数表示。

挡土墙的抗倾覆稳定方程可表示为:

$$0.8WZ_W + \gamma_{Q1}(E_y Z_y - E_x Z_x) + \gamma_{Q2} E_p Z_p > 0 \tag{2-1-6-6}$$

式中:Z_W——墙身重力、基础重力、基础上填土的重力及作用于墙顶的其他荷载的竖向力合力重心到墙趾的距离,m;

Z_x——墙后主动土压力的水平分量到墙趾的距离,m;

Z_y——墙后主动土压力的竖向分量到墙趾的距离,m;

Z_p——墙前被动土压力的水平分量到墙趾的距离,m;

其余符号意义同前。

抗倾覆稳定系数 K_0 按下式计算：

$$K_0 = \frac{\sum M_y}{\sum M_0} = \frac{WZ_W + E_y Z_y + E'_p Z_p}{E_x Z_x} \qquad (2\text{-}1\text{-}6\text{-}7)$$

式中符号意义同前。

在验算挡土墙的抗倾覆稳定性时，抗倾覆稳定系数应满足表 2-1-6-10 的规定。若不满足，可考虑采取下列措施，以增加其抗倾覆稳定性：

(1) 加宽墙趾，即在墙趾处加宽基础，以增大力臂。
(2) 减缓墙面坡度，以增加力臂。
(3) 改陡墙背坡度，以减小主动土压力。
(4) 墙背设置衡重台，以增加抗倾覆力矩。

4. 基底应力及合力偏心距验算

为了保证挡土墙基底应力不超过地基承载力，应进行基底应力验算；同时，为了避免挡土墙不均匀沉陷，应控制作用于挡土墙基底的合力偏心距。

(1) 计算基底合力偏心距 e_0

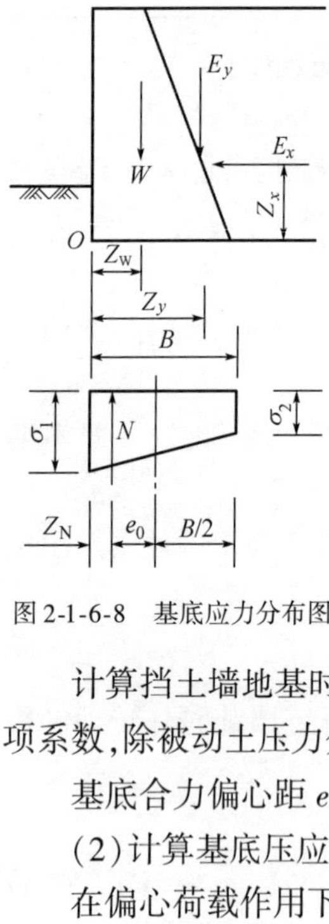

如图 2-1-6-8 所示，作用于基底上的垂直力组合设计值 $N_d = W + E_y$，基底合力的偏心距为 e_0，按力矩平衡原理可计算 N 对墙趾 O 的力臂 Z_N：

$$Z_N = \frac{WZ_W + E_y Z_y - E_x Z_x}{N} = \frac{WZ_W + E_y Z_y - E_x Z_x}{W + E_y} \qquad (2\text{-}1\text{-}6\text{-}8)$$

基底合力的偏心距 e_0 可按下式计算：

$$e_0 = \frac{M_d}{N_d} = \frac{B}{2} - Z_N = \frac{B}{2} - \frac{WZ_W + E_y Z_y - E_x Z_x}{W + E_y} \qquad (2\text{-}1\text{-}6\text{-}9)$$

式中：N_d——作用于基底上的垂直力组合设计值，kN/m；
　　　M_d——作用于基底形心的弯矩组合设计值，MPa；
　　　Z_N——作用于基底合力的竖向分力对墙趾的力臂，m；
　　　B——基底宽度，m；

图 2-1-6-8 基底应力分布图

其余符号意义同前。

计算挡土墙地基时，各类作用（或荷载）组合下，作用效应组合设计值计算式中的作用分项系数，除被动土压力分项系数 $\gamma_{Q2} = 0.3$ 外，其余作用（或荷载）的分项系数规定均为 1。

基底合力偏心距 e_0 应满足：对于土质地基不应大于 $B/6$；对于岩石地基不应大于 $B/4$。

(2) 计算基底压应力 σ

在偏心荷载作用下，基底最大、最小压应力 σ 应按式(2-1-6-10)及式(2-1-6-11)计算：

$$|e_0| \leq \frac{B}{6} \text{时}, \sigma_{1,2} = \frac{N_d}{A}\left(1 \pm \frac{6e_0}{B}\right) \qquad (2\text{-}1\text{-}6\text{-}10)$$

位于岩石地基上的挡土墙：

$$e_0 > \frac{B}{6} \text{时}, \sigma_1 = \frac{2N_d}{3\left(\frac{B}{2} - e_0\right)}, \sigma_2 = 0 \qquad (2\text{-}1\text{-}6\text{-}11)$$

式中：σ_1——挡土墙墙趾处的压应力，kPa；
　　　σ_2——挡土墙墙踵处的压应力，kPa；
　　　A——基础底面每延米的面积，m²，矩形基础为基底宽度 $B \times 1$；
其余符号意义同前。

基底压应力不应大于基底的容许承载力$[\sigma_0]$；基底容许承载力值可按现行《公路桥涵地基与基础设计规范》(JTG 3363)的规定采用，当为作用(或荷载)组合Ⅲ及施工荷载，且地基容许承载力$[\sigma_0]$大于150kPa时，可提高25%。

基底应力及合力偏心距不满足要求时，采取以下措施可降低基底压应力及减小偏心距。
①加宽墙趾或扩大基础，可加大承压面积、调整偏心距。
②加固地基或换土，以提高地基承载力。
③调整墙背坡度或断面形式以减小偏心距。

采用加宽墙趾的方法时，如地面横坡较陡，则会因此增加墙身高度，所以应与采用其他方法比较后再予以确定。

5. 墙身截面强度验算

重力式挡土墙一般均属于偏心受压，故截面强度应按偏心受压构件进行验算。通常选择一两个控制性断面进行墙身应力和偏心距验算，如墙身底部、二分之一墙高和断面形状突变处。必要时应做墙身截面的剪应力验算。

重力式挡土墙按承载能力极限状态设计时，在某一类作用(或荷载)效应组合下，作用(或荷载)效应的组合设计值按式(2-1-6-12)计算：

$$S = \psi_{ZL}(\gamma_G \sum S_{Gik} + \sum \gamma_{Qi} S_{Qik}) \tag{2-1-6-12}$$

式中：S——作用(或荷载)效应的组合设计值；
　　　γ_G、γ_{Qi}——作用(或荷载)的分项系数，按表2-1-6-8采用；
　　　S_{Gik}——第i个垂直恒载的标准值效应；
　　　S_{Qik}——土侧压力、水浮力、静水压力、其他可变作用(或荷载)的标准值效应；
　　　ψ_{ZL}——荷载效应组合系数，按表2-1-6-11采用。

荷载效应组合系数 ψ_{ZL} 值　　　　表2-1-6-11

作用(或荷载)组合	ψ_{ZL}	作用(或荷载)组合	ψ_{ZL}	作用(或荷载)组合	ψ_{ZL}
Ⅰ、Ⅱ	1.0	Ⅲ	0.8	施工荷载	0.7

(1) 截面合力偏心距验算

如图2-1-6-9所示，取截面Ⅰ-Ⅰ为验算截面。若截面以上墙背所受的主动土压力为E_1，其水平分量和竖直分量分别为E_{1x}、E_{1y}，该截面以上的重力为W_1，截面宽度为B_1。则Ⅰ-Ⅰ截面的竖向合力偏心距e_1为：

$$e_1 = \left|\frac{M_1}{N_1}\right| = \frac{W_1\left(\dfrac{B_1}{2} - Z_{1W}\right) + E_{1y}\left(Z_{1y} - \dfrac{B_1}{2}\right) + E_{1x}Z_{1x}}{W_1 + E_{1y}} \tag{2-1-6-13}$$

式中：N_1——作用于Ⅰ-Ⅰ截面的轴向合力，kN；
　　　M_1——作用于Ⅰ-Ⅰ截面形心的总力矩，kN·m。

验算截面轴向力合力偏心距 e_1 应满足表 2-1-6-12 的规定。

圬工结构轴向力合力的容许偏心距 e_1　　　　表 2-1-6-12

作用(或荷载)组合	Ⅰ、Ⅱ	Ⅲ	施工荷载
容许偏心距	$0.25B_1$	$0.30B_1$	$0.33B_1$

注:B_1 为沿力矩转动方向的矩形计算截面宽度。

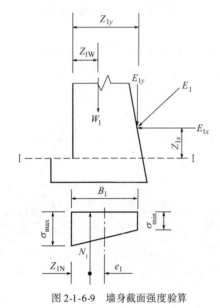

图 2-1-6-9　墙身截面强度验算

(2) 截面强度及稳定性验算

挡土墙构件轴心或偏心受压时,正截面强度和稳定性按下列公式计算。偏心受压构件除验算弯曲平面内的纵向稳定外,尚应按轴心受压构件验算非弯曲平面内的稳定。

计算强度时(图 2-1-6-9):

$$\gamma_0 N_d = N_j \leqslant \frac{\alpha_k A_1 R_a}{\gamma_f} \quad (2\text{-}1\text{-}6\text{-}14)$$

计算稳定性时:

$$\gamma_0 N_d = N_j \leqslant \frac{\psi_k \alpha_k A_1 R_a}{\gamma_f} \quad (2\text{-}1\text{-}6\text{-}15)$$

$$\alpha_k = \frac{1 - 256 \left(\frac{e_1}{B_1}\right)^8}{1 + 12 \left(\frac{e_1}{B_1}\right)^2} \quad (2\text{-}1\text{-}6\text{-}16)$$

$$\psi_k = \frac{1}{1 + \alpha_s \beta_s (\beta_s - 3) \left[1 + 16 \left(\frac{e_1}{B_1}\right)^2\right]} \quad (2\text{-}1\text{-}6\text{-}17)$$

$$\beta_s = 2H/B_1 \quad (2\text{-}1\text{-}6\text{-}18)$$

式中:N_d——验算截面上的轴向力组合设计值,kN;

γ_0——结构重要性系数,按表 2-1-6-7 选用;

γ_f——结构或材料抗力分项系数,按表 2-1-6-13 选用;

N_j——设计轴向力,kN;

A_1、B_1——构件计算截面的面积,m^2;截面宽度,m;

e_1——轴向力偏心距,m;挡土墙墙身或基础为圬工截面时,其轴向力的偏心距 e_1 应符合表 2-1-6-12 的规定;

R_a——材料抗压极限强度,kPa;

α_k——轴向力偏心影响系数,按式(2-1-6-16)计算;

ψ_k——偏心受压构件在弯曲平面内的纵向弯曲系数,按式(2-1-6-17)计算确定;轴心受压构件纵向弯曲系数查表 2-1-6-14;

α_s——与材料有关的系数,按表 2-1-6-15 选用;

β_s——系数;

H——墙高,m。

圬工构件或材料的抗力分项系数 γ_f 表 2-1-6-13

圬 工 种 类	受 力 情 况	
	受压	受弯、受剪、受拉
石料	1.85	2.31
片石砌体、片石混凝土砌体	2.31	2.31
块石、粗料石、混凝土预制块、砖砌体	1.92	2.31
混凝土	1.54	2.31

轴心受压构件纵向弯曲系数 ψ_k 表 2-1-6-14

β_s	混凝土构件	砌体砂浆强度等级	
		M10、M7.5、M5	M2.5
≤3	1.00	1.00	1.00
4	0.99	0.99	0.99
6	0.96	0.96	0.96
8	0.93	0.93	0.91
10	0.88	0.88	0.85
12	0.82	0.82	0.79
14	0.76	0.76	0.72
16	0.71	0.71	0.66
18	0.65	0.65	0.60
20	0.60	0.60	0.54
22	0.54	0.54	0.49
24	0.50	0.50	0.44
26	0.46	0.46	0.40
28	0.42	0.42	0.36
30	0.38	0.38	0.33

α_s 取 值 表 2-1-6-15

圬 工 名 称	浆砌砌体采用以下砂浆强度等级			混 凝 土
	M10、M7.5、M5	M2.5	M1	
α_s 值	0.002	0.0025	0.004	0.002

第四节 轻型挡土墙

　　重力式挡土墙具有构造简单、施工方便和就地取材等优点，但其稳定性主要依靠墙身自重来保证，因而墙身断面较大，占地较多，不能充分发挥建筑材料的强度性能，也不易实行施工的机械化与工厂化。轻型挡土墙则常用钢筋混凝土构件组成，墙身断面较小，因而结构较轻巧，圬工量省，占地较少，有利于机械化施工。以下主要对加筋土挡土墙、锚杆式挡土墙、锚定板式挡土墙、悬臂式挡土墙及桩板式挡土墙的构造特点进行介绍。

一、加筋土挡土墙

加筋土挡土墙是利用加筋土技术修建的一种支挡结构物,加筋土是一种在土中加入拉筋的复合土,它利用拉筋与土之间的摩擦作用,改善土体的变形条件和提高土体的工程性能,从而达到稳定土体的目的。加筋土挡土墙分为有面板加筋土挡土墙和无面板土工格栅加筋土挡土墙。这里主要介绍有面板加筋土挡土墙,其由填料、在填料中布置的拉筋以及墙面板三部分组成,其基本结构如图 2-1-6-10 所示。

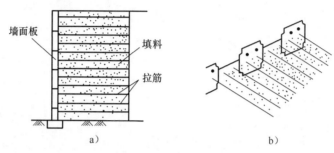

图 2-1-6-10　加筋土挡土墙基本结构

1. 加筋土挡土墙的特点

(1)组成加筋土的面板和筋带可以预先制作,在现场用机械(或人工)分层填筑。这种装配式的方法,施工简便、快速,并且节省劳力和缩短工期。

(2)加筋土是柔性结构物,能够适应地基轻微的变形。

(3)加筋土挡土墙具有一定的柔性,抗振动性强,因此,它也是一种很好的抗振结构物。

(4)加筋土挡土墙节约占地,造型美观。加筋土挡土墙的墙面板可以垂直砌筑,可大量减少占地。挡土墙的总体布设和面板的形式图案可根据周围环境特点和需要进行设计。

(5)加筋土挡土墙造价比较低。加筋土挡土墙与钢筋混凝土挡土墙相比,可减少造价一半;与石砌重力式挡土墙比较,也可节约 20% 以上。同时,加筋土挡土墙的造价随墙高的增加而节省效果越显著。因此它具有良好的经济效益。

2. 加筋土挡土墙的构造

加筋体由填料、拉筋及墙面板组成。

(1)填料

填料是加筋体的主体材料,由它与拉筋产生摩擦力。其基本要求是:易于填筑与压实;能与拉筋产生足够的摩擦力;满足化学和电化学标准;水稳定性好。为了使拉筋与填料之间能发挥较大的摩擦力,以确保结构的稳定,通常填料优先选择具有一定级配、透水性好的中粗砂、砂砾或碎(砾)石类土。

(2)拉筋

拉筋(又称筋带)的作用是承受垂直荷载和水平拉力,并与填料产生摩擦力。拉筋为带状,国内以采用复合土工带和钢筋混凝土带为主,对于高速公路和一级公路应用钢带和钢筋混凝土筋带,国外广泛使用镀锌钢带。常用的拉筋有钢带、钢筋混凝土带和复合土工带、土工格栅。

(3) 墙面板

加筋土挡土墙的墙面板的作用是防止填土侧向挤出、传递土压力以及便于拉筋固定布设,并保证填料、拉筋和墙面构成具有一定形状的整体。墙面板可用金属板(如镀锌薄钢板)构件或混凝土预制板拼装而成。

加筋体的横断面形式一般宜用矩形,如图 2-1-6-11a)所示,当受地形、地质条件限制时,也可采用图 2-1-6-11b)或图 2-1-6-11c)的形式。断面尺寸由验算确定。

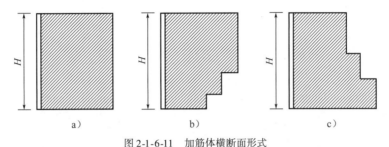

图 2-1-6-11　加筋体横断面形式

二、锚杆式挡土墙

锚杆式挡土墙是利用锚杆技术形成的一种支挡结构物。锚杆是一种新型的受拉杆件,它的一端与工程结构物连接,另一端通过钻孔、插入锚杆、灌浆、养护等工序被锚固在山坡深处的稳定岩层或土层中,以承受土压力对结构物所施加的推力,从而利用锚杆与稳定岩层或土层之间的锚固力,使墙体获得稳定。

1. 锚杆式挡土墙的特点

(1)结构质量轻,使挡土墙的结构轻型化,与重力式挡土墙相比,可以节约大量的圬工和节省工程投资。

(2)利于挡土墙的机械化、装配化施工,可以减轻笨重的体力劳动,提高劳动生产率。

(3)不需要开挖大量基坑,能克服不良地基挖基的困难,并利于施工安全。

(4)设计和施工受到一定的限制,如施工工艺要求较高,要有钻孔、灌浆等配套的专用机械设备,且要耗用一定的钢材。

(5)一般适用于墙高较大,缺乏石料或挖基困难地区,具有锚固条件的路堑挡土墙,还可应用于陡坡路堤。

2. 锚杆式挡土墙的分类

锚杆式挡土墙主要有两种结构形式:板壁式锚杆挡土墙和肋板式锚杆挡土墙。

(1)板壁式锚杆挡土墙

板壁式锚杆挡土墙由就地灌注的整体板壁和多排小锚杆组成,如图 2-1-6-12 所示。锚孔可采用普通风钻钻成,一般直径 35~50mm,深度 4~5m。这种结构形式施工较简单,但承担土压力的能力较小。

(2)肋板式锚杆挡土墙

肋板式锚杆挡土墙由挡土板、肋柱和锚杆组成,如图 2-1-6-13 所示。决定肋柱的间距应考虑工地的起吊能力和锚杆的抗拔能力,一般可选用 2.5~3.5m。每根肋柱视其高度可布置

2~3根或更多的锚杆,锚杆由一根或数根钢筋组成(也可用钢丝束)。锚孔直径100~150mm,采用钻机钻孔,锚杆插入锚孔后再灌水泥砂浆。当用于土层时,由于土层与锚杆间的锚固能力较差,必要时可将钻孔端部扩大,以增加锚杆的抗拔力。这种挡土墙能承受较大的土压力。

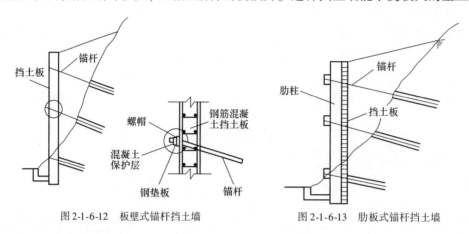

图2-1-6-12　板壁式锚杆挡土墙　　　　图2-1-6-13　肋板式锚杆挡土墙

3. 锚杆式挡土墙的构造

锚杆式挡土墙构件包括挡土板、肋柱和锚杆或墙面板和锚杆。

(1)挡土板

挡土板一般采用钢筋混凝土槽形板、矩形板和空心板,有时也采用拱形板,大多为预制构件。混凝土强度不低于C20,挡土板厚度不得小于0.3m,宽度视吊装设备的能力而定。预制挡土板的长度考虑到锚杆与肋柱的连接一般较肋柱间距短0.1~0.12m,或将锚杆处的挡土板留有缺口。挡土板与肋柱的搭接长度不小于0.1m。墙后应回填砂卵石等透水材料,由下部泄水孔将水排入边沟内。

(2)肋柱

肋柱一般采用矩形或T形截面,沿墙长方向肋柱宽度不宜小于0.3m。肋柱的间距由工点的地形、地质、墙高以及施工条件等因素确定,考虑工地的起吊能力和锚杆的抗拔力等因素,一般可采用2.0~3.0m。肋柱可采用整体预制,亦可分段拼装或就地灌注,肋柱采用的混凝土强度等级不低于C20。肋柱宜垂直布置或向填土一侧仰斜,但仰斜度不应大于1:0.05。

(3)锚杆

每级肋柱上的锚杆层数,可设计为双层或多层。锚杆可按弯矩相等或支点反力相等的原则布置,向下倾斜。每层锚杆与水平面的夹角宜为15°~20°,倾角的大小根据稳定岩层、施工机具的情况和肋柱的受力条件,并使锚杆长度尽可能最短等来确定。锚杆在岩层中的有效锚固长度,一般不小于4m;锚入稳定土层内,锚固长度不应小于10m。锚孔内灌以膨胀水泥砂浆。为保证孔内锚固周围有足够的砂浆保护层,沿锚杆长每隔2~3m应焊设支架。

板壁式锚杆挡土墙的锚杆间距,按墙后填土的性质、壁面板受力合理及经济等综合确定,锚杆层间距不小于2.0m。采用预应力锚杆时,其间距要适当加大。墙面板宜为整块钢筋混凝土板,采用就地浇注或预制拼装。预制墙面板必须预留锚杆的锚定孔。为便于施工,一般采用等厚截面,其厚度不宜小于0.3m。混凝土强度等级不宜低于C20。

当挡土墙较高(大于8m)时,应布置两级或两级以上,如图2-1-6-14所示,两级之间设1~

2m 宽的平台,平台应用厚度不小于 0.15m 的 C15 混凝土封闭,并设向墙外倾斜的横坡,坡度为 2%。每级挡土墙墙高不宜大于 8m。为便于肋柱及挡土板的安装,以竖直墙背为多。

三、锚定板式挡土墙

锚定板式挡土墙是由钢筋混凝土墙面、钢拉杆、锚定板以及其间的填土共同形成的一种组合挡土结构,如图 2-1-6-15 所示。它借助于埋在填土内的锚定板的抗拔力来抵抗侧向土压力,保持墙的稳定。

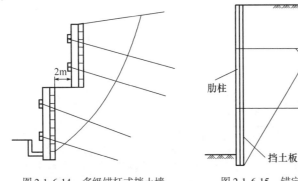

图 2-1-6-14　多级锚杆式挡土墙　　图 2-1-6-15　锚定板式挡土墙

1. 锚定板式挡土墙的特点

(1) 构件断面小、结构质量轻、柔性大、工程量省。
(2) 不受地基承载力的限制。
(3) 构件可预制,有利于实现结构轻型化和施工机械化。
(4) 适用于承载力较低的软弱地基和缺乏石料地区的路肩墙或路堤墙,在滑坡、坍塌地段、软土以及膨胀土地区不能使用。

锚定板式挡土墙的结构形式和受力状态与锚杆式挡土墙基本相同,都是依靠钢拉杆的抗拔力来保持墙身的稳定。它们的主要区别是:锚杆挡土墙的锚杆系插入稳定地层的钻孔中,抗拔力来源于灌浆锚杆与孔壁地层之间的黏结强度,而锚定板式挡土墙的钢拉杆及其端部的锚定板都埋设在人工填土当中,抗拔力主要来源于锚定板前的填土的被动抗力。

2. 锚定板式挡土墙的分类

锚定板式挡土墙可分为肋板式和板壁式两种,如图 2-1-6-16 所示。

3. 锚定板式挡土墙的构造

锚定板式挡土墙的墙面由肋柱和挡土板组成(肋板式)。

(1) 肋柱

肋柱间距视工地的起吊能力和锚定板的抗拔力而定,通常为 1.5~2.5m,截面多采用矩形、T形、工字形等,截面宽度不小于 0.35m,厚度不小于 0.3m。每级肋柱高一般为 3~5m,上下两级肋柱接头常用榫接,也可以做成平台并相互错开,如图 2-1-6-16a) 所示。根据肋柱的长度和土压力的大小,每根肋柱上可布置单根、双根或多根拉杆。混凝土强度等级不应低于 C20。

(2) 挡土板

挡土板通常为钢筋混凝土矩形板或槽形板,有时也可为混凝土拱板。挡土板设置于肋柱的内侧,直接承受填土的侧压力并将侧压力传递给肋柱。其设计、构造要求与锚杆式挡土墙一样,但矩形板的最小厚度可采用0.15m,板宽一般为0.5m,挡土板上应留有泄水孔,板后应设置反滤层。

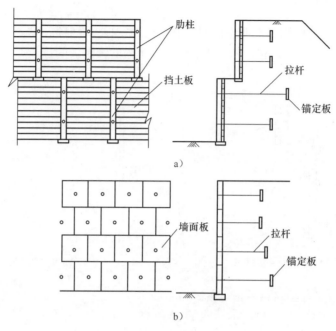

图2-1-6-16 锚定板式挡土墙类型
a)肋板式;b)板壁式

拉杆必须选用可焊性能较好的钢材,一般采用热轧螺纹钢筋。考虑到上层锚定板的埋置深度对其抗拔力的影响,要求最上层拉杆至填土顶面的距离不能小于1m。锚定板一般采用方形钢筋混凝土板,混凝土强度等级不应低于C20,竖直埋置在土中,一般忽略不计拉杆与填土之间的摩擦阻力,则锚定板承受的拉力即为拉杆拉力。

四、悬臂式挡土墙

图2-1-6-17 悬臂式挡土墙

钢筋混凝土悬臂式挡土墙由立壁和底板组成(图2-1-6-17),具有三个悬臂,即立壁、趾板和踵板,同时固定在中间夹块上。墙的稳定性依靠墙身和踵板上的填土重量来保证,而趾板的设置又显著地增加了抗倾覆力矩的力臂,因此结构形式比较经济。

悬臂式挡土墙构造简单,施工方便,能适应较松软的地基,墙高一般在6~9m之间。当墙高较大时,立壁下部的弯矩大,钢筋与混凝土用量剧增,影响这种结构形式的经济效果,此时可采用扶壁式挡土墙。

五、桩板式挡土墙

工程实践表明,桩板式挡土墙是一种较好的支挡结构形式,一般可由抗滑桩(又称锚固桩)与墙面板(挡土板)组成,从安全角度考虑,要控制桩的自由悬壁长度不能过长。锚固桩的刚度与锚杆刚度相差很大,在锚杆桩的设计中,锚杆的变形量对桩的内力影响很显著,所以要控制锚杆伸缩量,使之与桩的变形协调。

抗滑桩是一种承受侧向荷载的桩,桩是深入土层或岩层的柱形构件,主要承担水平荷载。抗滑桩通过桩身将上部承受的土体推力传递给下部的侧向土体或岩体,依靠桩下部的侧向阻力来承担边坡的下推力,而使土体保持平衡或稳定。抗滑桩埋入滑动面以下的部分称为锚固段,处于滑动面以上的部分称为受荷段,如图 2-1-6-18 所示。

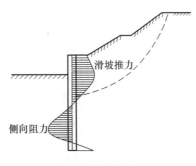

图 2-1-6-18 抗滑桩

工程案例:公路锚杆式和锚定板式复合挡土墙设计

山岭地区某公路修建了锚杆式和锚定板式复合挡土墙的路基,如图 2-1-6-19 所示。挡土墙高为 27m。墙底部混凝土墩子高 3m,其上为 4m 高的肋柱,共 6 节,肋柱横向间距为 2m,肋柱之间铺设钢筋混凝土预制墙面板。肋柱固定的方法:下面三级肋柱用锚杆,端部插入基岩中,并用高强度砂浆锚固。每级肋柱设上下各 1 根锚杆,共 6 根锚杆。上面三级肋柱,因离基岩较远,如端部也插入基岩,则锚杆太长,且露在填土外日晒雨淋不耐久,故采用了锚定板,此锚定板为钢筋混凝土预制板,竖直安装。当肋柱与墙面板受主动土压力作用前移时,锚杆端部锚定板上承受被动土压力,保持稳定。该挡土墙经实践检验,效果良好。

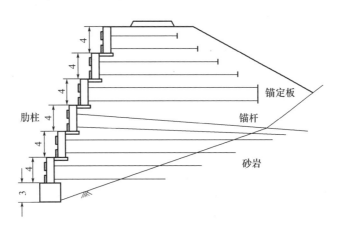

图 2-1-6-19 锚杆式和锚定板式复合挡土墙断面(尺寸单位:m)

本章小结

(1) 挡土墙是用来支撑路基填土或山坡土体,防止墙后土体坍塌和增加其稳定性的一种支挡结构物。路基工程中挡土墙按设置的位置分为路堑挡土墙、路堤挡土墙、路肩挡土墙和山坡挡土墙等类型;挡土墙的结构类型主要有重力式挡土墙、衡重式挡土墙、悬臂式挡土墙、扶壁式挡土墙、锚杆式挡土墙、锚定板式挡土墙、加筋土挡土墙和桩板式挡土墙等。

(2) 作为最主要的路基支挡结构的挡土墙,一般由墙身、基础、排水设施和沉降缝、伸缩缝等部分组成。

(3) 挡土墙的布置是挡土墙设计的一个重要内容,通常是在路基横断面图和墙趾纵断面图上进行横向布置与纵向布置,个别复杂的挡土墙尚应作平面布置。通过横向布置确定挡土墙的位置、断面形式、横断面图等;通过纵向布置完成挡土墙正面图;对于个别复杂的挡土墙,如高的、长的沿河挡土墙和曲线路段的挡土墙,除了横、纵向布置外,还应作平面布置,以指导施工。

(4) 为保证挡土墙在土压力及外荷载作用下,有足够的强度及稳定性,在设计挡土墙时,应验算挡土墙沿基底的抗滑动稳定性,绕墙趾的抗倾覆稳定性,基底应力和偏心距,以及墙身强度等。

(5) 轻型挡土墙常用钢筋混凝土构件组成,墙身断面较小,因而结构较轻巧,圬工量省,占地较少,有利于机械化施工。结构类型主要有加筋土挡土墙、锚杆式挡土墙、锚定板式挡土墙、悬臂式挡土墙及桩板式挡土墙等。

思考题与习题

1. 按照挡土墙设置的位置,挡土墙分为哪几类?
2. 挡土墙的结构类型有哪些?其特点与适用条件是什么?
3. 简述各种常用挡土墙的构造与特点及适用条件。
4. 挡土墙稳定性验算的内容有哪些?
5. 挡土墙抗滑稳定性不满足要求时,应采取哪些措施?
6. 简述加筋土挡土墙的特点有哪些?
7. 简述锚杆式挡土墙及锚定板式挡土墙的构造特点有哪些。
8. 简述抗滑桩的设计内容。

第二分篇

路基施工

第一章 CHAPTER ONE
路基施工准备

本章提要：
本章主要介绍路基施工的特点与方法、路基施工的准备工作以及路基施工放样。
能力目标：
1. 理解路基施工的特点与方法；
2. 能描述开工前的组织准备、物质准备、技术准备和现场准备等工作的实施；
3. 能进行恢复公路中线及路基施工放样。

第一节 路基施工的特点与基本方法

一、路基施工的特点

路基是公路的重要组成部分，它与路面共同承受行车荷载和自然因素的影响，所以它既是公路路线的主体又是路面的基础，其本身的强度与稳定性直接影响路面的使用寿命和公路的使用质量。因此要求路基必须具有足够的强度、良好的水温稳定性和耐久性。

路基施工的特点突出表现在对工程质量的高标准要求方面。强度高、稳定性和耐久性良好的路基将成为路面结构的良好支承体系，有利于提高路面整体强度和使用性能，延长路面使用寿命，同时，还可以降低路面工程造价和公路养护维修费用。反之，若路基施工质量低劣，将给路面和路基自身留下许多隐患，路面的使用品质和使用寿命会因此而降低，还会大大增加公路建成后的养护维修费用，严重的路基或路面破坏甚至会中断交通，造成重大经济损失。由此可见，必须重视路基施工，切实保证路基工程质量，为提高公路建设的经济效益和社会效益提供切实的保障。

路基施工质量受到多种因素的不利影响。虽然路基施工主要是开挖、运输、填筑、压实等比较简单的工序，但由于路基施工存在着条件变化大、工程数量大、施工难度大、施工方法多样等特点，对于保证路基工程质量有相当的难度。特别是地质不良的特殊路段及隐蔽工程较多的路基，在施工时常会遇到复杂的技术问题和各种突发性事故需要处理，可以说路基施工技术是简单中蕴含着复杂。在与人工构造物的关系方面，路基自身的施工即与排水、防护及加固等工程的施工相互制约，有时又与桥梁、隧道、路面等分项工程的施工相互交叉、相互影响；在其他如气候、交通条件等方面，由于公路施工为野外作业，工程质量受气候条件影响很大，雨季时土质路基往往无法施工；交通运输不便，会使物资、设备和施工队伍调遣困难。所有这些因素的影响都必须加以克服，才能保证路基工程的质量。

二、施工方法

路基施工方法一般有人工施工、简易机械化施工、机械化施工及爆破法等。施工时应根据工程性质、岩土类别、工程量、施工期限、施工条件等因素，因地制宜地选择一种或几种施工方法。

人工施工是传统的施工方法，施工时主要是工人用简易工具进行作业。这种方法劳动强度大、工效低、进度慢，且工程质量难以得到保证，已不适应现代公路工程施工的要求，只能适用于地方道路或作为其他施工方法的辅助和补充。

简易机械化施工是在人工施工的基础上，对施工过程中劳动强度大和技术要求相对较高的工序用机具或简易机械完成，以利加快工程进度、提高施工效率和工程质量。但这种施工方法工效有限，只能用于工程量较小、工期要求不严的路基或构造物施工。

机械化施工是通过合理选用施工机械，将各种机械科学地组织，优质、高效地进行路基施工的方法。若选用专业机械按路基施工要求对施工的各工序进行既分工又联合的作业，则为综合机械化施工。实现机械化施工是我国路基施工的发展方向，特别是对于工程量大、技术要求高、工期紧的高速公路和一级公路路基工程，必须采用机械化施工。组织机械化施工时，应使机械合理配套、科学组织，最大限度地发挥各种机械的效能。

爆破法是石质路基开挖的基本方法，它可以利用炸药爆破的巨大能量炸松土石或将其移到预定位置。如果施工采用钻岩机钻孔与机械清理，亦是岩石路基机械化施工的必备条件。除石质路堑开挖外，爆破法还可用于冻土、泥沼等特殊路基施工，以及清除路面、开石取料与石料加工等。

第二节　路基施工准备工作

路基施工需要消耗大量的人工、物资、机械和时间等资源，是一项历时时间长、技术要求高的工作。路基施工前，必须根据工程的实际情况做好组织准备、物质准备、技术准备和现场准备等工作，使各项施工活动能正常进行。在施工过程中，所有的施工活动都必须严格按有关施工规范进行，以确保工程质量，从而得到质量优良的路基实体。

一、组织准备

1. 建立施工组织机构

在工程项目施工之前,首先要建立一个能完成施工任务的工程项目管理部。项目管理部各科室设置包括项目部经理室、项目部副经理室、项目部总工程师室、质量检查部、工程技术部、财务部、计划合同部、物资设备部、安全监督部、综合办公室等管理部门。此外,按施工项目类别常分别设置路基土石方、排水及涵洞、防护工程等若干个专业作业班组(工区)。工程项目经理部人员的配置,以能实现施工项目所要求的工作任务为原则,尽量简化机构,做到高效精干。

2. 组建施工队伍

根据所承担的工程量的大小和工期要求,安排出总进度计划网络图,并进一步估算出全部工程的用工工日数、平均日出工人数、施工高峰期日出工人数,以及技术工种、机械操作工种、普通工种等用工比例,选择能够适应其工程质量、工期进度要求的施工作业队伍,并与施工劳动作业单位签订劳务合同,实行合同管理。

二、物资准备

路基施工要消耗大量的人工、材料和机具,因此开工前应进行所需材料的购进、采集、加工、调运和储备等工作。同时要检修或购置施工机械,做好施工人员的生活、后勤保障准备,正所谓"兵马未动,粮草先行"。驻地建设、路基施工机械准备、施工材料准备和试验设备准备是路基施工组织计划的重要组成部分。

1. 驻地建设

(1)工地供电、供水

工地供电包括施工期间的生活用电和施工设施用电、主体工程施工用电及其他临时设施用电;工地供水包括施工用水、生活用水及消防用水。

(2)施工用房

施工用房一般包括行政办公用房、食堂、职工宿舍、试验用房、文化生活设施、仓库、机械维修用房和材料物资堆放用房等。施工用房一般要求布置紧凑,便于管理,充分利用非耕地,以经济、实用为原则,尽量利用施工现场或附近已有的建筑物。

(3)预制场地

如果有预制工程的工地,应根据工程需要设置预制场、搅拌站和材料用房,并做好台座、锚具夹、钢筋加工、木加工等准备工作。

(4)临时交通道路与通信设施

为保证施工期间工地与外界的正常沟通,施工机具、材料、人员和给养能够顺利运送,在正式施工前,必须修筑临时交通道路与通信设施。

2. 路基施工机械准备

路基施工机械包括土石方机械和压实机械,主要是指推土机、装载机、挖掘机、平地机、自卸车、压路机等施工机械、设备及工具,担负着开挖、铲装、运输、整平、压实的施工任务。路基施工机械设备的配备应根据工程需要、工程数量、工期、运距及施工进度等因素确定。机械设备要配套选择,充分发挥机械设备的性能,保证机械设备的正常使用。

3. 施工材料准备

根据工程需要编制材料预算,提出材料的需用量计划及加工计划;根据施工平面图安排,落实材料的堆放和临时仓库设施;组织材料的分批进场,同时做好材料的加工准备。特别是对水泥混凝土、沥青混合料的集中配料拌和等,通过集中加工,可以减少材料消耗,提高材料的利用率,保证材料质量,也可以减轻劳动强度,有利于实现文明施工。

4. 试验设备准备

工地试验室主要为施工现场提供服务,配合路基施工,担负着工地所用的各种原材料、加工材料及结构性材料的物理力学性能等试验和检测任务。工地试验室所购置的各种重要试验、检测设备,应通过计量部门标定、交通质量监督部门认证合格后才能投入使用。

三、技术准备

1. 熟悉和核对设计文件

设计文件是组织施工的主要依据,熟悉、审核施工图纸是领会设计意图、明确工程内容、掌握工程特点的重要环节。施工单位在接到施工设计文件后,应立即组织有关技术人员对施工设计文件进行审核,充分领会设计意图,核对地形和地质测量资料。

2. 工程施工调查

路基施工准备阶段的施工调查,其目的是为优化和修改设计、做好土石方调配和编制实施性施工组织设计、因地制宜地布置施工场地等收集资料。调查的内容主要有工程地点的地形、地质、水文、气候条件;自采加工材料场储量、地方生产材料情况、施工期间可供利用的房屋数量;当地劳动力资源、工业生产加工能力、运输条件和运输工具;施工场地的水源、水质、电源以及生活物资供应状况;当地民俗风情、生活习惯等。

3. 技术交底

在施工人员熟悉设计文件和充分准备的基础上,参加由业主召集,设计、监理、施工单位参加的设计交底和图纸会审。设计人员应向施工单位讲清设计意图和对施工的主要要求,施工人员应对图纸和有关问题提出质询,并由设计单位进行逐条答复,对合理化建议按程序进行变更设计或补充设计。

4. 编制实施性施工组织设计

实施性施工组织设计是开工前必须提交的技术文件,是准备、组织、指导施工和编制施工计划的基础。公路施工野外作业居多,又是线性工程,各地自然地理状况和施工条件差异很大,不可能采用一种定型的、一成不变的施工方案和施工方法,每项工程的施工都需要通过深入细致的工作,确定施工方案和施工组织方法。因此,必须认真做好实施性施工组织设计,并编制相应的施工预算。

四、现场准备

路基施工前的现场准备包括施工测量、施工前的复查与调查及清理施工现场等工作。对于高速公路和一级公路或采用新技术、新工艺及新材料的其他等级公路,除做好上述准备工作外,还应在大规模施工前铺筑试验路,为正式施工提供技术指导。

1. 施工测量

开工前应做好施工测量工作,内容包括导线、中线、水准点复测,检查与补测横断面,校对和增加水准点等。要对业主及设计单位提供的现场红线控制桩等进行现场复核,确认无误后才能使用。

开工前应全面恢复路中线并固定路线的交点、平曲线主点等主要控制桩。路基施工前应对路基纵、横断面进行检查核对,并适当补测。根据已经恢复的路中线,按设计文件、施工规定和技术要求等进行施工放样,标示出公路用地界桩、路堤坡脚、路堑坡顶、边沟及路基附属设施的具体位置,并采取有效措施保护所有测量标志。

2. 施工前的复查与调查

路基施工前,施工技术人员应对路基施工范围内的地质、地形、水文情况进行详细调查。根据设计文件提供的资料,除对取自挖方、借土场、料场的路堤填料进行复查和取样试验外,还应进行环境保护分析并提出报告,经批准后方可使用。

3. 清理施工现场

路基施工前应先办好有关土地的征用、占用手续,依法使用土地。对于路基范围内的既有建筑物、道路、沟渠、通信及电力设施等,施工单位应协同有关部门事先拆除或迁建。对路基附近的危险建筑物应进行适当加固,对文物古迹应妥善保护。

4. 铺筑试验路

高速公路、一级以及在特殊地区或采用新技术、新工艺、新材料进行路基施工时,应采用不同的施工方案通过试验路段试运行,从中选出路基施工的最佳方案均指导全线施工。试验路段应选择在地质条件、路基断面形式均具有代表性的地段,路段长度不宜小于100m。

第三节 路基施工放样

一、路基放样的工作内容

路基开工前,应根据路基横断面设计图或路基设计表进行放样。路基放样的目的就是在原地面上标定出路基的轮廓,作为施工的依据。

放样工作内容包括:

(1) 在地面中线桩处标定填挖高度。

(2) 按设计图纸定出横断面的各主要点,如路堤的边缘和坡脚、路堑的坡顶、半填半挖断面的坡脚和坡顶。

(3)边坡放样,按设计的路基边坡率放出边坡的位置桩。

(4)移桩移点,遇有在施工中难以保存的桩志,应沿横断面方向将桩点移设于施工范围以外。

二、路基放样的方法

1. 低等级公路的放样方法

(1)图解法

在路基横断面设计时,可根据设计图中所示的尺寸,直接在地面上沿横断面方向量出路肩、坡脚、排水沟等各特征点距中桩的距离,定出路肩桩、坡脚桩或坡顶桩。

(2)计算法

在现场没有横断面设计图,只有中心桩填挖高度时,就必须用计算法算出路肩、坡脚或坡顶的位置,然后再用皮尺量出。

以上两种方法在丈量距离时尺子一定要保持水平。每个横断面都必须在放出路基宽度(路堑加边沟宽度)的边桩后,再分别放出两侧的路堤坡脚桩和路堑的坡顶桩,然后再将各个桩号的坡脚和坡顶用石灰线连接起来,该连接线就是路基填挖边界线。

2. 高等级公路的放样方法

高等级公路,特别是对于高填深挖路段坡脚桩和坡顶桩放样,在边坡的放样时应使用全站仪,采用坐标法或极坐标法等,以保证放样的准确性。

三、路基中线放样

路基中线放样就是利用测量仪器和设备,按设计图纸中的各项元素(如公路平纵横元素)和控制点坐标(或路线控制桩),将路基的"中心线"准确无误地放到实地的过程。为确保施工测量质量,在施工前必须对导线控制点和路线控制桩(又称固定点)进行复测,在施工过程中要定期进行检查。

路基中线放样又称为恢复中线,一般有用导线控制点恢复中线和用路线控制桩(交点、直圆、圆直等点)恢复中线两种方法。用控制点放样中线,放样精度能得到充分的保证,成为恢复中线的主要手段。

1. 控制点复测

控制点复测是施工测量前必不可少的准备工作,它包括导线控制点和路线控制桩的复测。另外由于人为或其他原因,导线控制点和路线控制桩丢失或遭到破坏,要对其进行补测;有的导线点在路基范围以内,需将其移至路基范围以外。只有当这一切都完成无误,方能进行施工放样工作。

2. 用导线控制点恢复中线

用导线控制点恢复中线,实质上就是根据导线点坐标与路基中线坐标之间的关系,借以高精度的测距手段,将路基中线放到实地,因此又可称之为"坐标法"。

如图 2-2-1-1 所示，P 为路基中线点，坐标 $(X_P、Y_P)$；$A、B$ 为导线点，坐标分别为 $(X_A、Y_A)$、$(X_B、Y_B)$，P 点与 A 点的极坐标关系用 A 点到 P 点的距离 S_{AP}、坐标方向 α_{AP} 表示，即：

$$S_{AP} = \sqrt{(X_P - X_A)^2 + (Y_P - Y_A)^2} \quad (2\text{-}2\text{-}1\text{-}1)$$

$$\alpha_{AP} = \arctan \frac{Y_P - Y_A}{X_P - X_A} \quad (2\text{-}2\text{-}1\text{-}2)$$

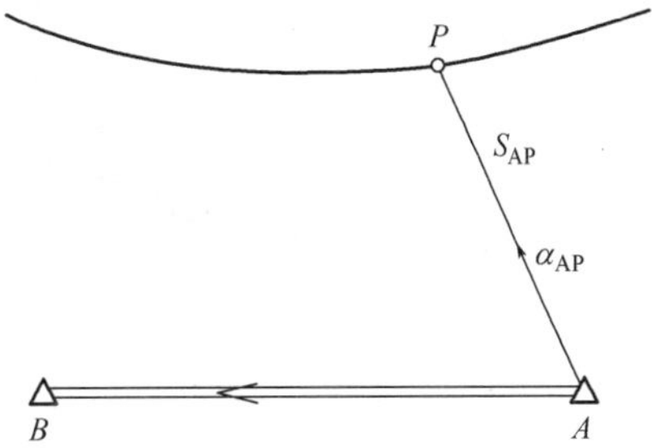

图 2-2-1-1　导线控制点恢复中线

上式就是两点间距离和坐标方位的计算公式，式中，导线点的坐标通过控制测量求得。

3. 用路线控制桩恢复中线

对于低等级道路，可用路线控制桩恢复中线，当原勘测设计时的交点桩保存基本完好时，恢复路线中线的测量工作就比较简单。对于个别丢失的交点桩可采用交会法恢复，然后根据设计文件上的有关数据可直接恢复直线上的中桩；对圆曲线和缓和曲线段上的中桩也可采用偏角法或切线支距法恢复。

4. 竖曲线施工放样

纵断面施工放样时，如果待放样点在直坡段，其放样较为简单，竖曲线放样时，可以在路基设计表或纵断面图上直接查得中桩设计高程。但有时根据实际情况，放线人员需要自己计算时，可根据纵断面图上的设计资料来计算。

(1) 放样点位于直坡段时，设计高程为直坡段起点高程加上（上坡）或减去（下坡）$i \cdot l$，其中，i 为该直坡段的坡度绝对值，l 为该放样点至直坡段起点的水平距离。

(2) 放样点位于竖曲线范围内时，应对其切线高程进行修正。计算设计高程时，只需将已算出的各点的切线高程加上（凹曲线）或减去（凸曲线）相应点的高程改正值即可。

四、路基边桩放样

1. 平地上放路基边桩

路堤坡脚至中桩的距离：

$$L = \frac{b}{2} + mH \quad (2\text{-}2\text{-}1\text{-}3)$$

路堑坡顶至中桩的距离：

$$L = \frac{b_1}{2} + mH \quad (2\text{-}2\text{-}1\text{-}4)$$

式中：b——路基设计宽度，m；

b_1——路基加两侧边沟宽度之和，m；

m——边坡设计坡率；

H——路基中心设计填挖高度，m。

2. 斜坡地上放路基边桩

如图 2-2-1-3 所示，当地面横向倾斜较大时，计算时应考虑横向坡度的影响。

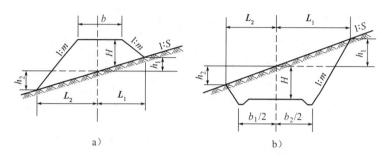

图 2-2-1-3 斜坡地上放样边桩
a) 路堤; b) 路堑

路堤坡脚至中桩的距离:
上侧坡脚

$$L_1 = \frac{b}{2} + m(H - h_1) \tag{2-2-1-5}$$

下侧坡脚

$$L_2 = \frac{b}{2} + m(H + h_2) \tag{2-2-1-6}$$

路堑坡顶至中桩的距离:
上侧坡顶

$$L_1 = \frac{b_1}{2} + m(H + h_1) \tag{2-2-1-7}$$

下侧坡顶

$$L_2 = \frac{b_1}{2} + m(H - h_2) \tag{2-2-1-8}$$

式中: h_1——上侧坡脚(坡顶)与中桩的高差,m;

h_2——下侧坡脚(坡顶)与中桩的高差,m。

应当指出,上列各式中的 h_1 及 h_2 都是未知数,还不能计算出路基边桩至中桩的距离,若地面横坡度均匀一致,可在放样时先测得地面坡度为 $1:S$。

路堤坡脚距中桩的距离为:
因为 $L_1 = h_1 S$,将其代入式(2-2-1-5)整理可得:

$$L_1 = \left(\frac{b}{2} + mH\right)\frac{S}{S + m} \tag{2-2-1-9}$$

同理可得:

$$L_2 = \left(\frac{b}{2} + mH\right)\frac{S}{S - m} \tag{2-2-1-10}$$

路堑坡顶距中桩的距离:

$$L_1 = \left(\frac{b_1}{2} + mH\right)\frac{S}{S - m} \tag{2-2-1-11}$$

$$L_2 = \left(\frac{b_1}{2} + mH\right)\frac{S}{S + m} \tag{2-2-1-12}$$

3. 在弯道上的路基放样

要根据设计要求,详细了解弯道上的超高值和加宽值,确定路基边桩(左或右)的高程和至中心桩的距离,要注意弯道加宽是在弯道的内侧。加宽是从缓和曲线的起点开始的,加宽值是变化的,直到圆曲线的起点,加宽值在圆曲线上是定值。放样是需注意加宽值的变化。

五、路基边坡放样

1. 用小麻绳和小竹竿

当路堤高度不大时,可按图2-2-1-4a)所示放样。当路堤填土较高时,可分层挂线,每次挂线前,应当穿中线并用水准仪抄平,如图2-2-1-4b)所示。

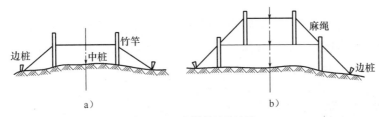

图 2-2-1-4 用挂线法放边坡
a)一次挂线;b)分层挂线

2. 用坡度样板放边坡

首先按照边坡坡度做好边坡样板。样板的式样有活动样板,如图2-2-1-5a)所示;固定样板用于路堑开挖,在坡顶外侧钉立固定边超级样板,施工时可瞄准样板进行开挖,如图2-2-1-5b)所示。

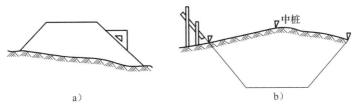

图 2-2-1-5 边坡样板放边坡
a)活动样板;b)固定样板

工程案例:公路路基施工准备

某公路路基施工合同段,主要工程量有:填土方103.993万 m^3,挖土方83.059万 m^3。本段路线特殊地基有湿陷性黄土及软土,处理措施为强夯、重锤夯实、设置隔水断层及加强排水等。

项目部首先根据工程项目的特点和任务目标,将施工现场划分为两个工段,相应配置5台重强夯设备加1台冲击碾压设备进行原地面处理;配备三个土方施工队伍处理路基土方,路基采用机械化施工。同时由总工办制定路基施工的实施性施工组织计划,使用全站仪对路基中线进行放线,对原地面进行复核,全线水准点进行闭合、加密。提前通过路基试验段确定最佳的机械配置、碾压遍数、松铺系数、各种填料的最佳含水率和施工方法。由协调部门联系土场,确保路基填料充足。本段工程土方工程量大,小构造物集中,主要影响工程进度的项目是特殊路基原地面处理和小构造物造成的土方施工段落不连续,原地面处理需提前施工以提供工作面,路基土方施工需要突击施工。

本章小结

(1)路基施工的特点突出表现在对工程质量的高标准要求方面。强度高、稳定性和耐久性良好的路基将成为路面结构的良好支承体系,有利于提高路面整体强度和使用性能,延长路面使用寿命,同时,还可以降低路面工程造价和公路养护维修费用。

(2)路基施工方法一般有人工施工、简易机械施工、机械化施工及爆破等。

(3)路基施工准备工作的内容主要包括组织准备、物质准备、技术准备、现场准备。

(4)路基开工前,应根据路基横断面设计图或路基设计表进行放样。低等级公路放样的方法:图解法、计算法;对于高等级公路为了保证放样的准确性,特别是对于高填深挖路段坡脚桩和坡顶桩放样,在边坡放样时应使用全站仪,采用坐标法或极坐标法放样等。

思考题与习题

1. 路基施工方法主要有哪些?
2. 路基施工准备工作包括哪些内容?
3. 路基施工放样包括哪些内容?
4. 什么是路基中线放样?常用的方法有哪些?

第二章
CHAPTER TWO
土质路基施工

本章提要:
本章主要介绍土质路基施工的常用方法,施工流程与路基压实要求。

能力目标:
1. 能描述路堤填筑施工的工艺流程,路堤填筑施工的主要工序及填筑方式;
2. 能描述土质路堑的开挖方法,会分析影响路基压实效果的因素;
3. 能描述常用的各种压实机具,会合理选择压实机具,了解路基压实度的控制与检测。

第一节 路堤填筑

一、路堤填筑施工的工艺流程

路堤填筑施工的工艺流程见图 2-2-2-1。

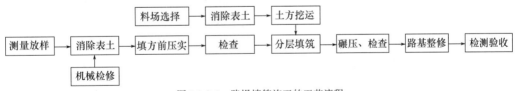

图 2-2-2-1 路堤填筑施工的工艺流程

二、路堤填筑施工的主要工序

路堤填筑施工的主要工序有填料选择、基底处理、填筑、碾压和整修。

1. 填料选择

填筑路堤的材料(以下简称填料)以强度高,水稳定性好,压缩变形小,便于施工压实以及运距短的土、石为宜。在选择填料时,一方面要考虑料源和经济性,另一方面要顾及填料的性质是否合适。

一般来说,宜选用级配好的砾类土、砂类土等粗粒土作为路基填料。含草皮、生活垃圾、树根、腐殖质的土严禁作为填料。泥炭土、淤泥、冻土、强膨胀土、有机质土及易溶盐超过允许含量的土等,不得直接用于填筑路基;确需使用时,应采取技术措施进行处理,经检验满足要求后方可使用。粉质土含有较多的粉土颗粒,干时稍有黏性,但易被压碎,扬尘大,浸水时很快被湿成稀泥,不宜直接用于填筑二级及二级以上公路的路床,不得直接用于填筑冰冻地区的路床及浸水部分的路堤。

2. 基底处理

路堤基底的处理是保证路堤稳定与坚固极为重要的措施。在路堤填筑前进行基底处理,能使填土与原来的表土密切结合;能使初期填土作业顺利进行;能使地基保持稳定,增加承载能力;能防止因草皮、树根腐烂而引起的路堤沉陷。

3. 路堤填筑

路堤填筑必须考虑性质不同的填料,应水平分层、分段填筑,分层压实。同一层路基应采用同一种填料,不得混合填筑。每种填料的填筑层压实后的连续厚度宜不小于500mm。路基上部宜采用水稳性好或冻胀敏感性小的填料。有地下水的路段或浸水路堤,应填筑水稳定性好的填料。

1)填筑方式

(1)水平分层填筑:填筑时按照横断面全宽分成水平层次,逐层向上填筑。如原地面凹凸不平,应由最低处分层填起,每填一层,经压实合格后再填上一层。此法施工操作方便、安全、压实质量容易保证,是最常用的一种填筑方式。

(2)纵向分层填筑:依纵坡方向分层、逐层推土填筑。原地面纵坡小于20°的地段可用此法施工。适用于推土机或铲运机从路堑取土填筑较短的路堤,如图2-2-2-2所示。

图2-2-2-2 纵向分层填筑法

(3)横向填筑:从路基一端按各横断面的全部高度,逐步推进填筑。该法适用于无法自下而上分层填土的陡坡、断岩或泥沼地区,如图2-2-2-3所示。此法不易压实,且还有沉陷不均匀的缺点。为此,应采用必要的技术措施,如选用高效能的压实机械(振动压路机)碾压;采用沉陷量较小的砂类土或废石方作填料等。

(4)混合填筑:当高等级公路路线穿过深谷陡坡,尤其是要求上部的压实度标准较高时,施工时下层采用横向填筑,上层采用水平分层填筑,如图2-2-2-4所示。

2)沿横断面一侧填筑的方法

旧路拓宽改造需要加宽路堤时,所用填土应与原路堤用土尽量接近或为透水性好的土,并将原边坡挖成向内倾斜的台阶,分层填筑,碾压到规定的密实度。严禁将薄层新填土贴在原边坡的表面。

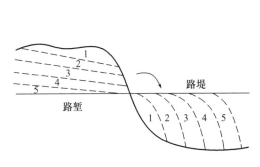

图 2-2-2-3 横向填筑法　　　　　图 2-2-2-4 混合填筑法

高速公路和一级公路处于横坡陡峻地段的半填半挖路基,必须沿山坡填方坡脚向里连续挖成向内倾斜的台阶,台阶宽度不应小于 1m。其中沿横断面挖方的一侧,在行车范围之内填筑宽度不足一个行车道宽度时,应挖够一个行车道宽度,其上路床深度范围之内的原地面土应予以挖除换填,并按上路床填方的要求施工。

3)不同土质混填

在施工中,沿线的土质经常发生变化,对于不同性质的土混合填筑时,应视土的透水能力的大小,进行分类分层填筑压实,并采取有利于排水和路基稳定的方式。

不同土质路堤的正确与错误填筑方式如图 2-2-2-5 和图 2-2-2-6 所示。

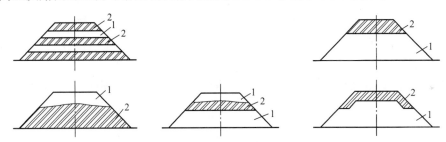

图 2-2-2-5　路堤内不同土质的填筑方式(正确方式)
1—透水性较大的土质;2—透水性较小的土质

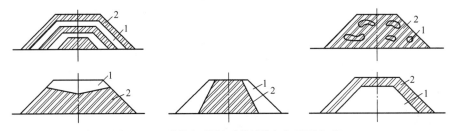

图 2-2-2-6　路堤内不同土质的填筑方式(错误方式)
1—透水性较大的土质;2—透水性较小的土质

4)填石路堤填筑

填石路堤是指用粒径大于 37.5mm 且含量超过总质量 70% 的石料填筑的路堤。路堤填料粒径不应大于 500mm,且不宜超过层厚的 2/3,不均匀系数宜为 15~20。路床底面以下 400mm 范围内,填料粒径应小于 150mm。路床填料粒径应小于 100mm。

填石路堤应分层填筑,岩性相差大的填料应分层或分段填筑,软质石料与硬质石料不得混合使用。填石路堤顶面与细粒土填土层之间应填筑过渡层或铺设无纺土工布隔离层。中硬、硬质石料填筑路堤时,应进行边坡码砌。码砌防护的石料强度、尺寸应满足设计要求,边坡码砌与路基填筑应基本同步进行。

5) 土石路堤填筑

土石路堤是指石料含量占总质量 30%～70% 的土石混合材料修筑的路堤。土石路堤的填筑,其基底处理同填土路堤,土石路堤必须分层填筑。膨胀岩石、易溶性岩石等不宜直接用于路基填筑,崩解性岩石和盐化岩石等不得用于路基填筑。天然土石混合料中,中硬、硬质石料的最大粒径不得大于压实层厚度的 2/3,石料最大粒径不得大于压实层厚。

6) 高路堤与陡坡路堤填筑

高路堤应优先安排施工,宜预留 1 个雨季或 6 个月以上的沉降期。高路堤宜采用强度高、水稳定性好的材料,路堤浸水部分应采用水稳定性和透水性好的材料。高路堤宜每填筑 2m 冲击补压一次,或每填筑 4～6m 强夯补压一次,填筑过程中应进行沉降和稳定性观测。在不良地质路段的高路堤与陡坡路堤填筑,应控制填筑速率,并进行地表水平位移监测,必要时应进行地下土体分层水平位移监测。

7) 台背与墙背填筑

填料宜采用透水性材料、轻质材料、无机结合料稳定材料等,崩解性岩石、膨胀土不得用于台背与墙背填筑。二级及二级以上公路应按设计做好过渡段,过渡段路堤压实度应不小于 96%;二级以下公路的路堤与回填的联结部,应预留台阶。台背和锥坡的回填宜同步进行,台背与墙背 1m 范围内回填宜采用小型夯实机具压实。

4. 填料碾压

填料碾压是路堤填筑工程的一个关键工序,有效地压实路堤填筑土,才能保证路基工程的施工质量。

5. 整修

当路基土石方工程基本完工时,应由施工单位会同施工监理人员,按设计文件的要求,对路基中线、高程、宽度、边坡坡度、边沟、截水沟和排水系统等进行检查,如路基顶面压实后表面应平整,不得松散、起皮;整修后的边坡应顺适、美观、牢固,坡度符合设计要求;石质路基边坡,坡度应符合设计要求,坡面上的松石、危石应及时清除;排水系统的沟、槽,表面应整齐,沟底应平整,排水畅通。凡不符合设计及规定的,均应按规定进行整改。

第二节 路堑开挖

土质路堑施工就是按设计要求进行挖掘,并将挖掘的土方沿路线纵向运到路堤需土地段作为填料,或者运往弃土堆处。土方开挖应自上而下逐级进行,严禁掏底开挖。开挖至边坡线前,应预留一定宽度,预留的宽度应保证刷坡过程中设计边坡线外的土层不受到扰动。拟用作路基填料的土方,应分类开挖、分类使用。开挖至零填、路堑路床部分后,应及时进行路床施工;如不能及时进行,宜在设计路床顶高程以上预留至少 300mm 厚的保护层。同时应采取临时排水措施,施工作业面不得积水。土方开挖遇到地下水时,应采取排导措施,将水引入路基排水系统,不得随意堵塞泉眼。路床土含水率高或为含水层时,应采取设置渗沟、换填、改良土质等处理措施。路床填料应具有良好的透水性和水稳定性。深挖路堑时应根据地形特征设置边坡观测点,施工过程中应对深挖路堑的稳定性进行监测,每挖深 3~5m 应复测一次边坡,并应核查地质情况,如与设计不符应及时反馈处理。

土质路堑可根据路堑深度、纵向长度及所处的地形选择不同的开挖方式。目前常用的开挖方法可分为全断面横挖法、纵挖法及混合开挖法三种。

1. 全断面横挖法

对路堑整个横断面的宽度和深度从一端或两端逐渐向前开挖的方法称为全断面横挖法。此方法适用于较短的路堑。图 2-2-2-7a)所示为一层全断面横挖法,其适用于开挖深度小的路堑。图 2-2-2-7b)所示为多层全断面横挖法,适用于开挖深且土方量大的路堑。施工时各层纵向前后拉开,多层出土,可安排较多的劳动力和机械,以加快施工进度。每层挖掘台阶深度:人工施工时,一般为 1.5~2.0m;机械施工时,可达到 3~4m。同时各层要有独立的临时排水沟。

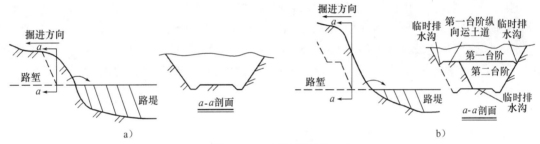

图 2-2-2-7 全断面横挖法
a)一层全断面横挖法;b)多层全断面横挖法

2. 纵挖法

此方法适用于较长的路堑,如图 2-2-2-8 所示。纵挖法可分为分层纵挖法和分段纵挖法两种方法:前者适用于施工机械能够到达路线上方的堑顶,并在堑顶能够展开推土施工;后者适用于施工机械无法到达堑顶,但通过先修临时施工便道,能够到达与路线设计高程基本一致,并且离路线一侧不远的(即向路线打横向通道增加挖方量不大)若干处,便于水平作业施工。

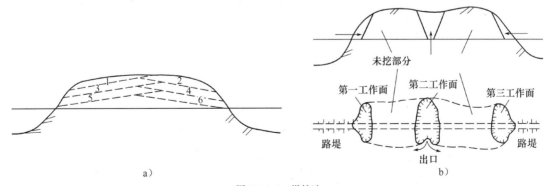

图 2-2-2-8 纵挖法
a)分层纵挖法;b)分段纵挖法

1)分层纵挖法[图2-2-2-8a)]

施工机械到达路线上方的堑顶后,沿路堑全宽以深度不大的纵向分层挖掘前进的作业方法称为分层纵挖法。当路堑长度不超过100m,开挖深度不大于3m,地面横坡度较陡时,宜采用推土机作业;当地面横坡度较缓时,表面宜横向铲土,下层的土宜纵向推运。当路堑横向宽度较大时,宜采用两台或多台推土机横向联合作业。当路堑前傍陡峻山坡时,宜采用斜铲推土。

2)分段纵挖法[图2-2-2-8b)]

沿路堑纵向选择若干处,在山体较薄一侧横向朝着路线先挖穿(俗称打"马口"),提供通道便于横向出土,这样将路堑沿纵向分成若干段,待机械到达路线位置时,各段再纵向开挖,此种作业方法称为分段纵挖法。此法适用于路堑过长、纵向弃土运距过远的傍山路堑。这种方法由于增加了许多工作面,使得施工进度大大加快。具体方案选择时,应根据山体一侧堑壁不厚的横向出土通道,与附近的弃土场及有利于废弃土方调配等条件综合考虑而定。

3. 混合开挖法

混合开挖法也称通道纵挖法,是指先在路堑的中央沿路线纵向挖成通道,然后在堑内改为横向挖成若干个通道,使许多挖掘机械各自到达横向通道内的工作面后,再沿路线纵向进行全断面开挖,此种纵挖法与全断面横挖法结合的作业方法称为混合开挖法,如图2-2-2-9所示。由图中可见,当路堑较深时,还可以结合机械的功能进行分层施工作业。此法适用于工程量很大但工期又紧的重点快速工程,并以铲式挖掘机和运输自卸车配合使用为宜。混合开挖法具体实施时,对各种机械尤其是运土车辆的进出,必须统一调度、相互协调、运行流畅。

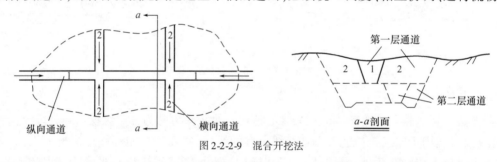

图2-2-2-9 混合开挖法

第三节 路基压实

一、路基压实的目的

路堤填筑所用的土或者路堑开挖形成路基表面的土,由于开挖扰动破坏了土体原来紧密的状态,致使结构松散,颗粒间需要重新密实组合。为了使路基具有足够的强度与稳定性,必须予以压实,以提高其密实程度。因此路基的压实工作,是路基施工过程中一项重要的工序。

土是三相体,土粒为骨架,颗粒之间的孔隙为水分和气体所占据。压实的目的在于使土粒重新组合,彼此挤紧,孔隙缩小,土的密度提高,形成密实整体,最终导致强度增加,稳定性提高。大量的试验和工程实践已经证明,路基压实后,路基的塑性变形、渗透系数、毛细水上升及隔温性能等均有明显改善。

对于细粒土的路基,影响压实效果的因素有内因和外因两个方面。内因指土质和湿度,外因指压实功能(如机械性能、压实时间与速度、土层厚度)及压实时外界自然和人为的其他因素等。

二、压实机具的选择

路基压实机具的类型较多,大致上分为碾压式、夯击式和振动式3大类型。碾压式(又称静力碾压式),包括光面碾(普通的两轮和三轮压路机)、羊足碾和气胎碾等几种。夯击式中除了人工使用的人工夯、大夯外,机动设备中有夯锤、夯板、风动夯及蛙式夯机等。振动式中有振动器、振动压路机等。此外,运土工具中的汽车、拖拉机以及土方机械等,也可用于路基压实。

不同的压实机具,适用于不同土质及不同土层厚度等条件,这些都是选用压实机具的主要依据。正常条件下,对于砂类土的压实效果,振动式较好,夯击式次之,碾压式较差。对于黏质土,则宜选用碾压式或夯击式,振动式较差甚至无效。压实机具对土施加的外力,应有所控制,以防压实功能太大,压实过度,不仅失效、浪费甚至有害。一般认为,压实时的单位压力不应超过土的强度极限。不同土的强度极限,还与压实机具的质量、相互接触的面积、施荷速度及作用时间(遍数)等因素有关。

压实机具对土施加的外力,应有所控制,以防压实功能太大,压实过度,不仅失效、浪费甚至有害。一般认为,压实时的单位压力不应超过土的强度极限。不同土的强度极限,还与压实机具的质量、相互接触的面积、施荷速度及作用时间(遍数)等因素有关。

实践经验证明:路基压实时,在机具类型、土层厚度及行程遍数已经选定的条件下,压实操作时宜先轻后重、先慢后快、先边缘后中间(匝道及弯道的超高路段需要时,则从内侧至外侧宜先低后高)。压实时,相邻两次的轮迹应重叠轮宽的1/3,保持压实均匀,不漏压,对于压不到的边角,应辅以人力或小型机具夯实。压实全过程中,经常检查含水率和密实度,以达到符合规定压实度的要求。

三、路基压实标准

路基野外施工,受到种种条件限制,不能达到室内标准击实试验所得的最大干重度 γ_0,应予以适当降低。土或其他筑路材料经压实后的实测干密度与室内标准击实试验得到的最大干密度的比值,称为压实度,以百分率表示,即:

$$K = \frac{\rho_d}{\rho_c} \times 100 \qquad (2\text{-}2\text{-}2\text{-}1)$$

式中:K——压实度,%;

ρ_d——现场实测土的干密度,g/cm³;

ρ_c——由击实等试验得到的最大干密度,g/cm³。

压实度就是现行规范规定的路基压实标准。正确选定 K 值,关系到路基受力状态、路基路面设计要求、施工条件,必须兼顾需要与可能,讲究实施与经济。

填石路堤的压实质量标准见表 2-2-2-1,土方路基的压实度标准见表 2-2-2-2。

填石路堤的压实质量标准　　　　　　　　　　　表 2-2-2-1

分　　区	路床顶面以下深度(m)	硬质石料孔隙率(%)	中硬石料孔隙率(%)	软质石料孔隙率(%)
上路堤	0.8~1.50	≤23	≤22	≤20
下路堤	>1.50	≤25	≤24	≤22

土质路基的压实度标准　　　　　　　　　　　表 2-2-2-2

填筑部位		填筑部位(路面底面以下深度)(m)	压实度(%)		
			高速公路、一级公路	二级公路	三级、四级公路
填方路基	上路床	0~0.30	≥96	≥95	≥94
	下路床 轻、中及重交通	0.30~0.80	≥96	≥95	≥94
	下路床 特重、极重交通	0.30~1.20			—
	上路堤 轻、中及重交通	0.8~1.5	≥94	≥94	≥93
	上路堤 特重、极重交通	1.2~1.9			
	下路堤 轻、中及重交通	>1.5	≥93	≥92	≥90
	下路堤 特重、极重交通	>1.9			
零填及挖方路基	上路床	0~0.30	≥96	≥95	≥94
	下路床 轻、中及重交通	0.30~0.80	≥96	≥95	—
	下路床 特重、极重交通	0.30~1.20			

注:1. 表列压实度以《公路土工试验规程》(JTG 3430—2020)重型击实试验为准。
　　2. 三级、四级公路铺筑水泥混凝土路面或沥青混凝土路面时,其压实度应采用二级公路的规定值。
　　3. 路基采用特殊填料或处于特殊气候区时,压实度标准在保证路基强度的要求下根据试验路段和当地经验确定。
　　4. 特殊干旱地区的压实度标准可降低 2%~3%。

四、碾压工序的控制

为了有效地压实路堤填筑土,必须对碾压工序做以下的控制:

(1)确定工地施工要求的密实度。路基要求的压实度根据填挖类型和公路等级及路堤填筑的高度而定,见表 2-2-2-2。通常根据表中的规定,用标准击实试验,得出最大干密度和相应的最佳含水率。

(2)对于各种压实机具碾压不同土类的适宜厚度,所需压实遍数与填土的实际含水率(最佳含水率±2%以内)等,均应根据要求的压实度,通过铺筑试验路段加以确定。采用振动压路机碾压时,第一遍应静压,第二遍开始用振动压实。

压实过程中应严格控制填土的含水率。含水率过大时,应将土翻晒至要求的含水率再碾压;含水率过小时,需均匀洒水后再进行碾压。通常天然土的含水率接近最佳含水率时,在填土后应随即压实。

(3)填石路堤在压实前,应先用大型推土机推铺平整,个别不平处,应用人工配合,用细石屑找平。压路机宜选用 18t 以上的振动压路机。碾压时要求均匀压实,不得漏压。填石路堤采用强夯、冲击压路机进行补压时,应避免对附近构造物造成影响。

(4)压实度的检测方法有灌砂法、环刀法、灌水法(水袋法)和核子密度湿度仪法等。采用核子密度湿度仪法时,应先进行校正和标定。

(5)压实度的检测方法有灌砂法、环刀法、灌水法(水袋法)和核子密度湿度仪法等。在采用核子密度湿度仪法时,应先进行校正和标定。

工程案例:公路路堤填筑施工工艺流程

某新建一级公路,地处宁波地区,地下以粉质黏土为主,多呈软塑状,路基宽度为30.5m。设计速度为100km/h,分为四个区段,路线总长9.007km。原地基采用复合地基加固处理方式,桩顶设置0.5m碎石垫层,其间铺设一层高强度双向土工格栅,路堤底层1.9m采用A组或B组填料,路堤表层0.6m采用A组填料填筑。路基段工后沉降$\Delta S \leqslant 20$cm,其中路桥过渡段$\Delta S \leqslant 10$cm。填筑总方量为:A、B组填料为97886m³。

全线采用机械化施工,路桥过渡段及其他特殊地段采用人工填筑施工并以机械配合。图2-2-2-10、图2-2-2-11分别为路堤底层与表层填筑压实工艺流程图。

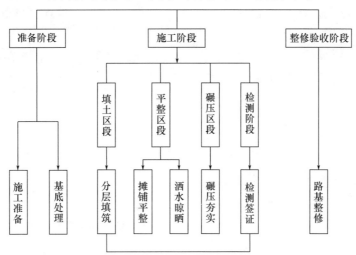

图2-2-2-10 路堤底层填筑压实工艺流程

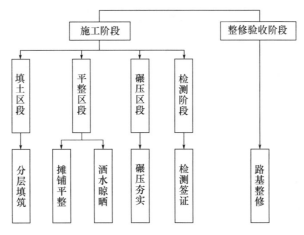

图2-2-2-11 路堤表层填筑压实工艺流程

本章小结

（1）路堤填筑施工的主要工序有：料场选择、基底处理、路堤填筑、填料碾压和整修。

（2）路堤的填筑方式可分为水平分层填筑、纵向分层填筑、横向填筑、混合填筑4种。

（3）土质路堑常用的开挖方法可分为全断面横挖法、纵挖法及混合开挖法3种。

（4）影响压实效果的因素有内因和外因两个方面。内因指土质和湿度，外因指压实功能（如机械性能、压实时间与速度、土层厚度）及压实时外界自然和人为的其他因素等。

（5）路基的压实机具可分为碾压式、夯击式和振动式三种类型。某一类型中有各种常用的压实机具。

（6）路基碾压的操作要领是：在机具类型、土层厚度及行程遍数已经选定的条件下，压实操作时宜先轻后重、先慢后快，先边缘后中间（匝道及弯道的超高路段需要时，则从内侧至外侧宜先低后高）。压实时，相邻两次的轮迹应重叠轮宽的1/3，保持压实均匀，不漏压，对于压不到的边角，应辅以人力或小型机具夯实。压实全过程中，应经常检查含水率和密实度，以达到符合规定压实度的要求。

（7）土或其他筑路材料经压实后的实测干密度与室内标准击实试验得到的最大干密度的比值，称为压实度，以百分率表示。

思考题与习题

1. 路堤填筑施工有哪些工艺流程与主要工序？
2. 路堤的填筑方式可分为哪几种？各自的适用性如何？
3. 土质路堑常用的开挖方法可分为哪几种？其中的纵挖法又可分为哪两种？各自的适用性又如何？
4. 影响压实效果的因素有哪些？
5. 路基的压实机具可分为哪几类？对于不同的土质应如何正确选择？
6. 路基碾压的操作要领是什么？
7. 什么是路基压实度，常用的检测方法有哪些？

第三章 CHAPTER THREE
石质路基爆破施工

本章提要：
本章主要介绍石质路基爆破作业原理、影响因素，各种炸药、起爆器材、起爆方法以及爆破施工应用。

能力目标：
1. 了解爆破的作用原理与影响爆破的主要因素；
2. 能描述公路施工中常用的主要炸药、起爆器材和起爆方法，了解爆破作业方法与施工程序。

第一节 爆破作用原理与起爆器材

一、爆破作用原理

为了爆破某一岩体，在其中或表面放置的一定数量的炸药，称为药包。按药包的形状或集结程度不同，可以分为集中药包、延长药包和分集药包3种。

凡药包的形状接近球形或立方体，以及高度不超过直径四倍的圆柱体和最长边不超过最短边四倍的直角六面体，均属于集中药包；相反，药包的长度或高度超过上述情况者，属于延长药包。分集药包是将一个集中药包分为两个保持一定距离集中的子药包，是为提高炸药有效能量利用率的一种新型装药方式。

1. 药包在无限介质内的作用

药包在无限介质内爆炸时，炸药在瞬间内通过化学反应转化为气体状态的爆炸产物。由于膨胀作用，体积增加数百倍甚至数千倍，形成高温高压，产生的冲击波以每秒上千米的速度，自药包中心按球面等量向外扩散，传递给周围介质，使介质产生各种不同程度的破坏和振动现

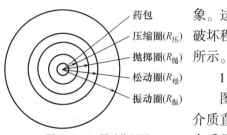

图 2-2-3-1 爆破作用圈

象。这种现象随着距药包中心的距离增大而逐渐消失,并按破坏程度的不同大致可分为 4 个爆破作用区,如图 2-2-3-1 所示。

1)压缩区

图 2-2-3-1 中 $R_压$ 表示压缩圈半径,在这个作用圈范围内,介质直接承受药包爆炸所产生的极其巨大的作用力。如果介质是可塑性的土,便会遭到压缩形成空腔;如果是坚硬的脆性岩石,便会被粉碎。以 $R_压$ 为半径的球形区称为压缩区或破碎圈。

2)抛掷区

$R_压$ 至 $R_抛$ 的区间为抛掷区。该区介质的原有结构受到破坏而分裂成碎块,而且爆炸力尚有余力,足以使这些碎块获得运动速度。如果在有限介质内,这些碎块的一部分会向临空面方向抛掷出去。

3)松动区

$R_抛$ 至 $R_松$ 的区间为松动区。该区爆炸力大大减弱,能使介质结构受到不同程度的破坏,但没有较大的位移。

4)振动区

$R_松$ 至 $R_振$ 的区间为振动区。微弱的爆破作用力不能使该区介质产生破坏,只能产生振动现象。振动圈以外爆破作用能量将逐渐消失。

2. 药包在有限介质内的爆破作用与爆破漏斗

药包在有限介质内爆炸时,在具有临空的表面上都会出现一个爆破坑,一部分炸碎的土石被抛至坑外,一部分仍落在坑底。由于爆破坑形状如同漏斗,称为爆破漏斗。爆破漏斗的形状和大小,不仅与药包量大小、炸药性能、介质的性能等有关,同时还与临空面的数量和所处的边界条件有关。

二、影响爆破的主要因素

药包在介质中爆炸时,介质被抛掷和松动的体积或破碎的程度称为爆破效果。影响爆破效果的因素主要有以下几种。

(1)炸药的威力。一般在坚石中,宜用粉碎力大的炸药,如 TNT、胶质炸药等,爆破后岩石破碎程度较大,但破坏范围一般较小;在次坚实、软石、裂缝大而多的岩石中,以及松动爆破中,宜用爆力大而粉碎力较小的炸药,如硝铵类炸药;开采料石,则宜用爆力和猛度都较小的炸药,如黑火药。

(2)炸药用量。药量少了,达不到预期的效果;药量多了,不但造成浪费,而且会出现飞石过远、裂缝增多、边坡坍塌等超爆现象。因此,药量应适中。

(3)地形条件。在爆破工程中,地形的陡坦程度及临空面数量,对爆破效果影响也很大。地形越陡,临空面数目越多,爆破效果越好;反之,爆破效果差。

(4)地质条件。地质条件是指岩石性质和岩层构造。岩石性质包括岩石的密度、韧性和整体性等,是确定岩石单位耗药量和能否采用大爆破的主要依据;岩石构造主要指岩石的层理产状等,往往会对爆破的范围、爆破漏斗的形状和大小产生重大影响。

(5)其他因素。装药的密实度、堵塞炮眼和导洞的质量、爆破技术的熟练与正确程度等对爆破效果均有影响。

三、炸药

1. 炸药的性质

炸药是一种化学性质不稳定的物质,在外力的作用下(如冲击、摩擦等)易发生爆炸。爆速高达每秒几千米,爆温高达1500~4500℃,压力超过10万个大气压,因此,具有非常大的破坏力。炸药的性质用以下指标描述:

1)炸药的威力

炸药的威力一般用爆力和猛度来衡量。爆力是指炸药破坏一定量介质的能力;猛度是指炸药爆炸时,将一定量岩石粉碎成细块的能力。

2)炸药的敏感度

炸药的敏感度是指炸药在外能作用下发生爆炸的难易程度,包括爆燃点、撞击敏感度、摩擦敏感度和起爆敏感度。炸药的敏感度受其密度、湿度、粒度和杂质含量的影响。

3)炸药的安定性

炸药的安定性是指炸药在长期存储时,保持其原有物理化学性质不变的能力。

2. 炸药的分类

炸药的种类繁多,爆破工程中常用的可分为如下两类:

1)起爆炸药

起爆炸药是一种爆炸速度极高的烈性炸药,爆速可达2000~8000m/s,主要用以制造雷管。起爆炸药又可分为正起炸药和副起炸药。正起炸药对热能和机械冲击能均具有强烈的敏感性,如雷汞、黑索金、泰安等;副起炸药须由正起炸药起爆,其爆速甚高,可加强雷管的起爆能量,如三硝基甲硝胺、四硝化戊四醇等。

2)主要炸药

用以对岩石或其他介质进行爆炸的炸药称为主要炸药。道路工程中常用的主要炸药有黑色炸药、三硝基甲苯(TNT)炸药、胶质炸药、硝铵炸药、铵油炸药和浆状炸药等。其中硝铵炸药是目前石方爆破中使用最多的一种炸药;黑色炸药对火星和碰击极其敏感,易燃烧爆炸,怕潮湿,威力小,适用于开采石料;TNT炸药敏感度低,安定性好,耐水性强,爆炸威力大,适用于爆破坚硬的岩石,但爆炸时产生有毒的一氧化碳,不宜用于地下作业;浆状炸药是一种糊状含水炸药,其威力大,抗水性强,适用于深水爆破(坚硬岩石)。

四、起爆器材

雷管是常用的起爆材料。按照引爆方式分为火雷管和电雷管两种。电雷管又分为即发、延期及毫秒雷管。雷管外壳有纸、铜、铁等几种。工业上依雷管内起爆药量多少,分成10种号码,通常使用6号和8号两种。6号雷管相当于1g雷汞的装药量,8号相当于2g雷汞的装药量。雷管由雷管壳、正副装药、加强帽3部分组成,如图2-2-3-2所示。

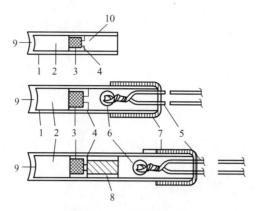

图 2-2-3-2 雷管的构造

1-雷管壳;2-副装药;3-正装药;4-加强帽;5-电点火装置;6-滴状引燃剂;7-密封胶和防潮涂料;8-延缓剂;9-窝槽(集能槽);10-帽孔

火雷管与电雷管的不同之处,是在管壳开口的一端,火雷管留出 15mm 左右的空隙端,以备导火索插入之用;而电雷管则有一个电气点火装置,并以防潮涂料密封端口。延期和毫秒电雷管的特殊点是在点火装置和正装药之间加了一段缓燃剂。

电点火装置的构造,是在脚线(纱包绝缘铜线)的端部焊接一段高电阻的金属丝(一般为康铜丝,也有铬镍合金或铂铱合金丝),称为电桥丝。当在电桥上滴上一滴引燃剂通电时,灼热的电桥就能点燃引燃剂,使电雷管的正、副起爆药起爆。

五、起爆方法

1. 导火索起爆

导火索起爆是先将导火索点燃,引爆火雷管,从而使全部炸药引起爆炸。雷管内装的都是烈性炸药,遇撞击、按压、摩擦、加热、火花都会爆炸。因此在运输、保管、使用中要特别注意,要轻拿轻放,不可随便乱扔。

2. 电力起爆

电力起爆是利用电雷管中电力引火剂的通电发热燃烧使雷管爆炸,从而引起药包爆炸。电力起爆的电源有放炮器、干电池、蓄电池、移动式发电站、照明电力线路或动力电力线等。电力起爆网中,电雷管的连接方式有串联、并联和混合联 3 种。电力起爆所用电线必须采用绝缘完好的导线。

3. 导爆索起爆

导爆索(又称传爆线)起爆就是利用导爆索的爆炸直接引起药包的爆炸。导爆索外形与导火索相似,直径 4.8~5.8mm,药芯由烈性炸药做成,有良好的防水性能,浸在水中 12h 仍能爆炸。导爆索爆速快(6800~7200m/s),主要用于深孔爆破和药室爆破,使几个药室能做到几乎同时起爆,可以提高爆破效果。由于导爆索着火较困难,使用时须在药室外的导爆索上捆扎一个 8 号雷管来起爆。

4. 塑料导爆管起爆

塑料导爆管起爆是由内涂引爆炸药的塑料导爆管组成的起爆网路与药包连接,通过雷管、导火索、引火头等能产生冲击波的器材激发导爆管,从而起爆药包。导爆管本身很安全,可作为非危险品运输。一个8号雷管能激发30~50根导爆管,效率高,成本低,安全可靠。

第二节 爆破施工应用

一、爆破作业方法

开挖岩石路基所采用的爆破方法,应根据石方的集中程度、地形、地质条件及路线横断面形状等具体情况而定。主要包括钢钎炮、深孔爆破、微差爆破、光面爆破和预裂爆破、药壶炮和猫洞炮等。

1. 钢钎炮(炮眼法)

在路基工程中,钢钎炮通常指炮眼直径和深度分别小于7mm和5m的爆破方法。由于其炮眼直径小,装药量不多,爆破的石方量不大,在路基石方工程集中且数量大时,单独使用钢钎炮爆破石方是不大经济的,应尽可能少用这种炮型。但由于此法操作简便,对设计边坡的岩体震动损害小,机动灵活,耗药量少,在工程分散、石方量少时(如整修边坡、开挖边沟、清除孤石),仍然是适用的炮型。此外,在综合爆破中也常用此法改造地形,是为其他炮型服务的辅助炮型。

2. 深孔爆破

深孔爆破就是孔径大于75mm、深度5m以上、采用延长药包的一种爆破方法。炮孔需用大型的潜孔凿岩机或穿孔机钻孔,如用挖运机械清方可以实现石方施工全面机械化,是大量石方(1万 m^3 以上)快速施工的发展方向之一。其优点是劳动生产率高,一次爆破的方量多,施工进度快,爆破时对路基边坡的影响比大炮小。若配合预裂或光面爆破,则边坡平整稳定,爆破效果容易控制,爆破时比较安全。但由于需要用大型机械,故转移工地、开辟场地、修筑便道等准备工作都较复杂,且爆破后仍有10%~25%的大石块需经第二次爆破。炮孔分垂直炮孔和斜炮孔两种,如图2-2-3-3所示。

深孔爆破对装药、堵塞等操作技术要求也比较严格。随着石方施工机械化程度的提高,深孔爆破已开始在石方集中、地形较平缓的坪口或深路堑中使用,并获得较好的效果。单位耗药量为 $0.45 \sim 0.75 kg/m^3$,平均每米钻孔爆落岩石11~20m。因此,在有条件时应尽可能采用这种爆破方法。

3. 微差爆破

两相邻药包或前后排药包以毫秒的时间间隔(一般为15~75ms)依次起爆,称为微差爆破,亦称毫秒爆破。多发一次爆破最好采用毫秒雷管。当装药量相等时其优点是:可减振1/3~2/3;前发药包为后发药包开创了临空面,从而加强了岩石的破碎效果;降低多排孔一次爆破的堆积高度,有利于挖掘机作业;由于逐发或逐排依次爆破,减少了岩石夹制力,可节省炸药20%,并可增大孔距,提高每米钻孔的炸落方量。炮孔排列和起爆顺序,根据断面形状和岩性,有如图 2-2-3-4 所示 4 种方法。多排孔微差爆破是浅孔深孔爆破发展的方向。

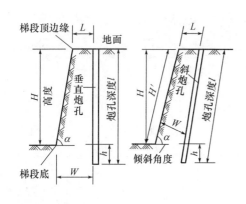

图 2-2-3-3　垂直和斜炮梯断面

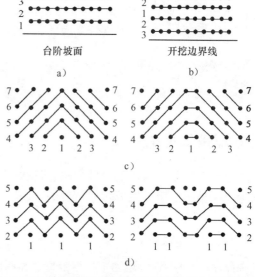

图 2-2-3-4　微差爆破各种起爆网络图(图中数字为起爆顺序)
a)直排依次顺序起爆法;b)直排中心掏槽起爆法;c)"V"形起爆网路;d)波形起爆网路

4. 光面爆破和预裂爆破

光面爆破是在开挖限界的周边,适当排列一定间隔的炮孔,在有侧向临空面的情况下,用控制抵抗线和药量的方法进行爆破,使之形成一个光滑平整的边坡。

预裂爆破是在开挖限界处按适当间隔排列炮孔,在没有侧向临空面和最小抵抗线的情况下,用控制药量的方法,预先炸出一条裂缝,使拟爆体与山体分开,作为隔振减振带,起保护和减弱开挖限界以外山体或建筑物的地震破坏作用,光面爆破与预裂爆破后,在边坡壁上通常均留下半个炮孔的痕迹。

进行光面爆破或预裂爆破时,应严格保持炮孔在同一平面内。装药量应控制适当,并采用合理的药包结构,通常使炮孔直径大于药卷直径 1~2 倍,或采用间隔药包、间隔钻孔装药。预裂炮的起爆时间在主炮之前,光面炮在主炮之后,其间隔时间可取 25~50ms。同一排孔必须同时起爆,最好用传爆线起爆,否则会影响爆破质量。

5. 药壶炮(烘膛炮)

药壶炮是指在深 2.5~3.0m 以上的炮眼底部用少量炸药经一次或多次烘膛,使眼底成葫芦形,将炸药集中装入药壶中进行爆破,如图 2-2-3-5 所示。此法主要用于露天爆破,其使用条件是:岩石应在Ⅺ级以下,不含水分,阶梯高度(H)小于 10~20m,自然地面坡度在 70°左右。

如果自然地面坡度较缓,一般先用钢钎炮切脚,炸出台阶后再使用。经验证明,药壶炮最好用于Ⅶ~Ⅸ级岩石,中心挖深 4~6m,阶梯高度在 7m 以下。装药量可根据药壶体积而定,一般介于 10~60kg 之间,最多可超过 100kg。每次可炸岩石数十方至数百方,是最省工、省药的一种方法。

6. 猫洞炮(蛇穴炮)

猫洞炮是指炮洞直径为 0.2~0.5m,洞穴成水平或略有倾斜(台眼),深度小于 5m,用集中药包在炮洞中进行爆破的一种方法,如图 2-2-3-6 所示。其特点是充分利用岩体本身的崩塌作用,能用较浅的炮眼爆破较高的岩体,一般爆破可炸松 15~150m³。其最佳使用条件是:岩石等级一般为Ⅸ级以下,最好是 Ⅴ~Ⅶ级;阶梯高度最少应大于眼深的 2 倍,自然地面坡度不小于 50°,最好在 70°左右。由于炮眼直径较大,爆破利用率甚差,故炮眼深度应大于 1.5~2.0m,不能放孤炮。猫洞炮功效,一般可达 4~10m³。在有裂缝的软石和坚石中,阶梯高度大于 4m,药壶炮药壶不易形成时,采用这种爆破方法,可以获得好的爆破效果。

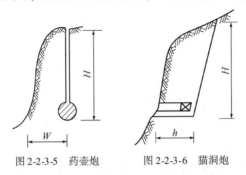

图 2-2-3-5 药壶炮　　图 2-2-3-6 猫洞炮

为了充分发挥各种爆破方法的特点,利用微地形和地质的客观条件,在路基石方工程中采用综合爆破,选用各种爆破方法,组织炮群,有计划有步骤地爆破拟开挖的石方是十分重要的。

二、爆破作业的施工程序

(1)对爆破人员进行技术学习和安全教育;
(2)对爆破器材进行检查和试验;
(3)消除岩石表面的覆盖土及松散石层,确定炮型,选择炮位;
(4)钻眼或挖坑道、药室,装药及堵塞;
(5)敷设起爆网路;
(6)设置警戒;
(7)起爆;
(8)清理爆破现场(处理瞎炮,测定爆破效果等)。

工程案例:公路石质路堑爆破施工方案

某公路路线全长 2.615km,K0+895~K1+022 段路基为石方路堑,需要爆破作业,因受爆破影响的各类安全风险点密集,拟采用控制爆破的专项实施路基石方开挖。根据路基的地形、地貌、地质情况及各类安全风险点的距离远近,按照"密打眼、慎方向、弱爆破、强防护"的原则,制定相应的控制爆破专项方案。

1.地质、水文条件

本路段拟建区地处冲积平原下游,地面平坦,起伏不大。地质条件:项目沿线场地为农田、林地、荷塘等,属剥蚀残丘地貌。初步判定拟建场地建筑场地类别多属于Ⅲ类,局部Ⅱ类场地。第一段 K0+895~K1+022 段路基为石方路堑,岩石种类为次坚石。水文条件:该地区临近海洋,属热带海洋性气候,受冷暖气流季节性交换影响,四季分明,夏季雨量充沛,年均降雨量 1354mm，夏季降雨占全年降雨的 37%。全年平均湿度约 77%，绝对湿度年平均 19mg。

2. 控制爆破专项方案

(1) 路堑石方开挖方法

路堑石方开挖采用浅孔梯段爆破法施工，边坡采用沿设计开挖线按设计坡度用预裂爆破法一次爆破成型。当开挖边坡厚度小于 1~1.5 倍梯段爆破孔最小抵抗线时，采用沿设计开挖线按设计坡度用光面爆破法一次爆破开挖成型。每一层台阶也采用水平预裂一次性开挖至设计高程。因路基基础石方开挖料均作为基础回填料使用，爆破粒径允许最大粒径为 30cm，所以梯段爆破孔网布置、起爆网络方式均按照爆破粒径级配的要求布置。

爆破施工时不能破坏路堑边坡，确保边坡稳定，不产生超挖和欠挖，坡面平顺光滑，采用光面爆破，节理裂隙较发育地段及某些特殊地段采用预裂爆破。为获得良好光面效果，宜采用低密度、低爆速、高体积、威力大的炸药，减小炸药爆轰波的破碎作用和延长爆破气体的膨胀作用时间。

(2) 爆破方法

光面爆破按设计线装药，将炸药和导爆索用细绳捆绑在竹片上装入孔中，并将竹片未绑炸药一侧设置于保护岩层一侧。对于开挖深度大于 6m 且石方量较大的工点，采用小型潜孔钻机钻孔，实施梯段控制爆破。

为保证基底平整坚实，在最底层 2m 时，均采用风枪钻孔进行爆破，并严格控制钻孔深度和孔底高程。

本章小结

(1) 为了爆破某一岩体，在其中或表面放置的一定数量的炸药称为药包。按药包的形状或集结程度不同，可以分为集中药包、延长药包和分集药包 3 种。

(2) 爆破按其破坏程度的不同可分为压缩区、抛掷区、松动区、振动区 4 个爆破作用区，知道这些性质，有利于了解爆破原理及如何实现爆破的目标。

(3) 影响爆破效果的因素主要有炸药的威力、炸药用量、地形条件、地质条件和其他因素等。了解这些影响因素，有利于提高爆破效果。

(4) 爆破方法可分为钢钎炮、深孔爆破、微差爆破、光面爆破和预裂爆破、药壶炮 (烘膛炮)、猫洞炮 (蛇穴炮) 等，具体使用时必须进行现场调查，摸清当地的工程地质条件及周围环境，根据需要爆破的工程量大小，通过技术经济比较来确定。

思考题与习题

1. 影响爆破效果的主要因素有哪些？
2. 石质路基中常用的主要炸药有哪些？
3. 炸药的起爆方法有哪几种？
4. 爆破作业的施工程序有哪些？

第三篇

路面工程

第一分篇

路面设计

第一章 CHAPTER ONE
路面结构与设计参数

本章提要：
本章主要介绍路面基本性能、路面结构分层及功能、路面病害类型与处治方法、路面排水设计，路面设计的交通轴载分析及计算，路基回弹模量的确定。

能力目标：
1. 能描述路面工程的特点、面层类型以及各自的适用范围；
2. 能描述路面结构分层的顺序；
3. 了解路面结构分层中各结构层的作用和功能要求；
4. 能描述路面病害类型及相应的处治方法；
5. 能描述路面排水设施及其各自的作用；
6. 能够解释标准轴载的概念，描述轴次换算的方法；
7. 了解现场实测法和计算法确定路基回弹模量。

第一节　路面基本性能

路面作为公路的重要组成部分，除了直接承受行车荷载外，还受到温度、水、阳光和空气等自然因素的影响。为了保证行车运输的安全性和舒适性，降低运输成本和延长道路使用寿命，要求路面具有下列基本性能。

1. 强度和刚度

行驶在公路上的车辆，通过车轮把垂直力、水平力以及车辆产生的振动力和冲击力传给路面，使路面结构内部产生应力、应变和位移。如果路面结构整体或某一组成部分的强度或抗变形能力不足，路面就会出现断裂、沉陷、波浪或车辙等，影响路面的正常使用，严重时还可能中断交通。因此要求路面结构整体及其各组成部分都必须具有与行车荷载相适应的强度和刚度。

路面结构应具有足够的强度,以抵抗车轮荷载引起的各个部位的各种应力,如压应力、拉应力、剪应力等,保证不发生压碎、拉断、剪切等各种破坏。路面整体结构或各个结构层应具有足够的刚度,使得在车轮荷载作用下不发生过量的变形,不发生沉陷、波浪或车辙等病害。

2. 稳定性

路面结构长期暴露在大自然环境中,直接受到高温、低温、水、太阳、空气和风等作用和影响,致使路面材料的力学性能和技术品质发生变化。例如,夏季高温时,沥青路面会变软而产生车辙、波浪和推挤,而水泥混凝土路面则可能拱起、开裂;冬季低温时,沥青路面可能因收缩或变脆而开裂。在雨水多的地区,如果路面材料和结构没有足够的抵抗水损坏能力,则其强度就会下降,甚至出现剥离、松散等破坏,砂石路面将会大量出现坑洞、集料外露、松散等破坏;在冬春季节,水温因素的综合作用下,将会出现冻胀翻浆,造成严重后果。此外,太阳的照射,空气中氧气的氧化作用等都会对路面结构和材料产生作用,如果路面材料和结构没有足够的抵抗大气作用的能力,则沥青材料会出现老化而失去其原有技术品质,导致沥青路面开裂、剥落,甚至大面积松散破坏。

3. 耐久性

路面结构要承受车辆荷载和冷热、干湿等自然因素的多次重复作用,由此而逐渐产生疲劳破坏和塑性变形的累积。另外,路面各结构组成材料还可能由于老化而导致破坏,这些都将缩短路面的使用年限和寿命,增加养护工作量和难度。因此,路面结构必须具有足够的抗疲劳强度以及抗老化和抗变形累积的能力。

4. 表面平整度

不平整的路表面会增大行车阻力,并使车辆产生附加的振动作用。这种振动作用会造成行车颠簸,影响行车的速度和安全、驾驶的平稳和乘客的舒适。同时,振动作用还会对路面施加冲击力,从而加剧路面和汽车机件的损坏和轮胎的磨损,并增大油料的消耗。而且,不平整的路面还会积滞雨水,加速路面的破坏。因此路面应具有良好的表面平整度。

平整的路面表面,要依靠优良的施工机具、精细的施工工艺、严格的施工质量控制以及经常和及时的养护来保证。同时,路面的平整度还同整个路面结构和面层材料的强度和抗变形能力有关。强度和抗变形能力差的路面结构和面层混合料,经不起车轮荷载的反复作用,极易出现沉陷、车辙和推挤等破坏,从而形成不平整的路表面。

5. 表面抗滑性能

汽车在光滑的路面上行驶时,车轮与路面之间缺乏足够的附着力或摩擦阻力。在雨天高速行车,或紧急制动或突然启动,或爬坡、转弯时,车轮易产生空转或打滑,致使车速降低,油料消耗增多,甚至引起严重的交通事故。

路面表面的抗滑能力可以通过采用坚硬、耐磨、表面粗糙的集料组成路面表层材料来实现,有时也可采用一些工艺性措施来实现,如水泥混凝土路面的刷毛或刻槽等。此外,路面上的积雪、浮冰或污泥等,也会降低路面的抗滑性,必须予以清除。

6. 少尘性及低噪声

汽车在砂石路面上行驶时,车身后面所产生的真空吸引力会将表层较细材料吸出而飞扬尘土,甚至导致路面松散、脱落和坑洞等破坏。路面扬尘会加速汽车机件的损坏,影响行车视距,降低行车速度,而且对乘客和沿线居民的环境卫生以及货物和路旁农作物都带来不良影响。因此,要求路面在行车过程中尽量减少扬尘。

汽车在路面上行驶时,除发动机等噪声外,路面不平整引起车身的振动是噪声的又一来源。为降低噪声,应提高路面施工的平整度工艺。

第二节 路面结构分层及功能

行车荷载和自然因素对路面的影响,随深度的增加而逐渐减弱。因此,对路面材料的强度、抗变形能力和稳定性的要求,也随深度的增加而逐渐降低。为了适应这一特点,路面结构通常是分层铺筑的,即按照使用的要求、受力状况、土基支承条件和自然因素影响程度的不同,分成若干层次。按照各个层位功能的不同,路面结构层一般由面层、基层、底基层、功能层(根据需要设置)和路基组合而成,如图 3-1-1-1 所示。

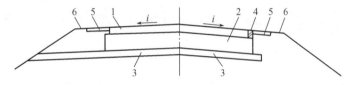

图 3-1-1-1 路面结构层次划分示意图
1-面层;2-基层(有时包括底基层);3-路基;4-路缘石;5-加固路肩;6-土路肩;i-路拱横坡度

1. 面层

面层是直接承受车轮荷载反复作用和自然因素影响的结构层。它承受较大的行车荷载的垂直力、水平力和冲击振动力的作用,同时还受到降水的侵蚀、气温变化及风化的影响。因此,面层应具备较高的结构强度和抗变形能力,较好的水稳定性和温度稳定性,而且应当耐磨、不透水,其表面还应有良好的抗滑性和平整度。

修筑面层所用的材料主要有:沥青、水泥、碎(砾)石、块石、砂、石屑、矿粉、石灰、黏土及其他粒料等。根据公路的等级和路面功能要求,经济合理地选择具体的路面材料。

砂石路面是以砂、石等为集料,以土、水、灰为结合料,通过一定的配比铺筑而成的路面的统称,包括级配碎(砾)石路面、泥结碎(砾)石路面、水结碎石路面、填隙碎石路面及其他粒料路面。

沥青混合料的面层有时分两层或三层铺筑,自上而下可分别称为表面层、下面层或表面层、中面层、下面层。如高速公路沥青面层总厚度达 18~20cm,可分为上、中、下三层铺筑,并根据各分层的要求采用不同的级配组成。水泥混凝土路面有时也可分为上下两层铺筑,分别采用不同标号的水泥等材料。在水泥混凝土路面上加铺沥青混合料,称为复合式面层结构,也是常见的路面铺装结构。但是,砂石路面面层上所铺的 2~3cm 厚的磨耗层和 1cm 厚的保护层,以及厚度不超过 1cm 的简易沥青表面处治层,不能作为一个独立的层次,应看作是面层的一部分。

2. 基层与底基层

基层主要承受由面层传来的车轮荷载的垂直力，并将其扩散到下面的功能层或路基中。对于沥青混合料类路面结构而言，基层是路面结构的主要承重层，它应稳定、耐久，具有较高的承载能力，并有良好的扩散应力的能力；对于水泥混凝土路面结构而言，虽然基层承受的垂直力作用较小，但应具有足够的抗冲刷能力和一定的刚度。底基层是设置在基层之下，并与面层、基层一起承受车轮荷载反复作用的次要承重层，对底基层材料的质量要求可比基层材料略低。

基层、底基层遭受自然因素的影响虽然比面层小，但仍然有可能经受地下水和通过面层渗入的雨水浸湿，所以基层结构应具有足够的水稳定性。基层表面虽不直接与车轮接触，但为了保证面层的平整性和面层铺筑厚度的均匀性，其表面应有较好的平整度。

修筑基层、底基层的材料主要有各种无机结合料（如石灰、水泥等）稳定土（包括细粒土、中和粗粒的碎砾石等）、无机结合料稳定的各种工业废渣（如煤渣、矿渣、石灰渣及粉煤灰等）、贫水泥混凝土、天然砂砾、各种碎石或砾石等。

基层或底基层可为单层或双层。当基层或底基层较厚需要分两层施工时，可分别称为上基层、下基层，或上底基层、下底基层。

为了保护路面面层的边缘，铺筑时基层宽度每侧宜比面层宽出25cm，底基层每侧宜比基层宽出15cm。

3. 功能层

在特殊需要的路段，设置在基层或底基层与土基之间，起着稳定加强路基、改善基层或底基层工作条件作用的结构层，总称为功能层。所谓特殊需要的路段，是指为隔水、排水、隔热、防冻等不同目的而设置的，通常设在地下水位高、排水不良的路段以及季节性冻土地区路面厚度不满足要求的路段。

关于修筑材料，强度不一定要求很高，但水稳定性和隔热性要好。常用材料有两类：一类是用松散粒料，如粗砂、砾石等料组成的透水层；另一类是整体性材料，如石灰和水泥稳定粒料等组成的稳定层。高等级公路的排水功能层应铺至与路基同宽，以利路面结构排水。一般情况下，功能层宽度应比底基层每侧至少宽出25cm。

第三节 路面主要病害与防治

一、沥青路面病害种类及防治

1. 龟裂

沥青路面龟裂是在行车荷载的反复作用下，沥青面层或稳定基层发生疲劳破坏后而产生的一系列相互交叉贯通的裂缝，裂缝将沥青路面分为不均匀的裂块，主要裂缝块度在0.5m以下。根据损坏程度，龟裂可以分为轻度、中度、重度三种。轻度：主要裂缝块度在0.2~0.5m之间，平均裂缝宽度≤2mm；中度：主要裂缝块度<0.2m，平均裂缝宽度在2~5mm之间；重度：主要裂缝块度<0.2m，平均裂缝宽度>5mm。

2. 块状裂缝

沥青路面块状裂缝通常是由于沥青混合料中采用了大量的低针入度沥青和亲水性集料，或沥青发生老化失去其弹性，在交通荷载作用下导致开裂或在低温作用下使沥青混凝土产生温缩开裂，通常裂缝块度在 0.5m 以上。根据损坏程度，块状裂缝分为轻度、重度两种。轻度：主要裂缝块度 >1.0m，平均裂缝宽度在 1~2mm 之间；重度：主要裂缝块度在 0.5~1.0m 之间，平均裂缝宽度≥2mm。

3. 纵向裂缝

纵向裂缝是路面上与行车方向基本平行的裂缝，如图 3-1-1-2 所示。其产生原因主要有以下几种：路基填筑使用了不合格材料，吸水膨胀引起路面开裂；纵向加宽没有按照要求进行施工，或者碾压没有达到要求，从而造成加宽部位沉降；路基边坡坡度小于设计值，路基边坡压实度不足产生滑坡；边沟过深，使实际填土高度加大从而产生滑坡；面层前后摊铺相接处的冷接缝没有按照相关要求进行处理，结合不紧密而相互脱离。

根据损害程度，可分为轻度裂缝和重度裂缝两种。轻度：主要裂缝宽度≤3mm；重度：主要裂缝宽度 >3mm。

4. 横向裂缝

横向裂缝是路面上与行车方向基本垂直的裂缝，如图 3-1-1-3 所示。裂缝的线宽不一，缝长有的贯穿整幅路面，有的只是部分开裂。横向裂缝产生原因主要有以下四种：沥青质量没有达到本地区施工气候要求或者没有达到相关技术标准，致使沥青面层温度收缩或温度疲劳应力大于沥青面层的抗拉强度；施工缝处理不当，接缝不紧密，造成不同部位结合不良；半刚性基层由于水泥剂量、施工质量等综合因素而产生路面收缩裂缝；桥梁、涵洞等结构物回填部位没有按照要求进行施工，或处理不得当，从而产生不均匀沉降。

图 3-1-1-2　路面纵向裂缝

图 3-1-1-3　路面横向裂缝

根据损坏程度，可分为轻度裂缝和重度裂缝两种。轻度：主要裂缝宽度≤3mm；重度：主要裂缝宽度 >3mm。

对龟裂、块状裂缝、纵向裂缝和横向裂缝四种路面病害的防治主要按照轻重程度选用适宜的处治方法。对较小的龟裂、块状裂缝、纵向裂缝和横向裂缝，一般用灌入热沥青材料加以封闭处理。对较大的裂缝，则用填塞沥青石屑混合料方法处理。对于大面积的龟裂、网裂，通常采用加铺封层或沥青表面处治。网裂、龟裂严重的路段,则应进行补强或彻底翻修。

5. 沉陷

沥青路面沉陷是由于路基、路面产生竖向变形而导致路面下沉的现象,路面局部下沉10cm以上,通常由以下几种原因引起:路基、路面在自然因素和行车荷载作用下,达到进一步密实和稳定引起的沉落,一般不会引起路面破坏;路基、路面不密实,碾压不均匀,在水的侵蚀下,经行车作用引起的变形;路基局部填筑不密实或路基有墓穴、枯井、树坑、沟槽等,当受到水的侵蚀而沉陷。

根据损坏程度,可以分为轻度沉陷和重度沉陷。轻度:沉陷深度在10~25mm之间,行车无明显颠簸感;重度:沉陷深度>25mm,行车有明显颠簸感。对于轻度沉陷,如基层和土基较为密实、稳定,可只修补面层,用沥青砂或细粒式沥青混合料填补、整平、压实,面积较大时应加铺面层。对于局部因路基有坑洞、沟槽等的重度沉陷,应采用碎(砾)石、干砌或浆砌片石等重新回填密实,将土基或基层根治后,再铺面层。对于路桥过渡段路面,因填土不实出现的重度沉陷,应加铺基层,重新压实处理后再作面层。对于因含水率和孔隙比较大的软基或含有机物质的黏性土层造成的重度沉陷,宜换土处理。

6. 车辙

沥青路面车辙是车辆长时间在路面上行驶后留下的车轮永久压痕,如图3-1-1-4所示。车辙是沥青路面的主要病害之一,影响行车舒适性和道路安全。根据形成原因,车辙可分为以下类型:磨耗型车辙,在车轮磨耗和环境条件的综合作用下,路面磨损,面层内集料颗粒逐渐脱落;结构型车辙,基层路面结构层或路基强度不足,在交通荷载反复作用下产生向下的永久变形,反射于路面;失稳型车辙,在交通荷载产生的剪切应力的作用下,路面层材料失稳,产生凹陷和横向位移;压密型车辙,施工过程中碾压不足,开放交通后被车辆压密而形成车辙。

图3-1-1-4 路面车辙

根据损坏程度,将车辙病害分为轻度车辙和重度车辙。轻度:车辙深度在10~15mm之间;重度:车辙深度≥15mm。车辙处理方法:轻微变形时,采用乳化沥青稀浆封层;较重变形时,应挖除局部,采用铣刨、摊铺、碾压方法;严重变形时,应挖除整个面层,重新铺筑整个面层。注意调整沥青混合料矿料级配,添加抗车辙剂,以改善和提高沥青混合料高温抗车辙能力。

7. 拥包

在行车水平力作用下,沥青面层材料的抗剪强度不足则易产生推挤拥包,这类病害大多是由于所用的沥青稠度偏低,用量偏多,或因混合料中矿料级配不好,细料偏多而产生。此外,面层较薄,以及面层与基层的黏结性较差,也易产生推挤拥包,如图3-1-1-5所示。这种病害一般只能采取铲平的办法来处治。

8. 波浪

波浪是路面表面沿纵向形成的有规则的低洼和凹凸起伏的一种变形。波浪的产生,一是由于拥包未能及时处治,在行车作用下逐渐演变发展所形成;二是,在层铺法施工的路面中,由于沥青洒布不匀形成油垄,沥青多处矿料厚,沥青少处矿料薄,经行车不断冲击、振动使其发展而造成。

9. 坑槽

沥青路面坑槽是指在行车荷载作用下,路面集料局部脱落而产生的坑洼,如图 3-1-1-6 所示。坑槽是沥青路面易发多发的常见病害,影响行车安全性、舒适性和路容路貌。如果养护维修不及时,会对行车安全构成极大威胁,同时会增加养护成本。

图 3-1-1-5　路面拥包

图 3-1-1-6　路面坑槽

其形成原因有以下几种:水损坏是造成沥青路面坑槽的最主要因素,水对沥青混合料产生软化作用、剥离作用(降低沥青与集料的黏附性)和冲刷作用(在荷载作用下产生的动水压力不断冲刷沥青膜),造成沥青混凝土松散,从而形成坑槽;由于沥青混合料的老化现象,导致沥青与集料的黏附性差,胶结体黏度降低,在有水的情况下,产生冲刷,造成沥青混凝土松散;因施工工艺导致的沥青混合料黏结性能降低、压实度降低(导致沥青混合料内部进水)、沥青混合料局部离析(空隙率变大,局部进水)等情况,在荷载作用下产生的动水压力不断冲刷沥青膜造成沥青膜剥落,混合料松散。

根据损害程度,坑槽可以分为轻度和重度两种。轻度坑槽:深度 <25mm,或面积 <0.1m²;重度坑槽:深度≥25mm,或面积≥0.1m²。坑槽处治的方法是将坑槽范围挖成矩形,槽壁应垂直,在四周涂刷热沥青后,从基层到面层用与原结构相同的材料填补,并予以夯实。

10. 松散

松散大多发生在沥青路面使用的初期。松散的原因是采用的沥青稠度偏低,黏结力差,用量偏少;或所用矿料过湿、铺撒不匀;或所用嵌缝料不合规格而未能被沥青黏牢,如图 3-1-1-7 所示。基层湿软时,应清除松散的沥青面层后重新压实,待基层干燥后再铺面层。如不及时治理,它会从路表面向下不断发展,以致形成坑槽。

根据损坏程度,将松散分为轻度和重度两种。轻度:路面表面细集料散失、脱皮、麻面等;重度:路面表面粗集料散失、脱皮、麻面、露骨、表面剥落。对因沥青稠度低用量偏少,嵌缝料散失出现的松散,宜重新喷洒沥青,再撒上石屑或粗砂,最后用轻型压路机压实。对因油温过高,沥青老化失去黏结力而造成的松散,应将松散部分全部挖除,重作面层。基层湿软时,应清除松散的沥青面层后重新压实,待基层干燥后再铺面层。

11. 泛油

沥青路面泛油是指面层中的自由沥青受热膨胀,直至沥青混合料空隙无法容纳,溢出到路面的现象,有时还会形成油包,如图3-1-1-8所示。

图3-1-1-7 路面松散

图3-1-1-8 路面油包

沥青在高温情况下软化,在车辆荷载作用下从沥青混合料内部向上移动,导致沥青路面表面层出现过多的沥青,形成泛油现象,如果没有及时处理,容易导致交通事故发生。受高温天气的影响,再加上重载车辆的作用,将进一步压实路面,导致泛油现象发生。或者雨水浸入沥青混合料内部,沥青从集料表面剥落并向上移动,进而在沥青路面表面出现严重的泛油现象。根据泛油的轻重程度,采取铺撒较粗粒径的集料予以治理。

二、水泥混凝土路面病害种类及防治

1. 破碎板

破碎板是指水泥混凝土路面在车辆荷载作用下,板块被裂缝分为3块以上的破坏形式,通常伴有严重的剥落或沉陷,如图3-1-1-9所示。水泥混凝土强度不够、路基处理不到位或者路基塌陷、水泥混凝土路面养护不足、车辆荷载过大等都可能引发水泥混凝土路面板破碎。

图3-1-1-9 破碎板

根据损坏程度,将破碎板分为轻度和重度两类:

轻度:板块被裂缝分为3块以上,破碎板未发生松动和沉陷;

重度:板块被裂缝分为3块以上,破碎板有松动、沉陷和唧泥等现象。

当路面板块被裂缝分割成3块以上的破碎板,且有沉降影响行车安全时,必须将整块板凿除,治理好基层后重新浇筑水泥混凝土板,板厚与原面板厚度一致,但一般不宜小于24cm,否则应采用钢筋混凝土进行修复。

2. 板块裂缝

水泥混凝土路面板块裂缝包括横向裂缝、纵向裂缝和不规则的斜裂缝等,如图 3-1-1-10 所示。

图 3-1-1-10　水泥混凝土路面板块裂缝

造成水泥混凝土路面板开裂的原因有很多,包括混凝土自身收缩形成的裂缝,收缩产生的裂缝又包括缩水收缩裂缝和塑性收缩裂缝;地基基础发生变形形成的裂缝,这种情况裂缝的出现一般是因为工程前期的勘察不良导致,也有可能是地基基础本身的特殊性导致;施工工艺不良形成的裂缝;混凝土板内的拉杆、传力杆等构件不自由形成的裂缝;板内钢筋发生锈蚀形成的裂缝;大气温度变化形成的裂缝;外部车辆荷载因素形成的裂缝。

根据损坏程度,将裂缝分为轻度、中度、重度三种。轻度:裂缝窄、裂缝处未剥落,缝宽小于 3mm,一般为未贯通裂缝;中度:边缘有碎裂,裂缝宽度在 3～10mm 之间;重度:缝宽大于 10mm,边缘有碎裂并伴有错台出现。常见的水泥混凝土路面裂缝处理方法主要有表层修补法和内部修补法。上述两种方法都需要使用到水泥混凝土路面裂缝修补料。表层修补法主要适用于那些对路面承载能力没有造成影响的表层细微裂缝,表层修补的目的主要是对表层裂缝进行封闭,进而实现防渗漏的目的;内部修补法是将水泥混凝土路面裂缝修补料注入裂缝中,随着水泥混凝土路面裂缝修补料的凝结和硬化,水泥混凝土路面裂缝修补料与裂缝内部黏结在一起,进而恢复结构的完整和功能。

3. 板角断裂

板角断裂是指裂缝与纵横接缝相交,且交点距板角小于或等于板边长度一半的损坏,裂缝贯穿面层混凝土,形成三角形的块,如图 3-1-1-11 所示。

造成板角断裂的可能原因有:施工密实度难以保证,造成水泥混凝土强度小;板角处受到纵横双向裂缝水冲刷造成脱空,导致板角应力增加;底板或基层破损形成脱空,荷载冲击造成断裂。

根据损坏程度,将板角断裂分为轻度、中度、重度三种。轻度:裂缝宽度小于 3mm;中度:裂缝宽度在 3～10mm 之间;重度:裂缝宽度大于 10mm,断角有松动。

当路面板发生脱空断裂、断角等损坏,影响行车安全时,应凿除损坏部分,处理好基层后,用同种或异种(沥青混凝土、水泥混凝土预制块、石块等)材料进行局部修补。

4. 错台

错台是指接缝两边的混凝土板块出现高差大于 5mm 的损坏,如图 3-1-1-12 所示。

图 3-1-1-11　水泥混凝土路面板角断裂　　　　图 3-1-1-12　错台与边角剥落

路基压实不足或填料不一致,或基层采用手摆块石,施工中密实度难以控制和不易压实,往往会松动失稳,或部分基层砂石级配不够合理,拌和不均匀导致相邻段落粗(细)集料含量集中未经处治等因素存在,在车辆荷载的作用下造成路面错台损坏。

根据损坏程度,将错台分为轻度、重度两种。轻度:接缝两侧高差在 5~10mm 之间;重度:接缝两侧高差≥10mm。

根据不同位置和错台的损坏程度,可采用下列方法进行处治:

(1)机械磨平法,适用于轻度错台。

(2)沥青砂或密级配沥青混合料罩面法,适用于接缝部分或裂缝部分、水泥混凝土路面和沥青路面之间、水泥混凝土路面和路肩之间的错台。

(3)板底砂浆抬高法,适用于基础过软引起的错台。

5. 拱起

拱起是指水泥混凝土路面胀缝被硬物阻塞,或胀缝设置过少,使路面板受热时不能自由伸胀导致横缝两侧的混凝土路面板板体发生明显抬高的现象,拱起高度大于 10mm。在板端拱起但路面板完好时,先用切割机具将拱起两端的各 2~3 条横缝切宽、切深。然后切开拱起端,将板块恢复原位后,封填接缝。

6. 边角剥落

边角剥落是指混凝土面板沿接缝方向的板边碎裂和脱落,裂缝面与板面成一定角度,如图 3-1-1-12 所示。

施工时由于胀缝的设置不规范,在车辆荷载和自然因素的作用下,使缝中形成空隙,其他的杂物、水分就容易进入空隙,从而引起板边出现胀裂,经过几次冻缩后,裂缝就会越变越大,从而导致边角剥落。

根据损坏程度,将边角剥落分为轻度、中度、重度三种。轻度:浅层剥落;中度:中深层剥落,接缝附近水泥混凝土有开裂;重度:深层剥落,接缝附近水泥混凝土多处开裂,开裂深度超过接缝槽底部。对于剥落,可将路面板表面凿除破损到一定深度,而后在上面做薄层表面处治。

7. 接缝料损坏

接缝料损坏是指由于接缝的填缝料老化、剥落等原因,接缝内已无填料,接缝被砂、石、土等填塞的现象。

接缝料损坏主要是由于填料脆裂、老化、挤出与板边脱离造成。未进行规范的灌缝,或者根本未处理接缝,在行车荷载和环境因素作用下,出现较大的缝边破裂,雨水渗入基层,引发多种路面病害。

根据损坏程度,将接缝料损坏分为轻度、重度两种。轻度:填缝料老化,不密水,尚未剥落脱空,未被砂、石、土填塞;重度:三分之一以上接缝出现空缝或被砂、石、土填塞。对于接缝料损坏的修复方法是需进行全深度混凝土补块。

8.坑洞

坑洞是指面板出现直径大于30mm、深度大于10mm的坑槽。

主要形成原因有:混凝土施工过程中材料检测不严格,砂石材料含泥量过大,混凝土内含有泥土或者杂物所致;在雨天的情况下浇筑水泥混凝土路面,雨水的侵入造成混凝土表面灰浆不足,泌水提浆造成混凝土表面强度不足,在行车荷载的长期作用下,路面表面结合料磨失;施工时局部振捣不到位,路面粗集料脱落,造成路面碎裂剥落,产生深浅不一的凹槽。

对坑洞的处治方法:

(1)对个别的坑洞,应清除洞内杂物,用水泥砂浆等材料填充,达到平整密实。对较多坑洞且连成一片的,应采取薄层修补方法进行修补。

(2)对面积较大,深度在30mm以内,且成片出现坑洞的低等级公路,可用沥青混合料进行修补。

(3)对于深度小于30mm且数量较多的浅坑,如路面尚未开裂,满足结构受力条件,维持原状。对于深度大于30mm且数量较多的坑槽,切除坑槽集中位置板块,补块修复。

第四节 路面排水设计

水对路面的危害主要表现为渗入路面结构层,降低路面材料的强度,引起路面基层、底基层承载能力下降,在水泥混凝土路面的接缝、沥青路面的裂缝及路肩处造成唧泥;在冻胀地区,冻融季节路面下结构层的存水会引起路基翻浆。

路面排水的目的是迅速排除路面表面的大气降水和渗入路面结构中的水,防止水对路面结构层的损害,以保证路面结构的强度和稳定性。路面排水包括路面表面排水、中央分隔带排水及路面内部排水。

路面排水系统通常有三方面的要求:一是各项设施应具有足够的泄水能力,满足排除渗入路面结构内的自由水的需要;二是自由水在路面结构内的渗流时间不能太长,渗流路径不能太长;三是排水设施要有较好的耐久性。

一、路面表面排水

路面表面排水的主要任务是迅速把降落在路面和路肩表面的雨水排走,以免造成路面积水而影响行车安全。路面表面排水设计应遵循下列原则:

(1)降落在路面上的雨水,应通过路面横向坡度向两侧排流,避免行车道的路面范围内出现积水。

(2)在路线纵坡平缓、汇水量不大、路堤较低且边坡坡面不会受到冲刷的情况下,在路堤边坡上用横向漫流的方式排除路面表面水。

(3)在路堤较高,边坡坡面未做防护面易遭受路面表面水流冲刷,或者坡面虽已采取防护措施但仍有可能受到冲刷时,应沿路肩外侧边缘设置拦水带,汇集路面表面水,然后通过泄水口和急流槽排离路堤。

(4)设置拦水带汇集路面表面水时,拦水带过水断面内的水面,在高速公路及一级公路上不得漫过右侧车道外边缘,在二级及以下公路上不得漫过右侧车道中心线。

在道路交叉口、匝道口与桥梁等构造物连接处,超高路段和一般路段的横坡转换处,应设置泄水口以避免路面表面水横向流过行车道或结构物。在纵坡变换的凹形竖曲线底部,泄水口应设在最低点,并在其前后相距3~5m处各增设一个泄水口。泄水口的设置间距,以20~30m为宜。

二、中央分隔带排水

中央分隔带排水是高速公路及一级公路地表排水的重要内容,应根据分隔带宽度、绿化和交通安全设施的形式和分隔带表面的处理方式等因素选择不同的排水方式。中央分隔带的排水设施由排水沟(明沟、暗沟、盲沟)、渗沟、雨水井、集水井、横向排水管等组成,中央分隔带表面一般可采用表面不铺面封闭与表面铺面封闭2种形式,如图3-1-1-13、图3-1-1-14所示。

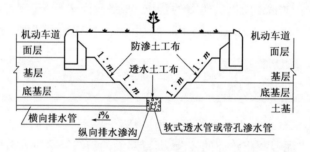

图3-1-1-13 不铺面中央分隔带防排水系统示意图(尺寸单位:cm)

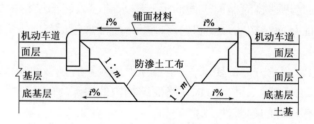

图3-1-1-14 设铺面中央分隔带排水系统示意(尺寸单位:cm)

中央分隔带表面未采用铺面封闭时,为排除渗入分隔带内的表面水,中央分隔带内部宜设置纵向排水渗沟或盲沟,并间隔一定距离设一条横向排水管将渗沟内的水引排出路基之外,渗沟周围应包裹反滤织物(土工布),以免水渗入时携带的细粒土将渗沟堵塞。渗沟上的回填料周围与路面各结构层的交界面处,可铺设防水土工布或设置防水层,如图3-1-1-13所示。当中央分隔带宽度大于3m且表面未采用铺面封闭时,中央分隔带表面宜设置成浅蝶形(即凹式),

横向坡度宜为 1：4~1：6。

当降雨量较小、中央分隔带较窄时,中央分隔带可采用表面铺面封闭进行分散排水。分隔带铺面应采用向两侧外倾的横坡,其坡度与路面的横坡度相同,如图 3-1-1-14 所示。

中央分隔带封闭后可不设内部排水系统。封闭可用 40~80mm 厚的预制混凝土或现浇混凝土,其下设砂砾垫层。铺面材料可采用沥青处治材料或其他封闭材料。

三、路面内部排水

在多雨或严重冰冻地区,路基由透水性差的细粒土组成,处于潮湿路段的二级及以上等级公路;路基两侧有滞水,可能渗入路面结构内的公路路段;或现有路面改建工程需要排除积滞在路面结构内的水分等情况下,宜设置路面内部排水系统。

路面内部排水系统有边缘排水系统和排水基层排水系统两种。边缘排水系统常用于旧水泥混凝土路面下基层材料结构透水性较小,需要改善排水状况时;排水基层排水系统常用于新建路面时,其排水效果比边缘排水系统好得多。

1. 边缘排水系统

边缘排水系统由沿路面边缘设置的透水性填料集水沟、纵向排水管、横向出水管和过滤织物(土工布)所组成,如图 3-1-1-15 所示。该系统是将渗入路面结构内的自由水,先沿路面结构层内空隙或某一透水层次横向流入纵向集水沟和排水管,再由横向出水管引排出路基。

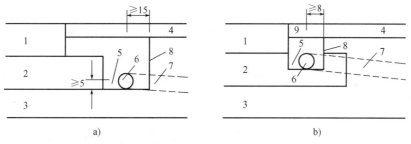

图 3-1-1-15　边缘排水系统(尺寸单位:cm)
a)新建路面边缘排水系统;b)改建路面边缘排水系统
1-面层;2-基层;3-功能层;4-路肩面层;5-集水沟;6-纵向排水管;7-横向出水管;8-反滤织物;9-回填路肩面层

集水沟底面的最小宽度,对于新建路面不应小于 30cm;对于改建路面应能保证排水管两侧各有至少 5cm 宽的透水性填料。透水性填料底面和外侧围以反滤织物(土工布),以防路面功能层、基层及路肩内的细料侵入而堵塞填料空隙或管孔。反滤织物可选用由聚酯类、丙烯材料制成的无机纺织物。

纵向排水管通常选用聚氯乙烯(PVC)或聚乙烯(PE)塑料管。排水管左右及上部可设槽或孔眼。排水管的埋置深度,应保证不被车辆或施工机械压裂,并应低于当地的冰冻深度。在非冰冻地区,新建路面时,排水管管底通常与基层底面齐平;改建路面时,管中心应低于基层顶面。排水管的纵向坡度尽量与路线纵坡相同,不得小于 0.25%。

横向出水管选用不带槽或孔的聚氯乙烯或聚乙烯塑料管。出水管的横向坡度不宜小于 5%。出水管的外露端头用镀锌铁丝网或格栅罩住。出水口的下方应铺设水泥混凝土防冲刷垫板,或者对泄水道的坡面进行浆砌片石防护,以防止水流冲刷路基边坡和影响植物生长。

2. 排水基层排水系统

排水基层排水系统是直接在面层下设置透水性排水基层,在其边缘设置纵向集水沟和排水管,然后由横向出水管将水流排到路基之外,如图 3-1-1-16 所示。

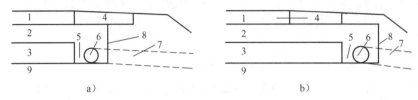

图 3-1-1-16 排水基层排水系统

1-面层;2-排水基层;3-不透水层;4-路肩面层或水泥混凝土路肩面层;5-集水沟;6-纵向排水管;7-横向出水管;8-反滤织物;9-路基

排水基层由不大于 4.75mm 细颗粒的开级配碎石集料,经过水泥或沥青处治,或未经处治的开级配集料组成。

排水基层的厚度应按所需排放的水量和基层材料的渗透系数经过水力计算确定,通常在 8~15cm 范围内选用,但最小厚度不得小于 6cm(碎石经沥青处治)或 8cm(碎石经水泥处治)。其宽度应视面层施工的需要,可超出面层宽度 30~90cm。

纵向集水沟可设在面层边缘外侧、路肩下或路肩边缘外侧。集水沟中的填料采用与排水基层相同的透水性材料。集水沟的下部设置带槽或孔眼的纵向排水管,并隔适当距离设置不带槽或孔眼的横向出水管。

上述各类排水设备,均是针对某一水源,为满足某一方面的要求而设置。在实际工程中,由于自然条件、路线布置及其他人为因素的不同,情况往往比较复杂,对于某些重点路段,需要进行路基路面排水的综合设计,以提高排水效果,发挥各类排水设备的优点,降低工程费用。

第五节 交通轴载分析

一、标准轴载和换算方法

公路上行驶的车辆种类繁杂,不同车型和不同作用次数对路面影响不同,为方便路面设计,需将不同车型组合而成的混合交通量,以某种统一轴载为准,换算成一定的当量轴次。这种统一的轴载,称为标准轴载。

《公路工程技术标准》(JTG B01—2014)规定:路面设计标准轴载为双轮组单轴 100kN,用 BZZ—100 表示。标准轴载的计算参数按表 3-1-1-1 确定。

标准轴载计算参数 表 3-1-1-1

标 准 轴 载	后轴载 P (kN)	轮胎接地压强 p (MPa)	单轮传压面当量圆直径 d (cm)	两轮中心距 (cm)
BZZ—100	100	0.7	21.3	1.5d

1. 换算原则

不同轴载在同一路面结构上重复作用不同次数后,可使结构层永久变形量或疲劳破坏达到相同极限状态。在一定轴载范围下,不同轴载对路面的作用效果可以互相换算。在进行换算时,应该遵循两项原则:第一,换算以达到相同临界状态为标准;第二,对某一种交通组成,不论以哪种轴载标准进行换算,由换算所得轴载作用次数计算的路面厚度相同。

我国现行沥青路面设计方法中采用沥青混合料层疲劳寿命、无机结合料稳定层疲劳寿命、沥青混合料层永久变形和路基永久变形为主要设计标准,因此,轴载换算时考虑了以沥青混合料层层底拉应变、无机结合料稳定层层底拉应力、沥青混合料层永久变形量和路基顶面竖向压应变为指标的轴载换算方法。我国现行水泥混凝土路面设计方法中则采用以水泥混凝土面板底面的弯拉应力为指标进行轴载换算。

2. 沥青路面的轴载换算方法

各类车辆当量设计轴载换算系数可以按三个水平确定,高速公路和一级公路的改建设计应采用水平一,其他情况可采用水平二或水平三。

1) 水平一

采用称重设备连续采集设计车道上车辆类型、轴型组成和轴重数据,按下列步骤分析各类车辆当量换算系数:

(1) 分别统计 2 类~11 类车辆(详见《公路沥青路面设计规范》(JTG D50—2017)附录 A 交通荷载参数分析)单轴单胎、单轴双胎、双联轴和三联轴的数量,除以各类车辆总量,按式(3-1-1-1)计算各类车辆中不同轴型平均轴数。

$$NAPT_{mi} = \frac{NA_{mi}}{NT_m} \quad (3\text{-}1\text{-}1\text{-}1)$$

式中:$NAPT_{mi}$——m 类车辆中 i 种轴型的平均轴数;

NA_{mi}——m 类车辆中 i 种轴型总数;

NT_m——m 类车辆总数;

m——2 类~11 类车辆;

i——分别为单轴单胎、单轴双胎、双联轴和三联轴。

(2) 按式(3-1-1-2)计算 2 类~11 类车辆不同轴型在不同轴重区间所占的百分比,得到不同轴型的轴重分布系数,即轴载谱。确定轴载谱时,单轴单胎、单轴双胎、双联轴和三联轴应分别间隔 2.5kN、4.5kN、9.0kN 和 13.5kN 划分轴重区间。

$$ALDF_{mij} = \frac{ND_{mij}}{NA_{mi}} \quad (3\text{-}1\text{-}1\text{-}2)$$

式中:$ALDF_{mij}$——m 类车辆中 i 种轴型在 j 级轴重区间的轴重分布系数;

ND_{mij}——m 类车辆中 i 种轴型在 j 级轴重区间的数量;

NA_{mi}——m 类车辆中 i 种轴型的数量。

(3) 按式(3-1-1-3)计算 2 类~11 类车辆各种轴型在不同轴重区间的当量设计轴载换算系数,计算时取各轴重区间中点值作为该轴重区间代表轴重。

$$EALF_{mij} = c_1 c_2 \left(\frac{P_{mij}}{P_s}\right)^b \tag{3-1-1-3}$$

式中：c_1——轴组系数，前后轴间距大于3m时，分别按单个轴计算，$c_1 = 1$；轴间距小于3m时，按表3-1-1-2取值；

c_2——轮组系数，双轮组为1.0，单轮组为4.5；

P_s——设计轴载，kN；

P_{mij}——m 类车辆中 i 种轴型在 j 级轴重区间的单轴轴载，kN，对双联轴和三联轴，为平均分配到每根单轴的轴载；

b——换算系数，以沥青混合料层层底拉应变为设计指标分析沥青混合料层疲劳和以沥青混合料层永久变形量为设计指标分析沥青混合料层永久变形时，$b = 4$；以路基顶面压应变为设计指标分析路基永久变形时，$b = 5$；以无机结合料稳定层层底拉应力为设计指标分析无机结合料稳定层疲劳时，$b = 13$。

轴组系数取值　　　　　　　　表3-1-1-2

设计指标	轮—轴型	c_1 取值
沥青混合料层层底拉应变、沥青混合料层永久变形量	双联轴	2.1
	三联轴	3.2
路基顶面竖向压应变	双联轴	4.2
	三联轴	8.7
无机结合料稳定层层底拉应力	双联轴	2.6
	三联轴	3.8

按式(3-1-1-4)计算各类车辆当量设计轴载换算系数：

$$EALF_m = \sum_i \left[NAPT_{mi} \sum_j (EALF_{mij} \times ALDF_{mij}) \right] \tag{3-1-1-4}$$

式中：$EALF_m$——m 类车辆的当量设计轴载换算系数；

$NAPT_{mi}$——m 类车辆中 i 种轴型的平均轴数；

$EALF_{mij}$——m 类车辆中 i 种轴型在 j 级轴重区间的当量设计轴载换算系数，根据式(3-1-1-3)计算确定；

$ALDF_{mij}$——m 类车辆中 i 种轴型在 j 级轴重区间的轴重分布系数。

2)水平二和水平三

按式(3-1-1-5)确定各类车辆的当量设计轴载换算系数，式(3-1-1-5)中非满载车和满载车的比例和当量设计轴载换算系数，水平二时取当地经验值，水平三时取表3-1-1-3和表3-1-1-4所列全国经验值。

$$EALF_m = EALF_{ml} \times PER_{ml} + EALF_{mh} \times PER_{mh} \tag{3-1-1-5}$$

式中：$EALF_{ml}$——m 类车辆中非满载车的当量设计轴载换算系数；

$EALF_{mh}$——m 类车辆中满载车的当量设计轴载换算系数；

PER_{ml}——m 类车辆中非满载车所占的百分比；

PER_{mh}——m 类车辆中满载车所占的百分比。

2 类~11 类车辆非满载车与满载车比例　　　　　　　　　　表 3-1-1-3

车 型	非满载车比例	满载车比例
2 类	0.80 ~ 0.90	0.10 ~ 0.20
3 类	0.85 ~ 0.95	0.05 ~ 0.15
4 类	0.60 ~ 0.70	0.30 ~ 0.40
5 类	0.70 ~ 0.80	0.20 ~ 0.30
6 类	0.50 ~ 0.60	0.40 ~ 0.50
7 类	0.65 ~ 0.75	0.25 ~ 0.35
8 类	0.40 ~ 0.50	0.50 ~ 0.60
9 类	0.55 ~ 0.65	0.35 ~ 0.45
10 类	0.50 ~ 0.60	0.40 ~ 0.50
11 类	0.60 ~ 0.70	0.30 ~ 0.40

2 类~11 类车辆当量设计轴载换算系数　　　　　　　　　　表 3-1-1-4

车型	沥青混合料层层底拉应变、沥青混合料层永久变形量		无机结合料稳定层层底拉应力		路基顶面竖向压应变	
	非满载车	满载车	非满载车	满载车	非满载车	满载车
2 类	0.8	2.8	0.5	35.5	0.6	2.9
3 类	0.4	4.1	1.3	314.2	0.4	5.6
4 类	0.7	4.2	0.3	137.6	0.9	8.8
5 类	0.6	6.3	0.6	72.9	0.7	12.4
6 类	1.3	7.9	10.5	1505.7	1.6	17.1
7 类	1.4	6.0	7.8	553.0	1.9	11.7
8 类	1.4	6.7	16.4	713.5	1.8	12.5
9 类	1.5	5.1	0.7	204.3	2.8	12.5
10 类	2.4	7.0	37.8	426.2	3.7	13.3
11 类	1.5	12.1	2.5	985.4	1.6	20.8

公路沥青路面设计中,路面材料应根据公路等级、交通荷载等级、气候条件、各结构层功能要求和当地材料特性等,在技术经济论证基础上进行设计并确定材料设计参数。路面结构层材料设计参数的确定可分为三个水平:水平一,通过室内试验实测确定;水平二,利用已有经验关系式确定,目前只有沥青混合料动态模量有对应的经验关系式;水平三,参照典型数值确定。高速公路和一级公路的施工图设计阶段宜采用水平一,其他设计阶段可采用水平二或水平三;二级及二级以下公路可采用水平二或水平三。

3)当量设计轴载累计作用次数

根据前述确定的车辆当量设计轴载换算系数,结合交通量调查数据,按式(3-1-1-6)确定初始年设计车道日平均当量轴次 N_1。

$$N_1 = AADTT \times DDF \times LDF \times \sum_{m=2}^{11} (VCDF_m \times EALF_m) \tag{3-1-1-6}$$

式中：$AADTT$——2 轴 6 轮及以上车辆的双向年平均日交通量，辆/d；
DDF——方向系数；
LDF——车道系数；
m——车辆类型编号；
$VCDF_m$——m 类车辆类型分布系数；
$EALF_m$——m 类车辆的当量设计轴载换算系数。

根据初始年设计车道日平均当量轴次 N_1、设计使用年限等，按式(3-1-1-7)计算设计车道上的当量设计轴载累计作用次数 N_e。

$$N_e = \frac{[(1+\gamma)^t - 1] \times 365}{\gamma} N_1 \quad (3\text{-}1\text{-}1\text{-}7)$$

式中：N_e——设计使用年限内设计车道上的当量设计轴载累计作用次数，次；
t——设计使用年限，年；
γ——设计使用年限内交通量的年平均增长率；
N_1——初始年设计车道日平均当量轴次，次/d。

3. 水泥混凝土路面的轴载换算方法

水泥混凝土路面结构设计也以 100kN 的单轴—双轮组荷载作为标准设计轴载，并以水泥混凝土面板底面的弯拉应力为指标进行轴载换算。

1）以轴型为基础的换算方法

各类车辆按轴型称重和统计时，可采用以轴型为基础的轴载当量换算系数法计算分析设计车道使用初期的设计轴载日作用次数。随机统计 3000 辆 2 轴 6 轮及以上车辆中单轴、双联轴和三联轴等不同轴型出现的单轴次数，并分别称取其单轴轴重。可按单轴轴重级位统计整理后得到轴载谱，并按式(3-1-1-8)计算确定不同轴重级位的设计轴载当量换算系数。

$$k_{p,i} = \left(\frac{P_i}{P_s}\right)^{16} \quad (3\text{-}1\text{-}1\text{-}8)$$

式中：$k_{p,i}$——不同单轴轴重级位的设计轴载当量换算系数；
P_i——单轴—单轮组、单轴—双轮组、双轴—双轮组或三轴—双轮组轴型中单轴级位 i 的轴重，kN；
P_s——设计轴载的轴重，kN。

依据单轴轴载谱和相应的设计轴载当量换算系数，可按式(3-1-1-9)计算得到设计车道使用初期的设计轴载日作用次数。

$$N_s = ADTT \frac{n}{3000} \sum_i (k_{p,s} \cdot p_i) \quad (3\text{-}1\text{-}1\text{-}9)$$

式中：N_s——设计车道的设计轴载日作用次数，轴次/(车道·日)；
$ADTT$——设计车道的年平均日货车交通量，辆/(车道·日)；
n——随机调查 3000 辆 2 轴 6 轮以上车辆中出现的单轴总轴数；
p_i——单轴轴重级位 i 的频率（以分数计）。

2）以车辆类型为基础的换算方法

以车辆类型为基础进行各种轴型的轴载称重和统计时，可采用车辆当量轴载系数法计算分析设计车道使用初期的设计轴载日作用次数。

可将 2 轴 6 轮及以上车辆分为整车、半挂和多挂 3 大类,每类车再按轴数细分,分别按车型称重后得到单轴轴载谱。可由式(3-1-1-8)和式(3-1-1-10)计算得到各类车辆的设计轴载当量换算系数。

$$k_{p,k} = \sum_i k_{p,i} \cdot p_i \tag{3-1-1-10}$$

式中:$k_{p,k}$——k 类车辆的设计轴载当量换算系数;

p_i——k 类车辆单轴轴重级位 i 的频率(以分数计)。

依据调查所得的车辆类型组成数据,可按式(3-1-1-11)计算确定设计车道使用初期的设计轴载日作用次数。

$$N_s = ADTT \times \sum_k (k_{p,k} \cdot p_k) \tag{3-1-1-11}$$

式中:p_k——k 类车辆的组成比例(以分数计)。

3)当量设计轴载累计作用次数

设计基准期内水泥混凝土路面设计车道临界荷位处所承受的设计轴载累计作用次数,可按照式(3-1-1-12)计算确定。

$$N_e = \frac{N_s \cdot [(1+g_r)^t - 1] \times 365}{g_r} \cdot \eta \tag{3-1-1-12}$$

式中:N_e——设计基准期内设计车道所承受的设计轴载累计作用次数,轴次/车道;

t——设计基准期,年;

g_r——基准期内货车交通量的年平均增长率(以分数计);

η——临界荷位处的车辆轮迹横向分布系数,按表 3-1-1-5 选用。

水泥混凝土路面车辆轮迹横向分布系数　　　表 3-1-1-5

公　路　等　级		纵缝边缘处
高速公路、一级公路、收费站		0.17 ~ 0.22
二级及二级以下公路	行车道宽 >7m	0.34 ~ 0.39
	行车道宽 ≤7m	0.54 ~ 0.62

二、交通荷载分级

由于不同等级的道路承受不同的交通荷载作用,为了判别道路承受荷载的轻重,《公路沥青路面设计规范》(JTG D50—2017)和《公路水泥混凝土路面设计规范》(JTG D40—2011)分别进行了交通荷载等级的划分。

沥青路面结构设计采用多项设计指标,不同设计指标分别采用不同的轴载换算参数,从而对应不同的当量设计轴载累计作用次数。如采用当量设计轴载累计作用次数划分交通荷载等级,需针对各设计指标分别提出划分标准,应用不便。此外,不同等级公路设计使用年限不同,日平均交通量无法反映设计使用年限内累计交通量。因此,沥青路面以设计使用年限内累计大型客车和货车交通量之和划分交通荷载等级,见表 3-1-1-6。

沥青路面设计交通荷载分级　　　　　　　　　　表 3-1-1-6

设计交通荷载等级	极重	特重	重	中等	轻
设计使用年限内设计车道累计大型客车和货车交通量($\times 10^6$,辆)	≥50.0	50.0~19.0	19.0~8.0	8.0~4.0	<4.0

注：大型客车和货车为《公路沥青路面设计规范》(JTG D50—2017)根据轴型组合分为 11 类车辆中的第 2~11 类。

水泥混凝土路面设计车道在设计基准期内所承受的交通荷载作用,按设计基准期内设计车道临界荷位处所承受的设计轴载累计作用次数分为 5 级(表 3-1-1-7)。

水泥混凝土路面交通荷载分级　　　　　　　　　表 3-1-1-7

交通荷载等级	极重	特重	重	中等	轻
设计基准期内设计车道承受设计轴载(100kN)累计作用次数 N_e($\times 10^4$)	$>1\times 10^6$	1×10^6~2000	2000~100	100~3	<3

工程案例：高速公路路面结构组合

某高速公路设计速度为 80km/h,双向四车道,工程设计符合《中华人民共和国工程建设标准强制性条文公路工程部分》的有关要求。主线、枢纽匝道等预测交通量较大的路面结构采用 4cm SMA-13 + 6cm Superpave-20 + 8cm Superpave-25 + 20cm 水泥稳定碎石基层 + 34cm 水泥稳定碎石底基层。其中,挖方路段石质路基增设了 15cm 级配碎石功能层。具体路面结构组合如图 3-1-1-17 所示。

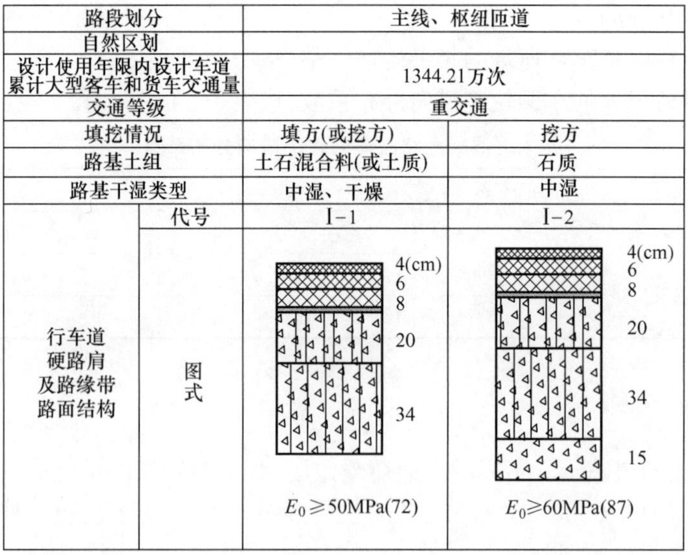

路段划分	主线、枢纽匝道	
自然区划		
设计使用年限内设计车道累计大型客车和货车交通量	1344.21万次	
交通等级	重交通	
填挖情况	填方(或挖方)	挖方
路基土组	土石混合料(或土质)	石质
路基干湿类型	中湿、干燥	中湿
代号	Ⅰ-1	Ⅰ-2
行车道硬路肩及路缘带路面结构 图式	4(cm) 6 8 20 34　$E_0 \geq 50\text{MPa}(72)$	4(cm) 6 8 20 34 15　$E_0 \geq 60\text{MPa}(87)$

图 3-1-1-17　路面结构组合

📖 本章小结

(1)路面结构是多层体系,其结构从上而下分别为面层、基层、底基层和功能层(根据需要),设计中应根据具体情况而设定。

(2)路面结构的各结构层分别有各自的作用和功能,设计时应从满足技术和经济要求出发,选用与各结构层的作用和功能相适应的材料。

(3)沥青路面病害有龟裂、块状裂缝、纵向裂缝、横向裂缝、沉陷、车辙、波浪、拥包、坑槽、松散、泛油等,水泥混凝土路面病害有破碎板、板块裂缝、板角断裂、错台、拱起、边角剥落、接缝料损坏、坑洞等。

(4)路面排水设施可分为路面表面排水、中央分隔带排水、路面内部排水三类。路面内部排水又可分为边缘排水系统和排水基层排水系统两类。

(5)路面设计标准轴载为双轮组单轴100kN,用BZZ—100表示。我国现行沥青路面设计方法中采用以沥青混合料层层底拉应变、无机结合料稳定层层底拉应力、沥青混合料层永久变形量和路基顶面竖向压应变为指标的轴载换算方法。我国现行水泥混凝土路面设计方法中则采用以水泥混凝土面板底面的弯拉应力为指标进行轴载换算。

思考题与习题

1. 路面有哪些基本性能?
2. 简述路面结构从上而下的分层?
3. 路面结构层中的基层、底基层目前常用的有哪几种类型?
4. 沥青路面和水泥混凝土路面的主要病害有哪些?如何防治?
5. 路面表面排水应遵循哪些原则?
6. 路面排水设施有哪些?路面内部排水又可分为哪两种系统?各自的适用性如何?
7. 何谓标准轴载?《公路工程技术标准》(JTG B01—2014)中规定的路面设计标准轴载是什么?
8. 为什么要进行轴载换算?当量轴次换算的原则是什么?
9. 什么是当量设计轴载累计作用次数?如何确定?在路面设计中有什么作用?

第二章 CHAPTER TWO
路面基层设计

本章提要：

本章主要介绍碎(砾)石类基层的类型与特点，无机结合料稳定类材料的物理力学特点，石灰稳定类基层、水泥稳定类基层和工业废渣稳定类基层的强度机理和影响因素。

能力目标：

1. 了解各类基层材料的特点，掌握其适用交通荷载等级；
2. 能描述级配碎(砾)石、填隙碎石基层材料的组成与特性；
3. 理解石灰稳定土和水泥稳定土结构强度形成的原理；
4. 理解无机结合料稳定类基层和工业废渣稳定类基层的概念、基本要求和适用性；
5. 了解沥青结合料类基层、水泥混凝土基层、低剂量水泥稳定碎石基层、水泥乳化沥青综合稳定碎石基层、再生材料基层的特点和适用性。

第一节 概述

路面基层是路基路面工程体系中的重要组成部分，位于路基和路面面层之间，起到"承上启下"的作用。路面基层位于沥青面层或者水泥混凝土面板之下，可以是一层或者多层结构，也可以是一种或多种结构。基层由多层构成时，除最上一层外的其他层被称为"底基层"，在此情况下，最上一层相应地被称为"基层"。路面结构分层如图 3-1-2-1 所示。

沥青路面或水泥混凝土路面中的基层在结构承载方面的作用有所不同。沥青路面基层在承载中起主要作用，而水泥混凝土路面基层的承载相对次要，主要起提供稳定、耐久的下部支撑作用。从能量角度来看，沥青面层的刚度相对较小，在荷载作用下，基层的应变能(变形能)占总应变能的比例较高；而水泥混凝土面板的刚度很大，其应变能占总应变能绝大部分，基层内应力应变水平相对较低，对其刚度方面的要求也相对较低。

图 3-1-2-1　路面结构分层

基层材料的刚度不同,所承担的应变能比例也不同,从而导致路面结构内其他层位(面层、路基)的受力状况不同。根据其材料差异将其分为四类:无机结合料稳定类、粒料类、沥青结合料类和水泥混凝土类基层。沥青路面基层和底基层的材料类型可参照表 3-1-2-1 选用;水泥混凝土路面基层和底基层的材料类型可参照表 3-1-2-2 选用。

沥青路面基层和底基层材料的适用交通荷载等级　　　表 3-1-2-1

类　型	材料类型	适用交通荷载等级和层位
无机结合料稳定类	水泥稳定级配碎石或砾石、水泥粉煤灰稳定级配碎石或砾石、石灰粉煤灰稳定级配碎石或砾石	各交通荷载等级的基层和底基层
	水泥稳定未筛分碎石或砾石、石灰粉煤灰稳定未筛分碎石或砾石、石灰稳定未筛分碎石或砾石	轻交通荷载等级的基层、各交通荷载等级的底基层
	水泥稳定土、石灰稳定土、石灰粉煤灰稳定土	轻交通荷载等级的基层、各交通荷载等级的底基层
粒料类	级配碎石	重及重以下交通荷载等级的基层、各交通荷载等级的底基层
	级配砾石、未筛分碎石、天然砂砾、填隙碎石	中等和轻交通荷载等级的基层、各交通荷载等级的底基层
沥青结合料类	密级配沥青碎石、半开级配沥青碎石、开级配沥青碎石	极重、特重和重交通荷载等级的基层
	沥青贯入碎石	重及重以下交通荷载等级的基层
水泥混凝土类	水泥混凝土或贫混凝土	极重、特重交通荷载等级的基层

水泥混凝土路面基层和底基层材料的适用交通荷载等级　　　表 3-1-2-2

交通荷载等级	基层材料类型	底基层材料类型
极重、特重	贫混凝土,碾压混凝土	级配碎石,水泥稳定碎石,石灰、粉煤灰稳定碎石
	沥青混凝土	
重	密级配沥青稳定碎石	级配碎石,水泥稳定碎石,石灰、粉煤灰稳定碎石
	水泥稳定碎石	

续上表

交通荷载等级	基层材料类型	底基层材料类型
中等、轻	级配碎石	未筛分碎石,级配碎石,或不设
	水泥稳定碎石,石灰、粉煤灰稳定碎石	

路面结构较多采用基层(三级、四级公路)或基层加底基层(二级及以上等级公路)的结构形式。随着公路交通荷载的快速增加,公路路面基层有逐步加厚的趋势,有些高速公路基层采用了较厚的水泥稳定级配碎石结构,其总厚度达到 50~60cm。

与摊铺、碾压设备能力相适应,每种不同的基层材料有其合适的单层施工厚度,如水泥稳定碎石的适宜施工厚度范围是 15~20cm。路面结构设计中,有可能设计较厚的单层材料,如 40cm 的水泥稳定碎石基层,其在施工中需分两层(每层 20cm)施工,但因设计计算过程中将其当作单层,为使设计与施工相匹配,施工中应采取措施加强两层之间的联结。

第二节　碎(砾)石类基层设计

碎(砾)石的类型主要有未筛分碎石、级配碎(砾)石与填隙碎石等。

未筛分碎石:轧石机轧出来的粒径大小不一的碎石混合料,仅用一个与规定最大公称粒径相符的筛子筛去超尺寸颗粒后得到的碎石混合料。

级配碎(砾)石:各档粒径的碎(砾)石和石屑(砂)按一定比例混合,其颗粒组成符合规定的级配要求且塑性指数和承载力均符合规定要求的混合料。

填隙碎石:用单一尺寸的粗碎石作主集料,形成嵌锁结构,用石屑作填隙料的混合料。

以上各种类型的碎(砾)石都可用作基层(底基层)材料。

一、级配碎(砾)石基层

级配碎(砾)石基层,是由各种集料(碎石、砾石)按最佳级配原理修筑而成的路面基层。由于级配碎(砾)石是用大小不同的集料按一定比例配合、逐级填充空隙,故经过压实后,能形成密实的结构。级配碎(砾)石的强度由摩阻力和黏结力构成,具有一定的水稳定性和力学强度。

级配碎(砾)石基层厚度,一般为 8~16cm,当厚度大于 16cm 时应分两层铺筑,下层厚度为总厚度的 0.6 倍,上层厚度为总厚度的 0.4 倍。如基层和面层为同样类型的结构,其总厚度在 16cm 以下时,可分两层摊铺,一次碾压。

级配碎(砾)石所用材料,主要为天然砾石或较软的碎石。其形状以接近立方体或圆球形为佳,石料强度应不低于Ⅳ级。用于高速公路和一级公路基层时,级配宜符合表 3-1-2-3 的 G-A-4 或 G-A-5 的规定,用于高速公路和一级公路底基层时,级配宜符合表 3-1-2-3 的 G-A-3 或 G-A-4 的规定;用于二级及二级以下公路的基层、底基层时,级配宜符合表 3-1-2-3 的 G-A-1 或 G-A-2 的规定。

级配碎(砾)石的推荐级配范围　　　　　　　　表 3-1-2-3

筛孔尺寸(mm)	G-A-1	G-A-2	G-A-3	G-A-4	G-A-5
37.5	100	—	—	—	—
31.5	100~90	100	100	—	—
26.5	93~80	100~90	95~90	100	100
19.0	81~64	86~70	84~72	88~79	100~95
16.0	75~57	79~62	79~65	82~70	89~82
13.2	69~50	72~54	72~57	76~61	79~70
9.5	60~40	62~42	62~47	64~49	63~53
4.75	45~25	45~25	40~30	40~30	40~30
2.36	31~16	31~16	28~19	28~19	28~19
1.18	22~11	22~11	20~12	20~12	20~12
0.6	15~7	15~7	14~8	14~8	14~8
0.3	—	—	10~5	10~5	10~5
0.15	—	—	7~3	7~3	7~3
0.075*	5~2	5~2	5~2	5~2	5~2

注：* 对无塑性的混合料,小于 0.075mm 的颗粒含量宜接近高限。

二级及二级以下公路基层采用未筛分碎石或砾石时,应采用表 3-1-2-4 推荐的级配范围。

未筛分碎石或砾石的推荐级配范围　　　　　　　　表 3-1-2-4

筛孔尺寸(mm)	G-B-1	G-B-2	筛孔尺寸(mm)	G-B-1	G-B-2
53	100	—	4.75	10~30	17~45
37.5	85~100	100	2.36	8~25	11~35
31.5	69~88	83~100	0.6	6~18	6~21
19.0	40~65	54~84	0.075	0~10	0~10
9.5	19~43	29~59			

用级配砾石的垫层称为级配砂砾垫层,其级配砂砾要求颗粒尺寸在 4.75~31.5mm 之间,其中,19~31.5mm 含量不少于 50%。

二、填隙碎石基层

填隙碎石基层要求用加工轧制的碎石按嵌挤原理铺压而成。填隙碎石用作基层时,集料的公称最大粒径应不大于 53mm;用作底基层时,应不大于 63mm。集料的颗粒组成应符合表 3-1-2-5 的规定。

填隙碎石用集料的颗粒组成(单位:%)　　　　　　　　表 3-1-2-5

| 项次 | 公称粒径(mm) | 筛孔尺寸(mm) | | | | | | | |
		63	53	37.5	31.5	26.5	19	16	9.5
1	30~60	100	25~60	—	0~15	—	0~5	—	—
2	25~50	—	100	—	25~50	0~15	—	0~5	—
3	20~40	—	—	100	35~37	—	0~15	—	0~5

第三节 无机结合料稳定类基层设计

一、无机结合料稳定类基层的特性

在广义的土中掺入一定量的无机结合料(包括水泥、石灰或工业废渣等)和水,经拌和得到的混合料再经压实与养生后,其抗压强度符合规定的要求时,称为无机结合料稳定土,以此修筑的路面结构层称为无机结合料稳定土结构层。

无机结合料稳定土结构层具有稳定性好、抗冻性能强、结构本身自成板体等特点,但其耐久性差,易产生干缩和冷缩裂缝,因此广泛用于修筑路面结构的基层和底基层。

稳定土中的土,按照土中单个颗粒(指碎石、砾石和砂颗粒)的粒径大小和组成,可将其分为下列三种:

(1)细粒土:颗粒的最大粒径小于9.5mm,且其中小于2.36mm的颗粒含量不少于90%;

(2)中粒土:颗粒的最大粒径小于26.5mm,且其中小于19mm的颗粒含量不少于90%;

(3)粗粒土:颗粒的最大粒径小于37.5mm,且其中小于31.5mm的颗粒含量不少于90%。

无机结合料稳定细粒土中的石灰稳定细粒土可简称为石灰土;水泥稳定细粒土可简称为水泥土。无机结合料稳定中、粗粒土中的石灰稳定中、粗粒土可简称为石灰稳定粒料;水泥稳定中、粗粒土可简称为水泥稳定粒料。

无机结合料稳定土种类较多,其物理、力学性质各有特点,使用时应根据结构要求、掺加剂量和原材料的供应情况及施工条件进行综合技术、经济比较后选定。

由于无机结合料稳定土的刚度介于柔性路面材料和刚性路面材料之间,常称为半刚性材料。以此修筑的基层或底基层称为半刚性基层或半刚性底基层。

无机结合料稳定土结构层一般在高温季节修筑,成形初期的基层内部含水率大,且尚未被面层所封闭,基层内部的水分必然要蒸发,从而主要发生由表及里的干燥收缩。同时,环境温度也存在昼夜温度差,修筑初期的半刚性基层也受到温度收缩的作用,因此,必须注意养生保护。经过一定龄期的养生,特别是半刚性基层上铺筑面层之后,基层内相对湿度略有增大,使材料的含水率趋于平衡,这时半刚性基层的裂缝变形以温度收缩为主。

二、石灰稳定类基层

在粉碎的土和原状松散的土(包括各种粗、中、细粒土)中掺入适量的石灰和水,按照一定技术要求,经拌和,在最佳含水率下摊铺、压实及养生,其抗压强度符合规定要求的路面基层称为石灰稳定类基层。用石灰稳定细粒土得到的混合料简称石灰土,所做成的基层称石灰土基层(底基层)。

石灰稳定土一般指的是石灰土(以细粒土、天然土为主),它具有一定的抗压强度和弯拉强度,且强度随龄期逐渐增加,但因其吸水性、透水性和水稳定性较差,适用于各级公路路面的底基层和二级以下公路的基层,不得用作二级和二级以上公路路面的基层。在冰冻地区的潮湿路段和其他地区的过湿路段,不宜采用石灰土做基层和底基层。

1. 石灰稳定土强度形成原理

石灰稳定土强度形成主要是在土中掺入适量的石灰,并在最佳含水率下拌匀压实,使石灰与土发生离子交换作用、结晶作用、碳酸化作用、火山灰作用等一系列的物理、化学作用,从而使土的性质发生根本性变化。在初期,主要表现为土的结团、塑性降低、最佳含水率增加和最大密度减小等,后期主要表现为结晶结构的形成,从而提高其板体性、强度和稳定性。

2. 影响石灰稳定土强度的因素

1) 土质

生产实践表明,塑性指数高的土,其稳定效果显著,强度也高。但采用塑性指数过高的土时施工不易粉碎,而且会增加干缩裂缝;采用塑性指数偏小的土时容易拌和,但难以碾压成型,稳定效果不显著。因此,选用土质,既要考虑其强度,还要考虑到施工时易于粉碎便于碾压成型。一般选用塑性指数为 15～20 的土。塑性指数偏大的黏质土,要加强粉碎,粉碎后土中 15～25mm 的土块不宜超过 5%。经验证明,塑性指数小于 12 的土不宜用石灰稳定。

对于硫酸盐类含量超过 0.8% 或腐殖质含量超过 10% 的土,对强度有显著不利影响,不宜直接采用。

2) 石灰质量

石灰的等级越高(即 CaO + MgO 的含量越高)时,稳定效果越好;石灰的细度越大,其比表面积越大,在相同剂量下与土粒的作用越充分,因而效果越好。

石灰应是消石灰粉或生石灰粉,对于高速公路或一级公路宜用磨细生石灰粉。石灰质量应符合Ⅲ级以上的技术指标,并要尽量缩短石灰的存放时间,最好在生产后不迟于 3 个月内投入使用。

3) 石灰剂量

石灰剂量是石灰质量占全部土颗粒的干质量的百分率,即石灰剂量 = 石灰质量/干土质量。

石灰剂量对石灰稳定土强度影响显著,石灰剂量较低(小于 3%～4%)时,石灰主要起稳定作用,土的塑性、膨胀、吸水量减小,使土的密实度、强度得到改善。随着剂量的增加,强度和稳定性均提高,但剂量超过一定范围时,强度反而降低。生产实践中常用的最佳剂量范围,对于黏质土及粉质土为 8%～14%;对于砂性土则为 9%～16%。剂量的确定应根据结构层技术要求进行混合料组成设计。

4) 含水率

水既促使石灰稳定土发生物理化学变化,形成强度;也是便于土的粉碎、拌和与压实的必要条件。不同土质的石灰稳定土有不同的最佳含水率,需通过标准击实试验确定,并用以控制施工中的实际加水量。

5) 压实度

石灰稳定土的强度随压实度的增加而增长。实践证明,石灰稳定土的压实度每增减 1%,强度约增减 4%。而且密实的石灰稳定土,其抗冻性、水稳定性好,缩裂现象也少。

6) 龄期

石灰稳定土强度具有随龄期增长而增强的特点。石灰稳定土初期强度低,随着时间的逐渐延长而趋于稳定。一般情况下石灰稳定土的强度在90d以前增长比较显著,以后就比较缓慢。石灰稳定土的这种特性对施工程序的衔接有相当的灵活性。但为了防止冰冻破坏作用,要求有一个冻前龄期。

7) 养生条件

养生条件主要指温度与湿度。养生条件不同,其强度也有差异。当温度高时,物理化学反应、硬化、强度增长快,反之强度增长慢,在负温条件下甚至不增长。因此,要求施工的最低温度应在5℃以上,并在第一次重冰冻($-5 \sim -3$℃)到来之前1个月至1个半月完成。生产实践表明,夏季施工的石灰稳定土强度高,质量可以保证,一般在使用中很少损坏。

养生的湿度条件对石灰稳定土的强度也有很大影响。在一定温度、潮湿条件下养生,强度的形成比在一般空气中养生要好。

三、水泥稳定类基层

在粉碎的或原状松散的土(包括各种粗、中、细粒土)中,掺入适量水泥和水,按照技术要求,经拌和摊铺,在最佳含水率时压实及养护,其抗压强度符合规定要求,以此修建的路面基层称为水泥稳定类基层。当采用水泥稳定细粒土(砂类土、粉质土或黏质土)时,简称水泥土。水泥稳定土适用于各级公路路面的底基层和二级及以下公路的基层,不得用作高速公路或一级公路路面的基层。

1. 水泥稳定土强度形成原理

水泥稳定土的强度形成主要是在利用水泥来稳定土的过程中,水泥、土和水之间通过水泥的水化作用、离子交换作用、化学激发作用、碳酸化作用等发生了多种非常复杂的作用,使土的性能发生了明显的变化,使水泥稳定土具有较高强度和水稳定性。

水泥稳定土能适应不同的气候与水文条件,特别是在潮湿寒冷地区的适应性较其他稳定土更强。用水泥来稳定土可显著地改善土的物理力学性质,获得良好的整体性、足够的力学强度、水稳定性和抗冻性。其初期强度较高,且随龄期增长而增强,所以使用范围很广。

2. 影响水泥稳定土强度的因素

1) 土质

各类土均可用水泥稳定,但稳定效果不同。试验和生产实践表明,首先是用水泥稳定级配良好的碎(砾)石和砂砾效果最好,不但强度高,而且水泥用量少;其次是细粒土质砂;再次是粉质土和黏质土。重黏土难以粉碎和拌和,不宜单独用水泥来稳定。因此,要求土的塑性指数不大于17,实际工程中应选用塑性指数小于12的土。有机质含量超过20%和硫酸盐含量超过0.25%的土不宜选用。

2) 水泥的种类和剂量

各种类型的水泥都可以用于稳定土。对于同一种土,通常情况下硅酸盐水泥的稳定效果好,而铝酸盐水泥较差。

水泥剂量是指水泥重量占全部粗细颗粒(即碎石、砾石、砂砾、粉粒、黏粒)干质量的百分率。

水泥稳定土的强度随水泥剂量的增加而增强,过多的水泥用量,虽能增加强度,在经济上却不一定合理,效果上也不一定显著,且容易开裂。试验和研究表明,水泥剂量为4%~8%较为合理。合理的水泥剂量应根据结构层技术要求进行混合料组成设计确定。

3) 含水率

当含水率不足时,水泥不能在混合料中完全水化和水解,发挥不了水泥对土的稳定作用,影响其强度形成。含水率达不到最佳含水率时还会影响水泥稳定土的压实度。

水泥正常水化所需的水量约为水泥质量的20%,对于细粒土质砂,完全水化达到最高强度的含水率较最大密度的含水率小;对于黏质土则相反。

4) 施工工艺过程

水泥、土和水拌和均匀,且在最佳含水率下充分压实,使干密度最大,其强度和稳定性就高。水泥稳定土从开始加水拌和到完成压实的延迟时间要尽可能缩短,一般要在6h以内,若时间过长,则水泥凝结,碾压时不但达不到压实度要求,而且还会破坏已结硬水泥的胶凝作用,反而使水泥稳定土强度下降。在水泥终凝时间达不到规定要求时,可以使用一定剂量的缓凝剂,缓凝剂的品种和具体数量应根据试验确定。

水泥稳定土需湿法养生,以满足水化形成强度的需要。养生温度越高,强度增长得越快,在负温条件下甚至不增长。因此,应保证水泥稳定土养生的温度和湿度条件。施工最低气温及冻前龄期的要求与石灰稳定土相同。

四、工业废渣稳定类基层

随着工业的发展,工业废渣逐渐增多,怎样综合利用工业废渣引起了国内外重视。近年来,我国利用工业废渣铺筑路面基层,取得显著成效,不但提高了路面使用品质,而且降低了工程造价,"变废为宝",具有显著的经济效益。

公路上常用的工业废渣有:火力发电厂的粉煤灰和煤渣,钢铁厂的高炉矿渣和钢渣(已经过崩解达到稳定)、化肥厂的电石渣以及煤矿的煤矸石等。

一定数量的石灰和粉煤灰或石灰和煤渣与其他集料相配合,加入适量的水(通常为最佳含水率),经拌和、压实及养生后得到的混合料,当其抗压强度符合规定的要求时,称为石灰工业废渣稳定土(简称石灰工业废渣)。用石灰工业废渣稳定类材料时,石灰在水的作用下形成饱和的 $Ca(OH)_2$ 溶液,废渣的活性氧化硅和氧化铝在 $Ca(OH)_2$ 溶液中产生火山灰反应,生成水化硅酸钙和铝酸钙凝胶,把颗粒胶凝在一起,随水化物不断产生而结晶硬化,具有水硬性。

一定数量的石灰和粉煤灰,一定数量的石灰、粉煤灰和土以及一定数量的石灰、粉煤灰和砂相配合,加入适量的水(通常为最佳含水率),经拌和、压实及养生后得到的混合料,当其抗压强度符合规定的要求时,分别简称为二灰、二灰土、二灰砂。

石灰工业废渣稳定粒料可适用于各级公路的基层和底基层,但二灰、二灰土、二灰砂不应用作二级和二级以上公路路面的基层。

一定数量的水泥和粉煤灰或水泥和煤渣与其他集料相配合,加入适量的水(通常为最佳含水率),经拌和、压实及养生后得到的混合料,当其抗压强度符合规定的要求时,称为水泥工业废渣稳定土(简称水泥工业废渣)。

水泥钢渣和水泥煤矸石可用于各级公路的基层和底基层。在实际工程中,一般较少采用水泥工业废渣稳定土。

第四节 其他类型基层设计

一、沥青结合料类基层

1. 沥青结合料类基层的类型

沥青结合料类混合料指的是由沥青、粗细集料和矿粉，按一定配合比设计方法进行材料组成设计的混合料。将其拌和、摊铺、碾压成型，在路面结构中作基层使用的称为沥青结合料类基层。

按照其设计空隙率和用途不同，沥青结合料类混合料可分为：

(1) 密级配沥青稳定碎石(Asphalt Treated Base，ATB，设计空隙率3%~6%，用作基层)。

(2) 半开式沥青稳定碎石(Asphalt Macadam，AM，设计空隙率6%~12%，用作低等级公路面层)。

(3) 开级配沥青稳定碎石(Asphalt Treated Permeable Base，ATPB，设计空隙率18%~22%，用作排水基层)。

开级配沥青稳定碎石作基层使用时，因其设计空隙率大，物理力学性质和耐久性相对较差，开级配沥青稳定碎石在我国的工程应用尚不多，密级配沥青稳定碎石是沥青结合料类基层的主要材料形式。

2. 沥青结合料类基层的力学特性

沥青结合料类基层的配合比设计和施工工艺与沥青混凝土基本相同，在材料物理力学性质上也非常相似，但因用作基层，其公称最大粒径比一般的沥青混凝土更大一些。常用的结合料类基层类型有：ATB-25、ATB-30 和 ATB-40，分属粗粒式和特粗式沥青混合料。公称最大粒径较大时，施工难度加大，因此应用中以密级配沥青稳定碎石 ATB-25 和 ATB-30 最为常见。

与沥青混凝土相比，其主要功能上的区别有：

(1) 因公称最大粒径较大，具有更好的抗剪和抗变形能力，特别适用于高温重载有抗车辙性能要求的路面。

(2) 一般使用非改性沥青，且沥青用量稍低，抗拉强度和抗拉疲劳性能较差。

(3) 铺筑在半刚性基层上时，对可能出现的反射裂缝的适应和调整能力更好。

密级配沥青碎石属于柔性基层的一种，其物理力学性能要优于级配碎石。其与级配碎石的主要区别有：

(1) 材料组成不同，增加了沥青，与沥青面层联结整体性好。

(2) 强度构成不同，除嵌挤形成的内摩擦角外还有沥青提供的黏结力，模量较高。

(3) 力学性能不同，除具有更好的抗压抗剪能力外，还具有一定抗拉能力。

(4) 排水性能不同，因空隙率小，排水效率低于级配碎石。

二、水泥混凝土基层

1. 贫混凝土基层

贫混凝土是由粗、细集料与一定水泥和水拌和而成的一种混凝土。这种混凝土的水泥用量较普通混凝土低,有时也称经济混凝土。与水泥稳定碎石、二灰碎石等常用半刚性材料相比,具有较高的强度、刚度和整体性,抗冲刷、抗冻性以及抗疲劳性能良好,属于刚性基层材料,性质上与水泥混凝土路面接近,材料组成设计与施工主要参照水泥混凝土。

贫混凝土组成设计中常采用粉煤灰超量取代法以减少水泥用量并提高混合料的工作性。粉煤灰超量取代法是指通过超量取代水泥使粉煤灰混凝土与基准混凝土在相同龄期时获得同等强度的掺配方法。粉煤灰超量取代系数是粉煤灰掺入量与其所取代水泥量的比值。

因为贫混凝土采用的结合料是水泥,其材料组成类型与水泥稳定(二灰)碎石相比,没有质的变化,只是水泥用量有所增加,从水稳碎石的3%~6%增加到8%~12%。可以看作是处于水泥稳定(二灰)碎石和水泥混凝土(水泥剂量12%~15%)之间的一种材料,其性质也处于这两者之间。其力学特性中最重要的就是收缩特性,且因为其水泥用量介于水稳碎石和水泥混凝土之间,其开裂趋势也处于两者之间。

在沥青路面上应用贫混凝土基层时,其交通等级宜为重交通、特重交通,或者是运输煤、矿石、建筑材料的公路路面,其厚度一般为200~280mm,最小厚度为150mm。基层应设置纵缝、横缝,并灌入填缝料,必要时在缝顶一定宽度范围内粘贴土工织物、玻纤格栅等材料局部加强,其上设置热沥青或改性沥青、改性乳化沥青黏结层。

2. 碾压混凝土基层

碾压混凝土是指采用特干硬性水泥混凝土拌合物,使用沥青摊铺机摊铺、压路机械碾压密实成型的混凝土材料。其压实度是指干硬性混凝土拌合物现场压实后的湿密度与配合比设计时标准压实(空隙率为4%)下湿密度之比。碾压混凝土也采用粉煤灰超量取代法。

碾压混凝土严格意义上表述的不是其材料组成特征而是其施工成型工艺特征。其材料组成设计的核心除强度因素外,还必须保证其属于干硬性混凝土,适合碾压成型。碾压成型方式迅速而有效率,从加快施工进度、节省施工成本方面来看效益显著。

从材料性能上看,作为基层的碾压混凝土水泥用量与贫混凝土基本一致,所以可以看作是一种特殊的贫混凝土。其物理力学性能与贫混凝土基层类似。

因其干硬性和碾压施工方式,碾压混凝土混合料中水的用量较少,这对于减少混凝土成型期的干缩影响显著,同时采用振动压实工艺,其集料能相互接触并形成矿料骨架,抗压能力佳,其收缩性要好于一般的贫混凝土基层,但在施工上切缝、填缝仍是必需的。与贫混凝土基层类似,在填缝后可以考虑在裂缝处粘贴土工织物、玻纤格栅等材料,或考虑大粒径沥青碎石过渡层,以减缓其胀缩对沥青面层材料的牵连。

碾压混凝土可直接用作路面面层,这时其水泥用量等指标应适当增加。

三、低剂量水泥稳定碎石基层

对比级配碎石和水泥稳定碎石的材料组成可以发现,其主要区别在于水泥结合料的应用。

级配碎石由粗细集料按一定级配组成,强度主要来源于内摩擦角。因其材料以颗粒紧密嵌挤方式铺筑,不能承受拉应力,收缩变形被离散到颗粒级别,通过颗粒间相对位置的微调被吸收,不会产生裂缝。

水泥的加入使碎石结合在一起,具有板体性,受相邻层次的约束,其收缩变形无法被有效释放,从而使板体具有内部拉应力,该应力超过相应的抗拉强度就会产生收缩裂缝。在裂缝处,收缩变形得以集中实现,内部拉应力被释放。

从以上收缩变形的作用方式对比发现,解决收缩裂缝的主要途径是将集中的变形离散化。当这种离散通过降低水泥用量的方式来实现时,产生了低剂量水泥稳定碎石。

普通水泥稳定碎石的常用剂量范围在3%~6%,低剂量水泥稳定碎石将其降低到1%~3%的范围,材料性质发生以下变化:

(1)7d 无侧限抗压强度减小,抗拉强度与抗疲劳性能下降,刚度减小。

(2)收缩系数减小。

低剂量水泥稳定碎石减少水泥用量后,力学性能产生了显著变化,承载能力有所下降,研究与应用中大多将其用于低交通量路面的基层或一般路面的底基层。

四、水泥乳化沥青综合稳定碎石基层

在水泥稳定碎石变形释放的过程中,如果材料的刚度越大,则在板体内产生的内部拉应力越大,材料越容易拉裂,因此减少收缩裂缝的另一个途径就是降低其刚度。在水泥稳定碎石中加入少量的乳化沥青进行综合稳定就是一种降低刚度的技术途径。

乳化沥青的加入,使水泥稳定碎石的性质发生了如下改变:

(1)慢裂型乳化沥青缓慢破乳,释放的水分供给水泥发生水化反应,延缓了干缩过程,减小了收缩应力。

(2)材料内部的结合方式发生了变化,从依赖水化产物的胶凝作用,到胶凝与沥青黏结共同作用,沥青一定程度上干扰了水化和胶凝作用的充分发挥,降低了材料刚度。

(3)水泥结合料用量虽有降低,但仍提供了早期强度,因沥青结合料具有蠕变、松弛特性,由于水泥、沥青的综合作用,物理力学性能下降不多。

在半刚性基层材料中掺入沥青类结合料,使其刚度处于半刚性基层和柔性基层之间,希望其同时具有半刚性基层和柔性基层的优点,有研究者将其称为"半柔性基层材料"。但因易与"半刚性材料"概念相混淆,未被广泛接受。这种基层材料在应用中最大的缺点是经济性较差。

五、再生材料基层

路面再生材料包括水泥混凝土旧板破碎利用及就地原位碎石化利用,沥青路面厂拌热再生利用和沥青路面厂拌及就地冷再生利用。

水泥混凝土旧板破碎利用就是通过轧石设备将旧板加工或碎石化后再利用。就地原位碎石化利用就是通过多锤头设备或共振设备将旧混凝土板破碎原位再利用。

沥青路面厂拌热再生利用就是将铣刨旧料运至拌合厂,经破碎、筛分,然后以一定比例与

新集料、新沥青、再生剂拌和形成热拌沥青混合料。

路面大修改造时,需对病害严重的旧沥青路面进行处治,其中一种技术手段就是冷再生技术。冷再生技术是指常温下将旧沥青路面以及部分基层材料经过现场破碎加工后,根据级配需要添加一定量的新集料,同时加入一定剂量的稳定剂和适量的水,在自然的环境温度下连续完成材料的铣刨、破碎、添加、拌和、摊铺及压实成型等。厂拌冷再生基层就是运送至拌合厂加工形成的混合料经运输、摊铺、碾压形成的路面基层;而就地冷再生基层是就地添加新沥青或水泥形成的混合料经摊铺、碾压形成的路面基层。

冷再生过程中最为常用的稳定剂主要为水泥、乳化沥青(或泡沫沥青)。这种材料与水泥乳化沥青综合稳定碎石基层在材料组成和物理力学性能上具有一定的相似性。

泡沫沥青使用我国公路工程常用普通沥青(如70号、90号),热沥青罐车与再生机相连,沥青通过泵送至特殊的喷嘴,并在此发泡后喷射入铣刨和拌和腔,与旧沥青路面(Reclaimed Asphalt Pavement,RAP)料及新添加的材料拌和、摊铺和压实后形成再生基层。

工程案例:高速公路路面基层结构设计

某高速公路主线为双向六车道,设计速度100km/h,路基宽度33.5m。面层为4cm改进型沥青混合料(AK-13)+6cm中粒式改性沥青混凝土(AC-20)+8cm粗粒式沥青混凝土(AC-25),基层为22cm水泥稳定碎石,底基层为30cm水泥稳定碎石,路面总厚度70cm。

基层、底基层混合料采用骨架密实型,配合比设计时,采用振动试验方法成型试件,并以振动成型试件的最大干密度作为标准密度。基层配合比设计按无侧限抗压强度试验方法确定满足设计要求的配合比。水泥稳定碎石基层、底基层应采用反击式破碎机轧制的碎石,加工场的石料破碎机必须配备振动预筛喂料装置(筛网长度不小于2m)和吸尘装置,以减少集料中的泥土含量。基层(底基层)集料级配范围见表3-1-2-6。

骨架密实型水泥稳定碎石基层(底基层)集料级配范围(振动成型)　　表3-1-2-6

筛孔尺寸(mm)		31.5	19.0	9.50	4.75	2.36	0.6	0.075
通过率(%)	上限	100	85	54	35	26	15	5
	下限	100	75	42	25	16	8	0

为减少基层裂缝,应做到三个限制:在满足设计强度的基础上限制水泥用量;在合成级配满足要求的同时限制细料、粉料用量(合成级配中小于0.075mm颗粒含量宜不大于5%);在规定的水泥剂量范围内,强度如达不到设计要求,应采取调整级配和更换料源等措施,不得单纯采用提高水泥剂量的方式;生产配合比进行调试时,应根据施工时的气候条件,通过试验确定混合料拌制用水量。设计水泥剂量如超出规定范围,必须报建设单位审批。

本章小结

(1)路面基层是路基路面工程体系中的重要组成部分,位于路基和路面面层之间,起到"承上启下"的作用。路面基层位于沥青面层或者水泥混凝土面板之下,可以是一层或者多层结构,也可以是一种或多种结构。

(2)级配碎(砾)石基层,是由各种集料(碎石、砾石)按最佳级配原理修筑而成的路面基层。填隙碎石基层要求用加工轧制的碎石按嵌挤原理铺压而成。

(3) 在广义的土中掺入一定量的无机结合料(包括水泥、石灰或工业废渣等)和水,经拌和得到的混合料压实与养生后,其抗压强度符合规定的要求时,称为无机结合料稳定土,以此修筑的路面结构层称为无机结合料稳定土结构层。

(4) 石灰稳定土强度是靠离子交换作用、结晶作用、碳酸化作用、火山灰作用等4种作用形成的。水泥稳定土强度是靠水泥的水化作用、离子交换作用、化学激发作用、碳酸化作用等4种作用形成的。

(5) 其他类型基层包括沥青结合料类基层、水泥混凝土基层、低剂量水泥稳定碎石基层、水泥乳化沥青综合稳定碎石基层和再生材料基层。

思考题与习题

1. 什么是填隙碎石基层、级配碎(砾)石基层。
2. 简述无机结合料稳定土结构层的优点与缺点。
3. 简述石灰稳定土的强度形成原理。影响石灰稳定土强度的因素是什么?
4. 简述水泥稳定土的强度形成原理。影响水泥稳定土强度的因素是什么?
5. 简述石灰工业废渣稳定类材料的强度形成原理。

第三章
CHAPTER THREE
沥青路面设计

本章提要:
本章主要介绍沥青路面的设计理论、设计指标与标准,沥青路面结构组合设计,新建沥青路面的结构层厚度计算。

能力目标:
1. 能描述沥青路面的基本特性与分类;
2. 了解沥青路面的设计理论、设计内容与方法、原则;
3. 了解沥青路面设计指标,会确定有关参数和交通等级;
4. 理解新建沥青路面结构设计验算流程。

第一节 沥青路面基本特性与分类

沥青路面是用沥青材料作结合料黏结矿料修筑面层与各类基层(有时含功能层)所组成的路面。由于沥青路面使用沥青结合料,因而增强了矿料间的黏结力,提高了沥青混合料的强度和稳定性,使路面的使用质量和耐久性都得到提高。与水泥混凝土路面相比,沥青路面具有表面平整、无接缝、行车舒适、耐磨、振动小、噪声低、施工期短、养护维修简便、适宜于分期修建等优点,因而获得了广泛的应用,是我国公路主要的路面结构形式。

一、沥青路面的基本特性

1. 沥青路面的高温稳定性

沥青路面的高温稳定性主要是指沥青混合料于高温季节在车辆荷载作用下抵抗变形的能力。如沥青路面在夏季出现的推挤、车辙、拥包等病害基本上都属于高温稳定性的范畴,造成的原因主要是在高温时沥青混合料的抗剪切能力不足。

一般来讲,选用稠度较大和黏结力较强的沥青,沥青混合料的抗剪切强度也较高。另外,矿料的级配组成、矿料颗粒形状和表面性质也影响沥青混合料的内摩擦角,矿料的颗粒尺寸增加、针片状颗粒含量减少都可使混合料的内摩擦角增大。因此,使用形状接近立方体、有棱角和表面粗糙的碎石,以及增加碎石用量等都可以提高沥青混合料的高温稳定性。

2. 沥青路面的低温抗裂性

沥青路面的低温开裂主要有两种形式:一种是由于气温骤降使面层产生温度收缩变形,在有约束的条件下沥青面层内产生的温度拉应力超过沥青混合料的抗拉强度而形成的低温开裂;另一种形式是由于一年四季气候的变化,使沥青面层产生温度疲劳裂缝。无论哪种裂缝,从内因看是沥青混合料的性质决定,从外因看主要是外界环境温度的变化所诱发,车辆荷载的作用起次要作用。由于温度的下降,沥青混合料的刚度大大增加,在气温差较大或路表结构层产生较大的温度梯度时,较易在沥青路面表层先产生开裂,继而发展到面层深部,其裂缝形式一般为从上到下,而且裂缝一般为等间距。

使用稠度较低、温度敏感性低的沥青,可以减少或延缓路面的开裂。路面所在地区的温度越低,开裂一般越严重。沥青材料的老化,致使混合料变硬、变脆,因此对低温更为敏感,使路面产生开裂的可能性增大。

3. 沥青路面的水稳定性

沥青路面的水稳定性通常是指沥青混合料在水的作用下保持强度(黏结强度、整体强度)的能力。高速公路、一级公路、二级公路的沥青混合料面层应具有良好的水稳定性。沥青混凝土的水稳定性指标,除通常采用的浸水马歇尔试验和沥青与矿料的黏附性试验,以检验沥青混合料受水损害时的抗剥落性能外,对年最低气温低于 $-21.5℃$ 的寒冷地区,还应增加沥青混合料冻融劈裂残留强度试验。

改善沥青混合料水稳定性的措施主要有:使用水泥或消石灰处理集料表面,也可掺加抗剥落剂来提高沥青结合料与矿料之间的黏附性。国内外的经验证明,使用消石灰处理集料表面的效果较好,而且比较经济。

4. 沥青路面的疲劳特性

同其他路面材料一样,沥青混合料的变形和破坏,不仅与荷载应力大小有关,而且与荷载的重复作用次数有很大的关系。路面材料受重复荷载的作用在低于极限抗拉强度下的破坏,称为疲劳破坏,导致疲劳破坏的最终荷载作用次数称为材料的疲劳寿命。

影响沥青路面疲劳特性的因素很多,除了材料的性质(种类、组成等)、环境因素(温度、湿度等),还取决于沥青混合料的劲度。沥青混合料的压实度直接决定着沥青混合料的稳定度和劲度,也决定着混合料中的孔隙率。当沥青混合料结构层中的孔隙率较大时会增加沥青的氧化速度,增大与水的接触面积,因而减少其疲劳寿命。因此,保证沥青混合料具有较高的压实度,对增加沥青混合料的使用寿命意义重大。

5. 沥青路面的老化特性

沥青材料在沥青混合料的拌和、摊铺、碾压以及运营过程中,都存在老化问题。从大的方面看,主要是施工过程中超过规范规定的高温加热老化和使用过程中的空气及紫外线照射等长期作用而老化。

对于沥青材料来说,评价其抗热老化的能力一般用蒸发损失、薄膜烘箱及旋转薄膜烘箱试验,而评价长期老化的性能则用压力老化试验等。

二、沥青路面的分类

1. 按强度构成原理分类

沥青路面按强度构成可分为密实型和嵌挤型两大类。

密实型沥青结构层的集料级配按最大密实原则设计,颗粒尺寸连续多样,其强度和稳定性主要取决于沥青混合料的黏聚力和内摩阻力,按其空隙率的大小可分为闭式和开式两种:闭式混合料中含有较多的小于 0.6mm 和 0.075mm 的矿料颗粒,空隙率小于 6%,混合料致密而耐久;开式混合料中小于 0.6mm 的矿料颗粒含量较少,空隙率大于 6%。

嵌挤型沥青结构层要求采用颗粒尺寸较为均匀的矿料,路面的强度和稳定性主要依靠集料颗粒之间相互嵌挤所产生的内摩阻力,而黏聚力则起着次要的作用。按嵌挤原则修筑的沥青路面,其热稳定性较好,但因空隙率较大、易渗水,因而耐久性较差。

按这种混合料网络结构中"嵌挤成分"和"密实成分"所占比例不同,沥青混合料的组成结构形式有三种典型类型:密实悬浮结构、骨架空隙结构、密实骨架结构,如图 3-1-3-1 所示。

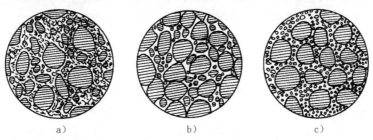

图 3-1-3-1　沥青混合料的典型组成结构
a)密实悬浮结构;b)骨架空隙结构;c)密实骨架结构

(1)密实悬浮结构

这种结构形态的沥青混合料,通常采用连续型密级配,集料的颗粒尺寸由大到小连续存在。这种材料中含有大量细集料,而粗集料数量较少,且相互间没有接触,不能形成骨架,粗集料犹如"悬浮"于细集料之中。这种沥青混合料黏结力较高,而内摩阻力较小。用这种沥青混合料修筑的路面,受沥青材料性质的影响较大。

(2)骨架空隙结构

采用连续开级配的沥青混合料属于这一结构类型。在这种沥青混合料中,粗集料较多,而细集料较少,因此,虽然能够形成骨架,但其残余空隙较大。这种材料的内摩阻力较大,而黏结力较小。用这种沥青混合料修筑的路面,受沥青材料性质的影响较小。

(3)密实骨架结构

这种结构是综合以上两种类型组成的结构。混合料中既有一定数量的粗集料形成骨架,又根据残余空隙的多少加入细集料,从而形成较高的密实度。这种沥青混合料同时具有较高的黏结力和内摩阻力。间断级配即是按此原理构成的。

2. 按施工工艺分类

按施工工艺的不同,沥青路面可分为层铺法、路拌法和厂拌法 3 类。

层铺法是用分层洒布沥青、分层铺撒矿料和碾压的方法修筑而成的沥青路面。其主要优点是工艺和设备简便、功效较高、施工进度快、造价较低;缺点是路面成型期较长,需要经过炎热季节行车碾压反油之后路面方能成型。用这种方法修筑的沥青路面有沥青表面处治和沥青贯入式两种。

路拌法是在路上用机械将矿料和沥青材料就地拌和、摊铺,经碾压密实而成的沥青面层。此类面层所用的矿料为碎(砾)石者称为路拌沥青碎(砾)石;所用的矿料为土者则称为路拌沥青稳定土。路拌沥青面层,通过就地拌和,沥青材料在矿料中分布比层铺法均匀,可以缩短路面的成型期。但因所用的矿料为冷料,需使用黏稠度较低的沥青材料,故沥青混合料的强度较低。用这种方法修筑的沥青路面有乳化沥青碎石或冷拌沥青混合料。

厂拌法是将规定级配的矿料和沥青材料在工厂用专用设备加热拌和,然后送到工地摊铺碾压而成的沥青路面。厂拌法按沥青混合料铺筑时温度的不同,又可分为热拌热铺和热拌冷铺两种。热拌热铺沥青混合料是在专用设备中加热拌和后立即趁热运到路上摊铺压实。如果沥青混合料加热拌和后储存一段时间再在常温下运到路上摊铺压实,即为热拌冷铺。厂拌法使用较黏稠的沥青材料,且矿料经过精选,因而沥青混合料质量高,使用寿命长,但修建费用也较高。用这种方法修筑的沥青路面有热拌沥青碎石、沥青玛蹄脂碎石混合料 SMA、沥青混凝土 AC、开级配排水式抗滑磨耗层 OGFC、Superpave 沥青混合料等。

3. 按沥青路面技术特性分类

根据沥青路面的技术特性,沥青面层可分为沥青混凝土、热拌沥青碎石、乳化沥青碎石、沥青贯入式、沥青表面处治 5 种类型。

沥青表面处治路面是指用沥青和集料按层铺法或路拌法铺筑而成的沥青路面。沥青表面处治的厚度一般为 1.5~3.0cm。层铺法可分为单层、双层、三层。单层表处厚度为 1.0~1.5cm,双层表处厚度为 1.5~2.50cm,三层表处厚度为 2.5~3.0cm。沥青表面处治适用于三级、四级公路的面层,旧沥青面层上加铺罩面或抗滑层、磨耗层等。

沥青贯入式路面是指用沥青贯入碎(砾)石作面层的路面。沥青贯入式路面的厚度一般为 4~8cm。当沥青贯入式路面的上部加铺拌和的沥青混合料时,也称为上拌下贯,此时拌合层的厚度宜为 3~4cm,其总厚度为 7~10cm。沥青贯入式碎石路面适用于二级及二级以下公路的沥青面层。

沥青碎石路面是指用沥青碎石作面层的路面。

沥青混凝土路面是指用沥青混凝土作面层的路面,其面层可由单层、双层或三层沥青混合料组成,各层混合料的组成设计应根据其层厚和层位、气温和降雨量等气候条件、交通量和交通组成等因素确定,以满足对沥青面层使用性能的要求。

乳化沥青碎石适用于三级、四级公路的沥青面层,二级公路养护罩面以及各级公路的调平层。

第二节 沥青路面设计理论及指标

一、沥青路面的设计理论

由不同材料的结构层及土基组成的路面结构,在荷载作用下其应力变形关系一般呈非线性特性,且应变随应力作用时间而变化,同时应力卸除后常有一部分变形不能恢复。因此,严格地说,沥青路面在力学性质上属于非线性的弹—黏—塑性体。但是考虑到行驶车轮作用的瞬时性(百分之几秒),在路面结构中产生的黏—塑性变形数量很小,所以对于厚度较大、强度较高的高等级路面,将其视作线性弹性体,并应用弹性层状体系理论进行分析计算将是合适的。弹性层状体系是由若干个弹性层组成,上面各层具有一定厚度,最下一层为弹性半空间体。

弹性层状体系是由若干个弹性层组成,上面各层具有一定厚度,最下一层为弹性半空间体,如图 3-1-3-2 所示,其中 $h_1, h_2, \cdots, h_i, \cdots, h_{n-1}$ 为各层厚度,$E_1, E_2, \cdots, E_i, \cdots, E_{n-1}$ 及 $\mu_1, \mu_2, \cdots, \mu_i, \cdots, \mu_{n-1}$ 为各层弹性模量及泊松比,E_n 和 μ_n 分别为土基的弹性模量和泊松比。

《公路沥青路面设计规范》(JTG D50—2017)规定,采用双圆均布垂直荷载作用下的弹性层状体系理论,控制设计使用年限内的沥青混合料层永久变形、路基永久变形,对季节性冻土地区应增加沥青面层低温开裂验算和防冻层厚度验算。

二、沥青路面的设计内容与方法

沥青路面设计是根据使用要求及气候、水文、土质等自然条件,密切结合当地实践经验,设计确定经济合理的路面结构,使之能承受交通荷载和环境因素的作用,在预定的使用期限满足各级公路相应的承载能力、耐久性、舒适性、安全性要求。

沥青路面设计的内容包括原材料的调查与选择、沥青混合料配合比以及基层材料配合比设计、各项设计参数的测试与选定,路面结构组合设计、路面结构层验算以及路面结构方案的比选等。对于高速公路、一级公路,除了行车道路面外,路面设计还包括路缘带、匝道、硬路肩、加减速车道、紧急停车带、收费站和服务区路面设计以及路面排水系统的设计等。

沥青路面设计方法可分为经验法和力学—经验法等。主要通过对试验路或使用道路的试验观测,建立路面结构(结构层组合、厚度和材料性质)、车辆荷载(轴载大小及作用次数)和路面使用性能三者之间的关系。沥青路面设计主要控制沥青混合料层疲劳开裂损坏、无机结合料稳定层疲劳开裂损坏、沥青混合料永久变形、路基永久变形,以及季节性冻土地区的路面开裂。

三、沥青路面的设计指标与标准

1. 设计指标

鉴于路面结构破坏模式的多样化,欲控制或限制路面结构性能在预定的使用年限内不恶化到某一程度,应制定出相应的多种设计指标来控制路面设计。

《公路沥青路面设计规范》(JTG D50—2017)规定,路面结构组合应先初拟方案,并按此规范附录 B 进行路面结构验算,再结合工程经验和经济分析选定路面结构方案。对于二级及二级以下公路,当交通荷载等级为中等、轻水平时,可依据所在地区经验合理选择路面设计方案。

路面结构验算时应根据路面结构组合,参照表 3-1-3-1 选择设计指标。选择单轴双轮 100kN 作为标准轴载,基于双圆均布垂直荷载作用下的弹性层状连续体系理论,各设计指标应选用表 3-1-3-2 规定的竖向位置处的力学响应,并按图 3-1-3-2 所示计算点位置,选取 A、B、C 和 D 四点位置计算的最大力学响应量。根据弹性层状体系理论,计算沥青混合料层层底拉应变、无机结合料稳定层层底拉应力、沥青混合料层竖向压应力和路基顶面竖向压应变。

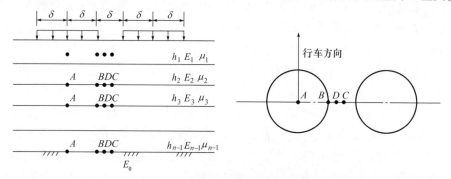

图 3-1-3-2　力学响应计算点位示意图

不同结构组合路面的设计指标　　　　　　　　　　　　　　表 3-1-3-1

基层类型	底基层类型	设计指标[a]
无机结合料稳定类	粒料类	无机结合料稳定层层底拉应力、沥青混合料层永久变形量
	无机结合料稳定类	
沥青结合料类	粒料类	沥青混合料层层底拉应变、沥青混合料层永久变形量、路基顶面竖向压应变
	无机结合料稳定类	沥青混合料层永久变形量、无机结合料稳定层层底拉应力
粒料类[b]	粒料类	沥青混合料层层底拉应变、沥青混合料层永久变形量、路基顶面竖向压应变
	无机结合料稳定类	沥青混合料层层底拉应变、沥青混合料层永久变形量、无机结合料稳定层层底拉应力
水泥混凝土类[c]	—	沥青混合料层永久变形量

注:[a] 季节性冻土地区应增加沥青面层低温开裂验算和防冻厚度验算。
　　[b] 在沥青混合料层与无机结合料稳定层间设置粒料层时,应验算沥青混合料层疲劳开裂寿命。
　　[c] 水泥混凝土基层应按《公路水泥混凝土路面设计规范》(JTG D40—2011)设计。

各设计指标对应的力学响应及其竖向位置　　　　　　　　　表 3-1-3-2

设计指标	力学响应	竖向位置
沥青混合料层层底拉应变	沿行车方向的水平拉应变	沥青混合料层层底
无机结合料稳定层层底拉应力	沿行车方向的水平拉应力	无机结合料稳定层层底
沥青混合料层永久变形量	竖向压应力	沥青混合料层各分层顶面
路基顶面竖向压应变	竖向压应变	路基顶面

2. 设计标准

沥青路面在车轮反复多次作用下，沥青面层和刚性、半刚性材料层的层底拉应力超过极限，形成初始裂缝并逐步扩展至断裂的过程，属于疲劳断裂损伤。因此，针对我国主要的沥青路面结构，《公路沥青路面设计规范》（JTG D50—2017）规定以沥青混合料层层底拉应变和无机结合料稳定层层底拉应力为设计指标，以沥青混合料层和无机结合料层的疲劳开裂寿命为设计标准。基于沥青混合料层层底拉应变计算的沥青混合料层疲劳开裂寿命应大于基于沥青混合料层层底拉应变换算得到的设计年限内当量设计轴载累计作用次数。基于无机结合料稳定层层底拉应力计算的无机结合料稳定层疲劳开裂寿命应大于基于无机结合料稳定层层底拉应力换算得到的设计年限内当量设计轴载累计作用次数。

对于沥青路面结构，即使每一次行车荷载作用产生的残余变形量很小，但多次重复作用累积起来的残余变形总和也会很大，足以影响车辆的正常行驶。因此，从控制沥青路面结构永久变形角度，《公路沥青路面设计规范》（JTG D50—2017）要求基于设计年限内当量设计轴载累计作用次数计算的沥青混合料层永久变形量应不大于表3-1-3-3所列容许永久变形量。同时，路基顶面竖向压应变不应大于基于设计年限内当量设计轴载累计作用次数计算获得的容许竖向压应变。

沥青混合料层容许永久变形量（单位：mm） 表3-1-3-3

基层类型	沥青混合料层容许永久变形量	
	高速公路、一级公路	二级、三级公路
无机结合料稳定类基层、水泥混凝土基层和底基层为无机结合料稳定类的沥青混合料基层	15	20
其他基层	10	15

对于季节性冻土地区的沥青路面结构，沥青面层低温开裂指数不宜大于表3-1-3-4所列数值。

低温开裂指数要求 表3-1-3-4

公路等级	高速公路、一级公路	二级公路	三级、四级公路
低温开裂指数CI，不大于	3	5	7

除了对上述路面使用性能设计指标的要求，高速公路、一级公路以及山岭区二级和三级公路的路面在交工验收时，其抗滑技术指标应满足表3-1-3-5的技术要求，路基路面顶面和路表的实测代表弯沉值应不超过其各自的验收弯沉值。

抗滑技术要求 表3-1-3-5

年平均降雨量（mm）	交工检测指标值	
	横向力系数 SFC_{60} [a]	构造深度 TD[b]
>1000	≥54	≥0.55
500~1000	≥50	≥0.50
250~500	≥45	≥0.45

注：[a] 横向力系数 SFC_{60}——用横向力系数测试车，在60km/h±1km/h车速下测定；[b] 构造深度 TD——用铺砂法测定。

第三节 沥青路面结构组合设计

一、路面结构组合

沥青路面结构类型可按照基层材料性质分为无机结合料稳定类基层沥青路面、粒料类基层沥青路面、沥青结合料类基层沥青路面和水泥混凝土基层沥青路面四类。应结合交通荷载等级和路基状况、路面材料特性和结构特性等因素,选择路面结构类型。总体而言,无机结合料稳定类基层沥青路面适用于各种交通荷载等级,粒料类基层沥青路面适用于重及以下交通荷载等级,沥青结合料类基层沥青路面适用于各种交通荷载等级,水泥混凝土基层沥青路面适用于重及以上交通荷载等级。路基湿度状态为中湿或潮湿时,宜采用粒料类底基层或设置粒料类路基改善层。

路面结构组合的选择需要充分考虑各种路面结构组合的材料特性和结构特性、主要损坏类型及性能衰变规律。不同结构组合的沥青路面主要损坏类型见表3-1-3-6。

沥青路面主要损坏类型　　　　　表3-1-3-6

结构类型	粒料类基层沥青路面、底基层采用粒料的沥青结合料类基层沥青路面			无机结合料稳定类基层沥青路面、底基层采用无机结合料稳定材料的沥青结合料类基层沥青路面	
沥青混合料层厚度(mm)	≥150	150~50	≤50	≥150	<150
主要损坏类型	沥青混合料层永久变形、沥青混合料层疲劳开裂	沥青混合料层疲劳开裂、沥青混合料层永久变形	车辙	车辙、基层疲劳开裂、面层反射裂缝	基层疲劳开裂、面层反射裂缝
季冻地区	面层低温开裂				

无机结合料稳定类基层沥青路面承载能力高,适用于各种交通荷载等级公路,主要病害是无机结合料稳定层疲劳开裂和面层反射裂缝。反射裂缝处雨水、雪水渗入后容易出现唧泥、基层脱空等损坏。采用粒料底基层或设置粒料类路基改善层等,可减轻反射裂缝处的唧泥、脱空。选用抗裂性能好的无机结合料稳定材料、增加沥青混合料层厚度、设置具有吸收应力或加筋作用的功能层,可以起到减少或延缓反射裂缝的作用。

粒料类基层沥青路面无反射裂缝问题,但沥青面层承受更大的弯拉作用,沥青面层疲劳是主要损坏指标。此外,此类结构沥青面层、粒料层和路基都可能产生永久变形,需关注路面车辙问题。

沥青结合料类基层沥青路面适用于各种交通荷载等级公路,底基层采用无机结合料稳定类材料时,性能类似于无机结合料稳定类基层沥青路面。由于沥青混合料层较厚,路面承载能力更强,且具有更好的延缓反射裂缝能力。底基层采用粒料类材料时,性能类似于粒料类基层沥青路面。

水泥混凝土基层沥青路面具有较高承载能力，适用于重及重以上交通荷载等级公路。除水泥混凝土路面常见损坏外，此类路面结构主要病害是水泥混凝土板接缝处沥青面层反射裂缝和沥青面层永久变形。

多雨地区的无机结合料稳定类基层和水泥混凝土基层沥青路面，出现反射裂缝后易发展为唧泥、脱空等，从而加速路面状况恶化。有必要采取如在无机结合料稳定类基层或水泥混凝土基层下方铺设粒料排水层或设置粒料类路基改善层等措施，减少唧泥、脱空损坏。

选定结构组合类型后，可根据交通荷载等级参照表 3-1-3-7 ~ 表 3-1-3-12 初选各结构层厚度。结构层厚度应根据交通荷载等级、路基承载能力等因素选择。交通荷载等级高、路基承载能力弱时宜取靠近高限的厚度或参照高一个交通荷载等级的路面厚度范围，反之可靠近低限取值或参照低一个交通荷载等级的路面厚度范围。

无机结合料稳定类基层（粒料类底基层）路面厚度范围（mm） 表 3-1-3-7

交通荷载等级	极重、特重	重	中等	轻
面层	250 ~ 150	250 ~ 150	200 ~ 100	150 ~ 20
基层（无机结合料稳定类）	600 ~ 350	550 ~ 300	500 ~ 250	450 ~ 150
底基层（粒料类）	200 ~ 150			

无机结合料稳定类基层（无机结合料稳定类底基层）路面厚度范围（mm） 表 3-1-3-8

交通荷载等级	极重、特重	重	中等	轻
面层	250 ~ 120	250 ~ 100	200 ~ 100	150 ~ 20
基层（无机结合料稳定类）	500 ~ 250	450 ~ 200	400 ~ 150	500 ~ 200
底基层（无机结合料稳定类）	200 ~ 150			

粒料类基层（粒料类底基层）路面厚度范围（mm） 表 3-1-3-9

交通荷载等级	重	中等	轻
面层	350 ~ 200	300 ~ 150	200 ~ 100
基层（粒料类）	450 ~ 350	400 ~ 300	350 ~ 250
底基层（粒料类）	200 ~ 150		

沥青结合料类基层（粒料类底基层）路面厚度范围（mm） 表 3-1-3-10

交通荷载等级	重	中等	轻
面层	150 ~ 120	120 ~ 100	80 ~ 40
基层（沥青结合料类）	250 ~ 200	220 ~ 180	200 ~ 120
底基层（粒料类）	400 ~ 300	400 ~ 300	350 ~ 250

沥青结合料类基层（无机结合料稳定类底基层）路面厚度范围（mm） 表 3-1-3-11

交通荷载等级	极重、特重	重	中等	轻
面层	120 ~ 100	120 ~ 100	100 ~ 80	80 ~ 40
基层（沥青结合料类）	180 ~ 120	150 ~ 100	150 ~ 100	100 ~ 80
底基层（无机结合料稳定类）	600 ~ 300	600 ~ 300	550 ~ 250	450 ~ 200

沥青结合料类基层(粒料类 + 无机结合料类底基层)路面厚度范围(mm) 表 3-1-3-12

交通荷载等级	极重、特重	重	中等	轻
面层	120～100	120～100	100～80	80～40
基层(沥青结合料类)	240～160	180～120	160～100	100～80
底基层(粒料类)	200～150	200～150	200～150	250～150
底基层(无机结合料类)	400～200	400～200	350～200	250～150

二、沥青路面各结构层选择

沥青路面通常由沥青面层、基层、底基层及必要的功能层等多层结构组成。沥青路面结构组合设计应根据道路的交通荷载等级与气象、水文等自然因素,合理选择与安排路面结构各个层次,确保在设计使用期内,承受行车荷载与自然因素的共同作用,充分发挥各结构层的最大效能,使整个路面结构满足技术经济合理的要求。

1. 面层类型选择

沥青面层直接承受行车荷载反复作用和受自然因素影响,并将荷载传递到基层以下的结构层。因此,沥青面层应满足功能性和结构性的使用性能要求,沥青面层可为单层、双层或三层。双层结构分为表面层、下面层。三层结构分为表面层、中面层、下面层。

表面层应具有平整密实、抗滑耐磨、稳定耐久的服务功能,同时应具有高温抗车辙、低温抗开裂、抗老化、抗剥离等品质;中、下面层应具有一定的密水性、高温抗车辙等性能。下面层应具有良好的抗疲劳性能和兼顾其他性能要求。面层材料类型可根据交通荷载等级和层位选用,见表 3-1-3-13。

面层材料适用的交通荷载等级和层位 表 3-1-3-13

材 料 类 型	适用交通荷载等级和层位
连续级配沥青混合料	各交通荷载等级的表面层、中面层和下面层
沥青玛蹄脂碎石混合料	极重、特重和重交通荷载等级的表面层,对抗滑有特殊要求的表面层
厂拌热再生沥青混合料	各交通荷载等级的表面层、中面层和下面层
上拌下贯沥青碎石	中等、轻交通荷载等级的面层
沥青表面处治	中等、轻交通荷载等级的表面层

高速公路、一级公路一般选用三层沥青面层结构。为满足沥青面层的性能要求,应精心选择沥青面层混合料。通常认为密实型中粒式或细粒式沥青混凝土混合料(如 AC-13、AC-16)最宜用于表面层,它的空隙率一般为 3%～5%。在这个范围内,可以防止水害及冻害。又由于它保留一定的空隙率,热季不会泛油。表面层切忌使用空隙率大于 6% 的半密实型混合料。此外,密级配沥青混合料的抗裂性、疲劳强度和耐久性均较优越。对于重交通和特重交通等级,普通热拌沥青混合料不能满足使用要求时,可从材料和沥青混凝土结构上改善,如采用改性沥青和 SMA-10、SMA-13 等混合料,对抗滑、排水和降噪有特殊要求的表面层可采用开级配沥青混合料,表面层下应设置防水层,防水层可采用改性乳化沥青或改性沥青等。

沥青中面层和下面层经受着与沥青上面层相同的不利工作环境,唯平整性和抗滑性方面的要求略低一些,因此对沥青混合料的选择同样有较高的要求,特别是在密实防水和抗剪切变形等方面的要求也很高,通常选用密实型中粒式和粗粒式混合料(如 AC-20、AC-25),对于特重交通等级或者炎热地区,常采用改性沥青。

二级、三级以下等级公路一般采用双层式沥青面层,即表面层与下面层。沥青混合料的选择,除沥青混凝土之外,也可选用热拌沥青碎石(ATB)或沥青贯入式结构,再加上表面封层。三级、四级公路一般可采用双层沥青表面处治结构。

2. 基层类型选择

基层类型选择关系到路面结构的耐久性和长期使用性能,首先应根据路面结构所承受的交通荷载等级进行比选,同时应考虑土基支承的可靠性以及当地水温状况和路基排水与路基稳定的可靠程度作不同方案,比较后择优选定。

在交通、环境各方面工作条件都十分恶劣的情况下,可以考虑各种基层组合使用。如地基承载力不佳,交通特别繁重,雨水集中,路基排水不良,可以考虑半刚性基层和柔性基层组合应用,采用半刚性基层下层,柔性基层上层,一方面可提高结构承载力,减轻沥青面层荷载应力;同时发挥柔性基层变形协调,利于渗水排水的优势,使路面始终保持良好工作状态,还可避免横向裂缝反射到面层。对于严重超载的沥青路面,除了采用组合基层之外,也可以采用配钢筋的混凝土板或连续配筋混凝土板基层的沥青路面。为了减少或延缓反射裂缝,在无机结合料稳定层与沥青结合料类材料层间可设置级配碎石层、半开级配碎石层或开级配沥青碎石层。设置级配碎石层后,需注意验算沥青混合料层疲劳开裂寿命。

基层结构的厚度主要应满足强度与刚度的设计要求,在厚度设计时,应逐层进行验算。除此之外,还应考虑施工的可实施性和材料规格对厚度的影响。一般情况下,基层的厚度应大于混合料最大粒径的 4 倍,同时还应考虑压实机具的功能,通常取能一次压密的最佳厚度。若基层厚度超过最佳厚度,可分几层铺筑,每层厚度接近最佳厚度。不同材料基层和底基层厚宜符合表 3-1-3-14 的规定。

基层和底基层厚度　　　　　　表 3-1-3-14

材 料 种 类	集料公称最大粒径(mm)	厚度(mm),不小于
密级配沥青碎石 半开级配沥青碎石 开级配沥青碎石	19.0	50
	26.5	80
	31.5	100
	37.5	120
级配贯入碎石	—	40
贫混凝土	31.5	120
无机结合料稳定类	19.0,26.5,31.5,37.5	150
	53.0	180
级配碎石 级配砾石 未筛分碎石、天然砂砾	26.5,31.5,37.5	100
	53.0	120

续上表

材料种类	集料公称最大粒径(mm)	厚度(mm),不小于
填隙碎石	37.5	75
	53.0	100
	63.0	120

3. 功能层选择

沥青路面功能层主要有防冻层、隔水层、封层、黏层、应力吸收层等。

为提高路基顶面回弹模量或改善路基湿度状态而设置的粒料层或无机结合料稳定层,一般被归类为路基,称为路基改善层。

地下水位高、排水不良的路段;排水不良的土质路堑,有裂隙水、泉眼等水文不良的岩石挖方路段,应设置隔水层。

在季节性冰冻地区,当冻深较大,不能满足防冻层验算要求时,在这种路段应设置防冻层,以保护路面结构不受冻胀和翻浆的危害。防冻层应采用隔温性能良好、导热系数低的材料,如级配碎石等。防冻厚度与路基干湿类型、路基土类、道路冻深以及路面结构材料的热物理性能有关。

沥青路面各结构层之间应紧密结合,不因层间滑动或松散而丧失结构的整体效应。

(1)沥青结合料类材料层间应设置黏层,在铺上层之前彻底清扫下层表面的灰尘、泥土、油污等有可能破坏层间结合的有害物质,然后铺设黏层沥青。极重、特重和重交通荷载等级路面的黏层宜采用改性乳化沥青、道路石油沥青或改性沥青;中等和轻交通荷载等级路面的黏层可选用乳化沥青;水泥混凝土板与沥青面层间的黏层宜采用改性沥青。

(2)在沥青结合料类材料层与其他材料层间应设置封层,宜设置透层。无机结合料稳定类或冷再生类材料结构层与沥青结合料类结构层之间宜设置封层,封层可采用单层沥青表面处治或稀浆封层等,单层表面处治封层的结合料可采用改性沥青、道路石油沥青或乳化沥青。

(3)无机结合料稳定类基层、水泥混凝土基层顶面可设置应力吸收层。当设置改性沥青应力吸收层时,可不再设封层,改性沥青应力吸收层中改性沥青宜采用橡胶沥青。粒料类基层和无机结合料稳定类基层顶面宜设置透层,透层沥青应具有良好的渗透性,可采用稀释沥青和乳化沥青等。

(4)透层沥青、黏层沥青、微表处下封层、稀浆封层的材料规格、用量应根据地区气候特点,施工季节和结构类型的不同,按《公路沥青路面施工技术规范》(JTG F40—2004)的要求选定。

第四节 新建沥青路面的结构层厚度计算

不同等级公路沥青路面结构的目标可靠度和目标可靠指标不应低于表 3-1-3-15 的规定。

目标可靠度和目标可靠指标　　　　表 3-1-3-15

公路等级	高速公路	一级公路	二级公路	三级公路	四级公路
目标可靠度(%)	95	90	85	80	70
目标可靠指标 β	1.65	1.28	1.04	0.84	0.52

新建沥青路面结构设计使用年限不应低于表 3-1-3-16 的规定,应根据公路等级、经济、交通荷载等级等因素综合确定。改建路面结构设计可根据工程实际情况选取适宜的设计使用年限。

路面结构设计使用年限(年) 表 3-1-3-16

公 路 等 级	设计使用年限
高速公路、一级公路	15
二级公路	12
三级公路	10
四级公路	8

一、沥青路面结构验算指标

沥青路面结构验算指标主要有:沥青混合料层疲劳开裂寿命、无机结合料稳定层的疲劳开裂寿命、沥青混合料层永久变形量等。

沥青混合料层的疲劳开裂寿命应根据路面结构分析得到沥青混合料层层底拉应变,沥青混合料层的疲劳开裂寿命应大于设计使用年限内设计车道的当量设计轴载累计作用次数。否则,应调整路面结构方案,重新验算,直至满足要求。

无机结合料稳定层的疲劳开裂寿命应根据路面结构分析得到各无机结合料稳定层层底拉应力。

应按下列要求对各沥青混合料层进行分层,分别计算各分层的永久变形量:表面层,采用 10～20mm 为一分层;第二层沥青混合料层,每一分层厚度应不大于 25mm;第三层沥青混合料层,每一分层厚度应不大于 100mm;第四层及其以下沥青混合料层,作为一个分层。

根据标准条件下的车辙试验,得到各层沥青混合料的车辙试验永久变形量,并计算各分层的永久变形量和沥青混合料层总的永久变形量。

验算得到的沥青混合料层永久变形量应满足表 3-1-3-3 的要求,否则,应调整沥青混合料设计,直至满足要求。满足沥青混合料层容许永久变形量要求的沥青混合料,尚应满足施工技术规范要求的标准车辙试验的动稳定度要求,其永久变形量的稳定度可用作沥青混合料的质量要求和施工控制指标。

二、沥青路面结构设计验算流程

新建沥青路面结构设计验算流程如图 3-1-3-3 所示,包括下列主要内容:

(1)依据交通数据调查以及轴载换算方法,调查分析交通参数,按照式(3-1-1-1)～式(3-1-1-7)计算获取设计使用年限内设计车道在不同控制指标(沥青混合料层层底拉应变,沥青混合料层永久变形量,无机结合料稳定层层底拉应力,路基顶面竖向压应变)下的当量设计轴载累计作用次数,并参照表 3-1-1-6 确定交通荷载等级。

(2)根据路基土类型、地下水位高度确定路基干湿类型和湿度状况,结合《公路路基设计规范》(JTG D30—2015)的有关规定确定路基顶面回弹模量及必要的路基改善措施,并应符合表 2-1-1-3 的规定。

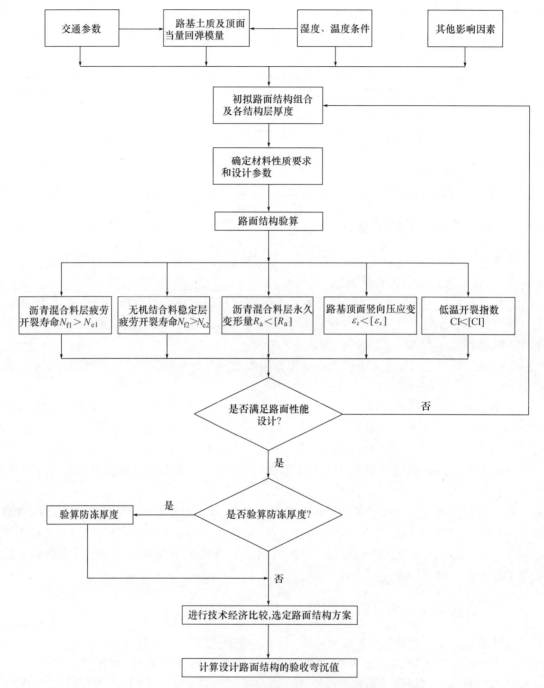

图 3-1-3-3　新建沥青路面结构设计验算流程

(3)收集所在地区的常用路面结构组合和材料性质要求,初拟路面结构组合与厚度方案,参照表 3-1-3-1 选取设计指标。

(4)根据路面结构层选用的材料进行配合比设计,参照前文路面材料设计参数确定方法,检验各结构层材料的性能设计参数是否符合要求;检验无机结合料稳定类材料的无侧限抗压强度;检验沥青混合料的动稳定度、贯入强度、低温破坏应变和水稳定性等,季节性冻土地区高速公路和一级公路还需要检验表面层沥青低温性能;检验粒料的 CBR 值。

(5)按照前文路面材料设计参数确定方法,依据不同水平,确定各结构层模量等设计参数。沥青路面层采用20℃、10Hz条件下的动态压缩模量,沥青类基层采用20℃、5Hz条件下的动态压缩模量;无机结合料稳定层采用经调整系数修正后的弹性模量;粒料层采用经湿度调整的回弹模量,路基采用平衡湿度状态下并考虑干湿与冻融循环作用后的顶面当量回弹模量。

(6)收集工程所在地区气温资料,确定各设计指标对应的温度调整系数或等效温度。

(7)采用多层弹性体系理论程序计算各设计指标的力学响应量。

(8)依据本章所述的路面结构验算方法进行路面结构验算:沥青混合料层疲劳开裂验算、无机结合料稳定层疲劳开裂验算、沥青混合料层永久变形量验算、路基顶面竖向压应变验算、低温开裂指数验算,验算结果不符合要求时,调整路面结构方案重新验算,直至符合要求为止;针对季节性冻土地区要进行沥青路面结构最小防冻厚度验算,验算不满足要求时,应增设防冻层,使路面结构满足最小防冻厚度要求。

(9)对通过结构验算的路面结构进行技术经济分析,选定路面结构方案。

(10)计算设计路面结构的路基顶面验收弯沉值和路表验收弯沉值,用于路面交(竣)工验收。

工程案例:高速公路沥青路面结构设计

黄土高原某高速公路全线采用双向四车道标准建设,设计速度80km/h。拟建路线属黄土地区,气候水平分布和垂直分带作用较为明显,根据各地气候上的差异结合热量和水分条件,该地区处我国内陆腹地,属温带半湿润气候。该地区多为高中山区,其间夹河谷川地,气候温和,光照充足,春暖少雨,夏热伏旱,秋凉湿润,冬寒干燥,四季分明。年平均气温为8.7~10.0℃,由于年降水量较大,常集中在7~9月份。

沥青路面依据《公路沥青路面设计规范》(JTG D50—2017)设计,厚度采用《沥青路面结构分析》(APAD)程序计算,设计年限15年。依据项目交通量及水文气候因素,考虑到路面应具有平整、坚实、耐久、高温抗车辙、低温抗开裂、抗滑以及耐疲劳、环保等多种功能的要求,沥青路面的硬路肩采用与行车道相同的路面结构。

根据《工程可行性研究报告》提供的预测交通量及交通量增长率,采用 BZZ—100 重型标准换算,路表验收弯沉值为 19.1(0.01mm),路基顶面验收弯沉值为 240.6(0.01mm)。根据路网相邻公路的车辆满载情况及历史数据的调查分析,得到各类车型非满载与满载比例,设计路面对应的设计指标为沥青混合料层永久变形与无机结合料层疲劳开裂,可得到在不同设计指标下,各车型对应的非满载车和满载车当量设计轴载换算系数。计算得到对应于沥青混合料层永久变形的当量设计轴载累计作用次数为30511461,对应于无机结合料层疲劳开裂的当量设计轴载累计作用次数为2212810195。本公路设计使用年限内设计车道累计大型客车和货车交通量为11888136,交通荷载等级属于重交通。

对初拟的路面结构进行验算,所选路面结构与材料满足设计要求,根据初步设计审查和批复情况并结合项目主体设计情况,确定路面结构,见表3-1-3-17。

路 面 结 构　　　　　　　　　　　　　　表 3-1-3-17

路面结构层次	厚度(cm)	结 构 层
表面层	4	高性能改性沥青混凝土 Superpave-13
黏层	—	改性乳化沥青黏层油
下面层	8	密级配改性沥青稳定碎石 ATB-25
封层	—	热熔橡胶沥青碎石封层
透层	—	乳化沥青透层油
基层	36	水泥稳定碎石(水泥掺量4.5%)
底基层	18	水泥稳定碎石(水泥掺量3.5%)

 本章小结

(1)沥青路面设计的内容包括原材料的调查与选择、沥青混合料配合比以及基层材料配合比设计、各项设计参数的测试与选定、路面结构组合设计、路面结构层验算以及路面结构方案的比选等。

(2)沥青路面结构类型可按照基层材料性质分为无机结合料稳定类基层沥青路面、粒料类基层沥青路面、沥青结合料类基层沥青路面和水泥混凝土基层沥青路面四类。应结合交通荷载等级和路基状况、路面材料特性和结构特性等因素,选择路面结构类型。

(3)沥青路面结构验算指标包括:沥青混合料层疲劳开裂验算、无机结合料稳定层疲劳开裂验算、沥青混合料层永久变形量验算。

思考题与习题

1. 简述沥青路面的设计指标。
2. 简述沥青路面的各种结构类型与适用条件。
3. 为了充分发挥沥青路面各结构层的最大效能,应如何选择各结构层?
4. 简述新建沥青路面结构设计验算流程。

第四章 CHAPTER FOUR
水泥混凝土路面设计

本章提要：
本章主要介绍水泥混凝土路面构造、水泥混凝土路面设计内容、普通水泥混凝土路面板厚设计、水泥混凝土路面接缝设计、其他类型的水泥混凝土路面。

能力目标：
1. 了解水泥混凝土路面的基本构造；
2. 理解水泥混凝土路面设计内容；
3. 能描述普通水泥混凝土路面板厚设计流程；
4. 能描述普通水泥混凝土路面接缝设计；
5. 能叙述其他类型的水泥混凝土路面。

第一节 水泥混凝土路面构造

水泥混凝土路面是指以水泥混凝土作面层(配筋或不配筋)的路面，亦称为刚性路面。包括普通混凝土路面、钢筋混凝土路面、连续配筋混凝土路面、钢纤维混凝土路面、复合式混凝土路面、水泥混凝土预制块路面、碾压混凝土路面等。目前应用最广泛的是就地浇筑的普通混凝土路面。

普通混凝土路面是指除接缝区和局部范围(边缘和角隅)外，面层内均不配置钢筋的水泥混凝土路面，也称素混凝土路面。

水泥混凝土路面具有以下特点：

(1)强度高。混凝土路面具有很高的抗压强度和较高的抗弯拉强度以及抗磨耗能力。

(2)稳定性好。混凝土路面的水稳性、热稳性均较好，特别是它的强度能随着时间的延长而逐渐提高，不存在沥青路面的那种"老化"现象。

(3)耐久性好。由于混凝土路面的强度和稳定性好,所以它经久耐用,一般能使用 20～40年,而且它能通行包括履带式车辆等在内的各种运输工具。

(4)有利于夜间行车。混凝土路面色泽鲜明,能见度好,对夜间行车有利。

但是,混凝土路面也存在一些缺点,主要有以下几方面:

(1)对水泥和水的需要量大。修筑厚 0.2m、宽 7m 的混凝土路面,每 1000m 要耗费水泥 400～500t、水约 250t,尚不包括养生用的水在内,这对水泥供应不足和缺水地区带来较大困难。

(2)有接缝。一般混凝土路面要建造许多接缝,这些接缝不但增加施工和养护的复杂性,而且容易引起行车跳动,影响行车的舒适性,接缝又是路面的薄弱点,如处理不当,将导致路面板边和板角处破坏。

(3)开放交通较迟。一般混凝土路面完工后,要经过 28d 的湿法养生,才能开放交通,如需提早开放交通,则需采取特殊措施。

(4)修复困难。混凝土路面损坏后,开挖很困难,修补工作量也大,且影响交通。

一、路基

路基是路面结构的基础。水泥混凝土的弹性模量为 $(25～40) \times 10^3 \text{MPa}$,水泥混凝土面层板具有很高的刚度和扩散荷载的能力,通过面层板和基层传到路床顶面的荷载应力值很小,一般不超过 0.05MPa。因此,对路基承载能力的要求并不高。但是,路基在水温变化和荷载作用下出现不均匀变形时,水泥混凝土面层与下卧层之间会出现局部脱空,面层应力会由此增加而导致面层板的断裂。实践也证明,由于土基不均匀支承,使面板在受荷时底部产生过大的弯拉应力,导致水泥混凝土路面产生破坏。因此,对路基的基本要求是提供均匀的支承,即路基在环境和荷载作用下产生的不均匀变形小。

路基对路面结构所能提供的支承条件或水平,可采用路床顶面的综合回弹模量来表征。《公路水泥混凝土路面设计规范》(JTG D40—2011)中规定:路床顶面的综合回弹模量值,轻交通荷载等级时不得低于 40MPa,中等或重交通荷载等级时不得低于 60MPa,特重或极重交通荷载等级时不得低于 80MPa。

当路床顶面的综合回弹模量值不能满足要求时,应选用粗粒土或低剂量无机结合料稳定土作路床或上路床填料。当路基工作区底面接近或低于地下水位时,可采取更换填料、设置排水渗沟等措施。

二、功能层

水泥混凝土路面功能层结构一般是为应对路基的特殊需求而设置,分为防冻层、排水层与加固层三类。

在季节性冰冻地区修筑水泥混凝土路面,当路面结构总厚度不能满足最小防冻厚度要求时,应设置防冻层,保证总厚度满足最小防冻厚度的要求。

对于水文地质条件不良的土质路基,路床土的湿度较大时,为防止地下水对路面结构的侵蚀,应设置排水层。

当路基土特别软弱,经加固后,仍有可能出现不均匀沉降、变形时,应设置加固层以增强路床的承载能力。

有时候,以上三种情况兼而有之,在选择功能层结构材料时,也应兼顾,具备多种功能。一般情况下,功能层多选用当地廉价材料修筑,或取当地材料掺少量无机结合料处治后使用,如砂、砂砾料、低剂量无机结合料稳定粒料等。功能层厚度一般为 150~200mm。

水泥混凝土路面的路基应满足稳定、密实、均质、耐久的要求,为路面结构提供均匀的支撑。因此对路基土质的要求很严格,一般高液限黏土及含有机质的细粒土均不能用于高速公路和一级公路的路床填料,也不能用于二级及二级以下公路的上路床填料。因条件限制而必须采用上述土做填料时,应掺加石灰或水泥等无机结合料进行处治。

地下水位较高的路段,应提高路基设计高程。若设计高程受限制,路基达不到中湿状态的临界高度时,应选用粗粒土或低剂量石灰或水泥稳定细粒料作路床填料;未能达到潮湿状态的路基临界高度时,除采用上述填料之外,还应采取设置排水渗沟等降低地下水位的措施。

路基压实度应符合《公路路基设计规范》(JTG D30—2015)的要求,岩石或填石路床顶面应铺设整平层,整平层可采用未筛分碎石和石屑或低剂量水泥稳定粒料,其厚度视路床顶面不平整程度而定,一般为 100~150mm。

三、基层

水泥混凝土路面的基层所承受的车辆荷载应力较小,设置基层和底基层的目的是为了防止冲刷、唧泥、板底脱空和错台等病害。

对基层和底基层的基本要求是:具有足够的抗冲刷能力和适当的刚度。同时,应保证基层断面正确,表面平整。理论计算和实践都已证明,采用整体性好、具有较高弹性模量的材料修筑基层,可以确保水泥混凝土路面良好的使用特性和延长路面的使用寿命。水泥混凝土路面基层材料选择见表 3-1-4-1。

水泥混凝土路面各类基层适宜厚度的范围　　　　表 3-1-4-1

材　料　种　类		适宜施工层厚(mm)
贫混凝土、碾压混凝土		120~200
无机结合料稳定材料		150~200
沥青混凝土	集料公称最大粒径 9.5mm	25~40
	集料公称最大粒径 13.2mm	35~65
	集料公称最大粒径 16mm	40~70
	集料公称最大粒径 19mm	50~75
沥青稳定碎石	集料公称最大粒径 19mm	
	集料公称最大粒径 26.5mm	75~100
多孔隙水泥稳定碎石		100~150
级配碎石、未筛分碎石、级配砾石或碎砾石		100~200

在冰冻深度大于 0.5m 的季节性冰冻地区,为防止路基可能产生的不均匀冻胀对水泥混凝土面层的不利影响,路面结构应有足够的总厚度,以便将路基的冰冻深度约束在有限的范围内。路面结构的最小总厚度,随冰冻线深度、路基的潮湿状况和土质而异,其数值可参照

表3-1-4-2选定。设计出的结构总厚度(面层+基层)小于表中最小厚度要求时,超出部分可用基层下的防冻层来补足。

水泥混凝土路面结构层最小防冻厚度(单位:m)　　　　表3-1-4-2

路基干湿类型	路基土类别	当地最大冰冻深度(m)			
		0.50~1.00	1.00~1.50	1.50~2.00	>2.00
中湿路基	易冻胀土①	0.30~0.50	0.40~0.60	0.50~0.70	0.60~0.95
	很易冻胀土②	0.40~0.60	0.50~0.70	0.60~0.85	0.70~1.10
潮湿路基	易冻胀土	0.40~0.60	0.50~0.70	0.60~0.90	0.75~1.20
	很易冻胀土	0.45~0.70	0.55~0.80	0.70~1.00	0.80~1.30

注:①易冻胀土——细粒土质砾、细粒土质砂,塑性指数小于12的黏质土。
　　②很易冻胀土——粉质土、极细粉土质砂,塑性指数为12~22的黏质土。
　1. 冻深小或填方路段,或者基层、垫层为隔温性能良好的材料,可采用低值;冻深大或挖方及地下水位高的路段,或者基层、垫层为隔温性能稍差的材料,应采用高值。
　2. 冻深小于0.50m的地区,一般不考虑结构层防冻厚度。

基层的宽度应比混凝土面板每侧宽出300~650mm。路肩采用混凝土面层,其厚度与行车道面层板相同时,基层宽度宜与路基同宽。

四、面层

理论分析表明,混凝土面板的横断面宜采用中间薄两边厚的形式(图3-1-4-1),但是厚边式混凝土面层给基层和土基的施工带来不便,而且使用经验也表明,在厚度变化转折处,易引起板的折裂。因此,目前国内外常采用等厚式断面。

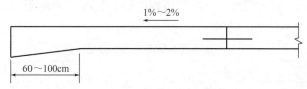

图3-1-4-1　混凝土面板的横断面示意图

连续配筋混凝土、碾压混凝土和钢纤维混凝土等其他面层类型可依据适用条件选用,见表3-1-4-3。

其他混凝土路面面层类型选择　　　　表3-1-4-3

面层类型		适用条件
连续配筋混凝土面层		高速公路
复合式面层	密级配沥青混合料上面层	极重、特重交通荷载等级的高速公路
	连续配筋混凝土下面层	
	设传力杆普通混凝土下面层	
碾压混凝土面层		二级及二级以下公路
钢纤维混凝土面层		高程受限制路段、混凝土加铺层
混凝土预制块面层		二级及二级以下公路桥头引道沉降未稳定段、服务区停车场

行车道水泥混凝土面层宜宽出外侧车道边缘线0.6m,所需的厚度通过计算确定,各种混凝土面层的设计厚度应依据计算厚度加6mm磨耗层后,按10mm向上取整。面层厚度的参考范围见表3-1-4-4。

水泥混凝土面层厚度的参考范围　　　　　　表3-1-4-4

交通荷载等级	极重	特重				重		
公路等级	—	高速公路	一级公路		二级公路	高速公路	一级公路	二级公路
变异水平等级	低	低	中	低	中	低	中	低	中
面层厚度(mm)	≥320	320~280	300~260	280~240		270~230	260~220	

交通荷载等级	中等				轻	
公路等级	二级公路		三级、四级公路		三级、四级公路	
变异水平等级	高	中	高	中	高	中
面层厚度(mm)	250~220	240~210		230~200	220~190	210~180

注:在水泥混凝土板上设置沥青混凝土层时,每增加4cm沥青混凝土层可减少1cm面板厚度。

水泥混凝土面板表面必须采用拉毛、拉槽、压槽或刻槽等方法做表面构造,以提高其抗滑性能。

第二节　水泥混凝土路面设计内容

水泥混凝土路面是一种复合结构,其设计内容包括结构组合设计、平面尺寸、接缝及路肩设计,配筋设计,材料组成设计,路面厚度设计,排水设计等。

1. 结构组合设计

结构组合设计的主要任务是基于路基的基本状况及公路等级、交通荷载等级、自然环境条件、特殊工程要求等条件,选定基层的层数(是否需要底基层)、材料(级配碎石、水泥稳定碎石、碾压混凝土、沥青稳定碎石等),确定面层混凝土路面的类型(普通水泥混凝土路面、钢筋混凝土路面、连续配筋混凝土路面等)、层数(多层板及复合式路面时)。

2. 平面尺寸、接缝及路肩设计

在确定采用普通水泥混凝土路面后,平面尺寸及接缝设计的主要任务是确定板宽或分幅施工宽度,确定横缝(缩缝)间距,确定需要设置胀缝的位置和形式及与其他路面相衔接的端部构造形式,确定与桥梁连接处的构造方式,确定拉杆与传力杆设置方案(钢筋直径、长度、间距等),选定路肩类型、材料与组合。

3. 配筋设计

普通水泥混凝土路面一般无须配筋,按照规范要求的条件必须设置时,按构造要求设置。

4. 材料组成设计

材料组成设计在初步设计阶段无须进行,材料参数按规范推荐值酌情选取。但在施工图设计阶段,应进行材料组成设计,确定材料配合比,并获取材料的准确设计参数,用于计算分析。

5. 路面厚度设计

路面厚度设计的主要任务是计算并确定路面各层厚度,一般是假定其他层层厚,求算面板厚度。

6. 排水设计

排水设计的主要任务是与路基排水设计相衔接和统一,将水泥混凝土路面排水和路基排水有机统一在一起,考虑路表、中央分隔带、路面结构内、排水基层等多种排水方式组合的方案,确定沟管孔径和构造尺寸,进行水力计算验证其是否满足功能要求,并按技术经济性作出方案决策。

其他类型水泥混凝土路面的设计内容基本相同,根据不同类型水泥混凝土路面的材料构成及结构特征,可能侧重点有所差异,如钢筋混凝土路面和连续配筋混凝土路面的配筋设计就是其设计中的重要内容。

第三节 普通水泥混凝土路面板厚设计

一、普通水泥混凝土路面设计方法

我国水泥混凝土路面设计引入了目标可靠度、材料性能和结构尺寸参数的变异水平等级等指标来进行设计。

路面结构可靠度是指在规定的时间与规定的条件下,路面使用性能满足预定水平要求的概率,即在规定的设计基准期内和规定的交通、环境条件下,路面结构完成预定功能(行车荷载疲劳应力和温度梯度疲劳应力的总和不超过混凝土弯拉强度)的概率。

材料性能和结构尺寸参数的变异水平等级,按施工技术、施工质量控制和管理水平分为低、中、高三级。

水泥混凝土路面结构设计是以水泥混凝土面层板在设计基准期内,在行车荷载疲劳应力和温度梯度疲劳应力综合作用下,不产生疲劳断裂作为设计标准,并以在最重轴载和最大温度梯度综合作用下,不产生极限断裂作为验算标准。其设计参数主要有交通量、设计基准期、设计轴载、设计轴载累计作用次数、交通荷载等级、最大温度梯度标准值、混凝土路面板底地基当量回弹模量等。水泥混凝土路面结构分析的基本理论为弹性地基板上的小挠度薄板理论,混凝土面层板的临界荷位始终选取纵缝边缘中部,基层板的临界荷位与面层板相同。有关普通水泥混凝土路面板厚设计理论及方法的相关内容可参见《公路水泥混凝土路面设计规范》(JTG D40—2011)。

二、普通水泥混凝土路面板厚设计流程

1. 交通分析

根据设计公路的等级、公路自然区划、初期交通量及交通量年平均增长率等,确定设计基准期、安全等级、设计车道在设计基准期内所承受的设计轴载累计作用次数。

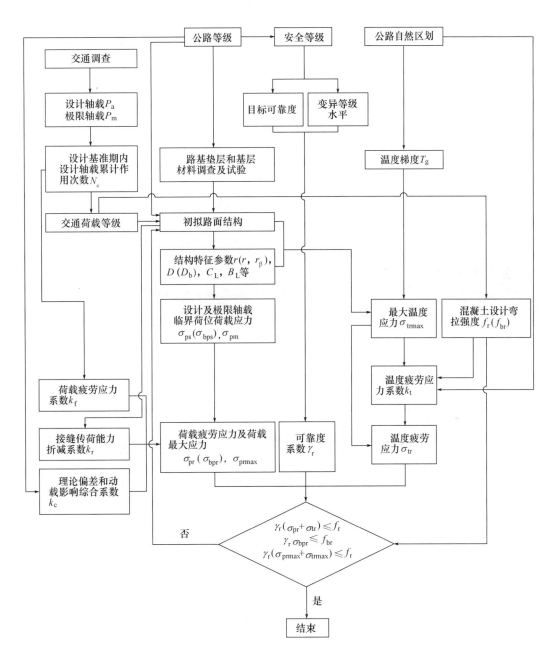

图 3-1-4-2　混凝土路面板厚度计算流程

2. 初拟路面结构

根据路基干湿类型和土质等相关的设计资料,进行路面结构的组合设计,初拟路面结构,包括路床、功能层、基层和面层的材料类型和厚度,并按水泥混凝土面层厚度建议范围,根据交通荷载等级、公路等级和所选定的变异水平等级,初选混凝土面板的厚度及平面尺寸。

3. 路面材料参数确定

根据上述已知条件,确定混凝土面层的弯拉强度标准值、相应弯拉弹性模量标准值、路基回弹模量、路床顶面综合回弹模量及基层回弹模量等,最后计算出混凝土板底地基当量回弹模量和混凝土面层板的截面弯曲刚度。

4. 计算行车荷载疲劳应力和温度梯度疲劳应力

水泥混凝土路面结构按疲劳断裂设计标准进行结构分析时,以 BZZ—100 作为标准轴载,选取混凝土板的纵向边缘中部作为产生最大荷载和温度梯度综合疲劳损坏的临界位置,分别计算出混凝土面层的行车荷载疲劳应力、温度梯度疲劳应力和最大荷载应力等。

5. 板厚验算

行车荷载疲劳应力、温度梯度疲劳应力之和与可靠度系数的乘积小于且接近于混凝土弯拉强度标准值,同时,最大荷载应力与最大温度应力之和与可靠度系数的乘积小于混凝土弯拉强度标准值时,则初选厚度可作为混凝土板的计算厚度。如不能满足要求时,应调整混凝土板厚度或基层类型或厚度等,重新计算,直到满足要求为止。

6. 设计厚度确定

计算厚度加 6mm 磨耗厚度后,应按 10mm 向上取整,作为混凝土面层的设计厚度。

以上有关普通水泥混凝土路面板厚设计的相关参数及计算方法可参见《公路水泥混凝土路面设计规范》(JTG D40—2011)。混凝土路面板厚度计算流程图如图 3-1-4-2 所示。

第四节 水泥混凝土路面接缝设计

水泥混凝土面层板具有热胀冷缩的性质。由于一年四季气温的变化,水泥混凝土板会产生不同程度的膨胀和收缩,从而引起混凝土板的轴向变形。而在一昼夜中,白天气温升高,混凝土板顶面温度较底面温度高,这种温度坡差会形成板的中部隆起的趋势。夜间气温降低,板顶面温度较底面温度低,会使板的周边和角隅发生翘起的趋势,发生翘曲变形,如图 3-1-4-3a)所示。这些变形会受到板与基础之间的摩阻力和黏结力以及板的自重、车轮荷载等的约束,致使板内产生过大的应力,造成混凝土板的开裂[图 3-1-4-3b)]或拱胀等破坏。

从图 3-1-4-3 可见,由于翘曲而引起的裂

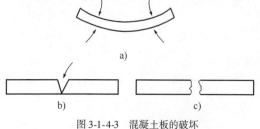

图 3-1-4-3 混凝土板的破坏
a)混凝土板的翘曲变形;b)开裂;c)断裂

缝,在裂缝发生后被分割的两块板体尚不致完全分离,倘若板体温度均匀下降引起收缩,则将使两块板体被拉开[图 3-1-4-3c)],从而失去荷载传递作用。

为避免这些缺陷,混凝土路面不得不在纵横两个方向设置许多接缝,把整个路面分割成许多板块。路面接缝设置如图 3-1-4-4 所示。

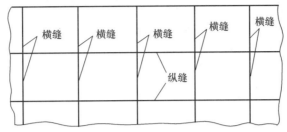

图 3-1-4-4 路面接缝设置

水泥混凝土面层的接缝可分为:横向接缝(包括横向缩缝、胀缝、施工缝)和纵向接缝。横向接缝是垂直于行车方向的接缝,共有三种:缩缝、胀缝和施工缝。缩缝保证板因温度和湿度的降低而收缩时沿该薄弱断面缩裂,从而避免产生不规则的裂缝。胀缝保证板在温度升高时能部分伸张,从而避免产生路面板在热天的拱胀和折断破坏,同时胀缝也能起到缩缝的作用。每日施工结束或因临时原因中断施工时,必须设置横向施工缝,其位置应尽可能选在缩缝或胀缝处。

一、横向接缝的构造

1. 胀缝的构造

水泥混凝土面板在邻近桥梁或其他固定构造物处,或与其他道路相交处,应设置横向胀缝。设置胀缝的条数应根据膨胀量大小而定。低温浇筑水泥混凝土面层或选用膨胀性高的集料时,宜根据实际情况确定是否设置胀缝。胀缝宽宜为 20~25mm,缝内应设置填缝板和可滑动的传力杆。胀缝的构造如图 3-1-4-5 所示。

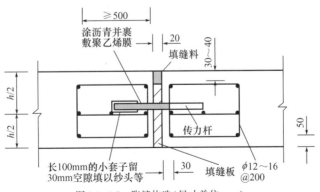

图 3-1-4-5 胀缝构造(尺寸单位:mm)

2. 横向缩缝的构造

横向缩缝可等间距或变间距布置,应采用假缝形式。极重、特重和重交通荷载等级公路的横向缩缝,中等和轻交通荷载等级公路邻近胀缝或自由端部的 3 条横向缩缝,收费广场的横向缩缝,应采用设传力杆假缝形式,其构造如图 3-1-4-6a)所示。其他情况可采用不设传力杆假缝形式,其构造如图 3-1-4-6b)所示。传力杆的设置不应妨碍相邻混凝土板的自由伸缩,钢筋表面应作防锈处理。

横向缩缝顶部应锯切槽口,设置传力杆时的槽口深度宜为面层厚度的 1/4~1/3,不设置传力杆时的槽口深度宜为面层厚度的 1/5~1/4。槽口宽度根据施工条件、填缝料性能等因素而定,宽度宜为 3~8mm,槽内应填塞填缝料。

二级及二级以下公路的槽口可一次锯切成型。高速公路和一级公路横向缩缝的槽口宜二次锯切成型,在第一次锯切缝的上部宜增设宽 7~10mm、深 20~30mm 的浅槽口。其构造如图 3-1-4-7 所示。

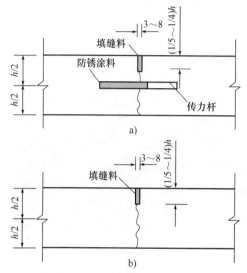

图 3-1-4-6 横向缩缝构造(尺寸单位:mm)
a)设传力杆假缝形式;b)不设传力杆假缝形式

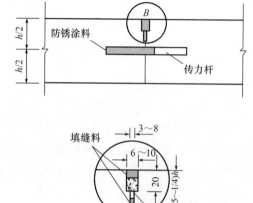

图 3-1-4-7 浅槽构造(尺寸单位:mm)

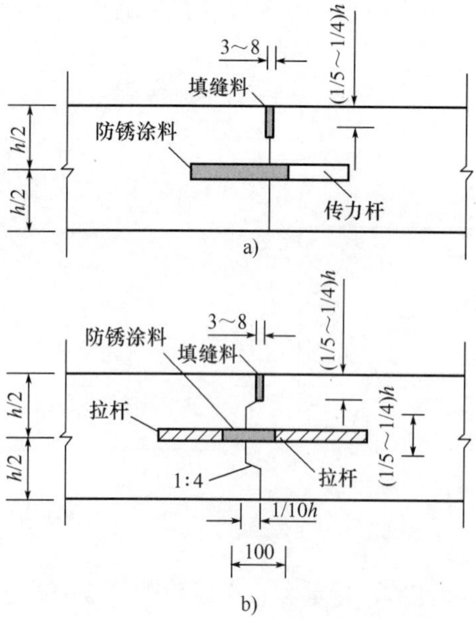

图 3-1-4-8 横向施工缝构造(尺寸单位:mm)
a)设传力杆平缝形式;b)设拉杆企口缝形式

3. 横向施工缝的构造

每日施工结束或因临时原因中断施工时,必须设置横向施工缝,其位置应尽可能选在缩缝或胀缝处。设在缩缝处的施工缝,应采用加传力杆的平缝形式,其构造如图 3-1-4-8a)所示;设在胀缝处的施工缝,其构造与胀缝相同。遇有困难需设在缩缝之间时,施工缝可用设拉杆的企口缝形式,其构造如图 3-1-4-8b)所示。

4. 传力杆

传力杆应采用光面钢筋。横向缩缝传力杆的尺寸、间距和要求与胀缝相同,可按表 3-1-4-5 选用。最外侧传力杆距纵向接缝或自由边的距离为 150~250mm。

传力杆尺寸和间距（单位：mm）　　　　表 3-1-4-5

面层厚度	传力杆直径	传力杆最小长度	传力杆最大间距
220	28	400	300
240	30	400	300
260	32	450	300
280	32～34	450	300
≥300	34～36	500	300

二、纵向接缝的构造

纵向接缝是指平行于混凝土路面行车方向的接缝。纵向接缝的布设应视路面总宽度、行车道及硬路肩宽度和施工铺筑宽度而定。

1. 纵向施工缝

一次铺筑宽度小于路面宽度时，应设置纵向施工缝。纵向施工缝采用设拉杆平缝形式，上部应锯切槽口，深度宜为 30～40mm，宽度宜为 3～8mm，槽内灌塞填缝料。其构造如图 3-1-4-9a）所示。

2. 纵向缩缝

普通水泥混凝土路面一次铺筑宽度大于 4.5m 时，碾压混凝土面层一次铺筑宽度大于 7.5m 时，应设置纵向缩缝。纵向缩缝采用设拉杆假缝形式，锯切的槽口深度应大于施工缝的槽口深度。采用粒料基层时，槽口深度应为板厚的 1/3；采用半刚性基层时，槽口深度应为板厚的 2/5。其构造如图 3-1-4-9b）所示。

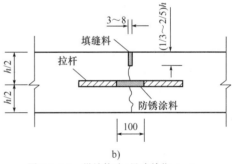

图 3-1-4-9　纵缝构造（尺寸单位：mm）
a）纵向施工缝；b）纵向缩缝

3. 拉杆

拉杆应采用螺纹钢筋，设在板厚中央，并应对拉杆中部 100mm 范围内进行防锈处理。拉杆的直径、长度和间距可参照表 3-1-4-6 选用。施工布设时，拉杆间距应按横向接缝的实际位置予以调整，最外侧的拉杆距横向接缝的距离不得小于 100mm。

拉杆直径、长度和间距（单位：mm）　　　　表 3-1-4-6

面层厚度 (mm)	到自由边或未设拉杆纵缝的距离（m）					
	3.00	3.50	3.75	4.50	6.00	7.50
200～250	14×700×900	14×700×800	14×700×700	14×700×600	14×700×500	14×700×400
≥260	16×800×800	16×800×700	16×800×600	16×800×500	16×800×400	16×800×300

注：拉杆直径、长度和间距的数字为直径×长度×间距。

三、纵横向接缝的布设

普通水泥混凝土、钢筋混凝土、碾压混凝土和钢纤维混凝土面层的平面布局宜采用矩形分块,其纵向和横向接缝应垂直相交,纵缝两侧的横缝不得相互错位。

横向接缝的间距(即板长)应按面层类型和厚度选定:普通水泥混凝土面层宜为 4～6m,面层板的长宽比不宜超过 1.35,平面面积不宜大于 25m^2;碾压混凝土或钢纤维混凝土面层宜为 6～10m;钢筋混凝土面层宜为 6～15m,面层板的长宽比不宜超过 2.5,平面面积不宜大于 45m^2。在昼夜气温变化较大的地区,或地基水文情况不良路段,应取低限,反之取高限。

纵向接缝的间距(即板宽)宜在 3.0～4.5m 范围内选用,这对行车和施工都较方便。当双车道路面按全幅宽度施工时,纵缝可做成设拉杆假缝形式。

纵缝应与路线中线平行。在路面等宽的路段内或路面变宽路段的等宽部分,纵缝的间距和形式应保持一致。路面变宽段的加宽部分与等宽部分之间,应以纵向施工缝隔开。加宽板在变宽段起终点处的宽度不应小于 1m。

四、交叉口接缝布设

两条道路正交时,各条道路宜保持本身纵缝的连贯,而相交路段内各条道路的横缝位置应按相对道路的纵缝间距作相应变动,保证两条道路的纵、横缝垂直相交,互不错位。

两条道路斜交时,主要道路的直道部分宜保持纵缝的连贯,而相交路段内的横缝位置应按次要道路的纵缝间距作相应变动,保证与次要道路的纵缝相连接。相交道路弯道加宽部分的接缝布置,应不出现或少出现错缝和锐角板。当出现错缝、锐角板时,宜加设防裂钢筋和角隅补强钢筋。

在次要道路弯道加宽段起终点断面处的横向接缝,应采用胀缝形式。膨胀量大时,应在直线段连续布置 2～3 条胀缝。

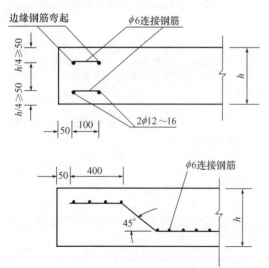

图 3-1-4-10 边缘钢筋布置(尺寸单位:mm)

五、混凝土路面的端部处理

1. 普通混凝土面层的边缘钢筋

普通混凝土面层基础薄弱的自由边缘,或接缝为未设传力杆的平缝时,或主线与匝道相接处等,可在面层边缘的下部配置钢筋。通常选用 2 根直径为 12～16mm 的螺纹钢筋,置于面层底面之上 1/4 厚度处并不小于 50mm,间距为 100mm,钢筋两端向上弯起,如图 3-1-4-10 所示。

纵向边缘钢筋一般只做在一块板内,不得穿过缩缝,以免妨碍板的翘曲;但有时亦可将其穿过缩缝,但不得穿过胀缝。为加强锚固能力,钢筋两端应向上弯起。在横向胀缝两侧板边缘以及混凝土路面的起终端处,为加强板的横向边缘,亦可设置横向边缘钢筋。

2. 普通混凝土面层的角隅钢筋

承受极重、特重或重交通的水泥混凝土面层的胀缝、施工缝和自由边的角隅,以及承受极重交通的水泥混凝土面层缩缝的角隅,宜配置角隅钢筋。通常选用2根直径为12～16mm的螺纹钢筋,置于面层上部,距顶面不小于50mm,距边缘为100mm,如图3-1-4-11所示。

在交叉口处,对无法避免形成的锐角,宜设置双层钢筋网补强,以避免板角断裂。钢筋布置在板的上下部,距板顶(底)50～70mm为宜。

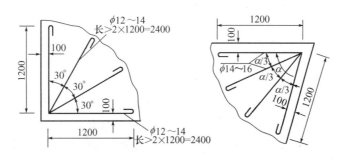

图 3-1-4-11　角隅钢筋布置(尺寸单位:mm)

3. 混凝土面层与固定构造物相接

混凝土路面与桥涵、通道和隧道等固定构造物相衔接的胀缝无法设置传力杆时,可在毗邻构造物的板端部内配置双层钢筋网;或在长度为6～10倍板厚的范围内逐渐将板厚增加20%。混凝土路面同桥梁相接处,宜设置钢筋混凝土搭板。搭板一端放在桥台上,并加设防滑锚固钢筋和在搭板上预留灌浆孔。如为斜交桥梁,尚应设置钢筋混凝土渐变板(图3-1-4-12)。

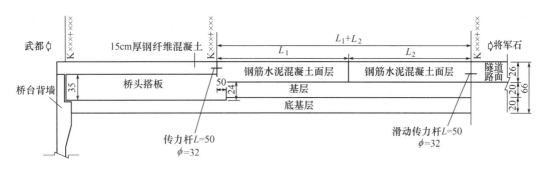

图 3-1-4-12　水泥混凝土板块构造立面图(除传力杆直径为mm外,其他尺寸单位为cm)

4. 混凝土面层与沥青路面相接

水泥混凝土路面同沥青路面相接处,由于沥青面层难以抵御混凝土面层的膨胀推力,易于出现沥青面层的推移拥起,而形成接头处的不平整,引起跳车。

混凝土路面与沥青路面相接时,应设置不少于3m长的过渡段。过渡段的路面采用两种路面呈阶梯状叠合布置,其下面铺设的变厚混凝土过渡板的厚度不得小于200mm。

第五节　其他类型的水泥混凝土路面

一、钢筋混凝土路面

钢筋混凝土路面是指面层板内配置纵、横向钢筋或钢筋网并设接缝的水泥混凝土路面。

当水泥混凝土板的平面尺寸较大,或者预计路基或基层有可能产生不均匀沉降;或者板下埋设有地下设施等情况时,宜采用钢筋混凝土路面。

设置钢筋网的主要目的,是控制裂缝缝隙的张开量,把开裂的板拉在一起,使板依靠断裂面上的集料嵌锁作用而保证结构强度,并非增加板的抗弯拉强度。因而,钢筋混凝土面层所需的厚度与素(无筋)混凝土面层厚度相同。

钢筋混凝土面层的配筋量,主要依据平衡混凝土面层收缩受阻时产生的拉力的需要。当混凝土面层自两端向中央收缩时,层底的摩阻力为混凝土的重力乘以它与基层的摩阻系数,这一摩阻力即为作用于混凝土面层中央的拉力。为使板内应力尽可能分散,宜采用小直径钢筋。

由于钢筋的主要作用是使裂缝密闭,它在板内的竖向位置并不太重要,只要有足够的保护层以防锈蚀即可。

钢筋混凝土板的缩缝间距(即板长)一般为13~22m,最大不宜超过30m。缩缝内必须设置传力杆。其他接缝构造与素混凝土路面相同。

二、连续配筋混凝土路面

连续配筋混凝土路面是指面层内配置纵向连续钢筋和横向钢筋,横向不设缩缝的水泥混凝土路面。

连续配筋混凝土路面的特点是一般不设横缝(施工缝和特定情况下必设的胀缝除外)且配筋量很大。这种面层会在温度和湿度变化引起的内应力作用下产生许多横向裂缝,裂缝的间距为1.0~3.0m,缝隙的平均宽度为0.2~0.5mm。但是,由于配置了许多纵向连续钢筋,这些横向裂缝不至于张开而使杂物侵入或使混凝土剥落,因而不会影响行车的使用品质。

面层纵向钢筋配筋率设计,主要考虑对横向裂缝缝隙宽度、横向裂缝间距、裂缝传荷能力、钢筋所承受的拉应力,以及混凝土出现由纵向裂缝产生的断裂块进行控制,其中最主要的是对裂缝缝隙宽度的控制。

增加配筋量,可以减小缝隙宽度和缝隙间距,提高裂缝传荷能力和使用寿命。由于缝隙间距同缝隙宽度有直接关联,钢筋用量可按规定的裂缝间距来确定。连续配筋混凝土面层在浇筑中断时需设置施工缝。施工缝采取平缝形式,并用长度为1m的拉杆增强。拉杆的直径与间距同纵向钢筋,以使施工缝两侧的混凝土板块加固成连续的整体。

三、钢纤维混凝土路面

钢纤维混凝土路面是指在混凝土面层中掺入钢纤维的水泥混凝土路面。

试验表明,钢纤维与混凝土的握裹力高达4MPa。施工时一般在混凝土中掺入1.5%~2.0%(体积比)的钢纤维,过多则混凝土和易性不好。钢纤维长度宜为25~60mm,直径0.25~1.25mm,过长则与混凝土拌和易成团,过短则混凝土强度增高不多,长度与直径的最佳比值为50~70。

钢纤维混凝土路面的抗疲劳强度、抗冲击能力和防止裂缝的能力比普通混凝土路面要好得多。同时钢纤维混凝土路面厚度可以减薄30%~50%,而缩缝间距可以增至15~30m,胀缝和纵缝可以不设。

作为一种新型的路面材料,钢纤维混凝土路面具有广泛的发展前途,它具有薄板、少缝、使用寿命长、养护费用少等特点,特别是作为旧混凝土路面的罩面尤为适宜。

四、复合式混凝土路面

面层由两层不同材料类型和力学性质的结构层复合而成的水泥混凝土路面,称为复合式混凝土路面。

新建公路的混凝土面板一般按单层式建造,只有当缺乏品质良好的材料时,才考虑采用双层式混凝土路面板,即利用当地品质较差的材料修筑板的下层,而用品质较好的材料铺筑板的上层,以降低造价。在改建旧混凝土路面时,有时在其上加铺一层新混凝土面层,这样也形成双层式混凝土路面结构。根据双层混凝土路面上下层板之间结合程度的不同,有结合式、分离式和部分结合式路面三种形式。

1. 结合式

上下层混凝土板牢固结合成为一整体,新建路面时,上下层混凝土连续施工,即可做成结合式。改建路面时,将下层板表面凿毛、洗净晾干,并喷刷高标号水泥浆(水灰比0.4~0.5)或环氧树脂等黏结剂,随即浇筑新混凝土面层。对于这种结合形式,下层板的裂缝和接缝将会反射到上层板内,因此要求上下层板的接缝必须对齐,并采用同样的接缝形式和缝隙宽度,这种结合形式适用于下层板完整无裂缝或虽有一些裂缝但不再发展的情况。支立模板时,可采用混凝土块顶撑或利用旧路面板的接缝钻孔插入钢钎固定的方法。

2. 分离式

上下层混凝土板之间铺以厚1~2cm以上的沥青砂或双层油毡作为隔离材料,以达到分离的目的。这种分离措施,可防止下层板的裂缝和接缝反射到上层板内。因此分离式双层混凝土路面板不要求上下层板的接缝对齐。当下层板严重破碎时,也可采用这种形式。新铺混凝土面层的厚度不宜小于12cm。施工立模时可采用穿孔插钎固定模板,也可采用预制混凝土块顶撑模板的方法固定模板。

3. 部分结合式

改建路面时,先对原有混凝土板表面进行清理后再浇筑上层板。由于上下层板之间存在部分结合,下层板上的裂缝与接缝通常仍会反射到上层板内,所以上下层板的接缝位置应相同,但其形式和宽度不要求完全相同。旧面层的结构损坏不太严重并已经修复时,可采用这种结合形式。

五、水泥混凝土预制块路面

水泥混凝土预制块路面是指面层由水泥混凝土预制块铺砌成的路面。铺筑路面的块料由高强水泥混凝土材料预制而成。抗压强度约为60MPa，水泥含量为350~380kg/m³，水灰比为0.35，最大集料尺寸为8~16mm，块料承受磨耗的面积一般小于0.03m²，厚度至少为0.06m，形状有矩形和嵌锁型(不规则形状)两类。

这种路面结构由面层、砂垫平层(厚0.03m)和基层组成，基层类型同普通混凝土路面。具有结构简单、价格低廉，能承受较大的单位压力，出现较大变形也不会破坏块料，便于修复等优点。

六、碾压混凝土路面

碾压混凝土是一种含水率低，通过振动碾压施工工艺达到高密度、高强度的水泥混凝土。碾压混凝土路面与普通水泥混凝土路面相比，能节省大量的水泥，且施工速度快，养生时间短、强度高，具有很好的社会经济效益。

根据我国碾压混凝土路面的施工水平，全厚式碾压混凝土路面的平整度难以达到规定的要求，且碾压混凝土在国外也没有直接用于车辆高速行驶的路面面层。因此，碾压混凝土路面一般适用于二级及以下等级的公路。

碾压混凝土的集料最大粒径以19mm为宜。当碾压混凝土分两层摊铺时，其下层集料最大粒径可采用37.5mm。

工程案例：高速公路水泥混凝土路面结构设计

西北地区某高速公路是"国家高速公路网"在某省份的重要组成路段，是国家南北纵向公路的主通道，按照全立交、全封闭、控制出入、设有完整的交通安全设施和服务设施的四车道高速公路标准进行设计，设计速度80km/h，路基宽度整体式采用24.5m，部分路段整体式桥梁路幅宽23.5m，分离式采用2×12.25m。局部困难路段在保证行车安全的前提下，适当降低了平纵指标，桥涵设计汽车荷载采用公路—Ⅰ级。

本项目自然区划为Ⅴ1区，属北亚热带湿润向暖温带半湿润过渡的季风性气候，气候分区属夏热冬温湿润区(2—4—2)。受境内高山深谷地形的影响，气候垂直分段差异性明显。项目所在区域为河谷、山地地貌，路基填料基本采用隧道弃渣，路基水文状况主要受雨季地表积水的影响，因此路面结构分干燥和中湿类型设计。

路面结构组合设计主要依据交通量和公路等级对路面的使用要求，本着因地制宜、合理取材、方便施工、利于养护、节约投资的原则，进行各结构层的设计与组合。依据交通量、公路等级及初设批复意见，考虑到路面的多种功能的要求，并根据沿线料场供应情况，本着合理取材、方便施工、利于养护的原则，通过计算确定了路面结构组合与厚度。路缘带、硬路肩及中央分隔带开口采用与行车道相同的路面结构。

(1)主线路面结构

一般路段：

面层：钢筋混凝土厚26cm。

基层:水泥稳定碎石厚20cm(水泥掺量5%)。
底基层:水泥稳定碎石厚20cm(水泥掺量3.5%)。
石质挖方路段:
面层:钢筋混凝土厚26cm。
基层:水泥稳定碎石厚20cm(水泥掺量5%)。
底基层:级配碎石厚20cm。
桥与桥之间及桥与隧道之间的较短路段:
面层:钢纤维混凝土厚15cm。
基层:C20素混凝土厚20cm(桥台搭板)。
(2)立交、服务区匝道路面结构
面层:钢筋混凝土厚26cm。
基层:水泥稳定碎石厚20cm(水泥掺量5%)。
底基层:水泥稳定碎石厚20cm(水泥掺量3.5%)。
(3)收费站广场路面结构
面层:钢筋混凝土厚26cm。
基层:水泥稳定碎石厚20cm(水泥掺量5.0%)。
底基层:水泥稳定碎石厚20cm(水泥掺量3.5%)。
(4)桥面铺装
水泥混凝土铺装:15cm(8cm)钢纤维混凝土铺装(大中桥铺装混凝土强度等级同主梁,小桥采用C40,钢纤维掺量62.8kg/m³,内设直径ϕ12mm HRB335钢筋网、间距10cm×10cm,路面表面的构造深度为1.0mm)。
(5)隧道路面结构
有仰拱路段:26cm厚混凝土面板+C15片石混凝土仰拱填充层。
无仰拱路段:26cm厚混凝土面板+20cm厚C20混凝土调平层。
本项目水泥混凝土板块构造立面如图3-1-4-12所示。

本章小结

(1)水泥混凝土路面是指以水泥混凝土作面层(配筋或不配筋)的路面,亦称为刚性路面,包括普通混凝土路面、钢筋混凝土路面、连续配筋混凝土路面、钢纤维混凝土路面、复合式混凝土路面、水泥混凝土预制块路面、碾压混凝土路面。

(2)水泥混凝土路面设计内容包括结构组合设计、平面尺寸、接缝及路肩设计、配筋设计、材料组成设计、路面厚度设计、排水设计等。

(3)水泥混凝土路面结构设计是以水泥混凝土面层板在设计基准期内,在行车荷载疲劳应力和温度梯度疲劳应力综合作用下,不产生疲劳断裂作为设计标准,并以在最重轴载和最大温度梯度综合作用下,不产生极限断裂作为验算标准。其设计参数主要有交通量、设计基准期、设计轴载、设计轴载累计作用次数、交通荷载等级、最大温度梯度标准值、混凝土路面板底地基当量回弹模量等。

(4)水泥混凝土面层的接缝可分为横向接缝和纵向接缝。横向接缝包括横向缩缝、胀缝、横向施工缝,纵向接缝包括纵向缩缝、纵向施工缝。

 思考题与习题

1. 水泥混凝土面层有哪些接缝,各有什么作用?
2. 水泥混凝土路面的设计内容包括哪些?
3. 简述水泥混凝土路面板厚计算流程。
4. 钢筋混凝土路面层、连续配筋混凝土路面层与普通混凝土路面层有何异同?

第二分篇

路面施工

第一章 路面施工准备

本章提要：
本章主要从组织、技术、现场、物资四个方面介绍路面施工准备工作,开展路面施工放样。
能力目标：
1. 能描述路面施工准备工作的内容;
2. 理解路槽、路拱的施工放样。

第一节 路面施工准备工作

路面施工准备工作是保证路面施工顺利进行的前提条件。按照施工合同管理规定,路面施工单位完成施工准备工作后,应填写开工报告,经监理工程师审核达到合同规定的要求并报业主批准后,方可正式开工。路面施工准备工作的主要内容包括组织准备、技术准备、现场准备和物资准备等。

一、组织准备

1. 建立施工组织机构

根据路面工程及项目的特点组建技术配备精良、设备先进齐全、生产快速高效的施工组织管理机构,建立工程项目分工责任制,完善工程质量分级管理体系。

2. 建立劳动组织体系

根据确定的工程施工进度、工期计划安排及劳动力的调配,合理地组织安排施工环节和施工过程,严格劳动纪律,严把工程质量,实施奖惩制度最大限度地创造最佳效益。

二、技术准备

1. 熟悉设计文件

组织技术人员领会设计文件的意图,熟悉设计文件中的各项技术指标,仔细考虑其技术经济的合理性和施工的可行性。对设计文件中有疑问、错误或设计不妥之处,应及时与建设业主、设计单位和工程监理联系,到实地现场调查了解,选择合理的解决方案。对于一些不确定因素如阴雨、交通干扰等,技术人员应心中有数,以便对相应的施工环节,作充分的考虑。

2. 编制施工方案

根据设计文件中的施工组织设计和建设业主在承包合同中的具体要求,结合工程项目特点、具体施工条件及工程承包单位的情况,编制具体、可行的实施性组织计划,并报工程监理和建设业主批准。

3. 技术咨询

施工前,应对技术人员统一施工技术规范和操作规程的认识,对于采用的新技术、新工艺应组织专家(包括工程监理和建设业主)进行充分论证,以免施工时出现工程事故。

4. 施工放样

路面施工前,应根据路线导线点或控制点,恢复路中线,钉设中心桩和边线桩。一般直线段桩距为 15~20m,曲线段 10~15m,并在两侧路肩边缘外 0.3~0.5m 处设置指示桩。此外,还应测量原有路基顶面的断面高程,在两侧的指示桩上标记路面基层(底基层)的顶面高程位置线。

5. 原材料试验与混合料配合比设计

对于拟选择的自采加工材料场、地方性生产材料供应料场和外购材料,按照有关规定选取代表性的试样,进行原材料各项技术性能指标试验,在此基础上进行路面混合料配合比设计试验,确定混合料的施工配合比。

原材料试验和混合料配合比设计结束后,应及时向监理工程师提交报告,经监理工程师审核批准后方可采购和使用。

6. 路面施工技术交底

技术交底即把设计对施工的要求、施工方案及措施转达给施工人员,这是落实技术责任制的前提。进行技术交底的目的是保证严格按照路面施工图、实施性施工组织设计、施工操作规程、安全生产规程、工程施工及验收规范和其他技术规范进行施工。

三、现场准备

施工现场的准备,直接影响到工程质量和工程进度,应做好以下工作:

1. "三通一平"

根据施工方向、运输路线、生活场所、料场及水电供应等临时设施,做好相应区域的通电、通水、通路及场地平整的工作。

2. 原有路基的检查

路面施工前,应根据《公路路面基层施工技术细则》(JTG/T F20—2015)对原有路基进行严格的检查,测定其顶面的强度。若不合格,则必须采取措施进行处理,并应及时向工程监理和建设业主做书面汇报。

3. 交通管理

对施工范围内的公路交叉口、部分设施设置施工标志,进行交通管制,对于附近人群应进行施工安全宣传。

四、物资准备

1. 机械设备准备

根据实施性施工组织计划,一次或分批配齐足够的施工机械和工具。机械设备的放置,应考虑到施工的要求。

2. 材料准备

路面用自采材料和外运材料,经检验和选择,按需要的规格和数量运到现场,堆放位置应根据实施性组织计划合理地设计。

3. 生活设施准备

生活设施准备包括工地人员的食宿位置、办公地点、房舍区域和生活必需设备,安全及劳动防护用品等的准备。

第二节 路面施工放样

1. 路槽放样

在铺筑公路路面时,首先应进行路槽的放样,在已恢复的路线中线的百米桩和加桩上,从最近的水准点出发,进行路线水准测量,测出各桩的路基高程。并与设计高程相比较,看是否在规范规定的容许范围内,然后在路线中线上每隔10m设立高程桩,用放样已知高程点的方法使各桩顶高程等于铺筑的路面高程。如图3-2-1-1所示,用皮尺由高程桩沿横断面方向左右各量出等于路槽宽度一半的长度,定出路槽边桩,使桩顶的高程亦等于铺筑后的路面高程(考虑路面横坡)。在上述这些桩的旁边挖一个小坑,在坑中钉桩,使桩顶符合考虑路槽横向坡度后槽底的高程,以指导路槽的开挖。

2. 路拱放样

(1)抛物线形的路拱

图3-2-1-2所示抛物线的形状可用下列方程式表示:

$$X^2 = 2PY$$

当 $X = b/2$ 时,

$$Y = f$$

所以 $\dfrac{b^2}{4} = 2Pf$ 或 $2P = \dfrac{b^2}{4f}$。

由此得

$$Y = \dfrac{X^2}{2P} = \dfrac{4f}{b^2}X^2 \tag{3-2-1-1}$$

式中：X——横距；

Y——纵距；

b——路面宽度；

f——拱高，可按路拱坡度 i_1 确定，即 $f = \dfrac{b}{2}i_1$。

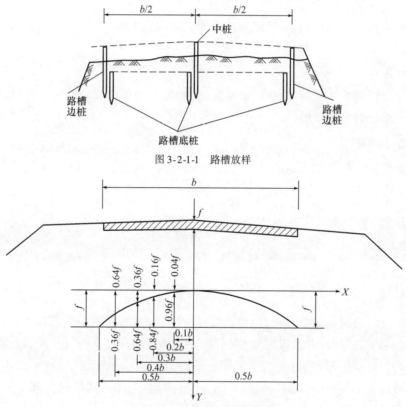

图 3-2-1-1　路槽放样

图 3-2-1-2　抛物线形路拱放样

（2）两个斜面中间用曲线连接的路拱

如图 3-2-1-3 所示，中间部分可用抛物线或圆曲线连接。拱高 f 可按下式计算：

$$f = \left(\dfrac{b}{2} - \dfrac{l_1}{4}\right)i_1 = \left(b - \dfrac{l_1}{2}\right)\dfrac{i_1}{2} \tag{3-2-1-2}$$

式中：l_1——曲线段的水平距离；

其他符号意义同前。

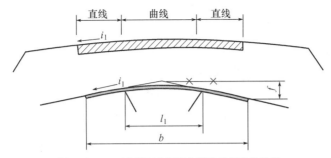

图 3-2-1-3　两个斜面中间用曲线连接的路拱放样

公路路面路拱的放样一般采用路拱样板进行,在施工过程中逐段检查,对于碎石路面不应超过 1cm;对于混凝土和渣油路面不应超过 2～3mm。

工程案例:高速公路路面施工准备

某高速公路工区路线长度为 5.87km,沥青混凝土面层面积约 16 万 m²,约计 4.8 万 t,水稳基层或底基层面积约 5 万 m²,计 6.2 万 t。路面工程施工工期为一个半月,设备采用水稳摊铺机 2 台,沥青摊铺机 1 台进行施工。在施工之前进行如下准备工作:

1. 施工准备

对路基表面平整度、压实度、弯沉、路拱、中线偏位、高程、宽度、横坡等进行检测并达到规范允许值,如存在局部表面松散、起皮、局部弹簧、边坡凹陷以及平整度差等缺陷时先进行处理,必须达到规范要求后方可开始路面基层施工。铺筑前将路槽用 12t 以上的双钢轮压路机碾压 3～4 遍,表层松散、过干处适量洒水;表层过湿,发生弹簧处采取翻开晾晒或掺石灰(或水泥)等措施进行处理。

2. 备料

除按技术规范要求对原材料各项指标进行检测外,还定时到材料加工场进行抽样检查,随时对进场的材料进行抽样试验,严把材料关,将质量隐患降低到最低线,并对集料仓搭设防雨棚防雨。

3. 测量放样

施工前,先测量恢复中线,直线段每 20m 设一桩,平曲线每 10m 设一桩,放出底基层、基层的准确位置,用石灰撒线标出,并在两侧(超宽 10cm)设置钢钎控制桩,测量并标出底基层、基层边缘的设计高程,施工时拉钢钎绳引导摊铺作业,达到有效控制高程、厚度和平整度的目的。

本章小结

(1)路面施工是一项历时时间长、技术要求高的工作。路面施工前,必须根据工程的特点、基本要求和施工现场的实际情况,认真做好组织准备、技术准备、现场准备和物资准备等前期准备工作,以确保各项施工活动能正常进行。

(2)路面施工放样主要包括路槽放样与路拱放样,通过测量放样来指导路槽与路拱施工。

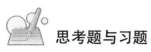

思考题与习题

1. 路面施工准备工作的主要内容有哪些？
2. 路面施工放样主要包括哪些内容？
3. 简述路槽放样的基本流程。

第二章 路面基层施工

CHAPTER TWO

本章提要：
本章主要介绍路面基层的施工，包括碎（砾）石类基层施工、无机结合料稳定类基层厂拌法与路拌法施工等。

学习目标：
1. 能够描述级配碎（砾）石类基层与填隙碎石基层的施工工艺流程；
2. 能够描述无机结合料稳定类基层厂拌法与路拌法施工工艺流程。

根据公路等级的不同，宜按表 3-2-2-1 选择基层（底基层）材料施工工艺措施。对于边角部位施工，混合料拌和方式应与主线相同，可采用推土机摊铺、平地机整平的人工方式摊铺，并与主线同步碾压成型。

基层（底基层）材料施工工艺选择　　　表 3-2-2-1

材料类型	公路等级	结构层位	拌和工艺		摊铺工艺	
			推荐	可选	推荐	可选
无机结合料稳定中、粗粒材料	二级及二级以上	基层	集中厂拌	—	摊铺机摊铺	—
无机结合料稳定细粒材料		底基层	集中厂拌	—	摊铺机摊铺	推土机摊铺，平地机整平
水泥稳定材料	二级以下	基层和底基层	集中厂拌	—	摊铺机摊铺	
其他各种无机结合料稳定材料		基层和底基层	集中厂拌	人工路拌	摊铺机摊铺	推土机摊铺，平地机整平
级配碎石	二级及二级以上	基层和底基层	集中厂拌	—	摊铺机摊铺	
	二级以下	基层和底基层	集中厂拌	人工路拌	摊铺机摊铺	推土机摊铺，平地机整平

第一节 碎(砾)石类基层施工

一、级配碎(砾)石基层施工

级配碎(砾)石基层大都采用路拌法施工,施工次序为:准备下承层→施工放样→运输和摊铺主集料→运输和摊铺掺配集料→洒水拌和→整形→碾压→做封层。采用集中厂拌法施工,施工次序为:准备下承层→施工放样→混合料拌和与摊铺→整形→碾压→做封层。

1. 下承层准备、施工放样与备料

级配碎(砾)石基层的下承层准备、施工放样与备料基本可按无机结合料稳定类基层施工的方法和要求进行,但下承层不宜做成槽式断面。

2. 运输和摊铺

运输和摊铺集料是确保级配碎(砾)石基层施工质量的关键工序之一,通过准确配料、均匀摊铺可使碎(砾)石混合料具有规定的级配,从而达到规定的强度等技术要求。施工时根据拟定的混合料配合比、基层宽度与厚度及预定达到的干密度等计算确定各规格集料的用量,以先粗后细的顺序将集料分层平铺在下承层上,然后用人工或平地机进行摊平。

3. 拌和与整平

集料摊平后,级配碎(砾)石混合料可用稳定土拌和机、自动平地机、多铧犁与缺口圆盘耙相配合拌和,拌和应均匀,避免出现集料离析现象,确保级配碎(砾)石基层具有良好的整体强度。应边拌和边洒水,使混合料达到最佳含水率。混合料拌和均匀即可按松铺厚度摊平。表面整理成规定的路拱横坡,随后用拖拉机、平地机或轮胎压路机在初平的混合料上快速碾压1~2遍,使潜在的不平整部位暴露出来,再用平地机整平。

4. 整形与碾压

混合料要进行整形,控制含水率等于或略大于最佳含水率时,用12t以上三轮压路机或振动压路机碾压。在直线段,由路肩开始向路中心碾压;在平曲线段,由弯道内侧向外侧碾压,碾压轮重叠1/2轮宽,后轮超过施工段接缝。后轮压完路面全宽即为一遍,一般应碾压6~8遍,直到符合规定的密实度,表面无轮迹为止。用级配碎石做基层时,压实度不应小于98%;做底基层时,压实度不应小于96%。用级配砾石做基层时,压实度不应小于98%,CBR值不应小于60%;做底基层时,压实度不应小于96%,中等交通条件下CBR值不应小于60%,轻交通条件下CBR值不应小于40%。

5. 横缝、纵缝的处理

两作业段的横缝衔接处,应搭接拌和。第一段拌和后,留5~8m不进行碾压,第二段施工时,前段留下未压部分与第二段一起拌和整平后进行碾压。施工时应避免纵向接缝,必须分两幅铺筑时,纵缝应搭接拌和,即在后一幅拌和时,应将相邻的前幅边部约30cm搭接拌和,整平后一起碾压密实。

二、填隙碎石基层施工

用单一粒径的粗碎石和石屑组成的填隙碎石可用干法施工,也可用湿法施工。干法施工的填隙碎石特别适宜于干旱缺水地区。填隙碎石基层施工的顺序为:准备下承层→施工放样→运输和摊铺粗集料→稳压→撒布石屑→振动压实→第二次撒布石屑→振动压实→局部补撒石屑并扫匀→振动压实,填满空隙→洒水饱和(湿法)或洒少量水(干法)→碾压。其中,运输和摊铺粗集料及振动压实是确保施工质量的关键。

1. 下承层准备与施工放样

填隙碎石基层的下承层准备与施工放样可按无机结合料稳定类基层施工的方法和要求进行。

2. 备料

根据各路段基层或底基层的宽度、厚度及松铺系数,计算各段需要的粗碎石数量;根据运料车辆的车厢体积,计算每车料的堆放距离。填隙料的用量为粗碎石质量的30%~40%。

3. 运输和摊铺粗碎石

运输和摊铺粗碎石是施工的主要工序之一,在同一料场供料的路段内,由远到近将粗碎石按计算的每车料的堆放距离,卸置于下承层上。用平地机或其他合适的机具将粗碎石均匀地摊铺在预定的宽度上,表面应力求平整,并有规定的路拱。检查松铺材料层的厚度是否符合预计要求,必要时,应进行减料或补料工作。

4. 撒铺填隙料和碾压

1) 干法施工

(1) 初压:用8t两轮压路机碾压3~4遍,使粗碎石稳定就位。在直线和不设超高的平曲线段上,碾压从两侧路肩开始,逐渐错轮向路中心进行;在设超高的平曲线段上,碾压从内侧路肩开始,逐渐错轮向外侧路肩进行。错轮时,每次重叠1/3轮宽。在第一遍碾压后,应再次找平。初压终了时,表面应平整,并具有要求的路拱和纵坡。

(2) 撒铺填隙料:用石屑撒布机或类似的设备将干填隙料均匀地撒铺在已压稳的粗碎石层上,松铺厚度为2.5~3.0cm。必要时,用人工或机械扫匀。

(3) 碾压:用振动压路机慢速碾压,将全部填隙料振入粗碎石间的孔隙中。如没有振动压路机,可用重型振动板。碾压方法同初压,但路面两侧应多压2~3遍。

(4) 再次撒布填隙料:用石屑撒布机或类似的设备将干填隙料再次撒铺在粗碎石层上,松铺厚度为2.0~2.5cm。用人工或机械扫匀。

(5) 再次碾压:用振动压路机再进行碾压。在碾压过程中,对局部填隙料不足之处,人工进行找补,直到全部孔隙被填满为止。最后应扫除局部的多余填隙料,使其表面能看得见粗碎石。

(6) 当需分层铺筑时,应将已压成的填隙碎石层表面粗碎石外露5~10mm,然后在上摊铺第二层粗碎石,重复以上第(1)项到第(5)项要求施工。

(7) 填隙碎石表面孔隙全部填满后,用12~15t三轮压路机再碾压1~2遍。在碾压过程中,不应有任何蠕动现象。在碾压之前,宜在表面先洒少量水,洒水量宜为 $3kg/m^2$ 以上。

2)湿法施工

(1)开始工序与干法施工的第(1)项~第(5)项要求相同。

(2)粗碎石层表面孔隙全部填满后,立即用洒水车洒水,直到饱和,但应注意避免多余水浸泡下承层。

(3)用 12~15t 三轮压路机跟在洒水车后进行碾压。在碾压过程中,将湿填隙料继续扫入所出现的孔隙中。需要时,再添加新的填隙料。洒水和碾压应一直进行到填隙料和水形成粉砂浆为止。粉砂浆应填塞全部孔隙,并在压路机轮前形成微波纹状。

(4)干燥:碾压完成的路段应让水分蒸发一段时间。结构层变干后,表面多余的细料以及细料覆盖层都应扫除干净。

(5)当需分层铺筑时,应待结构层变干后,将已压成的填隙碎石层表面的填隙料扫除一些,使表面粗碎石外露 5~10mm,然后在上摊铺第二层粗碎石,重复以上第(1)项到第(4)项要求施工。

填隙碎石基层碾压完毕,铺封层前禁止开放交通。

第二节 无机结合料稳定类基层施工

一、铺筑试验路

高速公路和一级公路在正式开工之前,应铺筑试验段,试验段应设置在生产路段上,长度宜为 200~300m。试验段开工前,应符合下列规定:

(1)提交完整的目标配合比报告和生产配合比报告。

(2)正常施工时所配备的施工机械完全进场,且调试完毕。

(3)全部施工人员到位。

通过以上试验路的铺筑,施工单位可进行施工工艺的优化,找出施工过程中存在的主要问题;取得实现成功施工的经验,为大面积基层的铺筑确定合适的施工方法。同时还可检验拌和、运输、碾压、养生等施工设备的可靠性。根据试验路铺筑的具体情况,制定合理可行的施工组织计划,检验铺筑的无机结合料稳定类基层质量是否符合设计和规范要求,并提出质量控制措施,此外,设计和建设单位也可对试验路的实际使用效果进行分析,对所设计的路面结构形式、混合料组成设计、基层的路用性能等一系列指标进行再次论证,从而优选出经济、适用的路面结构方案,并确定最终采用的基层类型及混合料配合比。

二、无机结合料稳定类基层厂拌法施工

厂拌法施工是在中心拌合厂(场)用强制式拌合机、双转轴桨叶式拌合机等拌和设备将原材料拌和成混合料,然后运至施工现场进行摊铺、碾压、养生等工序作业的施工方法。厂拌法施工前,应先调试用于拌和、摊铺、碾压等工序的设备,使之处于良好的工作状态。拌和前应进

行适当的试拌,使大批量拌和的混合料组成符合设计要求。厂拌法的施工流程为:准备下承层→施工放样→备料→拌和→运输→摊铺→整形→碾压→养生。如图 3-2-2-1 所示,其中与施工质量有关的重要工序是混合料拌和、摊铺及碾压。

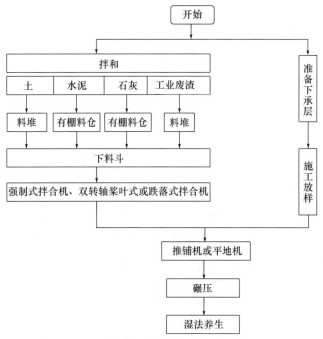

图 3-2-2-1　无机结合料稳定类基层厂拌法施工流程

1. 准备下承层

无机结合料稳定类基层施工前应对下承层(底基层或土基或旧路面)按施工质量验收标准进行检查验收,验收合格后方可进行基层施工。下承层表面应平整、密实,无松散、"弹簧"等不良现象,具有规定的路拱,并符合设计高程、横断面宽度等几何尺寸。同时应注意采取措施做好基层施工的临时排水工作,如在槽式断面的路段,两侧路肩上每隔一定距离应交错开挖排水沟(或做盲沟)。

2. 施工放样

施工放样主要任务是在底基层或老路面或土基上恢复路中线。在直线段每隔 15~20m,曲线段每隔 10~15m 设一中桩,并在两侧路肩边缘外设置指示桩。进行水准测量,在指示桩上明显标出水泥稳定土层的边缘设计高程及松铺厚度的位置。

3. 备料

无机结合料稳定类基层的原材料应符合质量要求。因此,在厂拌法施工前,首先是料场选择。要查明沿线所需的天然筑路材料的分布、种类、质量、开采条件和运输条件,选定备用料场。然后从备用料场取有代表性的原材料土样,送试验室进行试验,只有原材料符合质量要求后才能用于铺筑基层。根据试验结果,选定准备使用的开采料场。

4. 拌和

拌合机与摊铺机的生产能力应互相匹配。对于高速公路和一级公路,为了保持摊铺机连续摊铺,拌合机的产量宜大于 400t/h,并宜采用两台拌合机。拌和时应按混合料配合比要求准确配料,使集料级配、结合料剂量等符合配合比设计要求,并根据原材料实际含水率及时调整拌合机内的加水量。

5. 运输

拌和好的水泥稳定类混合料和石灰稳定类混合料应尽快运到施工现场摊铺并碾压成型,以免因时间过长而使混合料强度损失过大。运输的时间一般要限制在 30min 内。工业废渣稳定类混合料在 24h 内进行摊铺碾压即可。当运送混合料的距离较长时,应用篷布等覆盖混合料以免水分损失过大。

6. 摊铺

高速公路及一级公路的无机结合料稳定类基层应使用沥青混合料摊铺机、水泥混凝土摊铺机或专用稳定土摊铺机摊铺,这样可保证基层的强度及平整度、路拱横坡、高程、几何外形等质量指标符合设计和施工规范要求。摊铺过程中应设专人跟随摊铺机行进,以便随时消除粗、细集料严重离析的现象。应严格控制基层的厚度和高程,禁止用薄层贴补的办法找平,确保基层的整体承载能力。拌合机与摊铺机的生产能力应相互协调,避免出现机械停工待料和生产能力不足的问题。混合料松铺系数可采用表 3-2-2-2 的推荐值,也可通过试验确定。

混合料松铺系数推荐值　　　　表 3-2-2-2

混合料类型	材料名称	松铺系数	备注
水泥稳定材料	中、粗粒材料	1.3~1.35	—
	细粒材料	1.53~1.58	现场人工摊铺土和水泥,机械拌和,人工整平
石灰稳定材料	石灰土	1.53~1.58	现场人工摊铺土和水泥,机械拌和,人工整平
		1.65~1.70	路外集中拌和,运到现场人工摊铺
	石灰土砾石	1.52~1.56	路外集中拌和,运到现场人工摊铺
石灰粉煤灰稳定材料	细粒材料	1.5~1.7	—
	中、粗粒材料	1.3~1.5	—
	石灰煤渣土	1.6~1.8	人工铺筑
	石灰煤渣稳定材料	1.3~1.5	
		1.2~1.3	用机械拌和及机械整形
级配碎石		1.40~1.50	人工摊铺混合料
		1.25~1.35	平地机摊铺混合料

7. 整形

混合料摊铺完成后,立即用平地机初平、整形。在直线段,平地机由两侧向路中心刮平,在曲线段,平地机由内侧向外侧刮平。初平后,用拖拉机、平地机或轮胎式压路机快速碾压 1~2 遍,使可能的不平整部位暴露出来,再用平地机整形,如此反复 1~2 遍。每次整平都要按照要求的坡度和路拱进行,要注意接缝处的整平,务必使接缝顺适平整。整形过程中要及时消除集料离析现象,特别是粗集料集中的部位。低洼处应用齿耙将距表面 5cm 深度范围内的混合料耙松,再用新拌和的混合料找平。初步整形后,应检查混合料松铺厚度,并进行必要的补料和减料。

8. 碾压

碾压是使无机结合料稳定类基层获得强度和稳定性的关键工序。当无机结合料稳定类基层整平到需要的断面和坡度后,混合料的含水率等于或略大于最佳含水率时,应立即用12t以上的振动压路机、三轮压路机或轮胎压路机碾压。必须分层碾压时,最小分层厚度不应小于10cm。碾压时应遵循先轻后重的次序安排各型压路机,以先慢后快的方法逐步碾压密实。在直线段由两侧向路中心碾压,在平曲线范围内由弯道内侧逐步向外侧碾压。碾压时,应重叠1/2轮宽,后轮必须超过两段的接缝处,后轮压完路面全宽时,即为一遍。一般需要碾压6~8遍。碾压过程中若局部出现"弹簧"、松散、起皮等不良现象时,应将这些部位的混合料翻松,重新拌和均匀后再碾压密实。无机结合料稳定材料的基层、底基层的压实标准应分别符合表3-2-2-3、表3-2-2-4的规定。

基层材料压实标准(单位:%)　　　　　　　　　　　　　　　　表3-2-2-3

公 路 等 级		水泥稳定材料	石灰粉煤灰稳定材料	水泥粉煤灰稳定材料	石灰稳定材料
高速公路和一级公路		≥98	≥98	≥98	—
二级及二级以下公路	稳定中、粗粒材料	≥97	≥97	≥97	≥97
	稳定细粒材料	≥95	≥95	≥95	≥95

底基层材料压实标准(单位:%)　　　　　　　　　　　　　　　表3-2-2-4

公 路 等 级		水泥稳定材料	石灰粉煤灰稳定材料	水泥粉煤灰稳定材料	石灰稳定材料
高速公路和一级公路	稳定中、粗粒材料	≥97	≥97	≥97	≥97
	稳定细粒材料	≥95	≥95	≥95	≥95
二级及二级以下公路	稳定中、粗粒材料	≥95	≥95	≥95	≥95
	稳定细粒材料	≥93	≥93	≥93	≥93

水泥稳定类混合料从加水拌和开始到碾压完毕的时间称为延迟时间。混合料从开始拌和到碾压完毕的所有作业必须在允许延迟时间内完成,以免混合料的强度达不到设计要求。厂拌法施工的允许延迟时间为2~3h。无论用厂拌法还是路拌法施工,均应尽量减少横向接缝和纵向接缝,必须设置接缝时,应妥善处理。

拌合机等施工机械不应在已碾压成型的稳定类基层上"掉头"、制动或突然起动,若必须进行这些操作时,应采取有效的措施保护基层。

9. 养生

无机结合料稳定类基层碾压完成并经压实度检查合格后,应及时养生,养生期宜不少于7d,养生期宜延长至上层结构开始施工的前2d。水泥稳定类混合料在碾压完成后立即开始养生,石灰或工业废渣稳定类混合料可在碾压完成后3d内开始养生,养生期内应使基层表面保持湿润或潮湿,一般可洒水或用湿砂、湿麻布、湿草帘、低黏质土覆盖,基层表面还可采用沥青乳液做下封层进行养生。水泥稳定类混合料需分层铺筑时,在铺筑上层之前,应始终保持下层表面湿润;在铺筑上层稳定土时,宜将下层表面清扫干净后撒少量水泥或水泥浆,待养生7d后,方可铺筑上层水泥稳定土。石灰或工业废渣稳定类混合料需分层铺筑时,下层碾压完即可进行铺筑,下层无需经过7d养生。

在养生期间除洒水车外应封闭交通,若必须开放交通时,应限制重型车辆通行并控制其他非重型车辆的车速不应超过30km/h,以减少行车对基层的扰动。

三、无机结合料稳定类基层路拌法施工

路拌法施工是将集料或土、结合料按一定顺序均匀平铺在施工作业面上,用路拌机械拌和均匀并使混合料含水率接近最佳含水率,随后进行碾压等工序的作业。路拌法施工的流程为:准备下承层→施工放样→备料→摊铺→拌和→整形→碾压→养生。其中,准备下承层、施工放样、整形、碾压及养生的施工方法和要求与路拌法施工基本相同,在此不再叙述。

1. 备料

准备开采的料场选择与厂拌法施工相同。备料应在准备完毕的下承层上进行。首先根据铺筑层的宽度、厚度及预定达到的干密度计算各施工段所需干集料的数量。其次是根据混合料的配合比、原材料含水率及运输车辆的吨位计算各种原材料每车的堆放距离。最后根据各路段需要的备料数量和卸料距离,在该料场供应的路段范围内,由远到近将土料堆放在路的一侧。卸料时应该严格掌握卸料的距离,避免备料不够或过多。

2. 摊铺

摊铺集料应在摊铺水泥、石灰之前一天进行。摊料长度应以日进度的需要量控制,满足次日完成掺加水泥、石灰的拌和、碾压成型即可。摊铺集料时可根据预先堆放的集料或土,用自动平地机等适合的机械或人工按铺筑试验路确定的松铺系数(表3-2-2-2)摊铺均匀,整形成表面平整并具有规定的路拱和坡度。在摊铺集料的过程中,应随时将土块、超尺寸颗粒及其他杂物拣除,有较多土块,也应及时进行粉碎。摊铺完成后,应及时检查松铺材料层的厚度是否符合预计要求。若已整平的集料含水率过小,应在土层上洒水闷料。洒水应均匀,防止出现局部水分过多的现象。如果采用人工摊铺,需要在土层整平后用6~8t两轮压路机碾压1~2遍,使其表面平整,并有一定的压实度。

在松铺集料层的厚度符合预计要求并进行闷料后,将水泥、石灰直接送到摊铺路段进行摊铺。在大的施工工地,应采用散装水泥撒布车撒铺水泥,以提高功效和质量。

3. 拌和

拌和的目的是使水泥、石灰等结合料完全均匀地分布到土中。在进行拌和时,通常是先进行"干拌",即使用稳定土拌合机、农用旋耕机或多铧犁等机械不洒水进行1~2遍的拌和,然后再进行边洒水边拌和,即进行"湿拌"。在洒水"湿拌"时,应及时检查混合料的含水率。含水率宜略大于最佳含水率。

在拌和过程中,应设专人跟随拌合机行进,以便随时调整拌和深度并检查拌和质量。拌和时应适时检查混合料的含水率,若含水率不符合设计要求,应通过自然蒸发或补充洒水使之处于最佳值,并再次拌和均匀。

工程案例：高速公路乳化沥青冷再生柔性基层技术的应用

某高速公路改扩建第三合同段全线首件乳化沥青冷再生柔性基层试验段顺利摊铺。乳化沥青冷再生柔性基层试验段选择在此高速主线右幅路面 K542+760～K542+960，摊铺长度200m，厚度10cm。该试验段为该高速改扩建工程首次使用沥青冷再生技术的路面工程。

为了确保此次试验段乳化沥青冷再生柔性基层的顺利摊铺，项目部多次组织召开了乳化沥青冷再生路面施工专题会议，对所有参建的人员、设备组织配套、施工现场细节等方面进行了精心筹划和周密安排。一是对施工现场作业人员有针对性地开展了乳化沥青冷再生路面技术培训，集中学习了冷再生柔性基层施工工艺及质量控制要点，并把详细的技术交底发到一线施工人员手中；二是进行施工组织和管理培训，学习冷再生路面施工的施工方案和流程，将工作责任和内容细化到人，实行"定岗、定人、定责、定工作内容、定工作标准"的管理机制；三是进行安全培训，学习机械设备的各种安全操作规程，现场管理人员和技术人员应注意的安全事项。在试验段摊铺过程中，主管领导全程监管，严把每道工序质量关，规范施工区域，确保了施工现场井然有序。在摊铺过程中现场还组织了洒水车降尘，为现场提供了干净环保的施工环境。试验室和工程部对试铺路段压实度、平整度及厚度进行检测，各项指标均满足设计及规范要求。经过4个小时不间断作业，顺利完成了200m试验段施工任务。

☞ 本章小结

（1）根据公路等级的不同，宜按要求选择基层、底基层材料施工工艺措施。对于边角部位施工，混合料拌和方式应与主线相同，可采用推土机摊铺、平地机整平的人工方式摊铺，并与主线同步碾压成型。

（2）高速公路和一级公路在正式开工之前，应铺筑试验段，试验段应设置在生产路段上，长度宜为200～300m。

（3）无机结合料稳定类基层厂拌法施工前，应先调试用于拌和、摊铺、碾压等工序的设备，使之处于良好的工作状态。厂拌法施工的流程为：准备下承层→施工放样→备料→拌和→运输→摊铺→整形→碾压→养生。无机结合料稳定类基层路拌法施工的流程为：准备下承层→施工放样→备料→摊铺→拌和→整形→碾压→养生。

思考题与习题

1. 简述级配碎（砾）石基层施工工序。
2. 简述填隙碎石基层施工工序。
3. 简述无机结合料稳定类基层厂拌法与路拌法施工流程。

第三章 沥青路面施工

本章提要：
本章主要介绍热拌沥青混合料路面、沥青表面处治路面、沥青贯入式路面与其他沥青层的施工工艺。

能力目标：
1. 能描述热拌沥青混合料路面施工工艺流程；
2. 能描述沥青表面处治及沥青贯入式路面的施工工艺流程；
3. 能描述其他沥青层的施工要点。

第一节 热拌沥青混合料路面施工

热拌沥青混合料适用于各种等级公路的沥青面层。热拌沥青混合料材料种类应根据具体条件和技术规范合理选用。应满足耐久性、抗车辙、抗裂、抗水损害、抗滑性能等多方面要求，同时还需考虑施工机械、工程造价等实际情况。

其种类按集料公称最大粒径、矿料级配、空隙率分类见表3-2-3-1。

热拌沥青混合料种类　　　　　　　　　　　表3-2-3-1

混合料类型	密级配				开级配		半开级配	公称最大粒径（mm）	最大粒径（mm）
	连续级配		间断级配		间断级配				
	沥青混凝土	沥青稳定碎石	沥青玛蹄脂碎石	排水式沥青磨耗层	排水式沥青碎石基层		沥青碎石		
特粗式	—	ATB-40	—	—	ATPB-40		—	37.5	53.0
粗粒式	—	ATB-30	—	—	ATPB-30		—	31.5	37.5
粗粒式	AC-25	ATB-25	—	—	ATPB-25		—	26.5	31.5

续上表

混合料类型	密级配			开级配		半开级配	公称最大粒径（mm）	最大粒径（mm）
	连续级配	间断级配		间断级配				
	沥青混凝土	沥青稳定碎石	沥青玛𬭁脂碎石	排水式沥青磨耗层	排水式沥青碎石基层	沥青碎石		
中粒式	AC-20	—	SMA-20	—	—	AM-20	19.0	26.5
	AC-16	—	SMA-16	OGFC-16	—	AM-16	16.0	19.0
细粒式	AC-13	—	SMA-13	OGFC-13	—	AM-13	13.2	16.0
	AC-10	—	SMA-10	OGFC-10	—	AM-10	9.5	13.2
砂粒式	AC-5	—	—	—	—	—	4.75	9.5
设计空隙率(%)	3~5	3~6	3~4	>18	>18	6~12	—	—

注：设计空隙率可按配合比设计要求适当调整。

一、沥青混合料的拌制与运输

在工厂拌制混合料所用的固定式拌和设备有间歇式（图3-2-3-1）和连续式（图3-2-3-2）两种。前者系在每盘拌和时计量混合料各种材料的重量，而后者则在计量各种材料之后连续不断地送进拌合器中拌和。

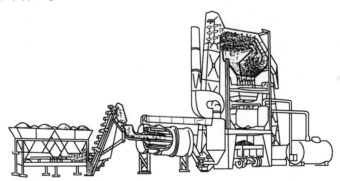

图3-2-3-1 间歇式拌合机

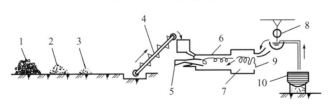

图3-2-3-2 连续式拌合机

1-粗粒矿料；2-细粒矿料；3-砂；4-冷拌提升机；5-燃料喷雾器；6-干燥器；7-拌合器；8-沥青秤；9-活门；10-沥青罐

为保证沥青混合料的质量更稳定，沥青用量更准确，高速公路和一级公路的沥青混合料宜采用间歇式拌合机拌和。

用固定式拌合机拌制沥青混合料的工艺流程如图3-2-3-3所示。

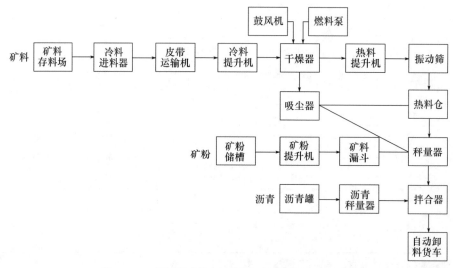

图 3-2-3-3　用固定式拌合机拌制沥青混合料的工艺流程

在拌制沥青混合料之前,应根据确定的配合比进行试拌。试拌时对所用的各种矿料及沥青应严格计量。通过试拌和抽样检验确定每盘热拌的配合比及其总重量(对间歇式拌合机)、各种矿料进料口开启的大小及沥青和矿料进料的速度(对连续式拌和机)、适宜的沥青用量、拌和时间、矿料和沥青加热温度以及沥青混合料出厂的温度。对试拌的沥青混合料进行试验之后,即可选定施工的配合比。

为使沥青混合料拌和均匀,在拌制时,需要控制矿料和沥青的加热温度与拌和温度。经过拌和后的混合料应均匀一致,无细料和粗料分离及花白、结成团块的现象。厂拌沥青混合料通常用自动倾卸汽车运往铺筑现场,必须根据运送的距离和道路交通状况来组织运输。

二、热拌沥青混合料的现场铺筑

热拌沥青混合料的现场铺筑工序如下:

1. 基层准备和放样

面层铺筑前,应对基层或旧面层的厚度、密实度、平整度、路拱等进行检查。基层或旧面层若有坎坷不平、松散、坑槽等,必须在面层铺筑之前整修完毕,并应清扫干净。为使面层与基层黏结好,在面层铺筑前 4~8h,在粒料类的基层洒布透层沥青。若基层为旧沥青或水泥混凝土路面,则在面层铺筑之前,在旧面层上洒布一层黏层沥青。

2. 摊铺

沥青混合料可用人工或机械摊铺。高等级公路沥青面层应采用机械摊铺。

(1) 人工摊铺

将汽车运来的沥青混合料先卸在铁板上,随即用人工铲运,以扣铲方式均匀摊铺在路上。摊铺时不得扬铲远甩,以免造成粗细粒料分离,一边摊铺一边用刮板刮平。刮平时做到轻重一致,往返刮 2~3 次达到平整即可,防止反复多刮使粗粒料刮出表面。摊铺过程中要随时检查摊铺厚度、平整度和路拱,如发现有不妥之处应及时修整。

沥青混合料摊铺厚度为沥青面层设计厚度乘以压实系数。压实系数随混合料的种类和施工方法而异，用人工摊铺时，沥青混合料为1.25~1.50，沥青碎石为1.20~1.45。

沥青混合料的摊铺温度应符合表3-2-3-2的规定。

热拌沥青混合料的施工温度（单位：℃）　　　　表3-2-3-2

施工工序		石油沥青标号			
		50号	70号	90号	110号
沥青加热温度（℃）		160~170	155~165	150~160	145~155
矿料加热温度（℃）	间隙式拌合机	集料加热温度比沥青温度高10~30			
	连续式拌合机	矿料加热温度比沥青温度高5~10			
沥青混合料出料温度		150~170	145~165	140~160	135~155
混合料储料仓储存温度		储料过程中温度降低不超过10			
混合料废弃温度（℃），>		200	195	190	185
运输到现场温度（℃），≥		150	145	140	135
混合料摊铺温度（℃），≥	正常施工	140	135	130	125
	低温施工	60	150	140	135
开始碾压的混合料内部温度（℃），≥	正常施工	135	130	125	120
	低温施工	150	145	135	130
碾压终了的表面温度（℃），≥	钢轮压路机	80	70	65	60
	轮胎压路机	85	80	75	70
	振动压路机	75	70	60	55
开放交通的路表温度（℃），≤		50	50	50	45

注：1. 沥青混合料的施工温度采用具有金属探测针的插入式数显温度计测量，表面温度可采用表面接触式温度计测定。当采用红外线温度计测量时，应进行标定。

2. 本表未列入130号、160号及30号沥青的施工温度，其施工温度由试验确定。

（2）机械摊铺

沥青混合料摊铺机有履带式和轮胎式两种。二者的构造和技术性能大致相同。沥青摊铺机的主要组成部分为料斗、链式传送器、螺旋摊铺器、振捣板、摊平板、行驶部分和发动机等（图3-2-3-4）。

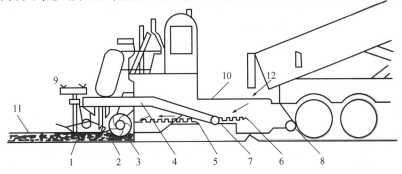

图3-2-3-4　沥青混合料摊铺机

1-摊平机；2-振捣板；3-螺旋摊铺器；4-水平臂；5-链式传送器；6-履带；7-枢轴；8-顶推辊；9-厚度控制器；10-料斗；11-摊铺面；12-自卸汽车

沥青混合料摊铺机摊铺的过程中,自动倾卸汽车将沥青混合料卸到摊铺机料斗后,经链式传送器将混合料往后传到螺旋摊铺器,随着摊铺机向前行驶,螺旋摊铺器即在摊铺带宽度上均匀地摊铺混合料,随后由振捣板捣实,并由摊平板整平。摊铺机的摊铺工艺过程如图3-2-3-5所示。

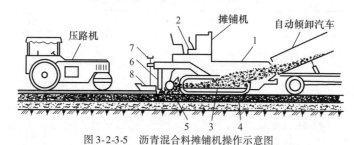

图3-2-3-5 沥青混合料摊铺机操作示意图
1-料斗;2-驾驶台;3-送料器;4-履带;5-螺旋摊铺器;6-振捣器;7-厚度调节螺杆;8-摊平板

3. 碾压

沥青混合料摊铺平整之后,应趁热及时进行碾压。碾压的温度应符合表3-2-3-1的规定。压实后的沥青混合料应符合压实度及平整度的要求,沥青混合料的分层压实厚度不宜大于10cm,沥青稳定碎石层的压实厚度不宜大于12cm,但当采用大功率压路机且经试验证明能达到压实度时允许增大到150mm。

摊铺好的沥青混合料要及时碾压。沥青混合料碾压过程分为初压、复压和终压3个阶段,各个阶段的碾压速度需符合表3-2-3-3的要求。

压路机碾压速度(单位:km/h)　　　　　表3-2-3-3

压路机类型	初压		复压		终压	
	适宜	最大	适宜	最大	适宜	最大
钢筒式压路机	2~3	4	3~5	6	3~6	6
轮胎压路机	2~3	4	3~5	6	4~6	8
振动压路机	2~3 (静压或振动)	3 (静压或振动)	3~4.5 (振动)	5 (振动)	3~6 (静压)	6 (静压)

初压应在紧跟摊铺机后碾压,应选用总质量10t以上的钢筒式压路机或振动压路机碾压一遍,碾压速度参照表3-2-3-2中推荐的方式进行。每一遍指压路机在同一碾道往复一次。碾压时应将压路机的驱动轮面向摊铺机,从外侧向中心碾压,在超高路段则由低处向高处碾压,在坡道上应将驱动轮从低处向高处碾压。相邻碾压带重叠宽度为1/3~1/2轮宽,最后碾压路中心部分。压路机在起动、停止时必须减速缓慢进行,碾压时应将驱动轮面向摊铺机碾压,碾压路线和方向不得突然改变。初压结束时,应检查平整度和路拱,必要时予以适当修整。

复压紧跟在初压后进行,且不得随意停顿。对于密级配沥青混合料宜优先采用重型的轮胎压路机进行搓揉碾压,以增加密水性。对于以粗集料为主的较大粒径混合料,尤其是大粒径沥青稳定碎石基层,优先采用振动压路机复压。当采用三轮钢筒式压路机时,总质量不宜小于12t,相邻碾压带宜重叠后轮的1/2宽度,并不少于20cm。

终压应紧接在复压后进行。终压时可选用双轮钢筒式压路机或关闭振动的振动压路机碾压,一般不宜少于两遍,碾压至无明显轮迹为止。

由于轮胎式压路机能调整轮胎的内压,可以得到所需的接触地面压力,使骨料相互嵌挤咬合,易于获得均一密实度,而且密实度可以提高2%~3%。所以轮胎式压路机最适宜用于复压阶段的碾压。

4.接缝施工

沥青面层的各种施工缝(包括纵缝、横缝、新旧面层的接缝等)处,往往由于压实不足,容易产生台阶、裂缝、松散等病害,影响路面的平整度和耐久性,施工时必须十分注意。

(1)纵缝施工

对当日先后修筑的两个车道,摊铺宽度应与已铺车道重叠3~5cm,所摊铺的混合料应高出相邻已压实的面层,以便压实到相同的厚度。对于不在同一天铺筑的相邻车道,或与旧沥青面层连接的纵缝,在摊铺新料之前,应对原面层边缘加以修理,要求边缘凿齐,塌落松动部分应刨除,露出坚硬的边缘。缝边应保持垂直,并需在涂刷一薄层黏层沥青之后方可摊铺新料。纵缝应在摊铺之后立即碾压,压路机应大部分在已铺好的面层上,仅有10~15cm的宽度压在新铺的车道上,然后逐渐移动跨过纵缝。

(2)横缝施工

横缝应与路中线垂直。接缝时先沿已刨齐的缝边用热沥青混合料覆盖,以便预热,覆盖厚度约15cm。在接缝处沥青混合料变软之后,将所覆盖的混合料清除,换用新的热混合料摊铺。随即用热夯沿接缝边缘夯捣,并将接缝的热料铲平,然后趁热用压路机沿接缝边缘碾压密实。双层式沥青面层上下层的接缝应相互错开20~30cm,做成台阶式衔接。

第二节 其他沥青路面施工

一、沥青表面处治路面施工

沥青表面处治是用沥青裹覆矿料,铺筑厚度小于3cm的适用于三级及三级以下公路的一种薄层沥青面层。其主要作用是防水、抗磨耗、防滑和改善碎(砾)石路面的使用品质,改善行车条件。在计算面层厚度时,不作为单独受力结构层。沥青表面处治在施工完毕后,须经过一段时间的行车碾压,特别是一定高温下的行车碾压,使其矿料取得最稳定的嵌紧位置,并同沥青黏结牢固,这一过程就称为"成型"阶段。因此,沥青表面处治宜选择在干燥和较热的季节施工,并在雨季及日最高温度低于15℃到来以前半个月结束,使表面处治通过开放交通压实,成型稳定。

层铺法沥青表面处治施工,一般采用所谓"先油后料"法,即先洒布一层沥青,后铺撒一层矿料。以双层式沥青表面处治为例,其施工程序如下:备料→清理基层及放样→浇洒透层沥青→洒布第一层沥青→铺撒第一层集料→碾压→洒布第二层沥青→铺撒第二层集料→碾压→初期养护。

单层式和三层式沥青表面处治的施工程序与双层式相同,仅需相应地减少或增加一次洒布沥青、铺撒集料和碾压工序。

双层式沥青表面处治层铺法施工工艺及技术要点如下：

1. 清理基层及喷洒透层油

在沥青表面处治施工前，应将路面基层清扫干净，使基层的矿料大部分外露，并保持干燥。对有坑槽、不平整的路段应选修补和整平，若基层整体强度不足，则应先予补强。最后在铺筑表面处治层时，应喷洒透层油。

2. 洒布第一层沥青

在透层沥青充分渗透或在已做透层或封层并已开放交通的基层表面清扫后，应按要求的数量洒布第一层沥青。

沥青要洒布均匀，不应有空白或积聚现象，以免日后产生松散或拥包和推挤等病害。采用汽车洒布机洒布沥青时，应根据单位面积的沥青用量选定洒布机排档和油泵机档。洒布汽车行驶的速度要均匀。若采用手摇洒布机洒布沥青，应根据施工气温和风向调节喷头离地面的高度和移动的速度，以保证沥青洒布均匀，并应按洒布面积来控制单位沥青用量。沥青的浇洒温度应根据施工气温及沥青标号选择，石油沥青的洒布温度宜为 130~170℃，煤沥青的洒布温度宜为 80~120℃，乳化沥青可在常温下洒布。当气温偏低，破乳及成型过慢时，可将乳液加温后洒布，但乳液温度不得超过 60℃。沥青浇洒的长度应与集料撒布机的能力相配合，应避免沥青浇洒后等待较长时间才铺撒集料。

3. 铺撒第一层集料

洒布沥青后应趁热迅速铺撒第一层集料，按规定用量一次撒足。集料要铺撒均匀，局部有缺料或过多处，应适当找补或扫除。集料不应有重叠或漏空现象。当使用乳化沥青时，集料铺撒应在乳液破乳之前完成。

4. 碾压

铺撒集料后随即用 6~8t 双轮压路机或轮胎压路机及时碾压。碾压应从一侧路缘压向路中心。碾压时，每次轮迹重叠约 30cm，碾压 3~4 遍。压路机行驶速度开始为 2km/h，以后可适当提高。

5. 洒布第二层沥青

洒布第二层沥青与洒布第一层沥青的施工方法相同。

6. 铺撒第二层集料

铺撒第二层集料与铺撒第一层集料的施工方法相同。

7. 碾压

铺撒完第二层集料后，即可以采用 8~10t 压路机进行碾压，方法同上。

8. 初期养护

碾压结束后即可开放交通，但应禁止车辆快速行驶（不超过 20km/h），要控制车辆行驶的路线，使路面全幅宽度获得均匀碾压，加速表面处治层反油稳定成型。对局部泛油、松散、麻面等现象，应及时修整处理。

二、沥青贯入式路面施工

沥青贯入式路面具有较高的强度和稳定性,其强度的构成主要依靠矿料的嵌挤作用和沥青材料的黏结力。沥青贯入式适用于三级及三级以下的公路、城市道路的次干道及支路面层。沥青贯入式也可作为沥青路面的联结层。由于沥青贯入式是一种多孔隙结构,为了防止水的侵入和增强路面的水稳定性,其最上层必须加铺封层。沥青贯入式宜在干燥和较热的季节施工,并宜在雨季及日最高温度低于15℃到来以前半个月结束,使沥青贯入式通过开放交通碾压成型。

沥青贯入式是在初步碾压的矿料层上洒布沥青,再分层铺撒嵌缝料、洒布沥青和碾压,并借行车压实而成的面层。其厚度一般为4~8cm,但乳化沥青贯入式的厚度不宜超过5cm。当沥青贯入式上部加铺拌和的沥青混合料面层时,面层总厚度为7~10cm,其中拌合层的厚度宜为3~4cm。

沥青贯入式面层的施工程序如下:整修和清扫基层→浇洒透层或黏层沥青→铺撒主层集料→第一次碾压→洒布第一层沥青→铺撒第一层嵌缝料→第二次碾压→洒布第二层沥青→铺撒第二层嵌缝料→第三次碾压→洒布第三层沥青→铺撒封层料→最后碾压→初期养生。

沥青贯入式面层施工工艺及技术要点如下:

1. 整修和清扫基层

在施工前,应将路面基层清扫干净,使基层的矿料大部分外露,并保持干燥。对有坑槽、不平整的路段应选修补和整平。当采用乳化沥青贯入式路面必须先浇洒透层或黏层沥青。沥青贯入式路面厚度小于5cm时,也应浇洒透层或黏层沥青。

2. 铺撒主层集料

采用碎石摊铺机、平地机或人工摊铺主层集料。应避免集料颗粒大小不均,松铺系数约为1.25~1.30,应经试铺实测确定。铺撒集料的同时,检查路拱和平整度,并严禁车辆在铺好的集料层上通行。

3. 碾压主层集料

主层集料铺撒后,应采用6~8t的轻型钢筒式压路机自路侧向路中心碾压,压路机行驶速度开始为2km/h,每次轮迹重叠约30cm,碾压一遍后检查路拱及纵向坡度,如不符合要求时,应调整找平后再碾压。然后用重型的钢轮压路机碾压,每次轮迹重叠约1/2,宜碾压4~6遍,直至主层集料嵌挤稳定,无显著轮迹为止。

4. 洒布第一层沥青

主层集料碾压完成后,应立即洒布第一层沥青,浇洒方法与沥青表面处治面层的施工相同。浇洒时沥青的温度应根据沥青的标号、施工环境及气温状况确定。当采用乳化沥青时,为避免乳液下渗太多,可在主层集料压实稳定后,先铺撒一部分嵌缝料,再浇洒主层沥青。

5. 铺撒第一层嵌缝料

主层沥青浇洒后,应立即用集料撒布机或人工铺撒第一层嵌缝料。撒布应均匀,不足之处应调整找平。当采用乳化沥青时,石料的撒布必须在乳液破乳前完成。

6. 碾压嵌缝料

铺撒嵌缝料后,应立即用8~12t钢筒式压路机碾压嵌缝料,每次轮迹重叠约1/2,宜碾压4~6遍,直至稳定为止。碾压时应随压随扫,使嵌缝料均匀。当气温较高使碾压过程中发生较大推移现象时,应立即停止碾压,待气温稍低时再继续碾压。

7. 洒布第二层沥青、嵌缝料、碾压及洒布第三层沥青

按上述方法洒布第二层沥青、铺撒第二层嵌缝料,然后碾压,再洒布第三层沥青。

8. 铺撒封层料

按上述铺撒嵌缝料的方法铺撒封层料。

9. 最后碾压

用6~8t压路机做最后碾压,宜碾压2~4遍,然后开放交通并进行交通管制,尽可能地使路面全宽受到汽车行驶的均匀碾压。

10. 初期养护

沥青贯入式路面的初期养护与沥青表面处治基本相同。

在沥青贯入式路面施工中,适度的碾压在贯入式路面施工中极为重要。碾压不足会影响矿料嵌挤稳定,且易使沥青流失,形成层次,使上、下部沥青分布不均。但过度的碾压,矿料易于压碎、破坏嵌锁原则,造成空隙减少,沥青难以下渗,形成泛油。因此,应根据矿料的等级、沥青材料的标号、施工气温等因素来确定各次碾压所使用的压路机重量和碾压遍数。

三、其他沥青层施工

1. 封层施工

封层是指为封闭表面孔隙、防止水分浸入面层或基层而铺筑的沥青类薄层。其中铺筑在面层表面的为上封层,铺筑在面层下面的为下封层。上封层根据情况可以选择微表处、乳化沥青稀浆封层、改性沥青集料封层、薄层磨耗层或其他适宜的材料,主要根据使用目的和路面实际状况选用。下封层可以采用层铺法表面处治或乳化沥青、改性乳化沥青作结合料的稀浆封层。微表处是指用具有一定级配的碎石或砂、填料(水泥、石灰、粉煤灰、石粉等)与聚合物改性乳化沥青、外掺剂和水,按一定比例拌制成的半流动型沥青混合料,均匀摊铺于面层表层的上封层。稀浆封层是指用具有一定级配的碎石或砂、填料(水泥、石灰、粉煤灰、石粉等)与乳化沥青、外掺剂和水,按一定比例拌制成的半流动型沥青混合料,均匀摊铺于路面结构中的薄层,稀浆封层既可以做上封层也可以做下封层。改性沥青集料封层既可以采用层铺法表面处治工艺施工,也可以采用沥青集料同步封层机具一次完成。用于封层的层铺法表面处治一般为单层。

微表处和稀浆封层必须使用专用的摊铺机进行摊铺。除新建的高速公路、一级公路的沥青路面上不宜采用稀浆封层铺筑上封层外,其他情况的上、下封层均可采用单层式沥青表面处治或乳化沥青稀浆封层。

稀浆封层和微表处的最低施工温度需大于10℃,严禁在雨天施工。在施工前,应清除干净原路表面,修补其中的坑槽、裂缝等病害,在水泥混凝土路面上铺筑微表处时还应洒布黏层

油,过于光滑的表面要做拉毛处理,以增加新旧路面间的结合力。

稀浆封层和微表处两幅纵缝搭接的宽度要小于8cm,横向宜做成对接缝。分两层摊铺时,第一层摊铺后至少需在开放交通24h后方可进行第二层摊铺。摊铺后的表面不得有超粒径颗粒的严重拖痕。

2. 透层、黏层施工

透层、黏层与封层一样,虽不参与路面结构厚度的计算,但亦起着重要的功能性作用,设计合理且正确施工的透层、黏层对沥青路面的使用质量非常重要。

(1) 透层

为使沥青面层与非沥青材料基层结合良好,宜在基层上浇洒慢裂的洒布型乳化沥青、煤沥青或中慢凝液体石油沥青而形成的透入基层表面的薄层,称为透层。良好的层间结合,可以减少沥青面层在外荷载作用下产生剪切等破坏。

沥青路面的级配砂砾、级配碎石基层及水泥、石灰、粉煤灰等无机结合料稳定土或粒料的半刚性基层上必须浇洒透层沥青。待基层完工后即可浇洒透层沥青,尽可能使用沥青洒布车喷洒沥青,浇洒透层沥青时,应均匀、不遗漏、不多余,并应防止周围的路缘石及人工构造物被污染。在无机结合料稳定半刚性基层上浇洒透层沥青后,需立即撒布用量为 $2 \sim 3 m^3/1000 m^2$ 的碎石或粗砂。在无结合料粒料基层上洒布沥青后,如不能及时铺筑面层而且需通车时,也应撒铺适量的碎石或粗砂,此时透层沥青的用量可增加10%。待撒铺完后,可使用 $6 \sim 8t$ 的钢筒式压路机稳压一遍,通行车辆时,需控制车速。

透层沥青洒布后应尽早铺筑沥青面层。使用乳化沥青时,应待其充分渗透、水分蒸发后方可铺筑沥青面层,一般不小于24h。

(2) 黏层

为加强在路面的沥青层与沥青层之间、沥青层与水泥混凝土结构层之间的黏结而洒布的沥青材料薄层,称为黏层。它也是为了加强层间结合的一种措施。黏层的沥青材料可使用快裂的洒布型乳化沥青、快中凝液体石油沥青或煤沥青。其施工程序和要求与透层基本相同,但可不撒布碎石或粗砂等集料。

工程案例:公路沥青面层无人化机械施工

沥青路面成套无人化机械施工技术应用在某高速公路沥青面层施工中,操作人员无需待在摊铺机与压路机的驾驶室,只需工程师在后台发送作业指令,借助设备强大算法和后台计算能力,便能达到导航和作业目的,实施路面铺装与碾压作业,并实现全流程的数字化管理。

无人驾驶施工设备综合了自动驾驶技术、3D找平技术、高精度定位技术、无线通信技术、智能压实技术,采用高度智能化和无人化的成套路面施工机械设备,通过采用高级控制算法的数字化施工管理平台,基于北斗卫星定位导航系统,通过大量传感器充分收集施工过程中所采集的环境温度、路面温度、碾压速度等数据;同时具备自动行走、料斗开合、输分料自动运行等功能,还可实现对路面的温度数据实时动态监控与预警处置,"智能化"摊铺在实现道路施工的精细化管控的同时,也确保了沥青面层摊铺的质量。压路机能够按照设定的压实轨迹进行碾压等一系列工作,有效避免了人工操作可能导致的漏压、过压、欠压、超速等问题。

本章小结

(1)热拌沥青混合料适用于各种等级公路的沥青面层。热拌沥青混合料材料种类应根据具体条件和技术规范合理选用。应满足耐久性、抗车辙、抗裂、抗水损害、抗滑性能等多方面要求,同时还需考虑施工机械、工程造价等实际情况。

(2)其他沥青路面包括沥青表面处治、沥青贯入式、封层、透层与黏层。

思考题与习题

1. 沥青混合料在运输的过程中应注意的主要问题是什么?
2. 简述热拌沥青混合料路面的施工工艺流程。
3. 热拌沥青混合料路面施工时,碾压分几个阶段?各阶段的作用是什么?
4. 对于沥青路面的各种施工缝,在施工时要注意哪些方面?
5. 沥青表面处治面层施工工艺及注意事项有哪些?
6. 沥青贯入式面层施工工艺及注意事项有哪些?
7. 简述其他沥青层的定义与施工要点。

第四章 水泥混凝土路面施工

本章提要：
本章主要介绍水泥混凝土拌合物的搅拌与运输，水泥混凝土路面面层与接缝、抗滑构造施工。

教学目标：
1. 能依据不同的公路等级正确选择水泥混凝土路面的施工方式，了解水泥混凝土拌合物的搅拌与运输过程；
2. 能描述滑模摊铺机、三辊轴机组与小型机具、碾压混凝土面层施工技术；
3. 能描述水泥混凝土路面接缝、抗滑构造的施工技术。

第一节 水泥混凝土拌合物的搅拌与运输

一、水泥混凝土路面施工方式的选择

水泥混凝土路面的施工技术直接影响路面质量，路面机械化施工，不仅可提高施工速度和施工质量，而且还可降低工程造价。目前，常见的施工方式有：滑模摊铺机、三辊轴机组、小型机具、碾压混凝土面层施工等。根据公路等级的不同，按表3-2-4-1选择水泥混凝土路面的施工方式。

水泥混凝土路面施工方式的选择　　　　表3-2-4-1

施工方式	高速公路	一级公路	二级公路	三级公路	四级公路
滑模摊铺机	√	√	√	▲	○
三辊轴机组	○	▲	√	√	√

续上表

施工方式	高速公路	一级公路	二级公路	三级公路	四级公路
小型机具	×	○	▲	√	√
碾压混凝土面层机械	×	○	√	√	▲

注:1. 符号含义:√应使用;▲有条件使用;○不宜使用;×不得使用。
2. 碾压混凝土亦可用于高速公路、一级公路复合式路面的下面层和贫混凝土(透水)基层。

二、水泥混凝土拌合物的搅拌

1. 拌和设备

应根据工程规模、施工工艺和日进度要求,合理配备拌和设备。拌合站最小生产能力应满足表3-2-4-2的规定。根据需要和设备能力确定拌合楼(机)的数量,同一拌合站的拌合楼(机)的规格宜统一,且宜采用同一厂家的设备。

拌合站最小生产能力配置(单位:m³/h)　　表3-2-4-2

摊铺宽度	滑模摊铺	碾压混凝土	三辊轴机组摊铺	小型机具摊铺
单车道3.75~4.5m	≥150	≥100	≥75	≥50
双车道7.5~9m	≥300	≥200	≥100	≥75
整幅宽≥12.5m	≥400	≥300	—	—

拌合站配置的混凝土总设计标称生产能力应通过计算得出,并按总搅拌能力确定拟采用的拌合楼(机)数量和型号。水泥混凝土拌和应采用间歇强制式拌合楼(机),或配料计量精度满足要求的连续式拌合楼(机),不宜使用自落式滚筒搅拌机。高速公路、一级及二级公路水泥混凝土面层施工时,应采用配备计算机自动控制的强制式拌合楼(机)。

2. 拌和技术要求

每台拌合楼(机)在投入生产前,必须进行标定和试拌。在标定有效期满或拌合楼(机)搬迁安装后,均应重新标定。施工中应每15d校验一次拌合楼(机)计量精度。

应根据拌合物的黏聚性、匀质性及搅拌机类型,经试拌确定搅拌时间。可溶解的外加剂应充分溶解、搅拌均匀后加入搅拌锅,并扣除溶液中的加水量。有沉淀的外加剂溶液,应每天清除一次稀释池中的沉淀物。

不可溶解的粉末外加剂加入前应过0.30mm筛,可与集料同时加入,并适当延长纯搅拌时间。

混凝土中掺有引气剂时,拌合楼(机)一次搅拌量不应大于其额定搅拌量的90%。

粉煤灰或其他掺合料应采用与水泥相同的输送、计量方式加入。掺入粉煤灰的水泥混凝土拌合物的纯搅拌时间应比不掺的延长15~25s。

三、水泥混凝土拌合物的运输

混凝土运输车辆可选配车况优良、载重量2~20t的自卸车。自卸车后挡板应关闭紧密,运输时不漏浆撒料,车箱板应平整光滑。远距离运输或摊铺钢筋混凝土面层及桥面时,宜选配混凝土罐车。

运输车数量应通过计算得出,且不应少于3辆,高速公路、一级公路不应少于5辆。混凝土的运输应保证到现场的拌合物具有适宜摊铺的工作性。

第二节 水泥混凝土路面面层施工

一、滑模机械铺筑施工

滑模摊铺工艺宜用于高速公路、一级及二级公路普通水泥混凝土面层、配筋混凝土面层、纤维混凝土面层、钢筋混凝土桥面、隧道混凝土面层、混凝土路缘石、路肩石及护栏等的滑模施工。上坡纵坡大于5%、下坡纵坡大于6%、半径小于50m或超高超过7%的路段,不宜采用滑模摊铺机进行摊铺。

1. 机械配备

高速公路、一级公路宜选配能一次摊铺不少于2个车道宽度的滑模摊铺机。二级公路路面的最小摊铺宽度不得小于单个车道设计宽度。硬路肩宜选配可连体摊铺路缘石的中、小型多功能滑模摊铺机,并宜连体一次摊铺路缘石。滑模摊铺机摊铺水泥混凝土面层时(图3-2-4-1),应配备自动抹平板装置。滑模摊铺机械系统应配套齐全,辅助设备的数量及生产能力应满足铺筑进度的要求。

图3-2-4-1 滑模摊铺机摊铺水泥混凝土面层

2. 摊铺前准备

摊铺段夹层或封层质量应检验合格,对于破损或缺失部位,应及时修复。表面应清扫干净并洒水润湿,并采取防止施工设备和车辆碾坏封层的措施。

还应检查并平整滑模摊铺机的履带行走区。

摊铺前应检查并调试施工设备。滑模摊铺机首次作业前,应挂线对其铺筑位置、几何参数和机架水平度进行设置、调整和校准,满足要求后方可用于摊铺作业。

横向连接摊铺前,前次摊铺路面纵向施工缝处溜肩胀宽部位应切割顺直;拉杆应校正扳直,缺少的拉杆应钻孔锚固植入。横向连接摊铺时,纵向施工缝的上半部缝壁应按设计涂覆隔离防水材料。

滑模摊铺面层前,应准确架设基准线。滑模摊铺高速公路、一级公路时,应采用单向坡双线基准线;横向连接摊铺时,连接一侧可依托已铺成的路面,另一侧设置单线基准线。滑模整体铺筑二级公路的双向坡路面时,应设置双线基准线,滑模摊铺机底板应设置为路拱形状。基准线设置精度应符合表3-2-4-3的规定。基准线设置后,严禁扰动、碰撞和振动。

基准线设置精度要求　　　　　　　　　　　　　　表3-2-4-3

项目	中线平面偏位（mm）	路面宽度偏差（mm）	面板厚度(mm)		纵断高程偏差（mm）	横坡偏差（%）	连接纵缝高差（mm）
			代表值	极值			
规定值	≤10	≤+15	≥-3	≥-8	±5	±0.10	±1.5

滑模摊铺机适用于水泥混凝土面层、钢筋混凝土、连续配筋混凝土面层、纤维混凝土面层、桥面水泥混凝土面层、隧道水泥混凝土面层、收费广场水泥混凝土面层、服务区水泥混凝土面层等施工。下面主要介绍水泥混凝土面层滑模摊铺机铺筑施工。

3. 水泥混凝土面层滑模摊铺施工

滑模摊铺混凝土机前布料,应采用机械完成,布料高度应均匀一致,不得采用翻斗车直接卸料的方式。

滑模摊铺机起步时,应先开启振捣棒,在2~3min内调整振捣到适宜振捣频率,使进入挤压底板前缘拌合物振捣密实,无大气泡冒出破灭,方可开动滑模机平稳推进摊铺。

摊铺过程中应随时调整松方高度板位置控制摊铺机进料,保证进料充足。起步时宜适当调高,正常摊铺时宜保持振捣仓内料位高于振捣棒顶面100mm左右,料位高低波动宜控制在±30mm之内。滑模摊铺应缓慢、匀速、连续不间断地作业。滑模摊铺速度应根据板厚、混凝土工作性、布料能力、振捣排气效果等确定,一般宜采用1m/min。

振捣频率应根据板厚、摊铺速度和混凝土工作性确定。振捣频率可在100~183Hz之间调整,宜为150Hz;可根据拌合物的稠度大小,采取调整摊铺的振捣频率或速度等措施,保证摊铺质量稳定。

抗滑纹理做毕,应立即开始保湿养生。养生龄期不应少于5d,且混凝土强度满足要求后,方可连接摊铺相邻车道面板。横向施工缝可采用架设端模板的方法施作,并宜与胀缝或隔离缝合并设置,无法与胀缝合并设置时,应与缩缝合并设置。横向施工缝部位应满足面层平整度、高程、横坡的质量要求。

滑模摊铺机配备传力杆自动插入装置(DBI)时,应通过试验路段采用非破损方法对传力杆插入深度进行校准,施工中应进行传力杆精度复核。检测可使用钢筋保护层厚度测试仪或专用传力杆位置检测仪进行。

二、三辊轴机组与小型机具施工

三辊轴机组(图3-2-4-2)铺筑工艺可用于二级及二级以下公路的水泥混凝土路面面层、桥面和隧道混凝土面层的施工,也可用于高速公路、一级公路硬路肩、匝道、收费广场边板、封闭式中央分隔带、弯道超高加宽段硬路肩及局部异形面板等的施工。

图 3-2-4-2　三辊轴机组摊铺水泥混凝土面层

小型机具铺筑工艺可用于三级、四级公路水泥混凝土面层的施工,不得用于隧道水泥混凝土面层与桥面铺装施工。其主要机械设备为配备自动质量计量设备的间歇式搅拌的强制式搅拌机,如图 3-2-4-3 所示。

图 3-2-4-3　强制式搅拌机

三辊轴机组与小型机具两种铺筑工艺的混凝土应采用集中搅拌,铺筑长度不足 10m 时,可使用小型搅拌机现场搅拌,严禁人工拌和。

1. 模板及其架设与拆除

模板应采用钢材、槽钢或方木制成。模板高度应为面层设计厚度,直线段模板长度不宜小于 3m,小半径弯道及竖曲线部位可配备长度为 3m 的短模板。

纵向施工缝侧模板应按照设计的拉杆直径和间距钻拉杆插入孔,模板每米长度应设置不少于 1 处支撑固定装置。模板数量应根据施工进度和施工气温确定,并满足拆模周期周转需要。模板总数量不宜少于两次周转的需要。

模板安装前应进行测量放样,并核对路面高程、面板分块、胀缝和构造物位置。路面中心桩应每 20m 设一处,水准点宜每 100m 布设一处。安装水平曲线与纵曲线路面模板时,应将每块短模板中点安装在曲线的切点上。模板应采用三角形木块调整高度。

模板的安装应平整、顺适、稳固,相邻模板连接应紧密平顺,不得错茬与错台。模板安装应在混凝土面层铺筑之前完成,并满足封模砂浆固化要求。模板拆除时,面层混凝土抗压强度不应小于 8.0MPa。当缺乏强度实测数据时,边侧模板的最早允许拆模时间应符合表 3-2-4-4 的规定。

水泥混凝土面层的最早允许拆模时间(单位:h)　　　　表 3-2-4-4

昼夜平均气温	−5℃	0℃	5℃	10℃	15℃	20℃	25℃	≥30℃
硅酸盐水泥、R 型水泥	240	120	60	36	34	28	24	18
道路、普通硅酸盐水泥	360	168	72	48	36	30	24	18
矿渣硅酸盐水泥	—	—	120	60	50	45	36	24

模板拆卸应使用专用工具。拆模不得损坏板边、板角,不得造成传力杆和拉杆松动或变形。拆下的模板应将黏附砂浆清除干净,并矫正变形。

2. 水泥混凝土面层三辊轴机组铺筑

三辊轴机组铺筑水泥混凝土面层时,应按照支模、安装钢筋、布料、振捣、三辊轴整平、精平、养生、刻槽(拉毛)、切缝、填缝的工艺流程进行。

三辊轴机组铺筑水泥混凝土面层时,应配备振捣机。振捣机应由机架、行走机构和一排振捣棒组成,并配备螺旋布料器和松方控制刮板,具备自行或推行功能。当一次铺筑宽度大于 4.5m 时,纵缝拉杆宜使用预设钢筋支架固定。横向连接纵缝处的拉杆应在边模板预留孔中插入,并振实粘牢。松动的拉杆应在连接摊铺前重新植牢固。横缝传力杆应采用预制钢筋支架法安装固定,不得手工设置传力杆。宜使用手持振捣棒专门振实传力杆支架范围内的混凝土。振捣机连续振捣时,振捣棒的深度应位于传力杆顶面以上。

三辊轴整平作业时,应处理整平轴前料位的高低情况,过高时应铲除,轴下的间隙应采用混凝土补平。振动滚压完成后,应升起振动辊,用甩浆辗抛浆整平一遍,再用整平轴前、后静滚整平,直到平整度符合要求、表面砂浆厚度均匀为止。路面表层砂浆的厚度宜控制为 4mm ± 1mm。过厚的稀砂浆应及时刮除丢弃,不得用于路面补平。三辊轴整平机整平后,应采用 3~5m 刮尺,纵、横两个方向精平饰面,纵向不少于 3 遍,横向不少于 2 遍。也可采用旋转抹面机密实精平饰面 2 遍,直到平整度符合要求。饰面完成后,应立即开始保湿养生。

3. 钢筋混凝土、纤维混凝土路面与桥面三辊轴机组铺筑

钢筋混凝土和连续配筋混凝土面层振捣应采用排式振捣机间歇插入振捣密实,振捣机一次移动距离应小于 500mm,振实时间应按表面泛浆宽度大于 1.0m,重叠宽度不小于 300mm 进行控制,并应确保将钢筋底部混凝土振捣密实。

采用三辊轴机组摊铺纤维混凝土面层时,不得使用插入式振捣棒振捣。应按下列工序进行:

(1)采用大功率振动板全面振动出浆。
(2)用底面带凸棱的振动梁振捣并压入纤维。
(3)用三辊轴整平机将表面滚压密实平整。
(4)用长度 3m 以上的刮尺手工精平 2~3 遍,直至平整度合格。

桥面采用三辊轴机组铺装时,应使用直径 219mm 的三辊轴整平机。不能整幅铺装桥面时,连接摊铺一侧应使用钢筋可穿过的中空型模板,不得切断桥面整幅钢筋,亦不得用模板将钢筋压贴到梁板上。铺装各种钢筋纤维混凝土桥面时,应使用振动板振实,再用底面带凸棱振捣梁振捣并压入纤维。不得使用插入式振捣棒振捣。

4. 水泥混凝土面层小型机具铺筑

小型机具铺筑宽度不大于4.5m时,铺筑能力不宜小于20m/h。混凝土拌合物摊铺前,应对模板的架设位置、精度、支撑稳固情况,传力杆、拉杆的安设等进行全面检查,并洒水润湿板底。应采用厚度标尺板全面检测板厚,与设计值相符后方可开始摊铺。

拌合物的坍落度宜控制在5~20mm之间。松铺系数宜控制在1.10~1.25之间,坍落度高时取低值,横坡高侧取高值。卸料应均匀,采用人工布料时,应用铁锹反扣,不得抛掷和搂耙。已铺筑好的面层端头应设置施工缝,不能被振实的拌合物应废弃。

小型机具铺筑时,应依次使用平板振动器、振捣棒、振动梁三遍振捣密实,如图3-2-4-4所示。小型机具应采用滚杠、整平尺或抹面机三遍整平,直至面层无任何缺陷,平整度符合要求。

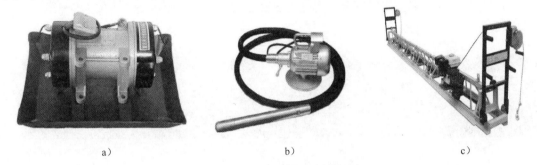

图3-2-4-4 小型机具铺筑配套振捣设备
a)平板振动器;b)振捣棒;c)振动梁

整平饰面应待混凝土表面泌水基本完成后进行,采用3m刮尺收浆饰面,纵横各2~3遍抄平饰面,直到表面平整度符合要求,表面砂浆厚度均匀。也可采用叶片式或圆盘式抹面机进行,抹面机应按每车道路面不少于1台配备。饰面遍数宜为往返1~2遍。

在抹面机完成作业后,应使用抹刀进行精平饰面。精平饰面包括清边整缝,清除粘浆,修补缺边、掉角等工作。当烈日暴晒或风大时,应加快表面的修整速度,或在防雨篷下进行。精平饰面后的面层表面应致密均匀,无抹面印痕,无露骨,平整度应达到要求,并应立即进行保湿养生。

三、碾压混凝土面层施工

碾压工艺可用于二级、三级、四级公路混凝土面层与高速公路、一级公路复合式路面碾压混凝土下面层施工。

碾压铺筑应按卸料进摊铺机、摊铺机摊铺、拉杆设置、钢轮压路机初压、振动压路机复压、轮胎压路机终压、抗滑处理、养生、切缝等工艺流程进行。

碾压混凝土面层摊铺,宜选用沥青混凝土摊铺机。摊铺机应具有振动压实功能,摊铺密实度不应小于85%。

采用沥青混凝土摊铺机摊铺时,松铺系数宜控制在1.05~1.15之间。采用基层摊铺机摊铺时,松铺系数宜控制在1.15~1.25之间。应通过试铺确定松铺系数。

摊铺前应洒水湿润基层。摊铺作业应均匀、连续,摊铺过程中不得随意变换速度或停顿。螺旋分料器转速应与摊铺速度相适应,摊铺过程中应保证两边缘供料充足。弯道及超高路段铺筑时,应及时调整左右两侧分料器的转速,保证两侧供料均衡、充足。两台摊铺机前后紧随摊铺时,两幅摊铺间隔时间应控制在 1h 之内。

碾压应紧随摊铺机碾压。碾压宜分初压、复压和终压三个阶段进行,压路机应匀速稳定、连续行进,中间不应停顿、等候和拖延,也不得相互干扰。压路机在起步、倒车和转向时均应缓慢柔顺,碾压过程中不得中途急停、急拐、紧急起步及快速倒车。

初压宜采用钢轮压路机或振动压路机静碾压,重叠量宜为 1/4~1/3 钢轮宽度。复压宜采用 10~15t 振动压路机振动碾压,重叠量宜为 1/3~1/2 振动碾宽度。复压遍数应以实测满足规定压实度值为停止复压标准。终压应采用 15~25t 轮胎压路机静碾压,以弥合表面微裂纹和消除轮迹为停止终压标准。碾压密实后的表面应及时喷雾、洒水,并尽早覆盖养生。

施工过程中应采取措施控制碾压混凝土表面裂纹的产生。碾压终了后的面层表面不应有可见微裂纹。

第三节 水泥混凝土路面接缝、抗滑构造的施工及养生

一、路面接缝施工

1. 施工缝与胀缝施工

当一次铺筑宽度小于面层加硬路肩总宽度时,应按设计设置纵向施工缝。纵向施工缝宜采用平缝加拉杆型。

采用滑模摊铺机施工时,纵向施工缝的拉杆宜采用支架法安设,也可采用侧向拉杆液压装置一次推入。采用固定模板施工时,应从侧模预留孔中插入拉杆并振实。插入的侧向拉杆应牢固,避免松动和漏插。拉杆握裹强度应按规定实测,不满足规定要求时应钻孔重新设置拉杆。

每天摊铺结束或摊铺中断时间超过 30min 时,应设置横向施工缝。横向施工缝在缩缝处可采用平缝加传力杆型。当横向施工缝与胀缝重合时,应按胀缝施工,胀缝两侧补强钢筋笼宜分两次安装。

胀缝板应与路中心线垂直,并连续贯通整个面板宽度,缝中完全不连浆。胀缝采用前置钢筋支架法施工时,应预先准确安装和固定胀缝钢筋支架,并使用手持振捣棒振实胀缝板两侧的混凝土后,再摊铺。也可采用预留两块面板的方法,在气温接近年平均气温时再封铺。应在混凝土未硬化时,剔除胀缝板上部的混凝土,嵌入 (20~25mm)×20mm 的木条,整平表面。填缝前,应剔除木条,再粘胀缝多孔橡胶条或填缝。胀缝板应连续完整,胀缝板两侧的混凝土不得相连。

2. 切缝施工

纵、横缩缝切缝形状为台阶状时,宜使用磨圆角的台阶叠合锯片一次切成。设备受限制

时,也可分两次切割,再磨出半径为 6~8mm 的圆角。

纵、横缩缝切割顺直度应小于 10mm。相邻板的纵、横缩缝切口应接顺。需调整异形板锐角时,可切成斜缝或小转角的折线缝。弯道与匝道面层的横缝应垂直于其设计中心线。

分幅铺筑面层时,应在先摊铺的混凝土板已断开的横缩缝处作标记。后摊铺面层上应对齐已断开的横缩缝采用软切缝的工艺,提前切缝。钢筋混凝土面层的切缝不得切到钢筋。各种纤维混凝土面层软切缝时,不得抽出纤维,刮伤边角。

3. 灌缝施工

混凝土板养生期满后,应及时灌缝。灌缝前应清洁接缝。清洁接缝宜采用飞缝机清除接缝中夹杂的砂石、凝结的泥浆等杂物。灌缝前缝内及缝壁应清洁、干燥,以擦不出水、泥浆或灰尘为可灌缝标准。水泥混凝土路面缩缝的灌缝形状系数宜为 1.5,钢筋混凝土、连续配筋混凝土面层、过渡板、搭板与桥面的灌缝形状系数宜为 1.0。

常温施工式填缝料的养生期,一般在低温期宜为 24h,高温期宜为 10h。加热施工式填缝料的养生期,低温期宜为 2h,高温期宜为 6h。在灌缝料固化期间应封闭交通。

胀缝填缝前,应凿除胀缝板顶部临时嵌入的木条,并清理干净,涂黏结剂后,嵌入专用多孔橡胶条或灌进适宜填缝料。当胀缝宽度与多孔橡胶条宽度不一致或有啃边、掉角等现象时,应采用灌料填缝,不得采用多孔橡胶条填缝。

二、抗滑构造施工

1. 细观纹理施工

细观纹理宜在精平后的湿软表面,使用钢支架拖挂 1~3 层叠合麻布、帆布等布片拖出。布片接触路面的长度宜为 0.7~1.5m,细度模数较大的粗砂,接触长度宜取小值;细度模数较小的细砂,接触长度宜取大值。用抹面机修整过较干硬的光面,可采用较硬的竹扫帚扫出细观纹理。已经硬化后的光滑表面可采用钢刷刷毛、喷砂打毛、喷钢丸打毛、稀盐酸腐蚀、高压水射流等方式制作细观纹理。

2. 宏观抗滑构造施工

极重、特重和重交通荷载等级公路水泥混凝土面层应采用刻槽法制作宏观抗滑构造。中、轻交通荷载等级公路水泥混凝土面层可使用拉槽法制作宏观抗滑构造。在水平弯道路段、桥面、隧道路面宜使用纵向槽。当组合坡度小于 3% 时,要求减噪的路段可使用纵向槽。组合坡度大于或等于 3% 的纵坡路段,应使用横向槽。

采用刻槽法制作宏观抗滑构造时,刻槽机最小刻槽宽度不应小于 500mm。槽后表面应随即冲洗干净,并恢复路面的养生。

软拉宏观抗滑构造时,待面层混凝土泌水后,应及时采用齿耙拉槽。衔接距离应与槽间距相同,并始终保持一致,不得局部缺失。软拉后的表面砂浆应清扫干净。

三、水泥混凝土面层养生

水泥混凝土路面铺筑完成或软作抗滑构造完毕后应立即开始养生。面层养生应合理选择养生方式,保证混凝土强度增长的需要,防止养生过程中产生微裂纹与裂缝。高速公路、一级公路混凝土面层宜采用养护剂加覆膜养生。现场养生用水充足的情况下,可采用节水保湿养护膜、土工毡、土工布、麻袋、草袋、草帘等养生,并及时洒水保湿养生。缺水条件下,宜采用覆盖节水保湿养护膜养生,并应洒透第一遍养生水。

混凝土路面采用喷洒养生剂养生时,养护剂的喷洒宜在表面抗滑纹理做完后即刻进行,喷洒应均匀,喷洒后的表面不得有颜色差异。

混凝土路面采用覆盖保湿养护膜养生时,覆盖养生的初始时间,应为不压坏表面细观抗滑纹理的最短时间。养护膜材料的最窄幅宽不宜小于2m。

低温期或夏季夜间气温有可能低于零度的高原、山区施工水泥混凝土路面和桥面时,应采取保温保湿双重养生措施。保温养生材料可选用干燥的泡沫塑料垫、棉絮片、苇片、草帘等。养生期间遭遇降雨时,应在保温片材上、下表面采取包覆隔水膜层等防水措施。

实测混凝土强度大于设计强度的80%后,可停止养生。不同气温条件下混凝土面层的最短养生龄期可参照表3-2-4-5确定。

不同气温条件下最短养生龄期参考表(单位:d)　　表3-2-4-5

养生期间日平均气温(℃)	隧道内水泥混凝土与纤维混凝土面层	水泥混凝土、碾压混凝土、配筋混凝土、纤维混凝土面层及隔离式加铺层	钢筋混凝土、钢纤维混凝土桥面、结合式加铺层
5～9	21	21	24
10～19	14	14	21
20～29	12	10	14
30～35	8	7	10

注:1. 各级公路水泥混凝土面层不得在日间零下气温大面积铺筑。
　　2. 当在各种面层混凝土中掺加粉煤灰时,最短养生龄期宜再延长7d。

混凝土面板养生初期,严禁人、畜、车辆通行,在达到设计强度40%后,行人方可通行。在路面养生期间,平交道口应搭建临时便桥。面板达到设计弯拉强度后,方可开放交通。

工程案例:高速公路水泥混凝土路面改造施工

某高速公路水泥混凝土路面改造工程,全长54km,路基宽26m,路面宽2×11.25m,2000年铺水泥路面,面板厚26cm,为运煤重载路线,因混凝土路面破损严重,2009年按复合式路面改建,其中破碎板60268m^{2}分别按钢筋焊网普通混凝土和连续配筋混凝土更换面板,桥面修复全部采用钢筋焊网。连续配筋混凝土路面中纵筋为φ12mm,间距100mm;横筋为φ12mm,间距400mm。连续配筋路面用焊网网片尺寸:1052cm×150cm,1052cm×200cm。普通混凝土更换中增设钢筋焊网,φ8mm钢筋焊网规格:150cm×150cm。φ8mm焊网搭接方式:网片搭接长度20cm。连续配筋纵、横向钢筋平搭接长度:20cm。

本高速公路路面按钢筋网片布置位置分两层进行铺筑,施工工艺可细分为:支模板、下2/3厚度混凝土卸料、摊铺、振捣、铺设钢筋网、上1/3厚度混凝土卸料、摊铺、振捣、粗平、精平、拉毛、养生、纵向刻槽。

本章小结

（1）水泥混凝土路面机械化施工，不仅可提高施工速度和施工质量，而且还可降低工程造价。目前，常见的水泥混凝土路面面层施工方法有：滑模摊铺机施工、三辊轴机组施工、小型机具施工、碾压混凝土施工等。

（2）滑模施工是一种采用滑模摊铺机摊铺水泥混凝土路面的机械化施工方式，其特征是不架设边缘固定模板，因此其自动化程度高，不但提高摊铺质量和施工效率，节省工程投资，还提升了公路行业技术水平。

（3）水泥混凝土路面接缝、抗滑构造的施工及养生是关系到水泥混凝土面层施工质量优劣的重要环节，需重视其施工工艺。

思考题与习题

1. 水泥混凝土路面的施工方式有哪些？如何进行选择？
2. 水泥混凝土的搅拌及运输要注意什么问题？
3. 常见的水泥混凝土路面面层施工方法有哪些？
4. 简述水泥混凝土路面面层滑模摊铺施工流程。
5. 简述水泥混凝土面层三辊轴机组施工流程。
6. 简述水泥混凝土路面小型机具摊铺施工流程。

参 考 文 献

[1] 黄晓明.路基路面工程[M].6版.北京:人民交通出版社股份有限公司,2019.
[2] 孙家驷.道路勘测设计[M].4版.北京:人民交通出版社股份有限公司,2018.
[3] 俞高明.公路工程[M].北京:人民交通出版社,2005.
[4] 金仲秋,夏连学.公路设计技术[M].北京:人民交通出版社,2007.
[5] 金仲秋.公路工程[M].3版.北京:人民交通出版社股份有限公司,2015.
[6] 栗振锋,李素梅.路基路面工程[M].3版.北京:人民交通出版社股份有限公司,2018.
[7] 杨仲元.路基路面施工技术[M].4版.北京:人民交通出版社股份有限公司,2021.
[8] 中华人民共和国行业标准.公路工程技术标准:JTG B01—2014[S].北京:人民交通出版社股份有限公司,2014.
[9] 中华人民共和国行业标准.公路工程质量检验评定标准 第一册 土建工程:JTG F80/1—2017[S].北京:人民交通出版社股份有限公司,2017.
[10] 中华人民共和国行业标准.公路路线设计规范:JTG D20—2017[S].北京:人民交通出版社股份有限公司,2017.
[11] 中华人民共和国行业标准.公路路基设计规范:JTG D30—2015[S].北京:人民交通出版社股份有限公司,2015.
[12] 中华人民共和国行业标准.公路沥青路面设计规范:JTG D50—2017[S].北京:人民交通出版社股份有限公司,2017.
[13] 中华人民共和国行业标准.公路水泥混凝土路面设计规范:JTG D40—2011[S].北京:人民交通出版社,2011.
[14] 中华人民共和国行业推荐性标准.公路路基施工技术规范:JTG/T 3610—2019[S].北京:人民交通出版社股份有限公司,2019.
[15] 中华人民共和国行业推荐性标准.公路路面基层施工技术细则:JTG/T F20—2015[S].北京:人民交通出版社股份有限公司,2015.
[16] 中华人民共和国行业标准.公路沥青路面施工技术规范:JTG F40—2004[S].北京:人民交通出版社,2004.
[17] 中华人民共和国行业标准.公路土工试验规程:JTG 3430—2020[S].北京:人民交通出版社股份有限公司,2020.
[18] 中华人民共和国行业标准.公路路基路面现场测试规程:JTG 3450—2019[S].北京:人民交通出版社股份有限公司,2019.
[19] 中华人民共和国行业标准.公路工程无机结合料稳定材料试验规程:JTG E51—2009[S].北京:人民交通出版社,2009.
[20] 中华人民共和国行业标准.公路技术状况评定标准:JTG 5210—2018[S].北京:人民交通出版社股份有限公司,2018.

[21] 中华人民共和国行业标准. 公路沥青路面养护技术规范:JTG 5142—2019[S]. 北京:人民交通出版社股份有限公司,2019.

[22] 中华人民共和国行业推荐性标准. 公路排水设计规范:JTG/T D33—2012[S]. 北京:人民交通出版社,2012.

[23] 中华人民共和国行业推荐性标准. 公路水泥混凝土路面施工技术细则:JTG/T F30—2014[S]. 北京:人民交通出版社股份有限公司,2014.